大清一統志

第八册

山西（二）

山西（二）

目録

大同府圖

直隸張家口界
高廟子
直隸懷安界
新平路
民窰堡
二郎山
鎮門堡
天鎮
神頭山
飛鳳山
廣靈
直隸蔚州界
白羊山
壺流河
聖水山
靈邱
太白山
銀釵嶺
隘門山
直隸廣昌界
直隸阜平界

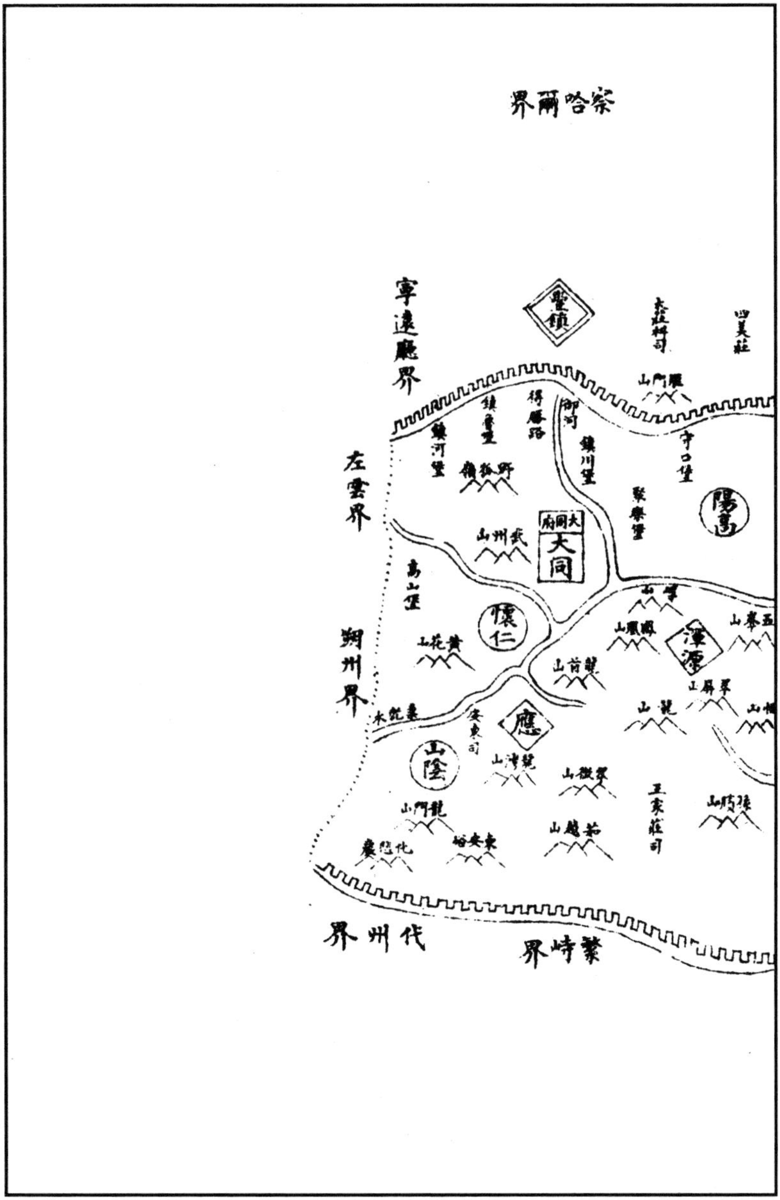
察哈爾界
寧遠廳界
豐鎮
左雲界
大同府
大同
陽高
懷仁
渾源
朔州界
應
山陰
代州界
繁峙界

大同府表

	大同府	大同縣
兩漢	雁門郡東部都尉建安中廢。	
三國魏晉	雁門郡地，永嘉後陷。	
後魏	恒州代郡天興中建都，置司州及代尹。延和元年改萬年尹。太和十七年改名孝昌，二年陷廢。	
齊周	齊天保七年復置恒州及安遠、臨塞、威遠、臨陽等郡。周平齊，並廢。	
隋	馬邑郡地。	
唐	雲州雲中郡武德六年復置北恒州，七年廢。貞觀十四年改置雲州，永淳初廢。開元十八年復置。天寶初曰雲中郡，乾元初復曰雲州，屬河東道。	
五代	雲州雲中郡晉天福元年入遼。	
遼宋	西京大同府遼重熙十三年改名。宋宣和五年復曰雲中府。	大同縣遼重熙十七年析雲中置，爲京府治。
金	西京大同府復故名。	大同縣
元	大同路至元二十五年改名，屬河東山西道。	大同縣路治。
明	大同府洪武五年置山西行都指揮使司，七年改名。	大同縣府治。

續表

平城縣 屬雁門郡，爲東部都尉治。建安末廢。	班氏縣 屬代郡。後漢末省。	
平城縣 魏復置，屬新興郡。晉屬雁門郡。		
平城縣 天興中爲郡治，延和元年改曰萬年，太和十七年復名，爲州治。孝昌二年陷廢。	皇興三年置平齊郡，尋廢。	永固縣 太和中置，屬代郡，後廢。
齊天保七年置恒安鎮。	雲中縣 齊置太平縣。周改名。	
恒安鎮。	初改名雲內，後徙。	
雲中縣 武德六年爲北恒州治。貞觀十四年改置定襄縣，爲雲州治。永淳元年廢。開元十八年復置，改名。		
雲中縣		
雲中縣 遼析置奉義縣。		
雲中縣 省奉義縣爲鎮，入大同。		
至元二年省。		

續表

懷仁縣	渾源州	應州
沙南縣地。	崞縣 屬雁門郡。 繁畤縣 屬雁門郡。	
	崞縣 晉永嘉五年入代。 繁畤縣 永嘉五年入代。	
	崞山縣 改名，天平中改屬繁畤郡。 徙。	桑乾郡地。
	後周廢。	
雲内縣 開皇二年移來治，屬馬邑郡。後廢。	雲内縣地。	
雲中縣地。	雲中縣地。 唐末析置渾源縣。	馬邑縣地。
	渾源縣 屬應州。	應州 後唐置，天成初升彰國軍。晉天福元年入遼。
懷仁縣 遼置，屬大同府。	渾源縣 遼屬應州。	應州 遼屬西京道。宋屬雲中路。
雲州 貞祐二年徙治，升爲州。	渾源州 貞祐二年升置。 渾源縣 州治。	應州 仍屬西京路。
懷仁縣 復爲縣，屬大同路。	渾源州 屬大同路。 至元四年省入州。	應州 屬大同路。
懷仁縣 屬大同府。	渾源州 屬大同府。	應州 屬大同府。

	山陰縣	陽高縣
劇陽縣屬雁門郡。	汪陶縣屬雁門郡。	
	汪陶縣永嘉後廢。	
	置桑乾郡。	高柳郡永熙中置。
	齊置朔州及廣寧郡。周郡廢。	齊省。
	善陽縣地。大業初州廢。	
	馬邑縣地。河陰縣遼置，屬朔州，清寧中改屬應州。	
金城縣後唐置爲州治。	忠州大定七年改名山陰，貞祐二年升州。	
金城縣		長青縣遼置，隸西京大同府。
金城縣		白登縣改名。
金城縣	山陰縣至元二年省入金城，後復置縣於今治，仍屬應州。	白登縣至元二年廢爲鎮，尋復置，屬大同路。
洪武初省入州。	山陰縣屬大同府。	陽和衛洪武初縣省。二十六年置衛，宣德初徙高山衛來同治。

	天鎮縣
高柳縣 屬代郡，爲西部都尉。後漢爲郡治，後廢。 道人縣 屬代郡。後漢末省。 平邑縣 屬代郡。後漢省。 參合縣 屬代郡。後漢省。	
高柳縣 復置。	
高柳縣 郡治。	廣牧縣 道武帝置。
齊省。	
	天成縣 遼置，隸西京大同府。
	天成縣 改「成」曰「城」。
	天成縣 復故，初隸宣德府，中統三年改屬興和路。
	天成衛 鎮西衛 洪武四年改屬大同府，二十六年廢縣，置衛，屬山西行都指揮使司。

續表

	廣靈縣	靈丘縣
陽原縣 屬代郡。後漢省。	平舒縣 屬代郡。狋氏縣 屬代郡。	
	平舒縣 省。	
	上谷郡 天平中置。平舒縣 孝昌中陷，天平中復置爲郡治。	北靈丘郡 天平二年置。
	齊省。齊省入靈丘。	蔚州靈丘郡 周置州。
		開皇初郡廢，大業初州廢。
	興唐縣地。	貞觀五年復置蔚州，天寶初徙。
	廣陵縣 後唐同光初置，屬蔚州。	
	廣陵縣	
陽門縣 貞祐二年置。	廣靈縣 改名，仍屬蔚州。	
省。	廣靈縣	
	廣靈縣	

續表

靈丘縣 屬代郡。後漢省。		
靈丘縣 後置爲郡治。	莎泉縣 分置，屬北靈丘郡。	
靈丘縣	大昌縣 周置。	齊省入靈丘郡。
靈丘縣 開皇初省大昌縣入，屬雁門郡。	開皇初省。	
靈丘縣 爲州治。		
靈丘縣		
靈丘縣		
成州 貞祐二年升州，四年割爲代州支郡。		
靈丘縣 復爲縣，仍屬蔚州。		
靈丘縣		

大清一統志卷一百四十六

大同府

在山西省治北六百二十里。東西距二百六十里，南北距四百六十里。東至直隸宣化府懷安縣界一百十里，西至朔平府左雲縣界五十里，南至代州繁峙縣界一百六十里，北至察哈爾界三百里。東南至宣化府蔚州界二百五十里，西南至左雲縣界一百二十里，東北至察哈爾界三百一十里，西北至朔平府寧遠廳界一百三十里。自府治至京師七百二十里。

分野

天文昴、畢兼尾、箕分野，大梁之次。按：漢書地理志趙地昴、畢分野，燕地尾、箕分野。今應州以東爲燕地，與宣府同分，自大同以至榆林則皆趙分，大同一府有燕、趙二分。

建置沿革

禹貢冀州之域。周并州地，戰國屬趙。秦雁門郡地。漢爲雁門郡東部都尉，後漢末廢。晉

永嘉五年封拓跋猗盧爲代公，遂有其地。後魏天興中徙都於此，置司州牧及代尹，延和元年改萬年尹。太和十七年遷都洛陽，改曰恒州代郡，孝昌二年陷廢。北齊天保七年復置恒州，并置安遠、臨塞、威遠、臨陽等郡。周平齊，州、郡並廢。隋爲馬邑郡地。

唐武德四年置北恒州，七年廢。貞觀十四年改置雲州，元和郡縣志：自朔州北界定襄城移雲州於此。永淳元年廢。開元十八年復置，天寶初改曰雲中郡。乾元初復曰雲州，屬河東道。會昌三年置大同都團練使，四年升爲都防禦使，乾符五年升爲節度使。中和二年更爲雁門節度使，徙治代州。五代唐同光二年復置大同節度使。晉天福初割入契丹。遼重熙十三年建爲西京，升大同府。宋宣和五年復歸於宋，改曰雲中府。尋入金，復爲西京路大同府。元至元二十五年改西京曰大同路，屬河東山西道。

明洪武五年置山西行都指揮使司，七年改爲大同府，隸山西布政使司。本朝因之，隸山西省。領廳一、州二、縣七。

大同縣。附郭。東西距一百二十里，南北距一百六十八里。東至陽高縣界六十里，西至朔平府左雲縣界六十里，南至應州界八十五里，北至邊墻八十三里。東南至渾源州界八十里，西南至懷仁縣界六十里，東北至陽高縣界九十里，西北至邊墻一百里。漢置平城縣，屬雁門郡，爲東部都尉治。後漢末廢。三國魏復置，屬新興郡。晉屬雁門郡。後魏天興中建都，爲代郡治。延和元年改曰萬年。太和十七年復曰平城，爲恒州治，孝昌中廢。北齊天保七年置恒安鎮，尋改置太平縣。後周改曰雲中，屬朔州。隋改爲雲内，屬馬邑郡，後徙。唐初爲北恒州治，貞觀十四年於恒安鎮改置定襄縣，爲雲州治。永淳元年州、縣俱廢。開元十八年

置雲中縣，爲雲州治。遼重熙十七年析雲中置大同縣，爲西京大同府治。金因之。元至元二年省雲中入大同，爲大同路治。明爲大同府治，本朝因之。

豐鎮廳。在府治北邊墻外一百里。東西距二百三十里，南北距二百二十里。東至直隸宣化府張家口理事廳界二百里，西至朔平府寧遠廳界三十里，南至大同縣界二十里，北至察哈爾正紅旗、正黄旗遊牧地界二百里。東南至天鎮縣界二百三十里，西南至寧遠廳界二十五里，東北至察哈爾正黄旗草地界二百一十里，西北至寧遠廳界三十里。本朝初爲蒙古察哈爾地及太僕寺牧廠。雍正三年隸直隸宣化府張家口理事廳管理，十三年改隸山西省，設豐川衛，並設鎮寧所。乾隆十五年裁衛所，改設豐鎮廳，屬大同府，移舊駐陽高縣之理事、通判駐此，三十三年改設同知。

懷仁縣。在府西南七十里。東西距六十里，南北距九十里。東至大同縣界三十里，西至朔平府左雲縣界三十里，南至山陰縣界三十里，北至左雲縣界六十里。東南至應州界三十里，西南至朔平府朔州界九十里，東北至大同縣界十里，西北至左雲縣界八十里。漢沙南縣，後魏時廢。隋開皇二年移雲内來治，屬馬邑郡，後廢。唐雲中縣地。遼析置懷仁縣，屬大同府。金貞祐二年升爲雲州。元復曰懷仁縣，屬大同路。明屬大同府，本朝因之。

渾源州。在府東南一百二十里。東西距九十五里，南北距二百十里。東至廣靈縣界四十里，西至應州界五十五里，南至代州繁峙縣界九十里，北至大同縣界一百二十里。東南至靈丘縣界一百十里，西南至繁峙縣界八十里，東北至陽高縣界一百五十里，西北至懷仁縣界七十里。漢置崞縣，屬雁門郡。後漢及晉初因之。永嘉五年割入於代。後魏改爲崞山縣，天平二年改屬繁峙郡，後周廢。隋爲雲内縣地。唐爲雲中縣地，後分置渾源縣，屬應州。五代晉初隨州入遼，遼因之。金貞祐二年於縣置渾源州。元至元四年省渾源縣入州，屬大同路。明屬大同府，本朝因之。

應州。在府南一百二十里。東西距七十五里，南北距七十五里。東至渾源州界四十里，西至山陰縣界三十里，南至代州繁峙縣界四十里，北至大同縣界三十五里。東南至繁峙縣界五十里，西南至繁峙縣界五十五里，東北至大同縣界四十里，西北至懷

仁縣界三十里。漢置劇陽縣，屬雁門郡。後漢因之，晉省。後魏爲桑乾郡地，隋爲馬邑郡地，唐爲馬邑縣地。五代唐明宗置金城縣，兼置應州。天成元年升爲彰國軍節度。晉天福元年入遼，遼因之，屬西京道。宋宣和五年屬雲中路。尋入金，亦曰應州、彰國軍節度，仍屬西京路。元曰應州，屬大同路。明初省金城縣入州，屬大同府。本朝因之。

山陰縣。在府西南一百四十里。東西距五十五里，南北距八十里。東至應州界二十五里，西至朔平府朔州界三十里，南至代州界三十里，北至懷仁縣界五十里。東南至代州繁峙縣界九十里，西南至朔州界四十里，東北至應州界三十里，西北至朔州界二十五里。漢置浬陶縣，屬雁門郡。後漢及晉因之，後省。隋爲善陽縣地，唐爲馬邑縣地。遼置河陰縣，屬朔州。清寧中改屬應州。金大定七年改爲山陰縣，貞祐二年升爲忠州。元至元二年併入金城縣，後復置，仍屬應州。明屬大同府，本朝因之。

陽高縣。在府東北一百二十里。東西距八十五里，南北距一百四里。東至天鎮縣界二十五里，西至大同縣界六十里，南至大同縣界九十里，北至邊墻十四里。東南至天鎮縣界四十里，西南至大同縣界五十里，東北至天鎮縣界六十里，西北至大同縣界六十里。漢置高柳縣，屬代郡，爲西部都尉治。後漢爲代郡治，縣尋廢。晉復置。後魏永熙中於縣置高柳郡，北齊郡、縣俱省。遼置長青縣，屬大同府。金大定七年更名曰白登。元屬大同路。明洪武初省，二十六年改建陽和衛，屬山西行都指揮使司。嘉靖二十六年設大同東路。本朝改曰陽高衛。順治六年移大同府治於此，八年還故治。雍正三年改衛爲縣，屬大同府。乾隆三十三年改大同府同知爲通判駐此。

天鎮縣。在府東北一百八十里。東西距六十五里，南北距一百三十三里。東至直隸宣化府懷安縣界三十里，西至陽高縣界三十五里，南至廣靈縣界一百十三里，北至邊墻二十里。東南至宣化府西寧縣界八十里，西南至陽高縣界四十里，東北至懷安縣界四十五里，西北至陽高縣界二十里。漢置陽原縣，屬代郡。後漢省。後魏道武帝置廣牧縣，後爲塞外地。唐置天成軍。遼置天成縣，屬大同府。金曰天城。元初復故名，屬宣德府。中統三年改屬興和路。明洪武四年縣改屬大同府，尋廢。二十六年置

天成、鎮虜二衛〔一〕，屬山西行都指揮使司。本朝改曰天鎮衛，雍正三年改衛爲縣，屬大同府。

廣靈縣。在府東南二百四十里。東西距八十七里，南北距八十里。東至直隸宣化府蔚州界二十七里，西至渾源州界六十里，南至靈丘縣界四十里，北至宣化府西寧縣界四十里。東南至蔚州界七十里，西南至靈丘縣界七十里，東北至西寧縣界八十里，西北至陽高縣界一百二十里。漢置平舒縣，屬代郡。後漢、晉及後魏因之。孝昌中陷，天平中復置，兼置上谷郡。北齊并省入靈丘縣。唐爲興唐縣地。五代後唐同光初析置廣陵縣，屬蔚州。遼因之。金改曰廣靈，仍屬蔚州。元、明因之。本朝雍正三年改屬大同府。

靈丘縣。在府東南二百七十里。東西距八十里，南北距一百七十里。東至直隸易州廣昌縣界四十里，西至渾源州界四十里，南至直隸正定府阜平縣界一百三十里，北至廣靈縣界四十里。東南至直隸保定府唐縣界二百里，西南至代州繁峙縣界六十里，東北至直隸宣化府蔚州界五十里，西北至渾源州界四十里。漢置靈丘縣，屬代郡。後漢省，後魏復置。天平二年兼置靈丘郡。後周又置蔚州。隋開皇三年郡廢，大業二年州廢，屬鴈門郡。唐武德六年復置蔚州，僑治陽曲縣，七年僑治繁峙縣，八年僑治秀容之北恒州城，縣皆隨州寄治。貞觀五年破突厥，復故地，還治靈丘縣。天寶初移蔚州治安邊縣，以靈丘縣屬焉。遼及金初因之，貞祐二年升爲成州，四年割爲代州支郡。元復曰靈丘縣，屬蔚州。明因之。本朝雍正三年屬大同府。

形勢

北臨廣野，延亘千里，封略之内，南北錯居。太平寰宇記。東連上谷，南達并、恒，西界黄河，北控

沙漠，爲邊郡之要衝。府志。

風俗

其民鄙樸，少禮文，好射獵。漢書地理志。質直淳厚。圖書編。俗尚武藝，信義相先。舊志。士人勁直，率矜名節、飭廉隅，猶存忠厚之風。府志。

城池

大同府城。周十三里，門四，池廣一丈五尺。明洪武中因舊土城甃甎。城東、南、北各有小城，周五里，門三，明景泰、天順間築。本朝順治八年修，乾隆十年重修。大同縣附郭。

懷仁縣城。周三里有奇，門二，池廣一丈八尺。明洪武中因土城增築，萬曆間甃甎。本朝增修。

渾源州城。周四里有奇，門三，池廣二丈。後唐時土築，明萬曆中甃甎。本朝順治六年修，乾隆三十二年重修。

應州城。周五里有奇，門三，池廣二丈。明洪武中土築，隆慶中甃甎。本朝順治十二年修，康熙元年、乾隆十一年重修。

山陰縣城。周四里有奇，門三，池廣二丈。宋時土築，明隆慶中甃甎。本朝乾隆二十八年修。

陽高縣城。周九里有奇，門三，池深三丈。明洪武中土築，崇禎中甃甎。本朝乾隆十二年修。

天鎮縣城。周九里有奇，門四，有池。明洪武中因舊城土築，萬曆中修。本朝乾隆十二年重修。

廣靈縣城。周三里有奇，門二，池廣三丈。後唐時土築，明萬曆中甃甎。本朝順治六年修。

靈丘縣城。周四里有奇，門二，池廣三丈。唐開元中土築，明萬曆中甃甎。本朝順治十二年修，乾隆十三年重修。

學校

大同府學。在府治東南。舊在府治東，即遼、金西京國子監，明洪武中改建。本朝順治十二年修。入學原額二十名，乾隆五十四年裁撥霍州靈石縣三名。

大同縣學。在縣治西北隅。舊與府學一區，明萬曆初徙建今所。本朝康熙五十六年修。入學額數十五名。

懷仁縣學。在縣治西北隅。舊在城東門外，明洪武中徙建今所。本朝順治、康熙間屢修。入學額數八名。

渾源州學。在州治西。元皇慶初建。本朝順治六年修。入學額數十二名。

應州學。在州治西南。舊在城西北隅，遼清寧間建，明洪武中徙建今所。本朝順治十一年修，康熙四十年重修。入學額數十二名。

山陰縣學。在縣治西。宋建，明嘉靖中增修。本朝初重修。入學額數八名。

陽高縣學。在縣治東。舊在高山衛東偏，明成化中建，萬曆中移建今所。本朝順治間修，康熙二十六年重修。向爲衛學，雍正三年改設。入學額數八名。

天鎮縣學。在縣治東。明成化中建。本朝康熙八年修，五十五年重修。向爲衛學，雍正三年改設。入學額數八名。

廣靈縣學。在縣治西北。明洪武初建，在縣治西，後徙今所。本朝順治十四年修。入學額數八名。

靈丘縣學。在縣治東。金貞祐間建。本朝順治十七年修，康熙十七年重修。入學額數八名。

雲中書院。在府治東。明御史陳文燧建。

延陵書院。在廣靈縣城内西北隅。本朝乾隆二十五年建。按：舊志載務學書院，在府治西南，明弘治中朱仕垙構此〔二〕，以貯御賜書籍，賜額務學；翠屏書院，在渾源州南七里翠屏山，金狀元劉撝、右丞蘇保衡講學處；石溪書院，在渾源州治北七里，明正德間巡撫石玠建。今並廢，謹附記。

户口

原額人丁四萬五千二百二十二，今滋生男婦共七十六萬四千九百二十三名口，計一十三萬三千六百五十五户。

田賦

田地五萬一千二百八十二頃一十八畝六分有奇，額徵地丁正、雜銀一十一萬二千六百三十兩

八錢三分一釐，糧一萬四千九百七石八斗一升有奇。

山川

紇真山。在大同縣東，亦名紇干山。隋書地理志：雲内縣有紇真山。元和志：在雲中縣南三十里，蕃語「紇真」，漢言三十里。寰宇記：冀州圖云：「登之望桑乾、代郡數百里，夏恒積雪，故彼人語曰：紇真山頭凍死雀。」又有神泉，人歌曰：「紇真山頭有神井，入地千尺絶骨冷。」

奚望山。在大同縣東。金史地理志：大同縣有奚望山。寰宇記：在雲中縣東一百里。

白登山。在大同縣東，一名白登臺。漢書匈奴傳：高帝自將兵擊冒頓，先至平城，冒頓縱精兵圍高帝於白登七日。顔師古曰：「白登在平城東南十餘里。」服虔曰：「白登去縣七里。」魏書本紀：太祖天興二年起鹿苑於南臺陰，北距長城，東包白登。太宗永興五年大閲於東郊，帝臨白登，躬自校覽。泰常四年築宫於白登山。水經注：今平城東十七里有臺，即白登臺，臺南對岡阜即白登山。括地志：白登山，在定襄縣東三十里。元和志：在雲中縣東北三十里。

七峰山。在大同縣西南四十五里，又名玉龍山。有石洞、天橋。

禪房山。在大同縣西南六十里，周六里。上有寺塔，皆創自遼。

火山。在大同縣西。水經注：火山上有火井，南北六十七步，廣減尺許，源深不見底，炎勢上升，常若微雷發響，以草内之則煙騰火發，山亦名熒臺。火井東五六尺有湯井，廣輪與火井相狀，勢熱又同，以草内之則不燃，皆霑濡露結，故俗以湯井爲目。山井北百餘步有東西谷，廣十許步。南岸下有風穴，厥大容人，其深不測，穴中肅肅常有微風，雖三伏盛暑，寒吹淩人，不可暫停。山

出鵽烏，形類鵶，純黑姣好，繢采紺發，觜若丹砂，性馴良而易附，曰赤觜烏，亦曰阿鵽。元和志：火山在雲中縣西五里。

武州山。在大同縣西，一名武周山。魏土地記：平城宫西三十里有武州塞口〔三〕。隋書地理志：雲内縣有武周山。寰宇記引冀州圖云：山東西數百里，南北五十里，山之南面壁立千仞。舊志：在縣西二十里。

雷公山。在大同縣西北十五里，周三十里。上有雷公廟及龍亭，旱禱輒應。

神山。在大同縣北四十里。

方山。在大同縣北，一名方嶺。魏書高祖紀：太和三年六月起文石室、靈泉殿於方山。八月乙亥幸方山，起思遠佛寺。水經注：羊水又東注如渾水，亂流逕方嶺。通鑑注：方山在平城西北如渾水上。舊志：在縣北五十里。

採掠山。在大同縣東北。金史地理志：白登縣有採掠山〔四〕。舊志：在縣東北四十里，一名采藥山，其山多産藥材。

豺山。在大同縣東北塞外。魏書太祖紀：天興六年七月築離宫於豺山，天賜元年十二月幸豺山宫。

蘆子山。在懷仁縣西南十五里，盤迴八十三里。舊有鐵冶。

小峪山。在懷仁縣西南二十里。上有張萬户洞。

牙余山。在懷仁縣西南三十五里。相近爲紅山谷，中有捨身崖。

大峪山。在懷仁縣西南四十里。峪闊可行車，南通雁門等關，西通左雲縣。

金仙山。在懷仁縣西南五十里。上有金仙洞，洞南爲滴水崖，石壁有孔，日滴水數瓢，可供數人之飲。

燕家山。在懷仁縣西南六十里。上有洞。

金龍山。在懷仁縣西南七十里。金史地理志：懷仁縣有金龍山。舊志：周三十六里，有泉，相傳與馬邑金龍池脈相通，

故名。

清涼山。在懷仁縣西十五里。金史地理志：懷仁縣有清涼山。明統志：舊有甎塔及利國鐵冶，山之西有寒泉。

石井山。在懷仁縣西十五里。峪中有石井。

錦屏山。在懷仁縣西二十五里。金史地理志：懷仁縣有錦屏山。明統志：峰巒聳翠，舊有瓷窑及鐵冶。

鵝毛口山。在懷仁縣西北十五里，西通左雲、右玉二縣。

得勝山。在懷仁縣西北二十里。峻石崎嶇，明隆慶中鑿砌石梯數里。

陳家峪山。在懷仁縣西北二十里。舊志：相傳宋楊業駐兵處。

團山。在懷仁縣西北二十五里，周四十七里。

玉龍山。在懷仁縣西北四十里。七峰並列，有青石盤旋至巔，如龍狀。壁有玉龍洞，上有鐵瓦覆之，登者援鐵索履浮木而上，下覷諸山若淩空然。中有恒嶽行宫，山巖聳出，風雨不侵，誠天建也。

五峰山。在渾源州東三十里。山形如掌，上有五峰觀，觀有三洞。

柏山。在渾源州東南十里，與恒嶽相接。山高多柏，頂有惠嶺，亦曰秀嶺，下有黑龍池，雲興即雨。

恒山。在渾源州東南二十里，即北嶽。水經注：崞山縣南面玄嶽〔五〕。括地志：北嶽有五别名，一曰蘭臺府，二曰列女宫，三曰華陽臺，四曰紫薇宫，五曰太乙宫，釋家謂之青峰埵，水經謂之玄嶽，又名陰嶽、紫嶽。恒嶽志：山之最高勝者無踰嶽頂，亦名天峰嶺。入山之逕，自山門東北行三里許曰步雲路，石徑盤紆。又三里爲望仙嶺，有望仙亭。又三里爲虎風口，路益陡峻。相近爲紫芝峪，又有太尉祠，祠上爲白龍洞。山之東峰爲琴棋臺，一峰突出，旁有石几。自臺而下，折東稍北爲會仙府，左有集仙洞。府東有白虎峰，相近有白雲堂。又有夕陽巖，在琴棋臺之東。崖下爲通玄谷，旁有潛龍二泉，相距尺許，一甘一苦，飲浴可愈

疾。又有果老嶺，延亘峻險。自琴棋臺而南有翠雪亭，亭下爲自在林，萬松攢植。按：恒山，漢書地理志以爲在上曲陽，歷代諸志皆因之，尚書、周禮注疏亦云。自漢宣帝神爵元年祀北嶽常山於曲陽，唐、宋祀典皆在定州，至宋始有恒山没於遼，從曲陽縣望祀之説。明人乃定渾源之玄嶽爲恒山，弘治六年馬文升請釐正祀典，乃修治渾源州舊廟，而秩祀尚在曲陽。本朝順治十七年始改嶽祭於渾源。

孫臏山。在渾源州東南六十里。南麓有千佛洞，皆鑿石而成。

翠屏山。在渾源州南七里。秀麗如畫屏，滱水出其東麓。一名高氏山，亦作高是。山海經：高是之山，滱水出焉。水經注：滱水出靈丘縣西北高氏山〔六〕，山上有石銘，題言「冀州北界」，故世謂之石銘陘。元和志：石銘陘嶺，在靈丘縣西北八十里。寰宇記：高是山，在靈丘縣西北七十里。按：是山古屬靈丘，今屬渾源，渾源唐末始置縣，其東南大率皆靈丘縣地。

龍山。在渾源州西南四十里，亦名封龍山。其絶頂曰萱草坡，翠杉蒼檜，千尺淩雲。魏書太宗紀：泰常二年司馬順之入常山，遂聚黨於封龍山。舊志：夏時雨過，山氣上騰如龍，故名。金末李治、元好問、張德輝常游此山，時號龍山三老。

鳳凰山。在渾源州西北七里。山形如鳳凰，神溪水發源其麓。

崞山。在渾源州西北二十里，漢以此山名縣。魏書世祖紀：太平真君二年葬惠太后於崞山。水經注：崞山縣右背崞山。舊志：有横山在州西二十里，南北横亘，隱如城郭，故崞縣在其左，即故崞山矣。

晝錦山。在渾源州西北二十二里。以元尚書孫公亮居其下，故名。其相接者曰馬鞍山。

龍角山。在渾源州北二十里。雙峰並峙，狀如龍角。

翠微山。在應州東南三十里。山色極翠秀。又雲山，在州東南四十里，周五十八里。

茹越山。在應州南四十里。屏列如壁，林木深秀，中有書堂巖。其山與代州繁峙縣接界。

龍灣山。在應州西南四十里，一名南山，周六十三里。有龍灣峪。

香峰山。在應州西南四十里。上有石甃井。

龍首山。在應州東北三十里，一名邊耀山。高峰相接，長二十餘里，上有神農廟。

香山。在山陰縣南三十里，高一千二百餘丈，周一百餘里。三峰秀起，松石蒼翠。

龍門山。在山陰縣南三十里，周八十三里，一名隘門山。上有御射臺，後魏文成帝常較射於此。

復宿山。在山陰縣南。金史地理志：金城縣有復宿山。府志謂之佛宿山，金王拱碑云：文殊大師留宿處。在縣南三十五里，接代州界，俗名草垛山。

黄花山。在山陰縣北。即古黄瓜堆。魏書序紀：穆帝六年於㶟水之陽黄瓜堆築新平城。水經注：桑乾水東南逕黄瓜阜西，又逕其堆南。北齊書文宣紀：天保五年茹茹寇肆州，帝自晉陽討之，至恒州黄瓜堆。通鑑：唐垂拱三年黑齒常之大破突厥於黄花堆。金史地理志：山陰縣有黄花嶺〔七〕。舊志謂之黄花山，在縣北四十里，東接應州，北接懷仁縣界。

𤜶羊山。在陽高縣東。魏書太祖紀：天賜四年五月北巡，自參合陂東過𤜶羊山。通鑑：晉太元二十年燕主垂遣太子寶伐魏，魏軍至參合陂西，燕軍在陂東，營於𤜶羊山南水上。

雁門山。在陽高縣西北邊墻外。山海經：碣石之山，又北，水行五百里，至於雁門之山。郭璞曰：「在高柳北。」水經注：其山重巒疊巘，霞舉雲高，連山隱隱，東出遼塞。

盆山。在天鎮縣東十里。其形如盆，上有石洞。

晚霞山。在天鎮縣東南二十里。形似蓮花，又名蓮花山。

神頭山。在天鎮縣東南六十里。尖峰聳立。

孤峰山。在天鎮縣南二十里。平地突起，上有風神廟。

福禄山。在天鎮縣東北十里。

二郎山。在天鎮縣東北十五里。有泉不盈不涸，取之不竭，泉上有廟，祈禱輒應。

壺山。在廣靈縣東一里。壺流河繞其下，故名。

飛鳳山。在廣靈縣東二十里。平地一岡突起，軒如翔鳳。下有西馬莊，元侍郎龐清居此，清常仕洗馬，故以官名莊，今訛「洗」爲「西」。

加斗山。在廣靈縣東南二十里，周一百二十里。層巒突起，高出雲表，一名神峰山，上有圮城。

玉峰山。在廣靈縣南一里。兩峰突出如玉，一名遇逢山，俗傳遇仙人采藥於此。

直峪山。在廣靈縣南十五里。

天井山。在廣靈縣西南二十里。上有石井。

林管山。在廣靈縣西南四十里，一名林關山，周三十六里，爲西南咽喉。山下有石夾泉，下流數里出口。

社臺山。在廣靈縣西關内。石岡如臺，故名。

鞍子山。在廣靈縣西三里。兩阜相連，其狀如鞍。

石梯山。在廣靈縣西二十里。爲驛路所經，自麓至嶺，石階天然，明嘉靖中高仲寶修葺，遂爲坦途。

黄龍山。在廣靈縣西三十里。相傳有黄龍見此。

白羊山。在廣靈縣西五十里，周二十六里。中有泉，湍瀑聲如唾玉，名曰瑞泉。

望狐山。在廣靈縣西六十里，周三十二里。

千福山。在廣靈縣西北五里。出花斑石。舊志：一名千夫山，相傳前代遣千夫取石，祠而禱之，今神祠尚存，民常祈福於此。

九層山。在廣靈縣西北二十五里。山有九層，因名。

六楞山。在廣靈縣西北七十里。前後各垂三脊，峻險幽深。

巧八山。在廣靈縣北二十里。一山居中，四圍七山相向。

牛欄堝山。在廣靈縣北三十里，周圍有天生石欄。

平頂山。在廣靈縣北三十里，周四十里。山頂方平，故名。

老山。在廣靈縣東北三里，一名翠山。其山皆石，百草環生，若點翠然。

瓦房山。在廣靈縣東北四十里，周五十三里。形如瓦屋。

樺山。在廣靈縣東北四十里，一名樺澗嶺。多産樺樹，上有三岔砦。

孤山。在靈丘縣東十八里。

三山。在靈丘縣東二十五里。三峰巍峙。

隘門山。在靈丘縣東南，周二十里。水經注：滱水自縣南流入峽，謂之隘門，設隘於峽以譏禁行旅，高峰隱天，深溪埒谷。寰宇記：隘門山，亦曰隘口，今呼爲龍門，在縣東南十五里，壁立直上，層崖刺天，有古道極陋，後魏明元帝置義倉之所。

太白山。在靈丘縣南十里。元和志：有鍾乳穴，其深不測，仰望穴中乳如懸穗。舊志：在縣南二十里，高十五里，周七十五里，迴繞十八盤，雪積春暮不消。

枚迴山。在靈丘縣西。元和志：滋水出靈丘縣枚迴山。寰宇記：土地記云鹵城東三十八里有枚迴嶺，北與高是山連麓接勢，通爲高是山。

花山。在靈丘縣西北十二里。春花特盛。

聖水山。在靈丘縣北三十里，周三十二里。山下有泉，旱禱輒應，亦名龍泉山。按：省郡各志並載聖水山在縣西北，龍泉山在縣北，其實一山也，今據邑志删正。

惡道山。在靈丘縣東北二十里。路險峻難行。

雙化嶺。在大同縣西三十里，盤踞百餘里。府志：世傳有二僧同化於此，嶺西有古寺。

野狐嶺。在大同縣西北二十里。遼史興宗紀：重熙六年夏四月獵野狐嶺。元史穆瑚黎傳：穆瑚黎從太祖伐金，金兵四十萬陣野狐嶺北，穆瑚黎率敢死士大呼陷陣，帝麾諸軍並進，大敗金兵。「穆瑚黎」舊作「木華黎」，今改正。

槍鋒嶺。在渾源州東南五十里。

枳兒嶺。在天鎮縣東三十里。

斷駕嶺。在廣靈縣西四十里。

迴嶺。在廣靈縣西五十里。又有馬蹄嶺，亦在縣西五十里。

火燒嶺。在廣靈縣西北五十里。赤崖爛然，與椑山皆稱險峻。

銀釵嶺。在靈丘縣東二十五里，周三十里，接直隸易州廣昌縣界。兩傍高山卓峙，如立釵然。

玉華峰。在渾源州南十里恒山之左。雙峰聳翠，形如削玉。

化悲巖。在山陰縣西南，接朔州界。兩峰壁立，東巖有石穴頗深廣，中有北嶽祠，中溜聖水，滴日盈缶，以禜雨奇驗。縣志：相傳有樵夫夏初采薪，至巖窟見二仙對弈，樵夫留薪窟中，歸告諸父老，伐木鑿石，構祠四楹。

趙霸岡。在應州東二十五里，南濱渾河。

護駕岡。在應州南三十里。相傳魏孝文帝駐蹕於此。

卧龍岡。在廣靈縣北八里。山脈蜿蜒自西而來，凝結東向，與龍虎巖對峙左右，宛然二龍。每夏時平地有光上浮若引練，貫二山之麓，冬、春則不復見。

大石峪。在應州東南三十里。相近又有小石峪，皆南通代州繁峙縣。

箭桿峪。在應州西南四十里。相近又有明福〔八〕、劉家、神堂等峪。

東安峪。在應州西南五十五里。又西五里有西安峪。

神峪。在陽高縣西北邊墻外，去守口峪十五里。山阜有穴，俗名風洞，邃不可測，有石板掩口之半。

白狼堆。在應州西北。水經注：㶟水又東北逕白狼堆南，魏道武帝於是遇白狼之瑞，故斯阜納稱焉。阜上有故宫廟樓榭，基雉尚崇，每至鷹隼之秋、羽獵之日，肆閱清野，爲升眺逸地。

沙陵。在陽高縣南。水經注：㶟水又東逕沙陵南，魏金田之地。

如渾水。在大同縣東北四十里。自塞外南流入，又南至縣東南入桑乾河，今名御河。水經注：如渾水出涼城旋鴻縣西

南五十餘里〔九〕，東流逕故城南，又東合旋鴻池水，東南流逕永固縣，右會羊水，又南至靈泉池，又南逕北宫下，又南分爲二水，一水西出，南屈入北苑中，歷諸池沼，又南逕虎圈東，又逕平城西郭内，又屈逕平城縣故城南，夾御路南流，逕蓬臺西，又南逕皇舅寺西，又南逕永寧七級浮圖西，又南繞出郊郭，又南逕白登山西，又逕寧先宫東，又南逕平城縣故城東，自北苑南出，歷京城内，又南逕籍田及藥圃西、明堂東，又南與武周川水會，又南流逕班氏縣故城東，又東南流注於㶟水。府志：御河源出府東北邊墻外葫蘆海，經得勝堡東、宏賜堡西，過府東門外，又南流與武周川合，又東南至縣東南三十里注桑乾河。

武周塞水。在懷仁縣南七十里。源出縣西新莊村，東流逕薛家莊，又東流至縣東南入桑乾河，一名新莊河，又名南河。水經注：武周塞水出故城東，東南流出山，逕日没城南，又東流右注桑乾水。

武周川水。自朔平府左雲縣東流入懷仁縣北，又東南流至大同縣東南入御河，今名十里河。水經注：武周川水又東北右合黄山水，又東逕故亭北，右合火山西谿水，又東南流，水側有石祇洹舍并諸窟室，又東轉逕靈巖南，又東南流出山，又東逕平城縣南，東南流注如渾水〔一〇〕。

亂嶺關水。在渾源州東四十里，西流入渾河。

遠望峪水。在渾源州東南十里。出遠望峪，西北流入渾河。

温泉水。在渾源州東南一百里，西南流入滱水。水經注：温泉水出西北暄谷，其水温熱若湯，能愈百疾，東南流經興豆亭北，又東注於滱水。

滱水。在渾源州南。出翠屏山，東南流入靈丘縣，又東南流入直隸易州廣昌縣界，即古嘔夷水。周禮職方：并州川曰嘔夷。漢書地理志：靈丘縣有滱河，東至文安入大河，過郡五，行九百四十里，并州川。水經注：滱水出靈丘縣高氏山，即温夷水也，南逕候塘，又東合温泉水，又東莎泉水注之，又東逕靈丘縣故城南，又自縣南流入峽，謂之隘門，歷南山沿澗西轉，逕御射臺南，

又西流南轉東屈，逕北海王詳之石碣南。元和志：嘔夷水，一名滱水，出靈丘縣西北高氏山，遼史謂之渾源川，今名唐河。

磁窑峽水。在渾源州南十里，北流入渾河。

李峪水。在渾源州西南十里，北流入渾河。

淩雲口水。在渾源州西南三十里，北流入渾河。

神谿水。在渾源州西北鳳凰山下。水中有孤石，方一畝，高丈餘，上有律呂神祠。又乳泉水，在州西二十里，一名西神谿水，俱流入渾河。

崞川水。在渾源州東北二十里。流逕州西南麻家莊，又西至應州西安鎮，折而北入桑乾河。水經注：崞川水出崞山縣故城南，又西出山謂之崞口，北流逕繁峙故城東，又北逕劇陽縣故城西，又東注於㶟水。

石峪水。在應州東南三十里。有大石峪、小石峪二水，合而北流，逕州城東北，又北合渾河，入桑乾河。

桑乾水。自朔平府馬邑縣東北流入山陰縣界，又東北流逕應州界，又東北流逕大同縣東南五十里，又東流入陽高縣界，又東流入天鎮縣界，又東流入直隸宣化府懷安縣界，自應州東亦稱㶟水。水經注：桑乾水又東左合武周塞水，又東南逕黄瓜阜西，又屈逕其堆南，又東右合枝津，又東北逕魏亭西，又東北逕白狼堆，又東逕巨魏亭北〔一〕，又東崞川注之，又東逕班氏縣南，如渾水注之，又東北逕平邑縣故城南，又東逕沙陵南，又東逕狋氏縣故城北，又東逕道人縣故城南，又東逕陽原縣故城南。

敦水。在陽高縣南。東北流入天鎮縣西，入雁門水。山海經：少咸之山，敦水出焉，東流注於雁門之水。水經注：敦水導源西北少咸之山南麓，東流逕參合縣故城南，又東㴲水注之，東北注雁門水。

雁門水。源出陽高縣西北邊墻外，東南流入陽高縣北，又東流入天鎮縣界，又東流入直隸宣化府懷安縣界。水經注：雁門水出雁門山，東南流逕高柳縣故城北，又東南流逕𠮟嶮城，又東南流屈而東北積爲潭，敦水注之，又東北入陽門山，謂之陽門水，

與神泉合，又東逕西伺道城北，又東託台谷水注之。

託台谷水。在天鎮縣西南，東北流入雁門水。水經注：託台谷水，上承神泉於葦壁北，東逕陽門山南託台谷，謂之託台水，東逕三會城南，又南逕託台亭北，又東北逕馬頭亭北，又東北注雁門水。

延鄉水。在天鎮縣西北邊墻外。水經注：延鄉水出延陵縣西山，東逕延陵縣故城北，俗謂之琦城川，又東逕羅亭，又東逕馬城北，又東注修水。

于延水。在天鎮縣北，一名修水，一名東洋河。源出縣北邊墻外，東南流至縣東北，又東南流入直隸宣化府懷安縣界。山海經：梁渠之山，修水出焉。漢書地理志：代郡且如縣有于延水。水經注：于延水出塞外柔玄鎮西長川城南小山，東南流逕且如縣故城南，即修水也。又東南逕馬城縣故城北，俗謂是水爲河頭。又東逕零丁城南，右合延鄉水。

祁夷水。在廣靈縣南關外。鄭康成、顏師古以此爲嘔夷川，今名壺流河。源出縣西三十里，東流入直隸蔚州界。漢書地理志：代郡平舒縣有祁夷水，北至桑乾入沽。水經注：祁夷水出平舒縣東，逕平舒縣之故城南澤中，其水控引衆泉，以成一川，東北逕蘭亭南，又東北逕石門關北，又東北流，水側有故代王魚池。

豐水。在靈丘縣東南二十里。平地上亂泉湧出，上建豐水神祠，東流爲葫蘆河。

滋水。在靈丘縣西南二十里。源出枚迴山，一名莎泉水，東流入唐河。水經注：莎泉水東南入於滱水。元和志：滋水出縣西枚迴山，懸流五丈，激湍之聲響動山谷，樵伐之士咸由此渡，巨木淪渚久方出，或落崖石，無不粉碎。

水磨河。在大同縣東門外。源出平地，東流入桑乾。

大峪河。在懷仁縣南四十里。又北十里有薛家河，又北五里有小峪河，俱流入桑乾河。

渾源河。在渾源州東南十里。源出漢土峪〔一二〕，分流繞城北，西流匯爲大澤，又西流匯神谿水，折而西北，至應州龍首

山，又折而北入桑乾河。

黄水河。在應州西南。自朔平府馬邑縣東北流入山陰縣界，又東北流入州西北八里入桑乾河，即古㶟水也。

清水河。在應州西北，東南流逕黄瓜堆北，東流入桑乾河。

木瓜河。在應州西北二十里，東流入桑乾河。

白泥河。在山陰縣東，一名白迷河。源出縣東南界榆林峪，東北流入應州界曰盆子峪河。

天河。在天鎮縣南一里。流至城北，常泥淖不易過，故名。

枕頭河。在廣靈縣南。源出翟家疃，形類角枕，東注壺流河。

黑龍河。在靈丘縣西四十里。源出黑龍谷，上建黑龍池廟，南入滱水。

鎮子海。在懷仁縣東南十五里，周迴四十五里。西北有泉，深不可測。縣志：鎮子海，居人決水導流於桑乾河，今水涸皆爲禾黍之地。

靈泉池。在大同縣城北。魏書孝文紀：太和九年六月幸方山，遂幸靈泉池。水經注：池東西一百步，南北二百步，舊名白楊泉。泉上出白楊樹，因名。南面舊京，北背方嶺，左右山源，亭觀綉峙。

旋鴻池。在大同縣北邊墻外。魏書孝文紀：太和十八年八月車駕次旋鴻池。水經注：旋鴻水出涼城旋鴻縣東山下，水即成池，北引魚水，水出魚谿，南流注池，池水吐納川流，以成巨沼，東西二里，南北四里，北對涼州地之南池，池方五十里，俗名乞伏袁池，西南流經旋鴻縣南，右合如渾水。

龍池。在應州西南四十里龍灣山下。州志：元大德三年道士張志通砌石立亭其上，旱禱有驗。

集興疃池。在廣靈縣南五里。其水清湛，冬、夏不竭，注壺流河。

作疃池。在廣靈縣西。水從西山底出，深不可測。

石窟寒泉。在大同縣西三十五里武州山。峪中有石窟寺，故名。流至府城南注如渾水。

灰泉。在懷仁縣東二十五里。源深不可測，每歲冬邊外燒荒草，灰自泉湧出。

聖水泉。有二，一在懷仁縣東南海子村北一里許，平地湧出；一在應州東三十里，冬、夏不竭。

唐泉。在應州東安邊鎮。自石澗流出，下入渾河。

馬跑泉。在應州南四十里朗嶺關下。

何家泉。在山陰縣南三十里復宿山下。又沙家泉，在縣西北四十里，一泉三眼，水白而甘，又稱神泉。

灑雨泉。在廣靈縣南十五里，一名滋雨泉。出直峪山之崖孔間。又二十五里有勒漢砦，百家泉出焉〔一三〕，濬源林管山下，俱入壺流河。府志：灑雨泉，在直峪山，源自石孔出，遇旱使數婦人潑灑之遂雨。北注枕頭河，東入壺流河。

一斗泉。在廣靈縣西北二十五里。名勝志：九層山有泉，水僅斗許，可供百餘家，名一斗泉。

滴水崖泉。在廣靈縣北二十里。名勝志：巧八山有滴水崖，泉自穴中出，滴水成池。

白水濼。在天鎮縣西北。遼史天祚紀：保大元年三月聞金師將出嶺西，遂趨白水濼。三年四月金兵送族屬輜重東行，乃遣兵邀戰於白水濼。金史太宗子杲傳：天輔五年四月復取西京，杲率大軍趨白水濼，分遣諸將招撫未降州郡及諸部族。

羊城濼。在天鎮縣北。金史太宗子杲傳：天輔五年，杲約宗翰會奚王嶺定議〔一四〕，杲出青嶺，宗翰出瓢嶺，期羊城濼會軍。時遼主在草濼，宗翰與宗幹率精兵六千襲之，遼主西走。

鴉兒匯。在廣靈縣西南四里。鴉多飲啄於此，中有古冰，人感寒疾者取飲之，汗出即愈，諺云「壽民丹水」。

温湯。在大同縣西南五里。北史魏常爽傳：爽置館於温水之右，教授門徒。

雙井。在懷仁縣西南一百十里。平地湧泉，今砌爲二井。

覺山井。在靈丘縣東南三十里。井在山中，深三百尺。

古蹟

平城故城。在大同縣東。史記漢高祖本紀：七年匈奴攻韓王信，因與同反，高祖自往擊之，至平城，匈奴圍平城七日而後罷去。後漢書明帝紀：永平十六年騎都尉來苗出平城伐北匈奴。魏書：穆帝六年修故平城，以爲南都。太祖天興元年遷都平城，始營宮室，建宗廟，立社稷。太宗泰常七年築平城外郭，周圍三十二里。元和志：雲州，本漢雁門郡之平城縣。漢末大亂，自定襄以西遂空，曹公鳩集荒散，復立平城縣，屬新興郡，晉改屬雁門郡。後劉琨表封猗盧爲代王，都平城，後魏道武帝遂於此建都。東至上谷軍都關，西至河，南至中山隘門塞，北至五原，地方千里，以爲甸服。孝文帝改爲司州牧，置代尹，遷都洛邑，改置恒州。孝昌之際，代北盡爲丘墟。高齊文宣天保七年置恒安鎮，徙豪傑三十家以實之，今名東州城。其年廢鎮，又置恒州。周武平齊，州、郡並廢，以其所置恒安鎮屬朔州。自周迄隋仍爲鎮。唐武德四年平劉武周，置北恒州，七年廢。貞觀十四年自朔州北界定襄城移雲州及定襄縣於此，後爲默啜所破〔一五〕，移百姓於朔州。開元十八年復置雲州及雲中縣。遼史地理志：晉高祖代唐，以契丹有援立功，割山前代北地爲賂。大同來屬，因建西京，又析雲中置大同縣。金史地理志：大同縣有平城，外郭。元史地理志：大同路大同縣，至元二年省西縣入焉。蓋即雲中，以在大同西也。城邑考：今大同城東五里無憂陂上有平城外郭，南北宛然，相

傳後魏時故址。舊志：平城有三，皆在冀北，一曰平城，漢高被圍之所，爲今大同；一曰新平城，拓拔猗盧所築，在今山陰縣北；一曰小平城，秦蒙驁所拔者，今朔州地。小平城見吞於秦，兩漢無聞。新平城見據於六修，後廢。獨平城，魏以爲都，後復爲鎮，稱京置府，至今顯焉。　按：遼史以大同爲本大同川地，考之唐中受降城西有大同川，去此甚遠，遼史誤。

班氏故城。在大同縣東南。漢置縣，屬代郡，後漢末省。水經注：如渾水南流逕班氏縣故城東，十三州志曰：「班氏縣在郡西南百里，北俗謂之去留城。」寰宇記：班氏故城，漢爲班氏縣，今廢城存。

定襄故城。在大同縣西北二十八里。唐置縣，屬雲州。　按：漢定襄郡城在今朔平府北塞外，此是唐定襄縣城，或以此爲漢郡城，非。

奉義故城。在大同縣北。遼置縣，金省爲鎮。遼史地理志：大同府奉義縣，本漢陶林縣地，後唐武皇與太祖會此，析雲中縣置。金史地理志：大同縣有奉義鎮。　按：漢陶林縣屬雲中郡，爲東部，在今朔平府北塞外，非今大同縣境，遼志誤。

雲内故城。在懷仁縣西南五十里。遼史地理志：懷仁縣，隋開皇二年移雲内縣於此。

懷仁故城。在今懷仁縣治西。遼置縣，因阿巴齊與晉王李克用會於東城，有懷想仁人之語，故縣取名。金貞祐二年徙今治。「阿巴齊」舊作「阿保機」，今改正。

崞縣故城。在渾源州西。漢置縣，屬雁門郡。漢末廢，晉復置。永嘉五年劉琨以繁時、崞縣等五縣地予拓拔猗盧，遂入於代，改曰崞山。東魏天平二年移治。水經注：崞山縣故城，王莽之崞張也，縣南面玄嶽、右肩崞山，處三山之中，故以崞張爲名。舊志：後魏崞山縣，唐末改爲渾源縣，故城在州西二十里横山左側。唐末以土地鹵濕，遷治東境，即今州治，故城墉址尚存。按：通典、元和志、舊唐書地理志、寰宇記皆以崞爲漢舊縣，惟文獻通考以爲隋縣。隋書地理志雁門郡崞縣，後魏置，曰石城縣。開皇十年改曰平寇，大業初改爲崞縣。魏書地形志石城縣屬秀容郡，永興二年置。隋之崞縣既爲石城，則漢崞縣即魏崞山無疑。

自孝宗以後，陘北之地盡陷，崞山徙於今代州西南而北城廢，水經注所言故城是也，地形志屬繁時郡者已非舊治矣。

繁時故城。在渾源州西。漢置縣，漢末廢，晉復置。後魏天平二年移於今代州繁時縣界。水經注：崞川水流逕繁時故城東。

應州故城。在今應州東。五代史職方考：應州故屬大同軍。唐明宗，應州人也，乃置彰國軍。輿地廣記：應州，唐末置，領金城、渾源二縣。舊志：金城故城，在今城東八里，即故州治，唐天寶初王忠嗣所築。今治舊爲天王村，乾符間李國昌以故城頹圮，移築於此，名金鳳城。按：遼史地理志唐武德中置金城縣，後改應州。考通典、元和志、新舊唐書皆無金城縣，遼史所云武德中置不知何據。

劇陽故城。在應州東北。漢置縣，晉省。水經注：崞川水又北逕劇陽縣故城西。闞駰曰：「在陰館縣東北一百三里。」

洼陶故城。在山陰縣東。漢置縣，晉永嘉後廢。水經注：南池北對洼陶縣故城。

山陰故城。在今山陰縣西南。遼初爲河陰縣。金史地理志：山陰，本名河陰，大定七年以與鄭州屬縣同，故更焉。貞祐二年升爲忠州。元史地理志：應州山陰縣，至元二年併入金城，後復置。舊志：忠州故城，在縣西南十五里，元復置縣時移治。

陽和衛故城。即今陽高縣治。舊志：明洪武二十六年置陽和衛，宣德元年調高山衛於此，嘉靖二十六年設備兵使，轄衛四、堡七，分邊九十六里有奇，爲大同東路。城南有關，壘土爲之，內設陽和驛，萬曆三十年增修，又築連城於關西隅，屹爲雄鎮，分邊十九里，內杏園兒、神峪溝、天蓬溝皆極衝，白沙灘次之。邊外二十餘里鵝溝等處，即首領駐牧。

道人故城。在陽高縣東南。漢置縣，屬代郡，後漢末省。水經注：㶟水東逕道人縣故城南，地理風俗記曰，初築此城，有仙人游其地，故名。今城北有淵，渟而不注，俗謂之平湖。

白登故城。在陽高縣南。本白登臺地，遼置長青縣，金改曰白登。金史地理志：白登縣，本名長青，大定七年更名。元

史地理志：至元二年廢白登縣爲鎮，屬大同縣，尋復置。明洪武七年〔一六〕，李文忠出朔州，敗敵於白登，縣尋廢。舊志：今爲白登村，在衛南二十五里。

平邑故城。在陽高縣西南。本趙邑，史記趙世家：獻侯十三年城平邑。漢置平邑縣，屬代郡。後漢初廢，永平八年復置，曰北平邑。晉省。十三州志：平邑城，在高柳南八十里，北俗謂之醜寅城。

高柳故城。在陽高縣西北。漢置縣，屬代郡。後漢末爲代郡治，尋省。晉復置，後魏永熙中於縣置高柳郡，北齊省。水經注：雁門水南流逕高柳縣故城北，城在平城東南六七十里，於代爲西北。寰宇記：入塞圖云平城直東二百二十里至高柳城，又東一百八十里至代郡城。

參合故城。在陽高縣東北。漢置縣，屬代郡。漢書高祖紀：十一年將軍柴武斬韓王信於參合。顏師古曰：「參合，代之縣也。」後漢省。水經注：敦水東逕參合縣故城南，地理風俗記曰，道人城北五十里有參合鄉，即故縣。括地志：參合城，在定襄縣北。按：後魏天平二年改置參合縣，屬梁城郡，非故縣，應在朔平府邊墻外。

陽原故城。在天鎮縣南。漢置縣，屬代郡，後漢省。水經注：濕水又東逕陽原縣故城南，北塞謂之北郍州城。

平舒故城。在廣靈縣西。本趙邑，史記趙世家：孝成王十九年趙以龍兑、汾門、臨樂與燕，燕以葛、武陽、平舒與趙。漢置平舒縣，屬代郡。後漢建武七年封馬成爲侯邑。晉書慕容儁載記：升平元年匈奴單于賀賴頭降於儁，處之代郡平舒城。魏土地記：代城西九十里有平舒城。水經注：祁夷水出平舒縣東，逕平舒縣之故城南。括地志：故城在蔚州靈丘北九十二里。縣志：平舒城在縣西十里平水村南，俗呼平水城，即「舒」字之譌。

靈丘故城。在靈丘縣東。本趙邑，史記趙世家：孝成王七年趙以靈丘封楚相春申君。漢置縣，屬代郡。高祖十二年〔一七〕，樊噲斬陳豨於靈丘。元和志：靈丘縣東北至蔚州一百三十里，本漢舊縣，後漢省。東魏孝静帝重置，隋末陷。唐武德六

年又置，屬蔚州。舊唐書地理志：蔚州靈丘縣，隋末寄治陽曲，自此隨州寄治，貞觀五年移於今所。括地志：靈丘故城，在今縣東十里。

大昌故城。在靈丘縣南。隋書地理志：後周立大昌縣，開皇初併入靈丘。

莎泉故城。在靈丘縣西。後魏置，屬北靈丘郡。隋書地理志：後魏置靈丘郡，後齊省莎泉入焉。

平齊廢郡。在大同縣西三十里。後魏時置，北史崔道固傳：道固歸魏，詔徙齊土望共道固守城者數百家於桑乾，立平齊郡於平城西北之新城，以道固爲太守。隋書地理志：馬邑郡雲内縣，後魏立平齊郡，尋廢，北齊改曰太平縣，後周改曰雲中，開皇初改曰雲内。按：隋改名後旋即移治，在今懷仁縣界内。

桑乾廢郡。在山陰縣南。後魏置，隋改爲桑乾鎮。水經注：桑乾枝津東南流逕桑乾郡北，魏因水以立郡。隋書地理志善陽縣有後魏桑乾郡，後齊置朔州及廣寧郡，後周郡廢，大業初州廢。又郭衍傳：衍朔州總管，築桑乾鎮。

永固廢縣。在大同縣北。後魏置，屬代郡，後廢。水經注：如渾水又東南流逕永固縣，縣以太和中置。

陽門廢縣。在天鎮縣東。金史地理志：弘州陽門鎮，貞祐二年升爲縣。元省。

狋氏廢縣。在廣靈縣西北。漢置縣，屬代郡，晉省。水經注：㶟水東逕狋氏縣故城北，十三州志曰，縣在高柳南一百三十里，俗謂之苦力干城。

長城。在大同縣北一百四十里，亘天鎮、陽高二縣北，東接直隸宣化府界，西接朔平府界。史記趙世家：肅侯十七年築長城，從雲中以北至代。魏書太宗紀：泰常八年築長城於長川之南，起自赤城，西至五原，延袤二千餘里。

燕昌城。在大同縣北。晉書慕容垂載記：垂寢疾，乘馬輿而進，過平城北三十里，築燕昌城而還。水經注：羊水逕燕昌城南。

日中城。在懷仁縣東南。水經注：武周塞水逕日没城南，蓋夕陽西頽，戎車所薄之城也。東有日中城，城東又有早起城，亦曰食時城，在黄瓜阜北。金史地理志：懷仁縣有日中城、早起城。舊志：日中城在縣西南五十里。又有鷄鳴城，在縣南三十里，即故早起城。

黄花城。在山陰縣北，即後魏之新平城。魏書序紀：穆帝六年登平城西山，觀望地勢，乃更南百里於灅水之陽黄瓜堆築新平城，晉人謂之小平城，使長子六修鎮之，統領南部。金史地理志：金城縣有黄花城。舊志有黄昏城，在縣北四十五里，一名永寧城，蓋花、昏聲相近而訛。或謂即水經注之日没城，誤。

開皇長城。在廣靈縣南山巔。隋開皇中築。元和志：開皇長城，西自繁畤縣，經靈丘縣北七十里，東入飛狐縣界。

六郎城。在廣靈縣西南四十里林關口。相傳宋楊延朗屯兵所築，遺址尚存。又有古城，在縣南三里，相傳秦皇所築。

蕭太后城。在靈丘縣西南三十里。相傳遼太后駐兵於此。

清塞軍。在陽高縣南。唐書地理志：蔚州，西有清塞軍，本清塞守捉城，貞元十五年置。元和志：雲州東至清塞城一百二十里。

天成軍。今天鎮縣治。元和志：雲州東至天成軍六十里。唐書地理志：蔚州，東北有横野軍，乾元元年徙天成軍合之，廢横野軍。又沙陀傳：景福初赫連鐸衆八萬攻天成軍，李克用引軍夜入雲州，死戰走之。遼史地理志：大同府領天成縣。本極塞之地，魏道武置廣牧縣，遼析雲中置天成縣。金改「成」曰「城」，元復故。明洪武中改置天成衛，兼置鎮虜衛及天成駐〔一八〕，分邊長六里，其永谷口、寺兒墩等處爲極衝，邊外麻池溝等處即首領駐牧。衛當東路最衝，與陽和衛相去六十里，中間並有白羊口堡、鵓鴿峪墩，爲往來要地。

寧先宫。在大同縣東五里。水經注：如渾水又經寧先宫東，魏獻文爲太上皇所居故宫，宫之東次下有兩石柱，是石虎鄴

城東門石橋柱。

平城宮。在大同縣北。後魏故宮也。魏書孝文紀：太和十九年詔皇太子赴平城宮。遼史地理志：元魏宮垣占城之北面，雙闕尚在。明統志：後魏宮垣，在府城北門外，有土臺東西對峙，即雙闕遺址。又城西門亦有二土臺，蓋遼、金宮闕遺址。

灅南宮。在山陰縣北。魏書太祖紀：灅南面夏屋山，背黄瓜堆。天賜三年發八部五百里内男丁築灅南宮，門闕高十餘丈，引溝穿池，廣苑囿，規立外城，方二十里，分置市里，經途洞達，三十日罷。又太宗紀：泰常五年起灅南宮，七年幸灅南宮。

保安殿。在大同縣内。金大定五年建宮室，名其殿曰保安，其門南曰奉天，東曰宣仁，西曰阜成，後又建太祖原廟。

鳳臺。在府城内西北隅。左、右二臺各高數丈，元大德十一年地震摧其左臺，至延祐間右臺亦摧〔一九〕，今其地名鳳臺坊。

鬬雞臺。在府城外。金史地理志：大同縣有鬬雞臺。舊志：唐乾符五年李克用至雲州，屯鬬雞臺下。

白臺。在大同縣南。魏書太宗紀：泰常二年作白臺於平城南，高二十丈。水經注：皇信堂南對白臺，臺甚高廣，四周列壁，閣路自内而升，國之圖籙秘籍咸積其下，臺西即朱明閣。

天王臺。在大同縣北二里。後魏所建離宮，今改郡厲壇。

聚仙臺。在懷仁縣西南六十里。

御射臺。在靈丘縣東南。魏書太宗紀：和平二年，靈丘南有山高四百餘丈，詔群臣仰射山峰，無能踰者，帝彎弧發矢，出山三十餘丈，過山南二百二十步，遂刊石勒銘。水經注：滱水逕御射臺南，臺在北埠上，臺南有御射石碑。寰宇記：在縣南十八里。

梳粧樓。在府城西北隅。遼蕭太后居此，遺址尚存。

白樓。在大同縣南。魏書太祖紀：登國八年幸羖羊原，赴白樓。南齊書魏虜傳：拓跋魏自佛貍至萬民世增雕飾，正殿西築土臺，謂之白樓，萬民禪位後常游觀其上。水經注：魏神瑞三年建白樓，甚高竦，加觀榭於上，表裏飾以石粉，故世謂之白樓。元史察罕傳：金將定薛擁重兵守野狐嶺，帝命鼓行而前，破其軍，圍白樓，七日拔之。

凝翠樓。在應州城西。唐天寶時建。

明堂。在大同縣東。魏書高祖紀：太和十年詔起明堂、辟雍。十五年明堂、太廟成。水經注：如渾水又南逕明堂東，明堂上圓下方，四周十二户、九堂，室外柱内，綺井之下，施機輪飾縹，仰象天狀，畫北辰列宿，每月隨斗所建之辰，轉應天道，加靈臺於其上，下則引水爲辟雍，水側結石爲塘〔二〇〕，太和中所建。

歸潛堂。在渾源州西南四十五里玉泉山東。金劉祁北歸，築以隱居。

興豆亭。在渾源州東南。水經注：温泉水東南流逕興豆亭北，亭在南原上，攲傾不正，故世以攲亭目之〔二一〕。

巨魏亭。在應州北。水經注：㶟水東逕巨魏亭北。

北苑。在大同縣北。魏書本紀：太宗泰常元年築蓬臺於北苑。孝文太和元年起永樂游觀殿於北苑。水經注：如渾水又南分爲二水，一水西出，南曲入北苑中，歷諸池沼。

鹿苑。在大同縣北。魏書太祖紀：天興二年二月以所獲高車衆起鹿苑於南臺陰，北距長城，東包白登，屬之西山，廣輪數十里，鑿渠引武川水注之，苑中疏爲三溝，分流宫城内外。七月，大閱於鹿苑。

碧柳園。在應州南。金高汝礪别業，今名柳樹巷。

北漢高祖故宅。在應州東北二十里。有石甃井及種瓜地。

大勝甸。在靈丘縣東六十里。元嘗敗金兵於此。

叢桂窟。在渾源州城内。州志：金劉撝至其曾孫登進士者八人，嘗求書「八桂堂」於趙秉文，秉文曰：「君家豈止八桂？」書「叢桂窟」歸之。

關隘

牛皮關。在大同縣東六十里牛皮嶺下。唐書地理志：雲州東有牛皮關。

孤店關。在大同縣東北。明紀事本末：成化十九年，王越出孤店關至猫兒莊，襲寇於威寧海子〔二二〕。

亂嶺口關。在渾源州東四十里恒山左脇，路通廣靈縣。明洪武七年設巡司，後裁。

大寨頭關。在渾源州東南一百一十里，南連紫荆關。明洪武九年設巡司，後裁。

磁窑口關。在渾源州南十七里恒山右脇，路通靈丘縣。明洪武中築堡，設巡司，後裁。一名磁峡口。通志：峡口上有「磁窑天險」四大字。

直谷關。在廣靈縣南，接直隸蔚州界。唐書地理志：靈丘縣有直谷關。寰宇記：在縣北七十里。

王家莊巡司。在渾源州南九十里。明嘉靖十九年築甎城，周二里有奇，山路崎嶇，亦控扼之所。本朝初設巡檢駐此。

按：王家莊舊有驛丞，順治九年裁。

安東巡司。在應州西山口前村。本朝雍正十二年設。

大莊科巡司。在豐鎮廳東八十里。本朝乾隆三十二年設。

張皋兒巡司。在豐鎮廳東一百四十里。本朝乾隆四十年由高廟子移駐。

安宿疃鎮。在懷仁縣南五十里。東有趙家疃。

安邊鎮。在應州東二十里。又大羅鎮，在州南四十里；司馬鎮，在州西五十里；神武鎮，在州北四十里。金元好問詩「三岡四鎮護金城」，舊以趙霸、黄花、護駕爲三岡，以安邊、大羅、司馬、神武爲四鎮。

趙馬寨。在懷仁縣西南三十里。

陶家寨。在懷仁縣東北。又東北有邊家店。

寇家寨。在渾源州西四十里。又新安寨，在州東北三十里。

石級寨〔一三〕。在渾源州西八十里南山上。又西有燭鑪寨。

北辛寨。在山陰縣東二十里。又南辛寨，在縣南二十五里。

加斗寨。在廣靈縣東南十五里，一名留老寨，亦名留老疃。明洪武間築，周一里有奇，高二丈五尺，濠深二丈。

土嶺寨。在廣靈縣西二十里。明洪武中築，周圍二百步，高一丈五尺，濠深三丈。

焦山寨。在廣靈縣東北十五里焦山村。明洪武間築，周二里十步，高二丈五尺。

瓦房寨。在廣靈縣東北三十里瓦房村。明洪武中築，周二百步，高一丈五尺許，濠深二丈二尺。

牛欄寨。在靈丘縣東南六十里。又順城寨，在縣南一百里，峭壁如城。

水南寨。在靈丘縣西南五十里。北有河水寨，此寨在南，故名。

定西寨。在靈丘縣西。五代唐置。遼史耶律色欽傳：統和初太后親帥師救燕，以耶律色欽爲山西路兵馬都統，至定西〔二四〕，遇賀令圖軍，擊破之。「耶律色欽」舊作「耶律斜軫」，今改正。

觀音寨。在靈丘縣西北六十里。又三堠寨，在縣西十五里，寨頂有三堠。

聚落堡。在大同縣東六十里，東至陽高縣六十里，南至渾源州治一百二十里。明天順三年築堡城，周三里。

高山堡。在大同縣西南六十里。明天順三年築，周三十里。時朝議以鎮城孤峙，旁無輔衛，乃東城聚落、西城高山，設兵駐守以爲左、右兩翼，則按伏之費省，犄角之勢成。

懷仁堡。在大同縣西南八十里。明永樂九年築，周三百五十五丈八尺，濠深一丈七尺。又拒墻堡，在縣北少西八十里。

沙河堡。在大同縣西北六十里。明正統初築，周二里三十步，前衛哨馬營。明嘉靖中設守備駐防，本朝雍正十年改設把總。

鎮海堡。在懷仁縣東南二十里。

西安堡。在懷仁縣東南三十里。舊曰西安鎮，其地平衍，爲四通之道。明嘉靖中築堡，周二里有奇。

青磁窑堡。在渾源州南三十里搶風嶺之西南〔二五〕。又大柯枝堡〔二六〕，在州南五十里，其西又有搶風嶺墩。

荆家莊堡。在渾源州西南二十里。又水磨疃堡，在州西十八里。

韓村堡。在渾源州西北十五里。又西留村堡，在州西北二十五里；蔡村堡，在州北十二里。

蕭家寨堡。在應州西北。其西有韓家房堡，又北有劉霍莊堡。又三門城堡，在州北二十五里，其東又有義井堡。

河陽堡。在山陰縣西北三十里。相近有河曲堡。又神泉堡，在縣西北六十里。

白登堡。在陽高縣南三十里。明永樂中築，周二里有奇，高三丈，濠深一丈五尺。或云即白登故城，堡南又有白登河，前後堡多茂林。

漫流堡。在陽高縣西二十里，周二百八十丈，高三丈。又許家莊堡，亦在縣西，俱接大同縣界。

守口堡。在陽高縣西北二十里，東至邊墻三里，西至邊墻二十里，北至邊墻十里。明嘉靖中築，周二里有奇，高三丈八尺，屬大同中路，本朝屬新平路，設把總防守。又靖虜堡〔二七〕，在守口堡西二十里，明嘉靖二十五年築，周二里有奇。舊志：守口堡，分邊十二里，靖虜堡諸處爲最衝。

猫兒莊堡。在陽高縣北。明永樂初築，周二里四十步，高一丈五尺，其北二十里有口子，墻高一丈五尺。又闞頭堡，在縣北，明宣德間築，後廢。

米辛闗堡〔二八〕。在天鎮縣南二十里，周三百二十丈，高三丈三尺，濠深二丈。又方城堡，在縣南七十里，周二百四十丈，濠深一丈。又上畔莊堡，在縣西南二十里，周一百九十丈，高三丈，濠深二丈。

鎮門堡。在天鎮縣西四十里，南至陽高縣界三十里，北至邊墻半里。明嘉靖中築，周一里有奇，高三丈六尺，屬大同路，本朝屬新平路，設把總防守。舊志：鎮門堡，分邊十三里零。

長勝堡。在天鎮縣北。明永樂元年築，周五里六十步〔二九〕，濠深一丈。

瓦窑堡。在天鎮縣東北三十里，西至邊墻八里，北至邊墻十一里。明嘉靖中築，周一里有奇，高三丈五尺，屬大同西路，本朝屬新平路，設千總防守。舊志：瓦窑堡，分邊七里，内東煙墩極衝，當新平咽喉地。

永嘉堡。在天鎮縣東北四十五里。明嘉靖中築，周三里有奇，西去陽高縣二百五十里，與宣鎮李信屯相犄角。

東奕峪口。在大同縣西南四十里。又石佛寺口，在縣西三十里。

開山口。在大同縣東北四十里，東通陽高縣。通志：自北而西有小石、大石二口，又折而南有黑峪、尖峪二口。

紅山峪口。在懷仁縣西南三十五里。又小磨口，在縣西十五里；吴道口，在縣西二十里；炭嶺口〔三〇〕，在縣西二十五里；鵓鴿峪口，在縣西三十里；陳家峪口，在縣西北二十里。

大峪口。在懷仁縣西南四十里大峪口村。高二十丈有奇，盤曲二里，連左雲縣之四峰山。縣志：縣西境群山聯列，自大峪口而北有王平墩、蘆子墩、石井墩、鵝毛口墩，又北數里有窩窩塞墩，皆在山之東麓；自大峪口西出有蓮花墩，自此而北有寶峰山墩、劉元墩、張家疙疸墩，自鵝毛口而北有醜岸懷墩、長流水墩、四老溝墩，皆在山之西麓，爲戍守要地。

偏嶺口。在懷仁縣西南五十里。其北有大谷、小谷、蘆子、阿毛四口，皆受降城之路。

李峪口。在渾源州西南十五里。又大淩雲口，在州西南三十五里，相近有小淩雲口。

北樓口。在應州東南四十里，南通代州繁峙縣郎嶺關〔三一〕，有堡。東有黄沙、徐峪、康峪三口，西有牛槽、大石、小石三口。

大石口。在應州南三十里，與繁峙縣接界。宋史楊業傳：雍熙三年詔遷雲、朔、寰、應四州之民於内地，令潘美以所部兵護之，業謂美等曰：「遼兵益盛，但領兵出大石路〔三二〕，先密告雲、朔守將，俟大軍離代日，雲州之衆先出，我師次應州，遼人來拒，即令朔州民出城直入石碣谷，遣强弩千人列於谷口，以騎士援於中路，則三州之衆保萬全矣。」又張耆傳：耆言：「雲、蔚、應、朔四州間，敵數遣人以文移至并、代間，非覘邊虚實，即欲熟道路，宜密諭代州，使自雲、應、蔚至者由大石谷入，自朔至者由土墱入，餘間道皆塞之以示險。」

茹越口。在應州南四十里，南接繁峙縣界，有堡。通志：茹越口，西接胡谷口，其間有峙谷、小山門谷、龍灣谷、箭桿谷、明

樞谷、狼谷、神堂谷、水谷、馬谷、東安谷、西安谷十一口。

龍灣峪口。在應州西南四十里，南通代州界。通志：龍灣峪口，東有沙家、五人、赤石、盆子四谷，西有東寺、西寺、白樹、棘料、石門、寬谷、水谷七口。

陽和口。在陽高縣西北十五里，東西十五步，墻高一丈八尺，亦名前口。其東北二十里有將軍口，石墻高二丈。又東二十里名後口，南北六十步，墻高二丈八尺。

威寧口〔三三〕。在陽高縣西北七十里，東西五十步，墻高一丈五尺。

白括峪口。在陽高縣東北十五里，曰小口；縣東北三十里，曰大口。東西各一百餘步，石墻俱高二丈五尺。

虎峪口。在陽高縣東北二十里，東西十五步，墻高一丈。

榆林口。在天鎮縣西北三十里，東西五十步，墻高二丈五尺。相近又有甎磨口、水磨口。

白羊口。在天鎮縣北少西三十里，東西六十步，墻高二丈五尺，一作白陽。

直峪口。在廣靈縣南十五里直峪山下。兩岸壁立，一逕幽杳，路達靈丘縣，舊有兵戍守。

林關口。在廣靈縣西南四十里林管山下，路通靈丘縣。明置巡司，後裁。

火燒嶺口。在廣靈縣西北六十里火燒嶺下。路殊寬坦，明設兵戍守，踰墻爲天鎮縣界，徑復狹隘，行人不能留足。

樺澗嶺口。在廣靈縣東北四十里樺山下，路通西城。山險道狹，馬不並驅。

石門口。在靈丘縣東二十里。壁立直上，徑最險隘，舊名隘口關，宋楊延朗嘗守此。舊有巡司，後裁。

甕城驛。在大同縣東南六十里西浮村。明洪武初置，舊有驛丞，本朝雍正七年裁。

西安驛。在懷仁縣治東。舊在縣南西安鎮，明萬曆中移此。

上盤驛。在渾源州治東。明洪武初置。

安銀子驛。在應州西南三十里。明洪武中置。

山陰驛。在山陰縣治東。明景泰中置在縣南十八里，萬曆中改置於縣治東鐘樓後。

馬廠驛。在廣靈縣西。

太白驛。在靈丘縣治南。

高廟子村。在豐鎮廳東北。本朝乾隆三十三年設守備防守。

四美莊。在豐鎮廳東九十里。本朝乾隆三十三年設把總防守。

青坡道。在大同縣東。唐書地理志：雲中縣有青坡道。寰宇記：冀州圖云，青坡道自平城東南四十里，西北出至紇真山，東北斜向平城西門山東出，經白登山南脚一百步，仍東迴二十里出渴鉢口，更北行六十里至陽門口，其道始於魏聖武。遼史地理志：長青縣有青坡，梁元帝横吹曲云：「朝跋青坡，暮上白登。」

得勝路。在大同縣北八十里，東至邊墻三里，北至邊墻三里。明嘉靖十八年築堡城，周三里有奇，高三丈八尺。二十三年設大同北東路。通志：得勝堡即宏賜堡，迤東二十五里曰鎮川堡，又東二十五里曰鎮邊堡，迤西二十五里曰鎮虜堡〔三四〕，又西二十五里曰鎮河堡，五堡俱當要害，勢相聯絡，宏賜居中。明設參將，四堡各設把總戍守，本朝因之。

新平路。在天鎮縣東北六十里，西至邊墻二里，北至邊墻五里。明嘉靖二十五年築新平堡城，周三里有奇，高三丈五尺。尋分置新平路，其東南爲平遠堡〔三五〕，西南爲保平堡，又西南爲樺門堡，俱在長城之外、重城之内，所謂「城外四堡」也。明設參將守備管轄，本朝因之。

津梁

興雲橋。在大同縣東門外如渾河上，舊呼爲御河橋，元泰定初重建更名。明萬曆中水漲橋壞，總兵郭琥拓故基，更創下爲洞十九，高三丈餘，東西長百餘丈，南北闊十餘丈。

古定橋。在大同縣東南七十里，跨桑乾河。明洪武中建。

小龍門橋。在大同縣東南百餘里大新莊村。土人解氏當河上流鑿石爲梁，高數丈，題曰「小龍門」。

西安橋。在懷仁縣東南三十里桑乾河上。

亂嶺水橋。在渾源州東三十里。本朝順治十三年建。

樓閣虹橋。在渾源州南磁硤口内。兩峽鑿孔架巨梁，構樓其上，據以守口，可稱天險。

廣濟橋。在應州東二十里渾河上。

河楊堡橋。在山陰縣西北三十里，跨桑乾河。明萬曆中大學士王家屏建。

八角橋。在廣靈縣東十里。通志：相傳舊有八家環居共建，後誤稱爲「八角」。

平水橋。在廣靈縣西七里。下跨一澗，遇大雨其水輒平，邑人改建石橋。

黑龍河橋。在靈丘縣西五里。

孤樹河橋。在靈丘縣西二十里。

堤堰

康石莊渠。在大同縣東。源出天鎮縣龍池溝，溉田四十八頃有奇，本朝雍正七年定按時輪溉法。

西坦坡渠。在陽高縣。

定安營渠。在天鎮縣南。源出縣境龍池溝，春、夏資水溉田，民賴其利。

陵墓

後魏

文成馮后陵。在大同縣北方山上。魏書孝文紀：太和五年建永固石室於山上，立碑於石室之庭。十四年十月癸酉葬文明太皇太后於永固陵。又文成皇后馮氏傳：太后與高祖游於方山，顧瞻川阜，謂群臣曰：「舜葬蒼梧，二妃不從，豈必遠祔山陵？吾百年之後，神其安此。」高祖乃詔有司營建壽陵於方山，又起永固石室。太和五年起作，八年而成，刊石立碑，頌太后功德。水經注：方嶺上有文明太皇太后陵，陵之東北有高祖陵，二陵之南有永固堂。

戰國

趙武靈王墓。在靈丘縣東。史記應劭注：武靈葬代郡靈丘縣。元和志：趙武靈王墓，在靈丘縣東三十里。寰宇記：

靈丘故城在縣東十里，又二十里爲武靈王臺，土阜尚存。

五代 唐

李克用墓。在應州東安邊鎮南。五代史唐莊宗本紀：克用卒，葬於雁門。舊志：五代會要有遂陵、衍陵、奕陵、慶陵，俱在應州金城縣，乃唐明宗追號其祖父者。按：朱彝尊朱邪府君石蓋記：次應州馬神祠下，前有施食臺〔三六〕，覆而觀之，上有篆文曰「唐故汾州刺史朱邪府君墓誌銘」。考後唐明宗父霓贈汾州刺史，葬應州，其爲霓墓無疑，録此以補前志之缺。

康思立墓。在山陰縣東十五里。

遼

沙彦恂墓。在山陰縣南三十里。府志：遼開國伯沙彦恂墓在沙家寺東山坡，明正德間水衝出石碣碑銘。

金

劉從益墓。在渾源州東二十里。

雷淵墓。在渾源州西北十七里。

蘇保衡墓。在渾源州西北七里岡下。

劉撝墓。在渾源州北二十里。

高汝礪墓。在應州南接馬峪。石獸俱存。

諸王墓。在廣靈縣東北五里〔三七〕。

元

許子遜墓。在大同縣東關無榆坡上。

托都墓。在大同縣東一百里。府志：墓在友宰村，有碑記。子孫易姓李，隸大同縣民籍。「托都」舊作「脱脱」，今改正。

孫公亮墓。在渾源州西北二十二里。

韓浩墓。在應州南茹越口。

李彦古墓。在應州東北，彦古爲元左丞。

安明本墓。在山陰縣東六里。

張守中墓。在廣靈縣西二里。

明

孫逢吉墓。在渾源州東北二里。

石瑁墓。在應州東南劉義村。

田天澤墓。在應州城南關内。

王家屏墓。在山陰縣西三里河陽堡〔三八〕。

李景墓。在廣靈縣西北邑厲壇南。

祠廟

文井祠。在大同縣西南五里。水經注：湯井東有文井祠，以時祀祭。朱謀㙔箋：「文」當作「火」。元和志：雲州火山有火井祠。寰宇記：湯井東有火井祠。

張仁愿祠。在懷仁縣治内，亦曰張總管祠，即築受降城者。按：唐書張仁愿傳：神龍三年以仁愿爲朔方軍總管。唐自武德七年改總管曰都督，唯朔方軍如故〔三九〕，故仁愿有總管之稱。但考方鎮表，朔方軍止領單于大都護府，夏、鹽、綏、銀、豐、勝六州〔四〇〕，定遠、豐安二軍，東、中、西三受降城，而雲州非其屬。蓋三城既築，雲州人亦食其福，遂尸而祝之。明統志緣此并列三受降城於大同古蹟，誤矣。

太白祠。在渾源州南。府志：祠在南磁硤，明成化十九年建，祀唐李白，崖上有白書「壯觀」二字。

律吕神祠。在渾源州西北七里神溪中孤石上。元魏時建。

天王祠。在應州城内，舊爲天王村。府志：文昌寺在古舊城帥府東北，唐衛公李靖建。相傳晉王李克用母常禱於祠，生克用。按：天王祠即古文昌寺。

忠肅祠。在應州南。金建，祀道國公康弼。

道壇廟。在大同縣南。魏書文成紀：興光元年帝至道壇，登受圖籙。水經注：如渾水左大道壇廟，始光二年少室道士寇謙之議建。通志：在縣南三里，後移桑乾河陰，改名崇虛寺。

北嶽廟。在渾源州南二十里恒山上。唐開元中封安天王，宋大中祥符中加號安天元聖帝，元至元中晉號安天太貞元聖帝，明洪武中更號北嶽恒山之神。舊祀於正定府曲陽縣，本朝順治十七年准科臣粘本盛奏，改祀恒山，載之秩典，屢遣官致祭。康熙四十七年聖祖仁皇帝御書「化垂悠久」扁額，屢遣官致祭。通志：嶽廟創自元魏太延元年，唐武德間復建，金、元、明俱重建。

孟姜女廟。在渾源州東北二十里龍角山上。通志：相傳秦時其夫築長城而死，姜向城痛哭，城爲之崩，鄉人立廟祀之。按：孟姜女廟，沿邊郡邑不一其處，間多傅會，非必盡在其哭泣城隳處也。

三靈廟。在應州東南大石村。祀唐李克用、宋楊業、元韓浩。

魏文成帝廟。在靈丘縣東二十里。通志：碑記云文成征慕容垂，師還牧馬於此，後人立廟。

寺觀

華嚴寺。在大同縣西門内。遼史地理志：清寧八年建華嚴寺，奉安諸帝石像、銅像。金史地理志：大同縣華嚴寺有遼帝后像。舊志：遼重熙七年建薄伽教藏於正殿東南，明洪武三年改正殿爲大有倉，二十四年即教藏置僧綱司，寺復正。

皇舅寺。在大同縣東南。水經注：如渾水又南逕皇舅寺西，是太師昌黎王馮晉國所造，有五層浮圖。朱謀㙔箋：「馮」當作「馮」。後魏馮熙，文明太后兄，爵昌黎王，在諸州鎮建佛浮圖精舍七十二處。

禪房寺。在大同縣西南六十里。唐天寶中建。

石窟寺。在大同縣西武州山上。水經注：武周川水又東南流，水側有石祇洹舍并諸窟室，比丘尼所居也，其水又東轉徑靈巖南〔四一〕，鑿石開山，因巖結構，真容巨壯，山堂水殿煙寺相望，林淵錦鏡，綴目新眺。通志：石窟十寺在大同府治西三十里，元魏建，始神瑞，終正光，歷百年而工始完，其寺一同升、二靈光、三鎮國、四護國、五崇福、六童子、七能仁、八華嚴〔四二〕、九天宮、十兜率，内有元載所修石佛十二龕。府志：石窟十寺壁立千仞，石窟千孔，佛像萬尊。本朝順治八年總督佟養量重修。其山最高處曰雲岡，岡上建飛閣三重，閣前有世祖章皇帝御書「西來第一山」五字，康熙三十五年聖祖仁皇帝西征幸寺中，賜御書「莊嚴法相」扁額。

崇國寺。在懷仁縣治東北。元至正間建〔四三〕。

圓覺寺。在渾源州治東。金正隆三年建。

静居寺。在渾源州南二十里。元至治三年建。

懸空寺。在渾源州南磁窑峽口。石壁巉巖，懸空結構，飛閣相望，下臨無地。寺創自後魏，盛於元時，近增三殿，稱奇觀焉。

寶峰寺。在渾源州西三十里寶峰寨。元建。

永安寺。在渾源州東北。元延祐三年建，明洪武中併報國等寺入焉。

文殊寺。在應州東小石村。遼乾統中建。

天王寺。在應州東南下社村。唐太和六年建。

覺興寺。在應州南。唐太和三年建。

大安寺。在應州南三十里。元皇慶二年建，有碧峰、獨峰二和尚塔，明洪武中帝賜碧峰詩石刻及宋濂所撰塔銘俱存。

佛宮寺。在應州西南。通志：寺初名曰寶宮寺，五代晉天福間建，遼清寧二年重建，元延祐二年改名。有木塔五層，額書「釋迦塔」，高三十六丈，周圍半之，六檐八角，玲瓏宏敞，爲天下浮圖第一。明永樂四年北征駐蹕塔上，親題「峻極神功」四字。正德三年武宗亦幸此，親題曰「天下奇觀」。州志：寺内有透玲碑，相傳晉王墓上石，光明如鏡。元季兵變，留二尺許，明正德中鎮守太監刻詩置塔壁。

沙家寺。在山陰縣南三十里迎嵐里。金明昌二年建。

龍泉寺。在陽高縣南四十里。石洞連龕，水自西而環繞，東入叢林。俗傳唐太宗飲馬於此，遼、宋間斷碣存焉。

聖佛寺。在廣靈縣西南三十里。元至元間建，上有靈臺三座。

西照寺。在廣靈縣西五十里迴嶺北。唐建，宋仁宗有御製碑文。

弘教寺。在廣靈縣東北三十里。後唐清泰二年建。

大雲寺。在靈丘縣東。唐開元間建。

覺山寺。在靈丘縣東南三十里。後魏太和中敕建。通志：寺有浮圖高三十丈，左山冢小浮圖高與之埒，塔側一井深亦三十丈，土人稱塔井二奇。

太寧觀。在大同縣東南。府志：遼建湛然觀，明洪武初改爲大同縣治，十九年改爲太寧觀。

太清觀。在懷仁縣東北。元建。

沖虛觀。在應州西南。唐廣德四年建，明洪武間併雲溪觀入焉。

龍翔宮。在大同縣東。遼建。

名宦

漢

李超。代郡太守。永建元年鮮卑寇郡，超戰死。

三國　魏

裴潛。聞喜人。漢建安末，武帝以潛爲代郡太守。時烏桓王及其大人凡三人各自稱單于，專制郡事，前太守莫能治正。武帝欲授精兵以鎮討之，潛曰：「單于放横日久，内不自安，今多將兵往，必懼而拒境，少將則不見憚，宜以計圖之。」遂單車之郡，單于驚喜。潛撫之以静，單于以下脱帽稽顙，悉還前後所略婦女、器械、財物。潛案誅郡中大吏與單于爲表裏者郝温〔四四〕、郭端等十餘人，北邊大震，百姓歸心。

唐

段文楚。汧陽人，秀實之孫。咸通末爲雲州防禦使。李克用引兵攻之，戰殁鬬雞臺下。

五代　晉

吴巒。字寶川，盧人。清泰中爲大同沙彦珣節度判官。契丹過雲州，彦珣爲所虜，城中推巒主州事，巒即閉門距守。高祖

以雲州入於契丹，巒猶守城不下。契丹圍之凡七月，高祖義巒所爲，以書告契丹使解兵去。

宋

楊業。太原人。雍熙中潘美爲雲應路行營都部署，業以雲州觀察使副之。契丹復取寰州，力戰重傷，被擒不食，三日死。

遼

張儉。宛平人。統和中調雲州幕官。故事，車駕經行，長吏當有所獻。聖宗獵雲中，節度使進曰：「臣境無他産，惟幕僚張儉，一代之寶，願以爲獻。」先是，上夢四人侍側，賜食人二口，至聞儉名始悟。召訪世務，占奏三十餘事，由此顧遇特異。太平五年，由武定軍節度使移鎮大同。

金

大懷貞。遼陽人。大定二年遷彰國、安武軍節度使。縣尉獲盜得一旗，上圖亢宿，有謀叛狀，株連萬人，懷貞請誅其首十八人，餘釋之。嘗以私忌飯僧，就中一僧異常，懷貞曰：「汝何許人？」對曰：「山西人。」復問：「曾爲盜殺人否？」對曰：「無之。」後三日詰盜，果引此僧，皆服其明察〔四五〕。

丁暐仁。宛平人。大定中同知西京留守事。首興學校，以明養士之法。

曹望之。宣德人。世宗朝同知西京留守事。上書論便宜事，多見采納。以本官行六部事於北邊。

完顔守貞。大定二十五年，由西京警巡使改同知西京留守事。御史臺奏守貞治有善狀。

元

李德輝。潞人。至元七年，録囚山西、河東，至懷仁，有魏氏得木偶，告妻厭勝，謀不利於己，移數獄，詞皆具。德輝察知其有愛妾，疑妾搆陷，召鞫之，移時而服，杖其夫，論妾死。

張思明。輝州人。延祐五年西京宣慰使。嶺北戍士歲凶相挺爲變，思明威惠並行，邊境乃安。

韓浩。蔚州人。至正間應州彰國軍節度使。性持正，人不敢干以私，善撫循士卒，一軍傾心，百姓懷其德，皆戴之如父母。

孫德謙。睢人。任大同行省平章事。明兵圍大同，德謙嬰城固守，自知力不支，作詩數章自決，城陷不屈死。

明

許彦餘。籍未詳。洪武三年知懷仁縣。建學宫，徙縣治，置諸廨舍、倉鋪，多惠政，民咸戴之。

張文焕。籍未詳。洪武中爲大同白洋鎮巡檢。忠勇有清操，敵騎逼邊，文焕率弓兵力戰，中流矢死。妻聞之，同日亦死。

王士嘉。武城人。建文中知山陰縣。善決疑獄，有齎錢百緡卧樹下失之者，士嘉曰：「此樹爲祟，吾將治之。」趨駕出，士民傾城往視，密令人偵不往者，果得盜。代王内藏失物，户扃如故，士嘉曰：「此必狙公教狙竊之。」乃陳幣於庭，呼群狙過，伺而觀之，果有狙攫去，詰其主皆服，人以爲神。

王良。永樂初以户部主事督大同餉。有威信，爲邊士所服。

周郁。濟南人。永樂中知渾源州。時旱蝗，郁齋沐以禱，蝗飛出境。州南有虎傷人，郁牒於神，是夜虎果入籠。

霍瑄。鳳翔人。正統初知大同府。土木之變，額森擁英宗至城下，瑄號泣出叩馬，衆露刃叱之不爲動，因獻英宗服物，出金帛犒軍，英宗嘉嘆。軍民被掠脱歸者，老弱發粟賑，而所留丁壯爲除賦役。詔加山西右參政，仍治府事。英宗復位，賜誥獎異。

「額森」舊作「也先」，今改正。

朱冕。沂人。正統中以武進伯充總兵官鎮大同。在鎮數年，士卒愛戴。十四年北征，戰於陽和死之，謚忠愍。

郭登。臨淮人。正統十四年以都督僉事充參將，守大同。英宗北狩，軍士傷殘，登涕泣撫循，誓同存亡，衆皆感奮。敵奉英宗至呼門，登不納，曰：「臣奉命守城，不敢擅啓。」景帝監國，擢總兵官。額森數入邊，登大破之栲栳山。封定襄伯。居數年，練兵蓄馬，邊備復完。

年富。懷遠人。景泰初以右副都御史巡撫大同。築新城，廣屯田，奏免秋賦，罷諸州縣税課局，停太原民之轉餉大同者。在鎮數年，人戴之若父母。

韓雍。長洲人。天順中以僉都御史巡撫宣大。恤軍繕堡，治貪蠹，飭邊防，一時稱之。

王越。濬人。天順末以右副都御史巡撫大同。修築諸邊城堡。成化三年，韃靼入塞，督戰士禦却之。

余子俊。青神人。成化二十年以兵部尚書總督宣大邊務。修築長城，起大同中路至偏頭關六百里，又以威遠至朔州一百七十里爲轉運路，乃城井坪以防堵截，邊民稱便。

陳梁。涇陽人。成化中知渾源州。恒山素禁樵採，梁奏弛禁，民獲其利。南人充大同軍役多死者，梁上狀各調本土衛所，軍民圖像祀焉。

張文質。扶風人。成化中知渾源州。境有妖狼囓人，文質祈諸神，詰旦狼伏死南墠之右。歲旱，禱雨即應，是歲郡歉而渾

源獨稔。

薛敬之。渭南人。成化末知應州。首課耕織，時行田野，貧者賚以牛種，負租及不能婚葬者助之。州近邊，少蓋藏，積粟至四萬餘石，歲饑，民免流殍，復業者三百餘家。境有虎患，爲文祭告，虎死於壑。蕭家寨洪水湧出，亦爲文祭告，水即下洩。州不知學，敬之親爲訓誘，人多興起，課績爲天下最。

劉寧。山陽人。成化中以都督僉事充左參將，分守陽和。十九年，伊徹默音大入大同〔四六〕，周璽擊却之，無何復入掠，寧將兵三千連戰敗之，而大同西路參將莊鑑亦邀其歸路，敵遂遁。時諸將多失利，寧獨以功超遷都督同知，尋改左副總兵協守大同，與周璽並著功北邊，稱名將。「伊徹默音」舊作「亦思馬因」，今改正。

周璽。遷安人。成化中以署都指揮僉事充右參將，分守陽和，有戰功，進署都督僉事，遷大同副總兵。十九年秋，伊徹默音大入大同，總兵官許寧敗績，璽移兵往援，大呼陷陣，與麾下壯士急擊，敵乃退，以功予實授。

莊鑑。遼東人。成化十九年爲大同西路參將。伊徹默音大入，邀其歸，戰牛心山，寇遂遁，鑑所部無亡失，賚銀幣。

楊志學。徐州人。正德時以右僉都御史巡撫大同。時帝數往幸，江彬等恣徵索，志學率取辦公帑，不病民。愛養士卒，有邊警争致死力。歲饑請發帑賑救，又奏增軍士月糧折色。居五年，邊人愛之若父母。

許進。靈寶人。弘治初以右僉都御史巡撫大同。精諳邊務，北部小王子以二萬衆抵關，聲言入貢，進遣犒，奏許三十人入，嚴飭備，入貢者讋畏不得肆，終進之任不敢窺大同。子論，嘉靖中以兵部尚書總督宣大，亦有勳績。

史道。涿州人。嘉靖十五年以大理少卿巡撫大同。創置五堡，墾田數萬頃，爲邊大利，郡人立祠祀焉。

詹榮。山海衛人。嘉靖中以户部郎中督餉大同。值兵變肆掠，用計擒戮首惡，遂討平之，擢光禄寺少卿。後復以右僉都御史巡撫其地，俺答數大舉入邊，榮累破之，築東路墻一百三十八里。又召軍闢治近地五百餘里，得田數十萬頃，佃作之，復其租

猺，移大同一歲市馬費市牛賦之，秋、冬則聚而遏寇。録功進兵部尚書，累被賞賚。

梁震。榆林衛人。嘉靖十五年以右都督爲大同總兵官。初，大同數變，震至憚其威名，一軍帖服。小王子等屢入抄掠，數破之。毛伯温來督師，與震協議，修鎮邊諸堡，不數月功成。

周尚文。西安後衛人。嘉靖二十一年爲大同總兵官。總督翁萬達議築邊墻，自宣府西延袤二百餘里，以尚文忠勤專屬之。尚文益築陽和以西至丫角山邊墻四百餘里，斥屯田四萬餘頃，全鎮賴之。先是，俺答及吉農諸子數入擾，尚文與萬達規畫戰守，累破强敵，邊民息肩者數年。「吉農」舊作「吉囊」，今改正。

張達。涼州人。嘉靖中大同總兵。俺答數萬騎入塞，伏精鋭山谷中，達欲持重，巡按御史胡宗憲信敵誘，乘醉趣達出師，達憤怒，挺身陷陣，北兵圍之數帀，達左右突不得出，副總兵林椿引兵來救，亦陷重圍，矢如雨，達與椿俱死。事聞，贈達左都督，謚忠剛，立祠賜祭葬。

岳懋。陝西人。嘉靖三十三年大同總兵。巡邊遇俺答，追擊至青屹塔，陷伏戰死。事聞，贈左都督，謚壯愍〔四七〕，立祠致祭。

韓邦靖。朝邑人。嘉靖初爲山西參議，分守大同。歲饑奏請發帑，不許，復抗疏，不報。遂乞歸，兵民遮道泣留，馬不得前。未幾，其兄邦奇亦以參議涖大同，爲政亦如其弟，民並戴焉。

李瑾。大同右衛人。嘉靖初爲中路參將。霍賊擾西路〔四八〕，瑾馳兵擊敗之，陞大同總兵官。與士卒同甘苦，其有追北失期、烽堠失警者不少貸，鎮兵恨之，廢將朱振乘釁爲亂，夜攻瑾，格鬭力竭，自刎死。

張世忠。山海衛人。嘉靖中爲署指揮僉事，參將大同。拒敵丁家莊，有斬獲功。

薛蓁。嘉靖中爲大同指揮僉事。總兵岳懋遇俺答欲逐之，蓁曰：「疑有伏，請毋深入。」懋不從，追至青屹塔果陷伏中，懋

戰死，蓁已奪圍出，聞懋被害，復陷陣搏敵，亦死。事聞，贈都督僉事。

丁碧。爲大同西路參將。嘉靖中俺答入邊，碧提孤軍數百遏其鋒於馬家窊，大呼突陣，敵攢射而死。

王邦直。磁州人。嘉靖二十四年北部入掠鵓鴿峪，邦直佐守將張鳳射却之，轉戰而前，敵大合，鳳與邦直結方陣拒之，鳳戰死。或勸邦直潰圍出，邦直曰：「我豈忍獨生？」遂揮刀向前，擊殺數人，知不得脱，乃自刎死。

許光宗。乾州人。嘉靖間知山陰縣。邑患水，築堤以捍，舊城卑薄，又請重築堅厚，邑賴以全。

石崐玉。黄梅人。萬曆中以右僉都御史巡撫大同。與總督涂宗濬、宣府巡撫汪道亨協策定順義王布色圖之封，進右副都御史。在鎮四年，威惠大著，後以疾歸。「布色圖」舊作「卜石兔」，今改正。

曾乾亨。吉水人。萬曆十八年以光禄少卿兼監察御史閱視大同邊務，劾罷總兵官以下十餘人。大同士兵歲餉萬二千石，兵自徵之，民不勝擾，乾亨議留兵二百餘，盡汰之。屢奏邊備事宜，輒中機要。

張信民。澠池人。萬曆中知懷仁縣。行條鞭法，開墾荒田千五百畝，又嚴斥異教，講學造士，民建祠祀焉。

衛景瑗。韓城人。崇禎十五年以右僉都御史巡撫大同。歲饑且疫，疏乞賑濟，給牛種，民獲蘇，乃戢豪宗、蒐軍實、練火器，聲績甚著。閲二年，李自成陷大同，入駐代王府，執景瑗以見。景瑗不屈，大哭自縊於佛寺。

滿桂。崇禎元年爲大同總兵官（四九）。時察哈爾部順義王入大同大掠，挾賞不去。桂至，偏歷八路七十二城堡，大修守備，軍民恃以無恐。「察哈爾部」舊作「插部」，今改正。

朱家仕。河州人。崇禎中歷副使，分守大同。政尚寬平，流賊至，或勸之避，家仕曰：「生平所學何事，尚惜一死不以報國耶？」城陷，盡驅妻妾子女赴井而已從之，一家死者十六人。

徐有聲。金壇人。崇禎末以户部郎中督餉大同。城陷被執，不屈死。福王時贈太僕少卿。

李倬。陝西人。崇禎末知山陰縣。流賊破城，死之。

蔣秉彩〔五〇〕。全州人。崇禎中知靈丘縣。有循吏風，大兵至，慨然曰：「吾以死衛民。」遂登陴列守，力屈自經死，闔門殉之。

本朝

佟養量。奉天人。順治六年任宣大總督，駐陽和。時姜瓖初平，骸骨徧野，斂而葬之。又建報忠祠，祀一時死事諸人。衛所屯田，部議照内地起科，養量言：「邊地沙磧，種遲霜早，加以兵凶，荒殘愈甚，若援例起科，勢必聞風俱潰。」疏上獲允，郡人至今感之。

佟養昇。奉天人。順治間養馬大同。姜瓖之亂，戰敗不屈死。

張肇斌。順治五年大同府西路同知。死姜瓖之亂。

王度。山東人。順治進士，知大同有能聲。姜瓖之亂，招撫懷仁諸縣以次定，督運勸輸、括馬擒寇胥有功。賊反間度於親王統師者，王知其忠，告之。度怒，檄詆賊，家人盡爲賊所殺。事平，遷太常寺卿。時縣丞項一科死之。

滎爾奇。德州人。知渾源州。剛毅明達，愛民禮士。姜瓖之亂，城陷死之。時吏目周官同死難。

郎永清。廣寧人。順治六年知渾源州。立義冢瘞遺骸，招流亡開墾，請豁逋賦萬餘兩，給販易者母錢俾通貨器，殘民漸蘇，爲立祠祀之。

宋起鳳。滄州人。順治十一年知靈丘縣。力請蠲逋賦萬計，時詣田勸相，流民漸得復業。

管一舉。順治間得勝路參將。姜瓖之亂殉節死，贈副總兵〔五一〕，祀忠烈祠。

梁化鳳。長安人。順治間官陽和高山衛守備。能得士死力。大兵進剿姜瓖，化鳳率所部從，大小七十餘戰，所向有功，晉都督僉事。

李吐馨。同官人。靈丘典史。姜瓖之變，兵數千集城下，令恇怯莫措，吐馨招集鄉勇，激以大義，皆感泣，爲之堅守。

曹溶。嘉興人。康熙六年任陽和兵備道。賑荒、馭吏，皆有聲績。

董遂昇。河間人。康熙九年官大同府西路同知。時民有重獄已定擬，察其誣，釋之而寘姦於法。

石佳彝。奉天人。康熙二十年知懷仁縣。出金賑荒，給牛種以勸耕。邑近邊地，鮮文學，立義學，興起諸生，民立碑識之。

董學詩。遼陽人。康熙二十六年知懷仁縣。年少精敏，在任三年，治行爲當時最。

譚從簡。山海衛人。康熙元年知靈丘縣。諳民間利病，百廢具舉，瘡痍漸復。

王度。漢陽人。康熙十一年知靈丘縣。莅官仁恕，能濟以嚴明，吏民畏愛之。卒官，葛幃布被，敝衣數襲而已，百姓罷市往哭。

陳際熙。石屏人。雍正三年知天鎮縣。時初改衛爲縣，際熙一意振作，百務具舉。值歲旱，遍歷各鄉撫慰，力請蠲賑。去官後，士民立像私祀之。

朱宗洛。無錫人。乾隆二十三年知天鎮縣。緝獲積匪，窮治窩黨，境内肅然。凡聽訟不踰三日悉論報，可息者令自和解。公餘勸課諸生，士習丕懋。卒於官，僅存著書數十卷，士民環署涕泣，與陳令並立像私祀之。

人物

漢

韓珩。字子佩，代人。少喪父母，奉養兄姊，宗族稱孝弟，官至別駕。袁紹之子熙、尚爲其將焦觸等所攻，奔烏桓，觸自號幽州刺史，驅率諸郡太守、令長背袁向曹，殺白馬盟，令曰：「違者斬。」衆莫敢言，各以次歃，至別駕，珩曰：「吾受袁公父子厚恩，智不能救，勇不能死，於義闕矣。若北面曹氏，所不能爲也。」一座失色。曹操聞珩節，甚高之，屢辟不至，卒於家。

南北朝　魏

衛操。字德元，代人。少有才略，晉征北將軍衛瓘以爲牙門將。後與從子雄及其宗室鄉親姬澹等歸魏，説桓、穆二帝招納晉人，附者稍衆，桓帝嘉之，以爲輔相，任以國事。及劉淵、石勒之亂，桓帝匡助晉氏，操稍遷至右將軍，封定襄侯。

燕鳳。字子章，代人。好學，博綜經史，明習陰陽讖緯，昭成待以賓禮，後拜代王左長史，參決軍國事〔五二〕，又以經授獻明帝。嘗使苻堅不辱命，苻堅存立道武，鳳之謀也。道武即位，歷吏部郎、給事黄門侍郎、行臺尚書，甚見禮重。太武初，以舊勳賜爵平舒侯。

許謙。字元遜，代人。少有文才，善天文、圖讖之學。昭成擢爲代王郎中令，兼掌文記，與燕鳳俱授獻明帝經。登國初爲右司馬，與張袞等參贊初基。後爲陽曲護軍，賜爵平舒侯。

長孫嵩。代人。寬雅有器度，道武以爲南部大人，累著軍功。明元即位，與奚斤、安同、崔宏等八人坐止車門右，聽理萬幾，世號「八公」。明元寢疾，與嵩定策禁中，詔太武臨朝監國，嵩爲左輔。太武即位，進爵北平王、司州中正。遷太尉，薨。

長孫道生。嵩從子。道武愛其慎重，使掌機密。太武即位，進爵汝陰公，遷廷尉卿。從征蠕蠕，大捷而還。征赫連昌爲前驅，遂平其國。累除司空，加侍中，進封上黨王。道生廉約，身爲三司，衣不華飾，食不兼味，每建大議多合時機，爲將有權略，善待士衆，所在著績。孫觀，以壯勇知名，有軍功，官至征南大將軍。

長孫肥。代人。有雅度，果毅少言。道武之在賀蘭部，肥常侍從，禦侮左右。登國初與莫題等俱爲大將，屢有戰功。從平中山，賜爵琅琊公，累遷兗州刺史。肥善策謀，勇冠諸將，前後征討未嘗失敗，南平中原，西摧羌寇，肥功居多。子翰，以善騎射爲獵郎，累加平南將軍，太武即位進封平陽王，遷司徒。翰清正嚴明，善撫將士，所征討咸有克獲功。

尉古真。代人。道武之在賀蘭部，賀染干等將肆逆，古真密馳告，染干執拷之，以兩車軸押其頭，傷其一目。後從平中原，以功賜爵東州侯〔五三〕。弟諾，侍道武以忠謹稱。從圍中山先登，亦傷一目，道武嘆曰：「諾兄弟並毁其目以建功效，誠可嘉也。」賜爵安樂子。諾長子眷，忠謹有父風，明元時執事左右爲太官令，以驍烈聞。文成時拜侍中、太尉，封漁陽王，録尚書事。

庾業延。代人，後賜名岳。恭慎修謹，善處危難，道武嘉之，命爲外朝大人，參預軍國。從平中原，拜安遠將軍，以軍功賜爵西昌公，遷鄴行臺。岳爲將有謀略，士衆服其智勇，名冠諸將。遷司空被誅，時人冤惜焉。

叔孫建。代人。登國初爲外朝大人，累除平原鎮大將，封丹陽王，加征南大將軍。擊走宋將檀道濟，拔滑臺。建沈敏多智，東西征伐，常爲謀主，又雅尚人倫，禮賢愛士，魏初名將尠有及之。

穆觀。代人。父崇，從道武平中原，位太尉、宜都公。觀少襲崇爵，明元時尚宜陽公主，拜駙馬都尉。太武監國，觀爲右弼，出則統攝朝政，入則應對左右，事無巨細皆關決焉。終日怡怡，無愠喜之色，勞謙善誘，不以富貴驕人。年三十五薨，贈宜

都王。

樓伏連。代人。忠厚有器量，道武初從破賀蘭部，又平中山，以功賜爵安邑侯。太武即位，封廣陵公，再遷光祿勳，進爵爲王。後鎮統萬，薨。

賀狄干。代人。爲北部大人。登國初，道武遣狄干結婚于姚萇，萇死興立，因止狄干而絶婚。狄干在長安習讀書史，通論語、尚書諸經，舉止風流，有似儒者。初，帝普封功臣，遥賜狄干爵襄武侯，加秦兵將軍，後還國，見其言語、衣物類中國，忿而殺之。

于栗磾。代人。材力過人，能左右騎射。登國初拜冠軍將軍，襲慕容寶於中山，進假新安公。後爲河内鎮將。劉裕伐姚泓，栗磾慮其北擾，築壘河上，裕不敢進，遺栗磾書假道，題曰「黑矟公麾下」，栗磾以狀表聞，明元因授黑矟將軍。栗磾好持黑矟，故有其號。累遷外都大官，爵新安侯。卒，贈太尉。栗磾自少總戎，迄於白首，臨事善斷〔五四〕，所向無前。加以謙虚下人，刑罰不濫，太武甚悼惜之。子洛拔，少拜侍御中散，有姿容，善應對，襲爵。出爲和龍鎮都大將、營州刺史，有能名。後遷侍中、尚書令，在朝祇肅，百僚憚之。

車路頭。代人。少以忠厚選給東宫，爲帳下帥。天賜末明元出外，路頭隨侍竭力，及即位，封宣城公、忠意將軍。帝性明察，群臣多以職事遇譴，路頭性無害，每評獄處理，常獻寬恕之議，以此見重於朝，帝亦敬納之。

古弼。代人。少忠謹，初爲獵郎，門下奏事以敏正稱，明元嘉其直而有用，賜名曰筆，後改名弼，言其有輔佐才也。太武時位侍中，爵建興公，假節督隴右諸軍，累著戰功，遷尚書令。事務殷繁而讀書不輟，遇事敢言，不避誅責，帝常稱爲社稷之臣。吴王立，以弼爲司徒。文成即位，坐法死，時人冤之。

叔孫俊。建長子，字醜歸。内侍左右，謹密無過行。道武崩，清河王紹閉宫門，明元在外，紹逼俊以爲己援，俊仍與元磨渾等説紹歸明元〔五五〕。明元即位，遷衛將軍，賜爵安城公。朱提王悦懷刃將爲逆，俊覺舉動有異，執悦殺之。明元以俊前後功

重，軍國大計一以委之。

劉尼。代人。勇果善射，世祖見而善之，拜羽林中郎，賜爵昌國子。宗愛殺南安王余于東廟，尼密以狀告殿中尚書源賀，與南部尚書陸麗謀，迎文成登大位，衆咸唱萬歲。尼遷内行長，封東安公。尋出爲定州刺史，以清慎稱。官至司徒。

來大千。代人。驍果善射，永興初位中散，典宿衛禁旅，用法嚴明，上下齊肅。太武踐阼爲常侍，累從征討，以戰功賜爵廬陵公。尋使巡撫六鎮，經略得宜。後吐京胡反，以大千爲都將討平之。

周幾。代人。少以善射爲獵郎。明元即位，爲左部尚書〔五六〕，以軍功封交阯侯。太武以幾有智勇，遣鎮河南，威信著於外境，進號宋兵將軍。率洛州刺史于栗磾以萬人襲陝城，卒於軍，軍人無不歎息之。

豆代田。代人。明元時從攻虎牢，登樓射賊，矢不虛發。從討赫連昌，乘勝追賊，入其宫門〔五七〕，門閉，踰宫而出。太武壯之，拜勇武將軍。後從討平涼，破赫連定，又從討和龍，戰功多，封長廣公。

陸真。代人。少善騎射，太平真君中從討蠕蠕，以功賜爵關内侯。從太武至江，還次盱眙，真功居多。文成即位，進爵都昌侯。後拜長安鎮將，氐豪仇傉檀等及東平王道符先後反，俱擊平之。進爵河南公。

陸俟。代人。明元踐阼，累拜給事中，典選部、蘭臺事，無所屈撓。累拜冀州刺史，治績爲天下第一。歷安定、長安二鎮大將，遷内都大官，加都督秦、雍諸軍，俱以方略討平巨寇。文成踐阼，以子麗策立勳，進爵東平王。

于什門。代人。明元時爲謁者，使喻馮跋，及至和龍住外舍，使謂跋曰：「大魏皇帝有詔，須馮主出受然後敢入〔五八〕。」跋使人牽逼令入見，不拜，跋令人案其項，終不撓屈。既而跋拘留什門，隨身衣裳敗壞略盡，蟣蝨被體，跋遺以衣服，拒而不受。歷二十四年，後馮弘上表稱臣，乃送什門歸。拜治書侍御史，太武下詔褒美，比之蘇武。

羅結。代人。劉顯謀逆，結從道武幸賀蘭部，後以功賜爵屈蛇侯。太武初，累遷侍中、外都大官，總三十六曹事。太武以

其忠慤，甚信待之，除長信卿。歸老，賜大寧東川爲私第別業，并爲築城曰羅侯城，朝廷每有大事，驛馬詢問。年一百二十，卒。子斤，從太武討赫連昌，力戰有功，歷位四部尚書，後從平涼州，以功賜爵帶方公，累除柔玄鎮都大將。

伊馛。代人。勇健善射，太武將討涼州，議者咸以無水草諫，惟崔浩勸行，馛曰：「若涼州無水草，何得爲國？宜從浩言。」帝善之。克涼州，太武曰：「馛智力如此，終至公相。」欲拜馛爲尚書，馛辭曰：「中、秘多文士，請參其次。」遂拜秘書監，進爵河南公。興光元年拜司空。清約自守，爲政舉大綱，不爲苛細。太安二年領太子太保，與陸麗等並平尚書事。

封敕文。代人。始光初爲中散，稍遷西部尚書，出爲使持節開府，領護西夷校尉，秦、益二州刺史，賜爵天水公，鎮上邽。征吐谷渾慕利延兄子拾歸於枹罕，拾歸遁去。金城邊冏、天水梁會謀反，略陽王元達聚黨攻城〔五九〕，皆討破之。天安元年卒，長子萬護讓爵於弟翰，朝廷義而許之。

苟頹。代人。性嚴毅清直，武力過人。太武南征爲前鋒都將，常先登陷陣，賜爵建德男。歷位侍中、都曹尚書。頹方正好直言，雖文明太后生殺不允，頹亦懇切致諫，未曾阿諛。累遷司空，進爵河東王。大駕幸三川，頹留守京師，沙門法秀謀反，頹率禁旅收掩畢獲，内外晏然。

陸馥。俟長子。多智，有父風。興安初爲相州刺史，多善政，在州七年，徵爲散騎常侍，百姓乞留者千餘人。後襲父爵，改封建安王。獻文將禪位於京兆王子推，馥抗言曰：「皇太子聖德承基，四海屬望，不可横議，干國之紀，臣請刎頸殿廷，有死無貳。」帝意乃解，詔曰：「馥直臣，其能保我子乎？」遂以馥爲太保，奉皇帝璽綬傳位孝文。

陸麗。馥弟。少以忠謹入侍左右，審慎無僭失，賜爵章安子，稍遷南部尚書。太武崩，南安王余立，爲宗愛等所殺，麗首建大義，奉迎文成而立之，社稷獲安，受心膂之任。興安初封平原王，累遷司徒公，領太子太傅。

尉撥。代人。初從兖州刺史羅忸擊賊於陳、汝有功，賜爵介休男。討和龍、擊吐谷渾皆有功，進爵爲子。累遷杏城鎮將，

清平有惠績。獻文時進爵安城侯〔六〇〕。

婁提。代人。獻文時爲内三郎。獻文暴崩，提號泣欲殉，遂引佩刀自刺幾死，太后詔賜帛二百疋。

和其奴。代人。少有操行，善射御。文成初封平昌公，累遷尚書左僕射，又與河東王閭毗、太宰常英等並平尚書事。在官慎法，不受私請。遷司空，加侍中。薨，贈平昌王。

薛彪子。代人。父野賭，并、太二州刺史，封河東公，有聲稱。彪子姿貌壯偉，明斷有父風。太安中遷内行長，典奏諸曹事，當官正直，内外憚之。太和四年徐州民桓和等叛，詔彪子與尉元等平之，除開府〔六一〕、徐州刺史，甚多惠政。

尉元。字苟仁，代人。由羽林中郎累遷北部尚書。天安元年薛安都以徐州内附，以元爲持節、都督東道諸軍事赴之。宋兗州刺史畢衆敬遣章仇摽歸款，元並納之。遂長驅入彭城，分擊吕梁，絶其糧運，宋將張永夜遁。太和三年進爵淮陽王。齊高帝多遣間諜，扇動新民，以元威名夙振，使率諸軍討之，東南清晏，遠近帖然。尋遷尚書令，進司徒，詔爲三老，卒。

元澄。字道鏡，任城王雲子。少好學，言辭清辯，以孝聞。襲封，累授尚書令。孝文謀遷都，澄贊成其事，衆聞驚駭，澄援引古今曉之，衆乃開伏。從幸鄴宮，除吏部尚書。及車駕自代北巡，留澄銓簡舊臣，自公以下萬數，量其優劣，別三等用之，咸無怨者。明帝初遷司空，加侍中，領尚書令，奏利國濟人所宜振舉者十條。後加司徒公，政無大小皆引參預，澄亦盡心匡輔，事有不便，諫諍不已，内外咸敬憚之。

穆亮。字幼輔，觀曾孫。孝文時累官至侍中、尚書右僕射。於時復置司州，孝文曰：「司州須立中正，必任德望兼資者。」尚書陸叡舉亮爲司州大中正。尋遷司空，參議律令。孝文南伐，以亮録尚書事，留鎮洛陽，徙封頓丘郡開國公。

于烈。洛拔長子。善射，少言，有不可犯之色。少拜羽林中郎，累遷光禄卿。太和十九年大選百僚，烈子登引例求進，烈表請黜落，孝文嘉其有識，進登爲太子翊軍校尉，又加烈散騎常侍。及穆泰、陸叡謀反舊京，時代舊族同惡者多，惟烈一宗無所染

預，帝益器重之，以爲節概不讓金日磾，詔除領軍將軍。宣武即位，以宰輔咸陽王禧等專擅，與烈潛謀廢之，自是長直禁中〔六二〕，參預機密大事。禧謀反，烈追執之。卒，贈太尉，進封鉅鹿郡公。

長孫慮。代人。母因飲酒，其父真誤以杖擊致死，爲縣囚執，處以重坐。慮列辭尚書云：「父母忿争，本無餘惡，直以繆誤，一朝横禍。今母喪未殯，父命旦夕，兄弟五人並沖幼，慮身居長，今年十五，乞以身代父，使嬰弱衆孤得蒙存立。」尚書奏云：「慮於父爲孝子，於弟爲仁兄，尋情究狀，特可矜感。」孝文詔特恕其父死罪，以從遠流。

董洛生。代人。居父喪過禮，詔遣秘書中散温紹伯奉璽書慰之，令自抑割，以全孝道。又詔其宗親使相喻獎，勿令滅性。

朱長生、于提。並代人。孝文時長生爲員外散騎常侍，與提俱使高車，既至，高車王阿伏至羅責長生等拜，長生拒之，至羅既受獻不拜，長生曰：「爲臣内附，宜盡臣禮。」呼出帳令衆中拜，至羅怒，因之脅降，長生與提瞋目厲聲責之，至羅大怒，絶其飲食，各分從之，三歲乃放還。孝文嘉其節，拜長生河内太守、提隴西太守，並賜爵五等男。

穆紹。字永業，亮之子。拜駙馬都尉，歷七兵、殿中二尚書。遭憂免，居喪以孝聞。除中書監、侍中，領本邑中正。紹資性方重，罕接賓客，領軍元乂當權熏灼，候紹，紹迎送下階而已。靈太后欲黜乂，猶豫未決，紹贊成之。以功加特進、儀同三司。孝莊立，爾朱榮遣人徵之，紹往見榮，捧手不拜。尋授尚書令、司空公，進爵爲王。

長孫冀歸。字承業，代人。聰明有才藝，虚心愛士。爲前將軍，從孝文南征。宣武時假鎮西將軍、討蜀都督，頻戰有功，累除尚書右僕射。雍州刺史蕭寶夤據州反，以承業爲行臺討平之，除雍州刺史。孝武入關，位太師、録尚書事，封上黨王。

陸凱。字智君，馛之子。謹重好學，位太子庶子、給事黄門侍郎，在樞要十餘年，以忠厚見稱。兄琇陷罪，凱痛兄之死，哭幾失明，訴冤不已。至正始初宣武復琇官爵，凱大喜，置酒集諸親曰：「吾數年中抱病忍死，顧門户計耳，今願畢矣。」遂以其年卒。二子暐、恭之，並有時譽。

陸旭。侯曾孫。性雅淡，好易、緯候之學，撰五星要訣及兩儀真圖，頗得其指要。太和中徵拜中書博士，稍遷散騎常侍。知天下將亂，遂隱於太行山，累徵不起。

元順。字子和，澄子。通杜氏春秋，性謇諤，淡於榮利。起家爲給事中。時高肇權重天下，順詣肇直往登牀，捧手抗禮。父憂，哭泣嘔血，身自負土。領軍元乂威勢尤盛，順曾不詣乂。至于朝論得失，順常鯁言正議，曾不阿旨。累官左僕射。莊帝初河陰遇害，家徒壁立，無物以殮，門下通事令史王才達裂裳覆之。贈尚書令、司徒公。

婁寶。字道成，伏連孫。明帝時隨源子邕討擊葛榮，師敗被囚，變姓名匿於戎伍，密啓賊形勢，規爲内應，榮滅始得還。永安中除假員外散騎常侍使蠕蠕。先是，蠕蠕稱藩上表，復以中州不競，書爲敵國儀。寶責之，蠕蠕主謝，遂更稱藩。後從孝武入關，封廣寧縣伯，官至儀同三司，兼太子太傅。寶清簡少言，頗諳舊事，位歷師傅，守靖謙恭，以此爲人所敬。

陸操。字仲志，麗從孫。高簡有風格，學業知名。爲散騎常侍聘梁，使還遷廷尉卿。齊文襄爲世子，甚好色，薛寘妻元氏有色，迎入欲通之，元氏正辭且哭，世子送付廷尉，操曰：「廷尉守天子法，須知罪狀。」世子怒，召操命刀環築之，操終不撓。後徙御史中丞，天保中卒於殿中尚書。

北齊

慕容紹宗。字紹宗，燕太原王恪之後，曾祖騰歸魏，遂居代。紹宗恢毅深沈，有膽略。爾朱榮入洛，欲因百官出迎悉誅之，紹宗諫，不聽。後以軍功封索盧侯〔六三〕，遷爾朱兆長史。及兆敗，紹宗擕榮妻子及兆餘衆自歸神武，神武仍加恩禮，軍謀兵略時參預焉。元象初以軍功進爵爲公，累遷尚書左僕射。侯景反，命紹宗爲東南道行臺，討景於渦陽，時景軍甚盛，紹宗麾兵徑進，諸將從之，因大捷。西魏王思政據潁州〔六四〕，又以紹宗爲南道行臺，與高岳、劉豐圍擊之，堰洧水灌城。未幾臨堰，見北有塵氣，

乃入艦，忽暴風飄艦向敵城，紹宗度不免，遂投水卒，贈太尉。

綦連猛。字武兒，代人。初事爾朱榮、爾朱兆，後爲神武親信。爾朱文暢將爲逆，猛曰：「昔事其父兄，願今日受死，不忍告而殺之。」神武聞之曰：「事人當如此。」捨其罪而益親之。以軍功累封山陽王。猛頗疾姦佞，言議時有可采。官至大將軍，卒。

婁昭。字菩薩，平城人。祖父提，家僮千數，牛馬以谷量，性好周給，士多歸附之。昭方雅正直，有大度深謀，神武少親重之。神武將出信都，昭贊成大策，即以爲中軍大都督。從破爾朱兆於廣阿，累封濮陽郡公。樊子鵠反，以昭爲東道大都督討之，子鵠既死，諸將勸昭盡捕誅其黨，昭曰：「此州横被殘賊，其人何罪？」遂皆捨焉。累遷司徒，出爲定州刺史，薨。

侯莫陳相。代人。七歲父死，號慕過人，及長性雄傑。後從神武起兵，以戰功封白水郡公，天保初累遷司空，進爵爲王，歷太傅、朔州刺史。次子晉貴，嚴重有文武幹略，襲爵，官至開府儀同三司、梁州刺史。

陸卬。字雲駒，麗元孫。博覽群書，多通大義，善屬文。起家員外散騎侍郎，累除中書侍郎，修國史。以父憂去職，居喪骨立，兄弟相率廬墓，負土成墳，詔褒所居里爲孝終里。天保中遭母喪，哀毁沈篤。弟搏遇疾，臨終曰：「大兄尩病如此，性至慈愛，搏死必不使大兄知之，致有感動。」家人至祖載始告，卬聞而悲，一慟而絶。卬自在朝篤慎周密，不説人短，不伐己長，言論清遠，有人倫鑒裁，朝野甚悲惜之。子乂襲爵始平侯，五經精熟，官至通直散騎常侍。

張華原。字國滿，代人。周文據雍州，華原以散騎常侍入關往説，周文謂曰：「能屈於此，當共享富貴。不爾，命懸今日。」華原曰：「有死耳，不敢聞命。」周文嘉其亮正，乃使東還。累遷兗州刺史，人懷感附，寇盜寢息。重囚給假，依期畢至。卒官，州人大小莫不號慕，爲樹碑立祠祀焉。贈司空公、尚書左僕射。

周

達奚武。字成興，代人。初爲賀拔岳別將，岳爲侯莫陳悦所害，武收屍歸平涼，從文帝平悦，封須昌縣伯。魏大統初自大

丞相府中兵參軍，出爲東秦州刺史，歷雍、同二州，累著戰功，進封鄭國公，轉太傅。武徵時奢侈好華飾，及居重位，不持威儀，行常單馬，門不施戟，每曰：「天下未平，國恩未報，安可過事威容。」子震，習武藝，有政術，建德中從平鄴，拜大宗伯，出爲原州總管。

竇熾。字光成，其先扶風平陵人，亡奔匈奴，後隨魏南徙，家於代。熾少從范陽祁忻受毛詩、左氏春秋，略通大義。善騎射，以戰功拜揚烈將軍。大統中從文帝禽竇泰，復弘農，破沙苑，皆有功。歷涇、原二州刺史，政績著聞。保定初進封鄧國公，後拜太傅。熾名望素隆，軍國大謀常與參議。隋文帝爲相國，百僚皆勸進，熾獨不肯署牋，時人皆高其節。

竇毅。字天武，熾兄子。魏孝武初起家員外散騎侍郎。齊神武擅朝，毅慨然有殉主之志，從孝武西遷，及禽竇泰、復弘農、戰沙苑，皆有功，累封神武郡公。保定三年拜大將軍，時突厥君臣有貳志於齊，毅抗言正色，以大義責之，乃定。毅性温和謹慎，尚文帝女襄陽公主，朝廷委信，任兼出入，未嘗有矜惰之容，時人以此稱焉。

厙狄峙。其先遼東人，徙居代。峙仕魏爲高陽郡守，爲政仁恕。大統初遷黄門侍郎，時與東魏争衡，蠕蠕屢爲邊患，朝議欲結和親，使峙往，峙善辭令，蠕蠕主信重之，自是不復爲寇。封高邑縣公，累拜侍中。蠕蠕滅後，突厥强盛，雖與周通好，而外連齊氏，令峙喻之，突厥執齊使歸諸京師。進爵安豐郡公。明帝時爲少師，卒。子嶷嗣，位蔡州刺史。嶷弟徵、徽、嶔，皆以軍功拜儀同大將軍。

陸騰。字顯聖，旭之子。魏大統中爲文帝帳内都督〔六五〕，遷武衛將軍。安康賊黄衆寶等作亂，騰大破之，遷拜龍州刺史，轉江州，歷隆州總管〔六六〕，拜司憲大夫。前後破平諸賊，凡賞得奴婢八百口，馬牛稱是。天和四年遷江陵總管，陳人圍江陵，騰奮擊遂遁。加位柱國，進爵上庸郡公〔六七〕。

尉遲迥。字薄居羅，代人。有大志，好施愛士。魏大統中累官尚書左僕射，兼領軍將軍，尋拜大將軍。督開府元珍等六軍伐蜀，所至皆降，詔以迥爲大都督、益潼等十二州諸軍事、益州刺史，三年加督六州。迥綏輯新邦，民人懷服。性至孝，大長公主年高，文帝徵迥入朝，以慰其意。武成元年封蜀國公，建德初拜太師。宣帝即位，出爲相州總管。隋文輔政，迥舉兵圖匡復，爲韋

孝寬所敗，自殺。弟綱，善騎射，河橋之役文帝馬中流矢驚奔，綱與李穆等左右力戰，衆皆披靡，文帝方得乘馬。進爵平昌郡公，歷位少傅、大司空、陝州總管〔六八〕。

梁椿。字千年，代人。初從爾朱榮入洛，又從賀拔岳討平萬俟醜奴，仍從文帝平侯莫陳悦，魏大統中累以戰功封東平郡公，位開府儀同三司，保定元年拜大將軍。椿性果毅，善撫納，所獲賞物分賜麾下，故每戰咸得其死力。好儉素，不營貲産，時論以此稱焉。

尉遲運。綱之子。宣帝在東宫數有罪失，武帝選忠諒鯁正者匡弼之，以運爲右宫正。建德三年帝幸雲陽宫，令運與長孫覽輔太子居守。衛刺王直作亂，襲肅章門，覽懼，走行在所。運手自闔門，直乃縱火，運更益其火，直遂不得進，乃退。運率留守兵擊之，直大敗而走。武帝嘉之，授大將軍。將伐齊，召運參議，東夏底定，頗有力焉，進爵盧國公。宣帝即位，出爲秦州總管。

隋

達奚長儒。字富仁，代人。高祖受禪，封蘄春郡公。開皇二年突厥衆十餘萬來寇，以長儒爲行軍總管，率衆二千力戰却之，進上柱國。歷鄜州刺史，母憂去職。長儒性至孝，毁悴過禮，天子嘉歎。起爲夏州總管，匈奴不敢窺塞，轉荆州總管，卒。

竇榮定。熾兄子。高祖受禪，以佐命功拜上柱國，尋除秦州總管。突厥沙鉢略寇邊，爲行軍元帥出涼州擊之，數挫其鋒，突厥懼，請盟而去，進爵安豐郡公。高祖欲以爲三公，上書固辭。

房兆。代人，本姓屋引氏。剛毅有武略，頻爲行軍總管，擊寇有功，位至柱國、徐州總管。

吐萬緒。字長緒，代郡鮮卑人。在周襲爵元壽縣公。高祖受禪，有吞陳之志，授徐州總管，令修戰具。陳平，拜夏州總管。漢王諒舉兵，詔緒從楊素擊破之。大業初轉光禄卿，賀若弼遇讒，緒明其無罪，免官。劉元進作亂，攻潤州，帝徵緒討破

之〔六九〕，斬僞僕射管崇等五千餘人。尋忤帝意，徵詣行在所，發疾卒。

楊義臣。代人，本姓尉遲氏。父崇，仕周爲儀同大將軍，開皇初擊突厥於周槃，戰死。義臣幼養於宮中，賜姓楊氏。性謹厚，能騎射，有將領才。突厥達頭可汗犯塞，以行軍總管出白道破之。明年突厥又寇邊，義臣追至大斤山破之。代州總管李景爲漢王將喬鍾葵所圍，詔義臣往擊破之，以功授上大將軍。其後屢平巨寇，進位光禄大夫。尋拜禮部尚書，卒。

五代　唐

安金全。代人。數從莊宗用兵有功，官至刺史。以疾居太原，莊宗與梁相距河上，梁將王檀襲太原，監軍張承業大恐，金全彊起，召率子弟及故將吏百餘人，夜出北門，擊檀於羊馬城中，檀軍驚潰。明宗即位，拜振武軍節度使。

安重誨。應州人。爲人明敏謹恪。明宗鎮安國，爲中門使，及即位，累加侍中兼中書令，事無大小皆以參决，盡忠勞力，時有補益。卒被讒死。

周

史彦超。雲州人。周太祖入立，爲虎捷都指揮使，以戰守功，累拜感德軍節度使。周兵圍漢太原，契丹救漢，出忻、代，世宗遣符彦卿拒之，彦超爲先鋒，戰忻口，勇憤俱發，解而復合者數四，遂歿於陣。贈太師，優恤其家焉。

宋

李漢超。雲中人。初從太祖平李重進等，遷齊州防禦使，在郡十七年，政平訟理，吏民愛之。後爲關南都巡檢使，卒。漢

超善撫士卒，與之同甘苦，死之日軍中皆流涕。子守恩，驍果善戰，有父風，累官至隴州刺史、知靈州。戰歿，特賜洪州觀察使。嗣知府州。

折御卿。雲中人。從太宗征河東，破岢嵐軍。淳化五年拜永安軍節度使。遼兵入，御卿大敗之於子河汊。歲餘被病，遼諜知之，率衆來侵，御卿力疾出戰，其母使人召歸，御卿曰：「世受國恩，死軍中分也。」翊日卒。贈侍中。子惟昌，爲洛苑使，知州事，破言泥族、拔黄呰，累拜興州刺史。惟信，與趙保吉戰歿於陣。惟忠，最知兵，累官雲麾將軍，卒。惟忠子繼閔，爲西京作坊使，嗣知府州。

畢士安。字仁叟，雲中人。事繼母以孝聞。乾德四年舉進士。太平興國初吴越錢俶納土，選知台州，言：「錢氏張侈賦數〔七〇〕，今宜用舊籍。」詔從之。累遷翰林侍讀學士。景德初遼人謀入境，士安陳選將、餉兵、理財之策，真宗嘉納，與寇準同拜平章事。遼引兵大掠，與準條所備禦狀，又合議請幸澶淵，定和議。未幾，趙德明亦内附，中外晏安。卒，贈太傅、中書令，謚文簡。士安飭躬慎行，有古人風，仕至輔相，無田園居第，没未終喪，家用已絀，真宗感嘆，賜白金五千兩。

折繼祖。字應之，繼閔弟。嗣知府州，累轉成州團練使。韓絳城囉兀，繼祖深入敵帳，降部落户八百，加解州防禦使。有子當襲，請以授兄子克柔，詔從之。弟繼世，延州東路巡檢。嵬名山内附，繼世以騎步萬軍懷寧砦，分名山之衆萬五千户居大理河。夏人來攻，再戰皆捷，録功領忠州刺史。說韓絳城囉兀以撫横山，因畫取河南之策，絳以爲然。以果州團練使卒。

折克行。字遵道，繼閔子。夏人寇環慶，克行與戰於葭蘆州，斬級四百，降户千，馬畜萬計，諸老將矍然曰：「真折太尉子也。」擢知府州。討夏國每出必勝，夏人畏之，益左廂兵專以當折氏。城葭蘆、築八砦，皆用克行策。在邊三十年，善拊士卒，戰功最多，羌人呼爲「折家父」，官至秦州觀察使。

折可適。克行從子。少隸延州，屢與夏人戰，皆敗之東。兵久不得食〔七一〕，千人成聚，籍於軍門，或欲掩殺以爲功，可適曰：「此以饑而逃耳，非叛也。」單馬出詰之，皆回面流涕謝再生，各遣歸。夏人入寇，大破之於尾丁磑，又分騎據西山，轉戰至高嶺，間道設伏，邀其歸路，敵赴厓澗死者如積。論前後功，至成州團練使。夏人有桀黠用事者，哲宗詔可適密圖之，可適遣兵夜襲，

俘其族屬三千人，遂取天都山，以其地爲西安州。累拜淮康軍節度使〔七二〕。

遼

邢抱朴。應州人。保寧初累官翰林學士，加禮部侍郎〔七三〕。統和四年山西州縣被兵，命抱朴鎮撫之，民始安。十年拜參知政事，按察諸道守令能否而黜陟之，大協人望。嘗兩決南京滯獄，人無冤者。卒，贈侍中。

陳昭袞。雲州人。勇而善射。累官敦睦宮太保，兼掌圍場事。開泰五年秋大獵，帝射虎，馬馳太速，矢不及發，虎怒奮，將犯蹕，左右辟易。昭袞捨馬，捉虎兩耳騎之，虎軼山，終不墮地，伺便拔佩刀殺之，輦至上前。即日設燕，悉以席上金銀器賜之，特加節鉞，遷圍場都太師，命張儉、吕德懋賦以美之。歷西南面招討都監，卒。

金

蘇保衡。字宗尹，天成人。天會中賜進士出身，補太子洗馬，累官工部尚書。大定二年伐宋，保衡行户部於關中兼糾察，黜守令不法者十餘人。邠守傅慎微忤用事者，被讒構下獄且死，保衡力救之得免。入爲太常卿，遷禮部尚書，拜參知政事，進右丞，稱賢執政。

康元弼。字輔之，雲中人。正隆三年進士，由汝陽簿累遷大理丞。大定二十七年河決曹、濮間，朝廷遣元弼往視，相其地如盎，而城在盎中，請改築於北原，曹人賴焉。官至南京路轉運使。

劉從益。字雲卿，渾源人。登大安元年進士第，累官監察御史。坐與當路辨曲直，得罪去。起爲葉縣令，有古良吏風，未幾被召，百姓詣尚書省乞留，不聽。入授應奉翰林文字，卒。從益精於經學，爲文章長於詩。子祁，字京叔〔七四〕，太學生，甚有文

名。金末喪亂，作歸潛志以紀其事，修金史多采用焉。

雷淵。字希顔，一字季默，渾源人。入太學讀書，後從李之純游，遂知名。登至寧元年詞賦進士甲科，累拜監察御史。彈劾不避權貴，出巡郡邑，所至有威譽。官至翰林學士，卒。

高汝礪。字巖夫，金城人。登大定進士第。涖官有能聲，擢左諫議大夫。時遇奏事，臺臣亦令迴避，汝礪言：「國家置諫臣，蓋欲周知時政，以參得失，豈可疏遠？乞自今有司奏事，諫臣得預聞。」從之。累拜户部尚書，時鈔法不能流轉，汝礪隨事上言，多所更定，民甚便之。貞祐四年拜尚書左丞。高琪欲從言事者歲閲民田徵租，又議榷油，汝礪言其不可，遂寢。俄進右丞，封壽國公。

元

孫威。渾源人。沉鷙有巧思，授義軍千户，從軍攻潞州、破鳳翔皆有功。善爲甲，嘗以意製蹄筋翎根鎧以獻，太祖親射之不能徹，大悦，授順天、安平、懷州、河南、平陽諸路工匠都總管。每從戰伐，恐民有横被屠戮者，輒以菟簡工匠爲言而全活之。卒，謚忠惠。子拱，襲父官，巧思如其父。嘗製疊盾，張則爲盾，斂則合而易持，世祖以爲古所未有。歷保定路治中。歲饑，先發粟賑民而後請於朝，曰：「緩則民餒死矣，苟見罪，吾自任之。」累官益都路總管兼府尹。卒，謚文莊。

趙璧。字寶仁，懷仁人。世祖爲親王，聞其名，召見呼秀才而不名。憲宗即位，召璧問天下何爲治，對曰：「請先誅近侍之尤不善者。」憲宗不悦。璧退，世祖曰：「秀才，汝渾身是膽耶？」歷河南經略使，威惠大行。中統元年拜燕京宣慰使，時供給屬軍，府庫已竭，及用兵北邊，璧經畫餽運，相繼不絶。中書省立，授平章政事，尋改樞密副使，大敗宋將夏貴于虎尾洲。高麗王禃爲其臣林衍所逐，議遣兵護歸，復國古京，以安兵息民，帝從之。卒，贈大司徒，謚忠亮。

雷膺。字彦正，渾源人，淵之子。少孤篤學，事母以孝聞。至元二年拜監察御史，首以正君心、正朝廷百官爲言，又斥聚斂

之臣不宜作相。累歷外任，皆著威惠，徵拜集賢學士。成宗即位，召諸故老詢國政，膺爲稱首，多所建白。卒，謚文穆。

明

李彝。渾源人。永樂舉人。授監察御史，以剛直有聲臺中。後歷江西按察使，治獄明恕。遷浙江布政使，益厲素節，出納錙銖必謹，尋卒於官。

郭頤。應州人。永樂中由知縣擢監察御史，巡按京畿。文皇北伐，抗疏力争，後復屢疏言事，朝右咸側目，遂乞歸。

孫逢吉。字餘慶，渾源人。正統舉人。授延長知縣，有賢聲。擢御史巡鹽長蘆，監軍榆林，所至風紀肅然。後復按四川，歷陝西僉事，累遷左布政使，川、陝之民皆被其澤，引疾歸。

石瑁。字信之，應州人。數歲以孝友稱。宣德進士。正統初授禮科給事中，克舉其職。擢金華知府，除邑患、賑流民，甚有善政。累遷禮部尚書，靖共於位，朝望益孚。

王尚文。廣靈人。正統進士，官户部主事。額森入塞，英宗親征，尚文以督餉從土木之難，踵駕號哭，遂遇害。「額森」改見前。

焦鑑。大同人。父卒，哀毁柴立，廬墓三年，白狐游狎，野蠶成繭。成化中被旌。

石鼒。渾源人。父殁廬墓，山水暴漲，木石漂沉，鼒伏墓號泣，水將至忽分兩道去，墓竟無恙。弘治中被旌。

李翰臣。大同人。正德進士。以行人除御史按山東，辨歸善王之誣忤旨，謫判廣德州。改知隨州，有能聲。歷河南僉事，討平流賊王塘。進山東曹濮兵備副使，曹、濮多盜，悉以計擒之，後移疾歸。

温鉞。大同人。父景清，有膽力，嘉靖初爲巡撫蔡天祐密捕鎮兵之殺巡撫張文錦者，叛兵恨之，欲索景清殺之不得，遂執鉞及其母王氏。鉞終不言景清所在，母亦大駡，並見殺。事平獲旌。

蔣應奎。大同人。嘉靖進士。授工部主事，以功累拜太僕寺少卿。遷應天府府尹，裁勳戚以法，墾秣陵荒田千餘頃。擢副都御史，巡撫遼東。闢寧遠、開原之地，陞兵部侍郎。卒之日，喪不克舉，贈尚書。

林椿。字永年，大同人。有孝行，嘉靖中以軍功進署指揮僉事，歷左副總兵，協守大同。俺答入擾，總兵張達陷陣不得出，椿聞急引兵來救，一日三戰，亦陷重圍，與達俱死，贈都督同知，謚忠勇。

郭石。山陰人。嘉靖舉人。知滕縣多善政，累遷整飭延綏道，駐榆林，守禦有功，獲賜金幣。丁艱歸，補山東按察僉事，尋致仕。石性沉静，居官以清謹著名。

郭民敬。山陰人。嘉靖進士。知壽光縣，以治行第一擢御史，按南畿。歲歉，奏蠲租賦數十萬緡。復按四川，過里值邊警，時山陰土城難守，民敬爲留集丁壯，城守甚力，邑人賴之。至四川，墨吏望風解綬去。性至孝，家資分給諸弟姪，一無所取。

喬景華。山陰人。嘉靖中扶母避亂，父稍後見執，景華復奔救翼之，右臂受刃，更易左臂，父子仆地，賊感其孝而去。

樊深。大同人。嘉靖中爲通政使，陳禦寇七事，中言仇鸞養寇要功，上方眷鸞，立斥爲民。隆慶初復官，尋遷刑部右侍郎，齊康劾徐階，深劾康并詆高拱。時登極詔赦死罪以下，而流徙已至配者，所司拘律令不遣，深言：「誅死猶赦而此反不及，非所以廣皇仁。」詔從其議。旋進左侍郎，罷歸，卒。

王汝濂。懷仁人。隆慶進士。以母老引疾歸養，奉侍左右如嬰兒，出必禀命，母殁，哀毁盡禮，人稱其孝。

王家屏。字忠伯，山陰人。隆慶進士。由庶吉士歷修撰，充日講官，敷陳剴摯，帝嘗斂容而受，稱爲端士。張居正寢疾，同官奔走祈禱，家屏獨不往。累擢吏部左侍郎，兼東閣大學士。每議事秉正持法，不激不隨。進禮部尚書。嘗以久旱乞罷，指時事甚切，不報。與申時行等懇請册立，疏至再，及爲首輔請益力。李獻可以請豫教被黜，家屏封還御批，累疏争之，帝不悦，遂乞歸。家屏端嚴忠直，深識有謀，秉國止半載，卒。贈少保，謚文端。熹宗立，再贈太保。

李懷信。大同人。由世蔭歷定邊副總兵，勇敢有謀，寇入輒敗，擢甘肅總兵官。松山多擾，連擊敗之，邊人恃以無恐。萬曆末遼東急，詔充援剿總兵官，有戰守功，尋引疾去。天啓中追録邊功，進左都督。

王從義。大同人。萬曆進士。授評事，多所平反。歷郎中，陞東昌知府，以善政聞。秩滿擢副使，備兵壽張，與平妖賊徐鴻儒，全活脅從數萬人。累遷副都御史，巡撫山東，安集流移，除大猾，不遺餘力。尋以協餉功進户部右侍郎，引疾歸。居鄉謙退儉約，母喪哀毀欲絶。

曹文詔。大同人。崇禎三年以功擢延綏東路副總兵，討賊王嘉胤於河曲，降其衆。陞臨洮總兵官，擊斬群賊，關中略平，賊遂流入山西。六年文詔至山西，屢戰皆捷，餘賊多流入河北，移師討平之。尋調大同爲援剿總兵，復由河南剿賊商州，大捷於金嶺川，尋以三千人遇賊於湫頭鎮，轉鬬不支，自刎死，贈太子太保、左都督。立祠祀之。文詔天性忠勇，爲明季良將第一，其死也賊中爲之相慶。弟文耀，從兄征討數有功，河曲之戰斬獲多，後擊賊忻州，戰死城下，詔予贈恤。本朝乾隆四十一年，賜文詔謚忠果。

曹變蛟。文詔從子，幼從文詔征討，以勇敢知名，賊聞大、小曹將軍來皆怖慴。崇禎十年歷官臨洮總兵，降小紅狼，一部餘賊入蜀，繼入秦，變蛟邀擊破之。與李自成轉戰千餘里，賊黨多降，惟自成東走，復窮追之，自成妻女盡失，僅以七人逃，録功進左都督。後從洪承疇援松山，被執死之，贈太子太保。本朝乾隆四十一年，賜謚忠烈。

焦埏。大同人。祖澤、父承勳皆總兵官，著勞績。埏以世將子，喜兵法、精騎射，以功累官大同副總兵。崇禎十五年奉命東援，力戰不屈死，事聞贈恤。本朝乾隆四十一年，賜謚烈愍。

張爾墊。大同人。事母以孝稱，鄉里争訟率片言而決，人服其公，以功歷官守備。崇禎末都城戒嚴，戰死盧溝橋，事聞贈恤。本朝乾隆四十一年，賜謚烈愍。

李若葵。大同人。崇禎末聞賊陷都城，與兄象葵、弟心葵、從子柱周並婦女五人俱縊死。

本朝

李國英。字培之，大同人。少倜儻有才略，從肅王收四川，擢巡撫，以功晉尚書，總督川陝。時全蜀未定，再統師入川，大興屯田，與士卒同甘苦，日饗士卒，遂平巴巫逋寇，晉太子太保。以勞疾卒官。

鮑承先。應州人。負大略，嘗上書世祖章皇帝，請行仁除暴，召見賜馬及幣，授内秘書院大學士〔七五〕，與定剿撫方略。承先事繼母孝，糲食布衣，第舍僅蔽風雨，居鄉退讓。又嘗修府、縣學，創桑乾河石橋，鄉里德之。

韓一蘇。廣靈人。與弟一歐，事父廷和以孝行著聞。順治初闖賊敗歸，所過剽掠，至南和縛廷和去，二子奔赴賊營並求代，賊挺刃交下，一歐立糜爛，一蘇亦垂斃，猶祈免其父不少止，賊黨有義之者，因釋其父。賊退，一蘇獲蘇，事其父以壽終。

王逢泰。大同人。幼時父之雲攜其兄出遊，獨與母楊居。姜瓖之亂，母死井中，殯訖徒步訪父兄，遇於金陵，奉歸。父年八十終，既葬，逢泰詣墓輒攀柏哀號，没齒不衰。

于懷漢。懷仁人。事母孝被旌，康熙甲辰蠲粟賑饑，全活甚衆。

周於德。廣靈人。父之屏，姜瓖之亂，縣令城守徵鄉勇，之屏督衆往，於德與弟於道俱請從，賊猝至，兄弟奮長矛大呼逐賊，旋陷入賊壘，被執不屈死。又之屏妻弟李蓂亦同往，於德兄弟陷賊，馳救之，亦被殺。

吴之琳。陽高人。以孝友旌門，撫從子二十年無間言。有徐某寄以金，徐死而其子不知，如數還之。

穆生輝。天鎮人。驍勇有知略，起行間，洊歷副將，所向有功。總兵鄖陽，屢以功世襲拖沙喇哈番，後以討賊戰死。

張光璧。大同人。天性淳篤，事親盡孝。乾隆五年旌。

任舉。大同人。乾隆七年以武進士任固原城守營參將，值兵變，手刃亂兵，解散賊黨，捍禦全城。十三年調赴金川，洊升總兵，進攻昔嶺石城，被槍陣亡。加贈都督同知，賜祭葬，謚勇烈，入祀昭忠祠。

張朝龍。大同人，寄籍貴州。乾隆三十七年由馬兵隨征金川，奮奪碉寨，洊升遊擊。五十二年，隨征臺灣，屢立戰功。五十三年，臺灣平，圖形紫光閣。復隨大兵進擊市球江，戰殁。賜謚壯果，入祀昭忠祠。

田佳富。懷仁人。以孝義稱。乾隆三十九年旌。

王萬邦。陽高人。乾隆二十年，由侍衛任涼州營遊擊。值西陲用兵，萬邦剿賊有功，洊升總兵。三十六年，赴金川，身先士卒，奮奪碉卡，後以力疾督戰負傷卒，賜祭葬，入祀昭忠祠。

流寓

南北朝　魏

江彊〔七六〕。涼州人。太延五年涼州平，内徙代京。上書三十餘法，各有體例，又獻經史諸子千餘卷，拜中書博士。

宋

朱弁。婺源人。建炎初假吉州團練使使金通問兩宫，至雲中見宗翰，邀説甚切，宗翰不聽，使就館，守之以兵。及正使王

倫歸，弁請留印爲信，倫解授弁，受而懷之，卧起與俱。金人迫弁仕劉豫，弁不屈，紹興中和議成乃歸。所著有聘游集。

洪皓。番陽人。建炎三年假禮部尚書爲金通問使，二帝遷居五國城，皓在雲中，密遣人奏書，以桃、梨、粟、麪獻，二帝始知帝即位。皓聞祐陵訃，北向泣血，旦夕臨，諱日操文以祭，聞者皆揮涕。金人迫仕劉豫，皓不從，流遞冷山。

元

元好問。秀容人。以詩文名世，時游渾源之封龍山，與李冶、張德輝結吟社〔七七〕，稱龍山三老。

劉秉忠。邢州人。嘗爲僧游雲中，留居南堂寺。世祖在潛邸，海雲禪師被召過雲中，聞其博學多才藝，邀與俱行，既入見，應對稱旨，世祖大愛之，遂留藩邸。

明

沈良。仁和人。刑部主事。洪武三十二年，謫戍大同、應州。以春秋授徒，石瑁輩皆出其門。

列女

南北朝　魏

和跋妻劉氏。代人。道武北狩豺山，收跋刑之路側，劉自殺以從。

叔孫俊妻桓氏。代人。泰常元年俊年二十八卒，明元命桓氏曰：「夫生既共榮，殁宜同穴，能殉葬者可任意。」桓氏乃縊，遂合葬焉。

陸昕之妻元氏。獻文帝常山公主。奉姑有孝稱。神龜初與穆氏琅邪長公主並爲女侍中，性不妒忌，以昕之無子，爲納妾媵。公主有三女無男，以昕之從兄希道第四子子彰爲後，子彰事公主盡禮，丞相高陽王雍以爲過於自生。

陸卬母元氏。子彰妻，咸陽王禧女上庸公主。初封藍田，高明婦人也，甚有志操，卬昆季六人並主所出，故邢邵常謂人曰：「藍田生玉固不虚矣。」主教訓諸子皆以義方，雖創巨痛深，出於天性，然動依禮度，亦母氏之訓焉。

蕭寶夤妻元氏。寶夤歸魏，尚南陽長公主，主有婦德，敬事不替。寶夤每入室，公主必立以侍，相遇如賓。自非太妃疾篤，未嘗歸休。

蕭贊妻元氏。贊奔魏，尚壽陽公主，出爲齊州刺史。爾朱兆入洛，爲城人趙洛周所逐，公主被録送京，爾朱世隆欲相陵逼，公主守操被害。

遼

邢抱朴母陳氏。應州人。抱朴與弟抱質受經於母，皆以儒術顯，抱朴官至南院樞密使，抱質至侍中，時人榮之。

元

雷膺母侯氏。渾源人。膺生七歲而孤，金末母挈膺北歸渾源，艱險備嘗，織衽爲業，課膺讀書，膺遂以文學稱。

劉仲亨妻田氏。渾源人。仲亨死，田年二十五，投繯死喪側。至正間旌表。

宋堅童妻班氏。大同人。堅童死，班不食數日死，特詔表揚。

朱淑信。山陰人。少寡不嫁，一女妙浄幼，哭父雙目失明，士人王士貴重其孝，乃求娶焉。

張思孝妻華氏。大同人。元季爲貊高兵所執，以不辱見殺，其婦劉氏僵壓姑尸，大罵不已，兵併殺之。後檢其屍，婦、姑之手猶相持不捨。

明

高清妻王氏。大同前衛人。少寡，姑病目雙瞽，王氏以舌舐之，兩目復明。舅姑卒，號泣毀形，士夫並稱之。

王謨妻郭氏。山陰人。嘉靖間察哈爾部入境，郭匿南山，寇索得驅之，郭大罵投崖死。又張天敘妻賀氏，有女年十五，俱被掠，賀慮女見辱，潛取刀與女俱自殺。「察哈爾部」舊作「插部」，今改正。

朱充⿰王关妻郝氏。大同人。孀姑曹氏，性嚴重好潔，有心疾，展轉需人，郝須臾不離者垂四十年，跪伏進膳，積久手足幾不能屈伸。曹氏曰：「吾死何以報汝？願汝有婦，亦以事我者事汝爾。」其後婦許氏事郝盡孝，果如曹氏言。

石銘妻馬氏。銘大同人，僑于廣陵，娶馬氏，生子二，方在抱，銘客死長蘆，族人利其遺貲，令馬他適，馬涕泣不從。族人舁柩返，不與馬俱，馬乃治裝，攜二孤，歷數千里抵夫家，守節以死。

朱充⿰魚音妻石氏。大同人。年二十一夫亡，家貧，勸嫁者踵至，石矢死撫孤。孤成甫娶未幾，子婦相繼夭，又撫孫芝田成立，被旌。

米貞妻周氏。山陰人。年十九夫亡，里人争欲娶之，周毁容守節，歷四十餘年卒。又王溡初妻劉氏，少寡，父母欲嫁之，齧指矢志，撫孤成立。先後被旌。

宋定妻劉氏。大同人。定爲陝西都司亡，劉誓守節，有鄰郡宦族謀娶之，劉峻拒不從，聞闖賊陷太原，絶粒七日而死。

何大本妻武氏。大同人。闖賊陷城，大本遇害，武聞，同子婦甯氏投繯死。又王璇繼妻方氏，少寡，聞城陷，亦自刎死。

王爾揚妻朱氏。懷仁人。崇禎中以賢孝旌，闖賊之變，縊死。

楊儒女。應州人。年十四闖賊陷城，隨母匿木塔複板内，賊索得之，掠其母去，女不從，墜地死。

宋偉妻邊氏。山陰人。偉爲大同總兵官，闖賊入城，據其室殺偉，邊不爲屈，厲聲大罵，賊加以炮烙，兩乳焦爛罵猶不已，賊稱其烈而止。子婦朱氏被執，紿賊往取藏金，自縊死。

任朝陽妻郭氏。廣靈人。年二十餘夫亡，有遺腹，每夕祝生男以延夫祀，已果得男，撫孤守節。姑愛次子，利其貲，逼令改適，郭誓死不從，姑數以非禮虐之，郭事姑彌謹，終無怨言。年九十餘卒。

王永卿妻李氏。靈丘人。少寡，子幼家貧，就食於叔祖王學家，學亦貧不能養，與族姓謀嫁之，李揮刀斷髮，族姓驚愧去。撫子完節以終。

本朝

何士璋妻焦氏。大同人。事舅姑至孝，姑抱沉疴不能動履，焦負之卧起，積勞成疾，至嘔血，侍姑不少輟。姑殁，毁瘠踰常。翁年幾八旬，事之一如其姑，歲時祭享必以誠敬，士民咸稱其孝。

劉德溥妻魏氏。大同司馬魏某之女。許字廣靈劉令之孫德溥，魏遷官滇南，劉卒廣靈，德溥以官逋繫獄。魏聞，言及婚事有沮色，女言於母曰：「貧富遠近，命也。」魏嘉其志，送完婚，荆布自甘，克修婦道，雖在患難中敬禮如賓。女讀書能詩，有冰鑑閣閨中三十詠。

王某妻劉氏。懷仁人。家貧，有老姑，夫不能養，婦勸薪磑延日。會大饑，有豪賈貨買饑人子女，劉謂夫曰：「旦暮將俱死，賈購我多金，誠全此，老姑弱子可無死矣。君送我郊外，金既得，妾自爲身謀。」如其言之郊外，賈防有他變，令其夫送出界，四日舍於天城，賈乃逐其夫出外舍，賈盛服入，婦詭語醉之，乃引簪刺喉而死。賈驚去，道路傳爲饑婦奇節云。

王之雲妻楊氏。應州人。姜瓖之亂，之雲與長子他出，楊謂仲、季二子曰：「吾不貪生致辱，兒輩無偕死以絶王祀。」躍入井死，季子泣從之。女已適人，聞母死亦自經。仲子訪父數千里，奉歸孝養。

郭隆繼妻許氏。山陰人。年二十夫亡，族人利其産，百計撓之，外禦侮、内撫孤，二十餘年始定，子二俱成立。壽七十餘。

王繩祖妻謝氏。陽高人。少寡，子七歲，家貧，事姑不遺餘力，每奉甘旨，紿子出，不令分姑食。姑性嚴，少不遂輒詬罵，至批頰齧臂，終無怨色。

楊月斗妻梁氏。大同人。守正被戕。康熙年間旌。

谷發妻王氏。天鎮人。守正被戕。康熙年間旌。

孫汝葺妻段氏。大同人。義烈可風。同縣烈婦王孝妻相氏，節婦宋芝池妻魏氏、喬佳選妻韓氏〔七八〕、彭國瓚妻劉氏、聶顯妻龔氏〔七九〕、徐昌妻李氏、王通賢妻李氏、陳慧妻王氏、王志選妻汪氏、項貴妻高氏、郭輔妻劉氏、王有監妻常氏、康孔昭妻吕氏、董國璽妻袁氏、楊可範妻張氏、王通妻趙氏、宋顯榮妻郝氏、馬秉慧妻朱氏、張維屏妻徐氏、張秉鉞妻吴氏、曹應貴妻薛氏、田泰妻朱氏、王希禹妻馬氏、劉鳳彩妻柴氏、鄭模妻馬氏、楊宗仁妻施氏、賀尚本妻于氏、韓宗妻張氏、楊士俊妻姚氏、靳天寵妻劉氏、王

威妻杜氏、田英妻朱氏、王振綱妻杜氏、張登第妻董氏、郭進朝妻趙氏、師鎮璽妻姚氏、孫登鯉妻劉氏、曹世家妻郭氏、喬起雲妻岳氏、李潤妻王氏、聶文光妻段氏、高嵩妻劉氏、李榛妻薛氏，俱乾隆年間旌。

張宗第妻李氏。豐鎮廳人。守正捐軀。同廳烈女李根女李氏，並乾隆年間旌。

武令德妻何氏。懷仁人。夫亡守節。同縣節婦王勣妻郭氏、王其正妻王氏〔八〇〕、郝贄妻王氏、馬榮妻趙氏、管應閣妻夏氏、武登科妻李氏、張文運妻楊氏、馬國俊妻周氏、王仁鄰妻紀氏〔八一〕、張漢卿妻梁氏、劉金厫妻張氏、刁成妻管氏、刁士光妻彭氏、孫有功妻武氏、王法妻李氏、閻士達妻李氏、王定昌妻李氏、楊煥妻趙氏、李棠妻石氏、王治妻閻氏、武致中妻朱氏、王深妻郝氏、王鄰妻趙氏，俱乾隆年間旌。

張玿妻侯氏。渾源人。夫亡守節。與同州節婦姜講之妻王氏〔八二〕、任慧妻呂氏、白充琳妻張氏〔八三〕、李周鼎妻楊氏、馬苗妻張氏、白維商妻李氏、田發妻郭氏、胡宗義妻白氏、白智妻郭氏、李深源妻張氏、白思誠妻魏氏、姚時名妻于氏、孫鷚妻侯氏、郭制文妻任氏、熊秉鋭妻白氏、王用極妻張氏，俱乾隆年間旌。

鄧廷彦妻趙氏。陽高人。守正被戕。同縣節婦楊秀妻王氏，俱乾隆年間旌。

王三爵妻温氏。天鎮人。夫亡守節。同縣節婦曹宏妻郭氏、李澳妻高氏，俱乾隆年間旌。

梁遇春妻曹氏。廣靈人。夫亡守節。同縣節婦曹傅鈞妻王氏〔八四〕、王賜禄妻蘇氏、李維明妻黄氏，俱乾隆年間旌。

郝周妻王氏。靈丘人。守正捐軀。同縣烈婦温天啓妻張氏〔八五〕，節婦李鳳翱妻張氏〔八六〕、馬建標妻劉氏、張良弼妻李氏、白鳳妻李氏、張廣妻孫氏、王在國妻燕氏、岳諄然妻王氏、張健妻王氏，俱乾隆年間旌。

王天相妻楊氏。大同人。夫亡守節。同縣節婦徐俊妻趙氏、劉琮妻趙氏、王世魁妻楊氏、師鎮威妻李氏、張德妻潘氏、王汝爲妻汪氏、劉漢章妻韓氏、李積馨妻刁氏、仝琦妻張氏、仝均妻劉氏、袁伏謄妻鄭氏、郭堂妻張氏、李爾惠妻周氏、靳嘉修妻羅

氏、王自剛妻張氏、張師仲妻閻氏、劉登高妻趙氏、劉毓功妻賀氏、彭鳳舉妻劉氏、吴日暢妻郭氏、劉文彪妻周氏、郝定禄妻王氏、戴沛霖妻孟氏、戴天錫妻程氏、馬凌妻馮氏，俱嘉慶年間旌。

高劉氏。豐鎮廳人。守正捐軀。同廳烈婦淮趙氏，並嘉慶年間旌。

楊泰妻張氏。懷仁人。守正捐軀。同縣烈婦郭宗植妻馮氏，俱嘉慶年間旌。

張自財媳章氏。渾源人。守正捐軀。同州節婦孫體仁妻穆氏、張喬齡妻章氏、孟毓隆妻張氏、陳瑜妻邢氏、趙發妻侯氏、張聖訓妻任氏、任義妻李氏、任聯登妻李氏、耿仰賢妻傅氏、敖盛世妻楊氏、楊秉正妻翁氏、穆希堯妻焦氏、喬璋妻杜氏、楊鳳集妻翟氏，一産三男王萬有妻白氏，俱嘉慶年間旌。

彭雲程妻郭氏。山陰人。夫亡守節。同縣節婦豐桂妻閆氏，俱嘉慶年間旌。

張文安妻董氏。陽高人。夫亡守節。嘉慶年間旌。

李琯妻季氏。靈丘人。夫亡守節。同縣節婦盧家嶼妻韓氏、曹悳妻岳氏、張俊妻王氏、劉煊宗妻李氏、王崇禮妻孫氏、劉恒繼妻李氏、王修文妻李氏、丁紹南妻李氏，俱嘉慶年間旌。

仙釋

五代　唐

誠慧。靈丘李氏子。其親禱於臺山而娠，長不願娶，從五臺真容院法順和尚披剃。嘗誦華嚴於李牛谷，有五六儒服者來

坐聽，或持異花鮮果而獻。怪問之，答曰：「某神仙也，願充執侍。」誠慧捨而他適。同光元年莊宗製書并紫衣賜之，固辭不受。吉祥而逝，壽八十，謚曰法雨大師，塔號紫雲。

元

李溥光。大同人，號雪庵。幼爲僧，博學工詩，善書法，一時宫殿扁額皆出其手。至元間詔蓄髮，授昭文館大學士。

張可雲。雲中人。生於世祖初，幼好道，棄家雲遊，年幾百歲，面如童顔。過交城，止棲霞觀，人呼爲石頭道人。重陽日自言曰：「我明年今日去矣。」至期尸解，時至正元年也。

印簡。俗姓宋。世業儒，年十一祝髮。於佛書無所不通，及王侯公卿問治民之道，必以儒術爲先。後游雲中，住華嚴寺，時年五十六示寂，茶毘之日，焰煙所至皆成舍利。

明

一齋。大同地藏庵僧。持戒律，終日閉關燕坐，或施金帛，多不受，受亦隨施貧者，或雨雪則累日不舉火，苦行三十年，沐浴趺坐而化。

土産

石緑。出大同縣。府志：廢平城有石緑山，以山出石緑故名。

緑礬。府境皆有之。金史地理志：大同府産緑礬。

花斑石。出廣靈縣。名勝志：廣靈縣千夫山産。

鹽。出大同、渾源等境。漢書地理志：沃陽有鹽澤〔八七〕。金史地理志：大同府産煎鹽、塄鹽。府志：陽和橋頭村出者佳。

白駞。府境俱出。金史地理志：大同府産。

神護。出渾源州常山。本草：常山有草名神護，置之門上，每夜叱人。按：元和志飛狐縣有銅冶，雲州貢雕翎，金史地理志大同府産鐵、貢瑪瑙，又産碙玉砂，寰宇記雲州貢犛牛尾、産羊馬，通志渾源州出凝水石，今並未聞。

校勘記

〔一〕二十六年置天成鎮虜二衛　「虜」，原作「鹵」，乾隆志卷一〇九大同府建置沿革（下同卷簡稱乾隆志）作「遠」，據明史卷九〇兵二改。

〔二〕明弘治中朱仕垙構此　「垙」，原作「珖」，據乾隆志改。

〔三〕平城宫西三十里有武州塞口　「武州」，乾隆志同，讀史方輿紀要卷四四山西六引作「武周」。

〔四〕白登縣有採掠山　「縣」，原作「山」，據乾隆志、金史卷二四地理上改。

〔五〕崞山縣南面玄嶽　「面」，原作「北」，乾隆志同，據水經注卷一三改。

〔六〕滱水出靈丘縣西北高氏山　「北」，原作「南」，據乾隆志、水經注卷一一改。

〔七〕山陰縣有黄花嶺　「花」，原闕，據乾隆志、金史卷二四地理上補。

〔八〕相近又有明福　「福」，乾隆志同，雍正山西通志卷一一關隘三作「樞」。

〔九〕如渾水出涼城旋鴻縣西南五十餘里　「城」下原有「南」字，乾隆志同，據雍正山西通志卷二一山川五、水經注卷一三删。

〔一〇〕又東逕平城縣南東南流注如渾水　乾隆志同。按，殿本水經注卷一三此句作「逕平城縣南，東流注如渾水」，下有按語云「『東』字近刻訛在『南』字上」，則二「南」字不當並有。

〔一一〕又東逕巨魏亭北　「東」下原有「北」字，乾隆志同，據雍正山西通志卷二一山川五、水經注卷一三删。按，本卷下文古蹟「巨魏亭」條引文亦無「北」字。

〔一二〕源出漢土峪　「土」，原作「水」，據乾隆志、雍正山西通志卷二一山川五改。

〔一三〕百家泉出焉　「百」，乾隆志同，雍正山西通志卷二一山川五作「石」。

〔一四〕杲約宗翰會奚王嶺定議　「王」，原作「上」，據乾隆志、金史卷七六太宗諸子傳改。

〔一五〕後爲默啜所破　「後」，原作「復」，據乾隆志、元和郡縣志卷一八河東道五改。

〔一六〕明洪武七年　「七」，原作「二」，乾隆志同，據雍正山西通志卷一一關隘三、明史卷一二六李文忠傳改。

〔一七〕高祖十二年　「二」，原作「一」，乾隆志同，據史記卷九三韓王信盧綰列傳改。

〔一八〕兼置鎮虜衛及天成駔　「虜」，原作「鹵」，乾隆志同，據明史卷九〇兵二改。

〔一九〕至延祐間右臺亦摧　「祐」，原作「德」，乾隆志同，據雍正山西通志卷五八古蹟二改。

〔二〇〕水側結石爲塘　「塘」，原作「堂」，據乾隆志、水經注卷一三改。

〔二一〕故世以敧亭目之　「亭」，乾隆志同，雍正山西通志卷二一山川五、水經注卷一一作「城」。

〔二二〕襲寇於威寧海子　「寧」，原作「臨」，據乾隆志、明史卷一七三朱謙傳改。

〔二三〕石級寨　「級」，乾隆志同，雍正山西通志卷一一關隘三作「板」。

〔二四〕至定西　「西」，乾隆志同，遼史卷八三耶律斜軫傳作「安」。

〔二五〕在渾源州南三十里搶風嶺之西南　此與下文「搶風嶺墩」之「搶」，原作「槍」，據乾隆志、雍正山西通志一一關隘三改。

〔二六〕又大柯枝堡　「大」，乾隆志同，雍正山西通志卷一一關隘三作「搭」。

〔二七〕又靖虜堡　此與下文「靖虜堡諸處」之「虜」，原作「鹵」，乾隆志同，據宣大山西三鎮圖說大同鎮圖說改。

〔二八〕米辛關堡　「辛」，乾隆志同，雍正山西通志卷一一關隘三作「薪」。

〔二九〕周五里六十步　「五里六十步」，乾隆志同，雍正山西通志卷一一關隘三作「五百六十丈」。

〔三〇〕炭嶺口　「炭」，原作「灰」，據乾隆志、雍正山西通志卷一一關隘三改。

〔三一〕南通代州繁峙縣郎嶺關　「郎嶺」，原作「朗陵」，乾隆志同，據雍正山西通志卷一一關隘三及本卷山川及本志代州關隘改。

〔三二〕但領兵出大石路　「領」，原作「令」，乾隆志同，據雍正山西通志卷一〇六人物六、宋史卷二七二楊業傳改。

〔三三〕威寧口　「威寧」，原作「咸安」，乾隆志作「咸寧」，據雍正山西通志卷一一關隘三改。

〔三四〕迤西二十五里曰鎮虜堡　「虜」，原作「魯」，乾隆志同，據宣大山西三鎮圖說大同鎮圖說改。

〔三五〕其東南爲平遠堡　「遠」，原作「定」，乾隆志同，據雍正山西通志卷一一關隘三、宣大山西三鎮圖說大同鎮圖說改。

〔三六〕前有施食臺　「食」，原作「石」，乾隆志同，據曝書亭集卷六七唐朱邪府君墓銘石蓋記改。

〔三七〕在廣靈縣東北五里　乾隆志此句下有「府志：俗呼爲亂塚，相傳爲金諸王之墓」，疑本志轉録脱去。

〔三八〕在山陰縣西三里河陽堡　「河」，原作「阿」，據乾隆志、雍正山西通志卷一七三陵墓二改。

〔三九〕唯朔方軍如故　「唯」，原作「爲」，據乾隆志改。

〔四〇〕勝六州　「勝」，原作「盛」，據雍正山西通志卷二一職官一、新唐書卷六四方鎮一改。

〔四一〕其水又東轉徑靈巖南　此與下文「因巖結構」之「巖」，原作「崖」，據本卷山川及水經注卷一三改。

〔四二〕八華嚴　「嚴」，原作「巖」，據乾隆志、雍正山西通志卷一七〇寺觀三改。

〔四三〕元至正間建　「正」，乾隆志同，雍正山西通志卷一六九寺觀二作「元」。

〔四四〕潛案誅郡中大吏與單于爲表裏者郝温　「温」，原闕，據乾隆志卷二〇大同府二名宦（下同卷簡稱乾隆志）、三國志卷二三裴潛傳補。

〔四五〕皆服其明察　「其」，原作「具」，據乾隆志、金史卷九二大懷貞傳改。

〔四六〕伊徹默音大入大同　乾隆志同。按，此與以下兩條之「大入」，原作「達入」，以「達」字屬上「伊徹默音」爲名，實誤。殿本改譯不括「大」字而作「伊斯瑪音」可證，今據明史卷一七四劉寧傳改，并改本條按語「伊徹默音達舊作亦思馬因大」爲「伊徹默音舊作亦思馬因」。

〔四七〕謚壯愍　「壯」，原作「莊」，據乾隆志、雍正山西通志卷九四名宦一二改。

〔四八〕霍賊擾西路　「賊」，乾隆志作「什」。乾隆志此條末有按語「霍什舊作火篩」，今改。

〔四九〕崇禎元年爲大同總兵官　「元」，原作「九」，乾隆志同，據雍正山西通志卷九四名宦一二、明史卷二七一滿桂傳改。

〔五〇〕蔣秉彩　「彩」，乾隆志同，廣西通志卷八一忠義作「綵」，疑是。

〔五一〕贈副總兵　「副總兵」，雍正山西通志卷九四名宦一二、八旗通志卷二三九忠義傳二一作「副將」。

〔五二〕參決軍國事　「軍」，乾隆志、北史卷二一燕鳳傳皆無。

〔五三〕以功賜爵東州侯　「東」，原作「柬」，乾隆志同，據魏書卷二六尉古真傳改。

〔五四〕臨事善斷　「事」，原作「時」，今據乾隆志卷一一〇大同府二、北史卷二三于栗磾傳改。

〔五五〕後仍與元磨渾等説紹歸明元　「元」下原有「歷」字，乾隆志同，據魏書卷二九叔孫建傳删。

〔五六〕爲左部尚書　「左」，原作「右」，乾隆志同，據雍正山西通志卷一一五人物一五、北史卷二五周幾傳改。

〔五七〕入其宮門　「宮」，原作「公」，據乾隆志、北史卷二五豆代田傳改。

〔五八〕須馮主出受然後敢入　「主」，原作「王」，據乾隆志、北史卷八五節義傳改。

〔五九〕略陽王元達聚黨攻城　「略」，原闕，乾隆志同，據雍正山西通志卷一一五人物一五、魏書卷五一封敕文傳補。

〔六〇〕獻文時進爵安城侯　「城」，原作「成」，乾隆志同，據雍正山西通志卷一一五人物一五、北史卷二五尉撥傳改。

〔六一〕除開府　「府」，原作「封」，乾隆志同，據雍正山西通志卷一一五人物一五、北史卷二五薛彪子傳改。

〔六二〕自是長直禁中　「直」，原作「置」，據乾隆志及雍正山西通志卷一一五人物一五、北史卷二三于栗磾傳改。

〔六三〕後以軍功封索盧侯　「索」，原作「所」，據乾隆志、北齊書卷二〇慕容紹宗傳改。

〔六四〕西魏王思政據潁州　「思」原作「恩」，「州」原作「川」，乾隆志同，并據北齊書卷二〇慕容紹宗傳改。

〔六五〕魏大統中爲文帝帳内都督　「内」，原作「下」，乾隆志同，據雍正山西通志卷一一六人物一六、周書卷二八陸騰傳改。

〔六六〕歷隆州總管　「隆」，原作「龍」，據乾隆志、周書卷二八陸騰傳改。

〔六七〕進爵上庸郡公　「郡」，原闕，乾隆志同，據雍正山西通志卷一一六人物一六、周書卷二八陸騰傳補。

〔六八〕陝州總管　「州」，原作「西」，乾隆志同，據雍正山西通志卷一一六人物一六、北史卷六二尉遲迥傳改。

〔六九〕帝徵緒討破之　「緒」，原闕，乾隆志同，據隋書卷六五吐萬緒傳補。

〔七〇〕錢氏張侈賦數　乾隆志同。按，宋史卷二八一畢士安傳作「錢氏上圖籍，有司皆張侈賦數」，則「張侈賦數」者乃宋有司，此節略史文不當。

〔七一〕皆敗之東兵久不得食　「東」，原在「兵」字下，據乾隆志乙正。

〔七二〕累拜淮康軍節度使　「淮」，原作「懷」，乾隆志同，據雍正山西通志卷一一七人物一七、宋史卷二五三折德扆傳改。

〔七三〕加禮部侍郎　「侍郎」，原作「尚書」，乾隆志同，據雍正山西通志卷一三七人物三七、遼史卷八〇邢抱朴傳改。

〔七四〕字京叔　「京」，原作「景」，乾隆志同，據雍正山西通志卷一三七人物三七、金史卷一二六劉從益傳改。

〔七五〕授内秘書院大學士　「院」，原作「殿」，據雍正山西通志卷一一八人物一八、清開國方略卷二三崇德元年五月丙午紀事改。

〔七六〕江彊　「彊」，原作「疆」，據乾隆志、魏書卷九一江式傳改。
〔七七〕與李治張德輝結吟社　「德」，原作「得」，據乾隆志、本卷山川及元史卷一六三張德輝傳改。
〔七八〕喬佳選妻韓氏　「佳」，乾隆志作「家」。
〔七九〕聶顯妻龔氏　乾隆志「顯」下有「揚」字。
〔八〇〕王其正妻王氏　「王」，乾隆志作「黄」，疑是。
〔八一〕王仁鄰妻紀氏　「鄰」，乾隆志作「麟」。
〔八二〕與同州節婦姜講之妻王氏　乾隆志無「之」字。
〔八三〕白充琳妻張氏　「充」，乾隆志作「光」。
〔八四〕同縣節婦曹傅鈞妻王氏　「傅」，乾隆志作「維」。
〔八五〕同縣烈婦温天啓妻張氏　「啓」，乾隆志作「起」。
〔八六〕節婦李鳳翶妻張氏　「翶」，乾隆志作「翔」。
〔八七〕沃陽有鹽澤　「陽」，原作「湯」，據乾隆志、漢書卷二八下地理下改。

寧武府圖

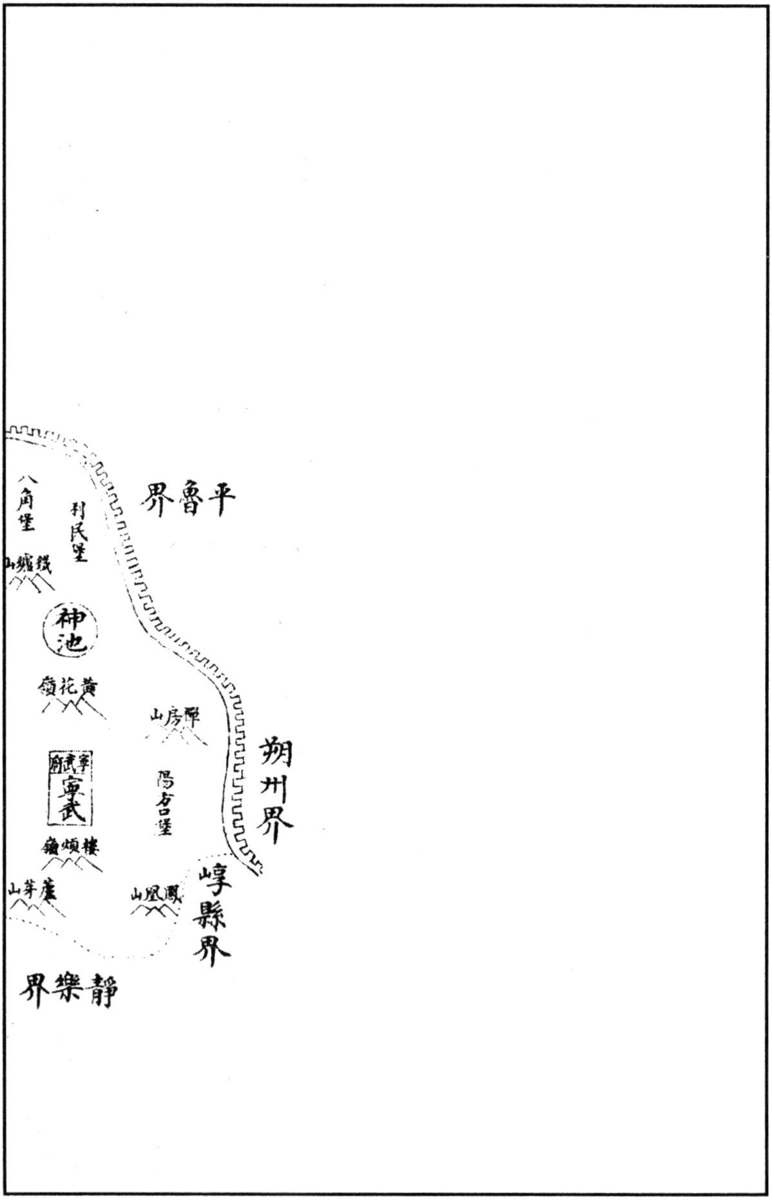
平魯界
八角堡
利民堡
鐵爐山
神池
黃花嶺
禪房山
寧武府
寧武
陽方口堡
朔州界
樓煩鎮
蘆芽山
鳳凰山
崞縣界
靜樂界

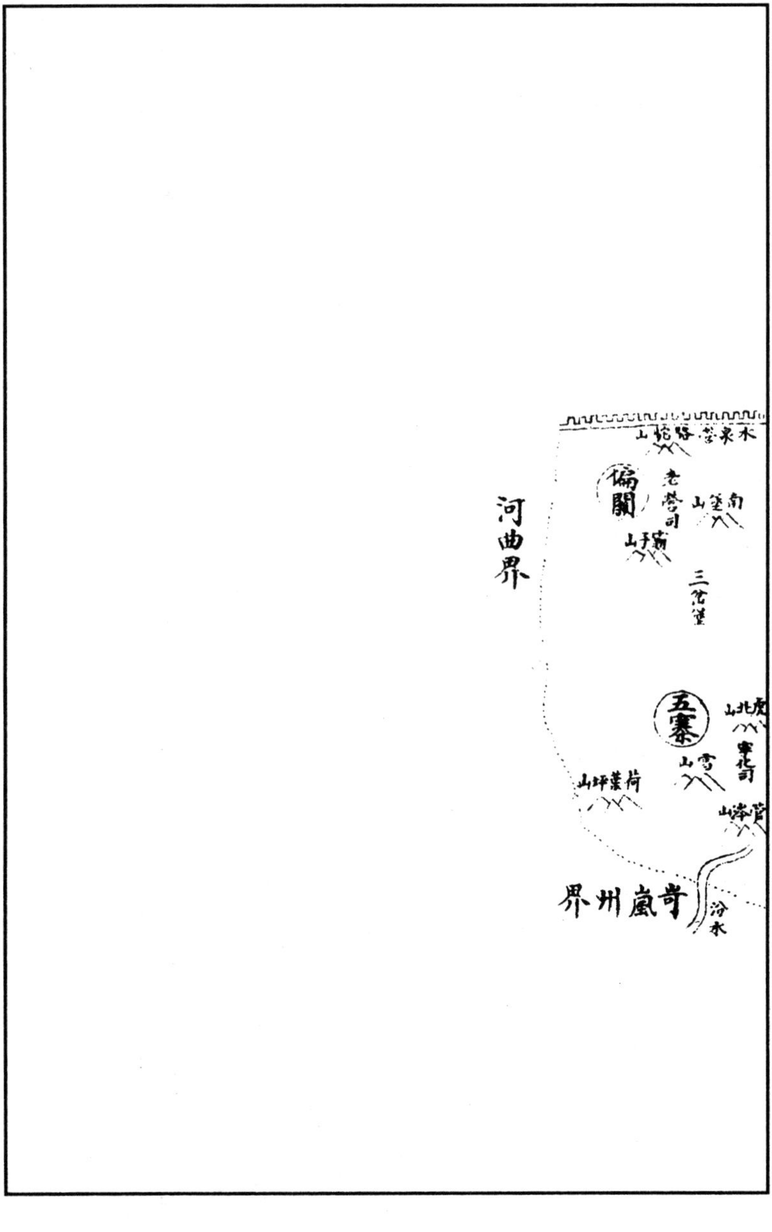
水泉營
駱駝山
偏關
老營司
河曲界
三岔堡
五寨
寧化司
雪山
荷葉坪山
管涔山
岢嵐州界
汾水

寧武府表

	寧武府	寧武縣	偏關縣
兩漢	雁門郡地。	樓煩縣地。	美稷縣地。
三國魏晉			
後魏	太平郡初置，領太平、太清、永寧三縣。		
齊周	太平郡齊并神武郡入。周省。		
隋	馬邑、樓煩、雁門三郡地。	崞縣、静樂縣地。	
唐	唐末置寧武軍，後廢。		
五代			北漢置偏頭砦。
遼宋	寧化軍太平興國五年置。	寧化縣太平興國四年置，五年爲軍治，熙寧三年廢。元祐元年復置，崇寧三年廢爲鎮。	寧邊州鎮西軍遼置，屬西南招討司。
金	寧化州大定二十二年升州。	寧化縣復置爲州治。	寧邊州
元	廢入管州。	廢。	州省，改偏頭砦爲偏頭關。
明	景泰元年置寧武關。	洪武三年置寧化所。	初屬鎮西衛，成化二年置偏關所。

續表

	神池縣	五寨縣
	樓煩縣 屬雁門郡。後漢末廢。	汾陽縣地。建安後爲新興郡地。
	神武郡 初置，屬朔州，領尖山、殊穎二縣。	神武、秀容郡地。
	神武縣 齊併郡入太平。周併二縣改置。	
	神武縣 屬馬邑郡。	朔州地。
	省入善陽。	
	武州 遼重熙九年置，屬西京道。宋屬雲中路。 神武縣 遼置爲州治。	宋熙寧初置寧遠砦，後入遼，置寧遠縣，屬朔州。尋廢入神武縣。
寧邊縣 正隆三年置，爲州治。	武州 屬西京路。 省入州。	寧遠縣 復置，屬武州。
省。	武州 屬大同路。	省。
	廢州，嘉靖十八年建神池堡。	岢嵐州地。嘉靖十六年建五寨堡，屬鎮西衛。

大清一統志卷一百四十七

寧武府

在山西省治北少西三百四十里。東西距一百五十里，南北距二百七十七里。東至朔平府朔州界二十五里，西至太原府岢嵐州界一百二十五里，南至代州崞縣界七里，北至水泉營邊墻界二百七十里。東南至崞縣界九十五里，西南至忻州静樂縣界一百四十里，東北至朔平府平魯縣界二百里，西北至保德州河曲縣界一百十五里。自府治至京師九百五十里。

分野

天文參、井分野，實沈之次。

建置沿革

春秋樓煩地，戰國屬趙。漢雁門郡樓煩縣地，後漢末廢。後魏置神武、太平二郡，屬朔州。北齊并神武郡入太平，周廢。隋爲馬邑、樓煩、雁門三郡地。唐末置寧武軍。通鑑：唐乾符五年，李克用

進擊寧武。注云：「寧武軍在嵐州東北百里。」後廢。宋太平興國五年置寧化軍，領寧化縣。金大定二十二年升爲寧化州，仍領寧化縣。元初並廢入管州。明景泰元年置寧武關，屬代州崞縣。本朝雍正三年改置寧武府，隸山西省。領縣四。

寧武縣。附郭。東西距一百五十里，南北距二十四里。東至朔平府朔州界二十五里，西至太原府岢嵐州界一百二十五里，南至代州崞縣界七里，北至神池縣界十七里。東南至崞縣界八十五里，西南至崞縣界一百里，東北至朔州界三十五里，西北至五寨縣界九十里。漢樓煩縣地。後魏置太平郡，領太平、太清、永寧三縣，屬朔州。周廢。隋爲雁門郡崞縣、樓煩郡静樂縣地。唐末置寧武軍，後廢。宋太平興國五年置寧化縣，爲寧化軍治。崇寧三年縣廢爲鎮。金大定二十年復置縣，爲寧化州治。元廢。明初置寧化所。本朝雍正三年升爲縣，爲寧武府治。

偏關縣。在府西北一百八十里。東西距一百二十里，南北距一百四十里。東至朔平府平魯縣界一百里，西至保德州河曲縣界二十里，南至五寨縣界六十里，北至邊墻八十里。東南至神池縣界六十里，西南至河曲縣界二十里，東北至邊墻一百里，西北至邊墻一百里。漢置美稷縣，屬西河郡。後漢末省。五代北漢置偏頭砦。宋屬火山軍。遼置寧邊州鎮西軍，屬西南招討司。金正隆三年置寧邊縣，爲州治。元州、縣俱省，改偏頭砦爲偏頭關。明初屬鎮西衛，成化二年置偏關所。本朝雍正十三年升爲縣，屬寧武府。

神池縣。在府北三十里。東西距一百十五里，南北距一百五里。東至寧武縣界二十五里，西至五寨縣界九十里，南至寧武縣界十五里，北至偏關縣界九十里。東南至寧武縣界五里，西南至五寨縣界五十里，東北至朔平府朔州界六十里，西北至偏關縣界九十里。漢置樓煩縣，屬雁門郡。後漢末廢。後魏置神武郡，屬朔州。北齊併郡入太平。後周改置神武縣。隋因之，屬馬邑郡。唐省入善陽。遼重熙九年復置，并置武州，屬西京道。金省縣入州。元屬大同路。明廢入代州崞縣，嘉靖十八年建神池堡。

本朝雍正三年升爲縣，屬寧武府。

五寨縣。在府西一百里。東西距五十里，南北距一百里。東至神池縣界三十里，西至太原府岢嵐州界二十里，南至寧武縣界三十里，北至偏關縣界七十里。東南至寧武縣界三十五里，西南至岢嵐州界四十里，東北至神池縣界五十里，西北至保德州河曲縣界七十里。漢汾陽縣地，建安以後爲新興郡地。後魏爲秀容、神武二郡地。隋、唐以後爲朔州地。宋熙寧初置寧遠砦，後爲遼所取，置寧遠縣，屬朔州，尋廢入神武縣。金復置，屬武州。元省。明爲岢嵐州地。嘉靖十六年建五寨堡，屬鎮西衛。本朝雍正三年升爲縣，屬寧武府。

形勢

倚山傍河，背高南下。東倚臺山之勝，西含汾水之源。六盤踞其前，黄花枕其後。層巒合抱，鳥道紆迴。寧武關志。

風俗

境臨邊塞，耕鑿少而絃誦稀。俗尚剛直，儇巧不作，亦有樸實遺風。寧武關志。

城池

寧武府城。周七里有奇，門四。明成化初土築，萬曆中甃甎。本朝乾隆三十三年修。寧武縣附郭。

偏關縣城。周五里有奇，門三。明洪武中因舊土城改築，宣德、天順、成化、嘉靖中相繼展築，萬曆中甃甎。本朝乾隆三十二年增修。

神池縣城。周五里有奇，門三，西門外有池。明成化中土築，嘉靖中展築，萬曆中甃甎。本朝初增修。

五寨縣城。周四里，門三。明成化中土築，嘉靖中展築，萬曆中甃甎。本朝雍正十年修。

學校

寧武府學。在府治西北。本朝雍正九年建。入學額數十五名。

寧武縣學。在縣治東。明寧武所學，嘉靖中建。本朝初增修。入學額數八名。

偏關縣學。在縣治東北。明偏關所學，弘治中建。本朝順治、康熙中屢修。入學額數十五名。

神池縣學。在縣治北。本朝雍正九年建。入學額數八名。

五寨縣學。在縣治中街。本朝雍正九年建。入學額數八名。

鶴鳴書院。在府治内。本朝乾隆四年建。

清漣書院。在五寨縣。本朝乾隆十五年建。

蘆秀書院。在五寨縣。本朝嘉慶十一年建。

户口

原額人丁一萬六千九百二十二，今滋生男婦共二十三萬八千六百九十二名口，計三萬二百一十九户。

田賦

田地一萬六千六百六十九頃九十七畝八分有奇，額徵地丁正、雜銀八千二百九兩四錢一分八釐，糧二萬二千五百八十九石七斗五升有奇。

山川

鳳凰山。在寧武縣南七里。府志：鳳凰山去郡城七里，接六盤嶺，跨代州崞縣界。

萬華山。在寧武縣南六十里。山下有水，西南流入汾水。

黄嵬山。在寧武縣南，跨代州崞縣界。

蘆芽山。在寧武縣西南。一名蘆芽尖山，見寰宇記。新志：在縣西南九十里，周百餘里，跨神池、五寨、静樂、岢嵐諸州縣界。按：通志：蘆芽山，一名大浴山〔一〕，引水經注：中陵川水出中陵縣東南山下，北俗謂之大浴山云云。此山跨諸州縣，皆非漢中陵縣地，固不待辨。又云一名太牢古山〔二〕，引遼史耶律頗的使宋求天池之地，詔蕭迂魯統軍屯太牢古山以備之爲證，亦非。考遼史：道宗獵於太牢古山，問頗的邊事，乃令使宋求之。今考寧武，宋寧化軍地也；五寨、偏關，火山軍地也。熙寧後割地入遼，乃以寧武東北境爲邊塞，蘆芽山在其南不下百里，遼安能越境而獵乎？竊疑太牢古山自當在遼西京道界内，不應牽合此山也。

管涔山。在寧武縣西南。山海經：北次二經之首，在河之東，其首枕汾，名曰管涔山，汾水出焉。水經注：闞駰曰：「汾水出武州之燕京山，亦管涔之異名。其山重阜修巖，有草無木。」新志：在縣西南六十里，跨五寨、静樂二縣界。

樓子山。在寧武縣西南，管涔諸峰之一也。上有神祠，祠下汾水源所出，有古碑，曰「汾源靈沼」。

岢嵐山。在寧武縣西南，接五寨縣及岢嵐州界。

神林山。在寧武縣西南。府志：北接蘆芽，西連荷葉坪，東通州湖口，林木阻深。

棋盤山。在寧武縣西南六十里。上有石坪。

清真山。在寧武縣西五十里，高八里。山形似屏，上有水簾泉。

石門山。在寧武縣西五十里。

林溪山。在寧武縣西七十里，跨五寨縣界。

虎頭山。在寧武縣西七十五里。高峻難陟，盛夏常有積雪。

華蓋山。在寧武縣北。府志：華蓋山，郡北倚郭山也。俯瞰城陰，一峰特秀，形若華蓋，明時築護城墩樓於上。

翠屏山。在寧武縣北，接朔平府朔州界。一名翠峰山。

東靈山。在寧武縣北。明統志：金初蕭融爲武州刺史，建臺亭於其上。

禪房山。在寧武縣東北二十五里，東連雁門山。府志：山有洞，石佛龕其中。

九龍山。在偏關縣城外，周環九峰。

雙鳳山。在偏關縣東七里。通志：兩峰對峙，形似雙鳳，下有二泉名鳳眼。

馬鞍山。在偏關縣東七十里，以形似名。通志：明嘉靖四十三年，俺答由馬鞍山入老營堡，遊擊梁平、守備祁謨禦之，伏發，七百餘人胥没。

雕窠山〔三〕。在偏關縣東七十五里。

馬家山。在偏關縣東八十里。有朝陽洞，府志：朝陽洞中有陰、陽二穴，陰穴燭以炬可窺其底，陽穴深不可極，近穴如聞風雨聲。

好漢山。在偏關縣東一百里，接朔平府平魯縣界。

南堡山。在偏關縣東百里。府志：土山戴石，所謂确也。上有五色石。

霸子山。在偏關縣東南三十里。舊志：金完顔宗翰嘗遣羅索築城於其西南，以禦夏人。「羅索」舊作「婁室」，今改正。

龍霸山。在偏關縣南四十里，高七里，周十五里。

明燈山。在偏關縣北五十里。府志：高百餘丈，崖峽中銜大鐵盞，或言昔現佛燈，光照山谷。

常勝山。在偏關縣北六十里。

白龍殿山。在偏關縣東北五里。山環峰繞，下有石洞，崖水滴沼，禱雨輒應。

駱駝山。在偏關縣東北七十里。相傳明李文忠北征嘗駐兵於此。下有駱駝洞，深數里，中有蝶大如箕。

丫角山。在偏關縣東北一百里，接朔平府平魯縣界。

石炭窑山。在神池縣西南十五里。産石炭。

旗山。在神池縣西南三十里，周二十里，跨五寨縣界。

虎北山。在神池縣西南四十里，跨寧武、五寨二縣界。府志：參差斜曲，狀似縿斿。

洪佛山。在神池縣西南六十里，蘆芽之支峰也。府志：山有石廟，旱時往祈，有神蛾施水於瓶内，火燎炙取之，下山輒雨。

鐵鑪山。在神池縣西五里。通志：相傳尉遲敬德造鎧甲於此。

五連山。在神池縣西十里。通志：由縣城迤西，屢起屢伏。

鳳凰山。在神池縣西二十五里。府志：山中有紅黄小鳥，每雪霽則飛翔争鳴。按：此山與寧武縣南接六盤嶺之山同名，實兩山也。

轆轤窑山。在神池縣西七十里。山半有洞，登者繫轆轤而上，洞廣大，可容萬人。

磨石山。在神池縣西北八十里，周十五里。山境清幽。

南山。在五寨縣南五里。

鎮口山。在五寨縣南十里。通志：有河由口出，古爲神武川地。

雪山。在五寨縣南二十五里。有東、西二山，接岢嵐州界。見寰宇記。

長城山。在五寨縣南三十里。

殿坪山〔四〕。在五寨縣南四十里，神武川水經其下。

荷葉坪山。在五寨縣西南四十里，接岢嵐州界。府志：荷葉坪高千餘丈，終歲積冰雪，四面崇峻，其頂平坦，形類荷葉，可容萬馬。或傳宋將楊業曾於此練兵，有將臺遺址。

馬蹄山。在五寨縣東北三十五里。

樓煩嶺。在寧武縣南七里，接崞縣界。省志作六番，崞縣志作六盤，府志「六盤嶺盤行六折而上」，崞志之名得實矣。按：「六番」義猶「六盤」，而云「樓煩」，則當是其本號耳，三名音皆頗近，傳訛以此。

石湖嶺。在寧武縣南。通志：明嘉靖二十年，副總兵丁璋戰歿於此。

分水嶺。在寧武縣西南十里。灰河出此。

黄花嶺。在寧武縣北，跨神池縣界，長二十里，一名摩天嶺。府志：上有墩臺、敵樓。

吴泉嶺。在偏關縣東七十里，高百餘仞。府志：雖當炎暑，涼風凛然，下有泉。

柏楊嶺。在偏關縣東百里。昔多二樹，故名。

北石梯嶺。在偏關縣北十里，高三里許。磴道盤旋，山脈連滑石澗、老牛灣二堡。

韓光嶺。在偏關縣東北一里。通志：北漢建偏頭砦，遼置武寧縣，舊址胥存。

温嶺。在神池縣東北五里。

北峰巖。在偏關縣西北五十里，高數百仞。下臨黄河，有石洞數十處。通志：相傳僧北峰棲此。

染峪。在寧武縣東十五里。山色如染，山半有洞，下有泉水甚甘。通志：澗産蝦，寧武關志所謂「染谷流蝦」也。

回春谷。在寧武縣西百里。府志：谷中周廣數里，巨石盤旋，峭壁千仞，四時如春。近正月時蟄蟲皆振，衆草已緑。

仙人洞。在寧武縣西三十里。有大石門、小石門，洞側有懸巖、香鑪峰，環山皆生香草。

溪洞。在偏關縣南三十五里迤西村。洞中怪石錯峙，入二里許聞水聲，不復能前矣。

萬佛洞。在五寨縣東北蘆芽山。明僧福登居此，神宗賜號真來佛子，爲造萬佛鐵塔，鑿萬佛石洞，神工備具。

昭君塢。在偏關縣西北二十里。相傳王昭君過此。

看花臺。在五寨縣東南四十里蘆芽山上。通志：上多異卉，葳蕤播揚，駭緑糅紅。又有北峰臺、北嶽臺，統謂之蘆芽三臺。

汾水。在寧武縣西南六十里管涔山下。水經注：汾水源出管涔山南麓，又南與東、西温谿合，又南逕代城。

蘆芽水。源出寧武縣西南蘆芽山中，東流至壩門口入汾。

灰河。在寧武縣西。源出分水嶺〔五〕，北流經陽方營，入朔平府朔州界。古馬邑川水也，亦稱恢河。

關河。在偏關縣南門外。舊志：源出縣東五眼井堡，西流入黄河。府志：官河即關河，自朔州流入縣境。其源有三，遠者出朔州狐狸溝鴨子坪，近者出老營堡東鴉兒崖下，最近者出縣中馬站堡西沙窊寺。萬泉滙流，逕城南，繞而西北，至關河隘口入

黄河。後多淤塞，惟沙窊諸泉湧流。按：五眼井、馬站二堡毗連，河源蓋出於其間，非歧誤也。

黄河。在偏關縣西二十里。自塞外南流入，又南流入保德州河曲縣界。河之西岸即蒙古地。

興隆河。在神池縣西。本名義井河，本朝康熙三十六年聖祖仁皇帝西征駐蹕於此，河水驟溢，以飲牛馬槖駝俱足，翼日如故，因名興隆河。

大澗河。在神池縣西，西流入保德州河曲縣界。

達沐河。源出神池縣北辛窑村。山麓湧泉，其水澄澈，冬月常温，岸草不枯，西南流入五寨縣界，與南山水合。

清漣河。在五寨縣北。源出縣東南，西北流逕縣城，北入河曲縣界，即沙泉河之上流。

天池。在寧武縣西南六十里管涔山上。水經注：有大池在燕京山上，世謂之天池，其水澄渟鏡净，潭而不流，池中無片草，及其風籜所淪〔六〕，輒有小鳥翠色投淵銜出。其水陽旱不耗，陰霖不溢，莫能測其淵深。相傳昔有人乘車池側，遇風飄入水，後獲其輪於桑乾泉，故知二水潛通流注。池東隔阜有一石池，方可五六十步，清深鏡潔，不異天池。元和郡縣志：池周八里，後魏孝文帝以金珠穿魚七頭於此池，後於桑乾河得之。今池側有祠，謂之天池祠。寰宇記：池俗名祁連汭。按：水經注云「桑乾泉即漯湑水，耆老云其水潛承燕京山之大池」云云，則天池乃桑乾河源之最遠者。

神池。在神池縣治西門外。環城西南，冬、夏不涸，一名西海子。明劉養志文昌祠記：寧武北距黄花嶺，皆崇嶺疊嶂〔七〕，鳥道虬盤，踰嶺而下，自巔抵麓十五里，地少平，有水一泓，出無源，去無迹，旱不涸，雨不盈，魚藻胥不生，名曰神池。

彌漣池〔八〕。源出五寨縣東南荷葉坪東，或云彌勒池。水深丈餘，廣盈數丈，澄空見底，流光若金，故又謂之金蓮池。

釀泉。在寧武縣南里許。瀵出土阜上，可釀酒，故名。

秋泉。在寧武縣東北，通志謂之古泉。山麓甃石，一泓澄澈，春、夏漸涸，立秋日始盛，七月後水與階平，取之不竭。

白龍泉。在五寨縣南三十里。其味甘美，冬温夏涼，西流入岢嵐河。

馬園嘴溝。在偏關縣南三十里。源出龍眼泉，會樊家墕溝、火頭溝，入關河。

大泉溝。在偏關縣北七十里。府志：地有湧泉，每雨泉溢，會紅水溝流入關河。

青羊渠。在神池縣東北。匯諸山谷之水，流入朔州灰河。

古蹟

寧化舊城。在寧武縣西南。宋置寧化軍及寧化縣。文獻通考：本嵐州地，劉崇置固軍，太平興國四年徙軍城稍南，改爲寧化縣。五年置寧化軍，屬河東路。宋史地理志：寧化軍寧化縣，熙寧三年縣廢，元祐元年復置，崇寧三年復爲鎮。金史地理志：大定二十二年升寧化軍爲州。元史地理志：太祖十六年寧化州併入管州。新志：明洪武三年置寧化所。本朝雍正三年併入寧武縣。舊城在縣西南一百里。

太平舊城。在寧武縣東北。後魏置太平郡，領太平、太清、永寧三縣，屬朔州。北齊併神武郡入，後周廢。寰宇記：朔州有太平城，後魏穆帝所理，冀州圖云，城東西南北各十里，内有統萬所送大釜二口，各受二百石。舊志：今名太平村。

寧邊舊城。在偏關縣東。本名唐隆鎮，五代時北漢置偏頭砦。遼置寧邊州鎮西軍，屬西南招討司，不領縣。金正隆三年增置寧邊縣，爲州治。元省，其地半入武州，半入東勝州。舊志：即今之寧邊河墩。

神武舊城。在神池縣東北。後魏置神武郡，屬朔州，領尖山、殊頽二縣。北齊併入太平郡，後周併二縣爲神武縣。隋屬馬邑郡，唐初省入鄯陽。貞元中朱邪執宜居定襄神武川之新城，即此。遼重熙九年置武州，號宣威軍，屬西京道，兼置神武縣，爲

州治。宋宣和五年金人以武州歸宋，六年築固疆堡。尋復入金，省神武縣入州，仍曰武州，屬西京路。元至元二年以寧邊州之半屬武州，仍隸大同路。明初省。

古長城。在寧武縣東南樓子山上，有古長城遺蹟。府志：明正德中兵備張鳳翃立石山下，曰紫塞長城，或疑爲六國時趙所築之舊。

伏戎城〔九〕。在寧武縣西南。元和志：在静樂縣北八十里，隋樓煩郡所治。

遮虜城。在五寨縣西北四十里。通鑑：唐乾符五年，李克用陷遮虜軍，進擊寧武及岢嵐軍。注云：「遮虜軍在洪谷東北，亦曰遮虜坪。」

汾陽宫。在寧武縣西南管涔山上。隋書煬帝紀：大業四年起汾陽宫。元和志：宫在静樂縣北一百二十里。

托邏臺。在寧武縣西北，一名陀羅臺，亦曰槖蓮臺。兩鎮三關志云：今陽方口河西高山謂之槖蓮臺。按：北魏既滅，赫連氏遷其子孫散處雁門、代北，依山谷以居，故其地有赫連臺。此云「槖蓮」，或轉爲「托邏」、爲「陀羅」，皆音近而訛。

關隘

寧武關。在寧武縣西南，據雁門、偏頭兩關之中。明初爲軍屯，景泰元年築城，北臨雲、朔，西帶偏、保，最爲要衝之地。按：隋書煬帝紀：大業三年北巡入樓煩關。元和志：在静樂縣北一百五十里，今寧武關當即古樓煩關也。

通邊關。在偏關縣東北六十里。明成化間築。東起老營堡之丫角墩，西抵老牛灣，南折黄河岸，抵河曲石梯隘口，袤二百四十餘里。按：此即所謂偏頭關，縣所由以得名也。

視遠隘。在偏關縣東北一百里，乃五眼井堡邊隘。去堡西一十五里，戍樓遠眺，下有石洞，名視遠洞。

寧化所巡司。在寧武縣西一百里。明洪武初築所城，方二里餘，高三仞，建門樓三，隸山西都司。嘉靖十九年改隸寧武，領石𡺸、榆會、川湖、大峪屯四堡，馬頭山、吴家溝、小横溝、牛心、三岔〔一〇〕、定河、葱園、楊房、子房、石佛、細窑、灰窑、石家、賀家屯一十四寨。本朝雍正三年設巡司於所城内。

老營堡巡司。在偏關縣東八十里。本朝雍正四年置。按：老營堡北去邊墻一里，明成化初築堡城，方五里，高三仞，建門樓三，領賈家、五眼井、馬站、永興四堡，最爲扼要之地。本朝順治初並設參將防守。

大河堡。在寧武縣東二里。

陽方口堡。在寧武縣東二十五里。明嘉靖十八年巡撫陳講築。九邊輯略：寧武關之陽方口極衝，敵窺東、西二路必由此入，近移總戎於此，以爲適中之地。三關志：陽方口，晉邊第一要地。又五花營堡，在縣東。

朔寧堡。在寧武縣東南二十里。明嘉靖十四年築。又燕兒水堡，在縣東南四十里；西溝口堡，在縣東南四十五里；雕窠梁堡〔一一〕，在縣東南六十五里。

寧文堡。在寧武縣西一里。明正德中建於西山巔，以扼險護城。又三馬營堡，在縣西六十里。

大水口堡。在寧武縣北三十五里。

馬站堡。在偏關縣東四十里，東至老營所四十里。明正德中築，周四里，高三丈五尺，地界偏、老、水泉三路之衝。又賈家堡，在縣東一百里，西至老營所二十里，明嘉靖中築，周一里有奇。

永興堡。在偏關縣東南四十里。明正德中築，周一里有奇。

樓溝堡。在偏關縣南四十里。明隆慶初築，周不及一里。

滑石澗堡。在偏關縣北六十里，東至邊墻三里，北至邊墻一里。明宣德九年築，隆慶三年重修，周一百八十丈，堡前有滑石澗。

老牛灣堡。在偏關縣北八十里，北至邊墻一里。明崇禎九年築，周一百二十丈，東接滑石澗，西臨黄河，當西北之衝。

草垛山堡。在偏關縣北少東六十里，北至邊墻五里。明弘治中築，周三百八十四丈五尺，堡突出崇山，直望三十餘里，爲沿邊傳烽之首。

水泉營堡。在偏關縣東北六十里，北至邊墻二里。明宣德九年築，廣三里一百七十步，其營在堡城東。本朝初設遊擊防守，乾隆二十八年改設守備。

紅門口堡。在偏關縣東北八十餘里，東、西俱至邊墻口。近水泉營，乃廠溝也。明宣德九年以溝通塞外，建敵臺橋洞一座，外設邊墻一道，壕塹品窖三層，萬曆中增左右甎臺以備偵望。

五眼井堡。在偏關縣東北一百里，北至邊墻三里。明崇禎十年築，周百丈，爲外邊、内邊之要樞。

黄花嶺堡。在神池縣南十三里。

義井堡。在神池縣西四十里。

八角堡。在神池縣西北六十里。明弘治中築，周四里有奇，城樓八座，故名。舊志：神池堡與老營堡均係要地，而八角堡介於其間，勢成鼎足，誠據險扼塞之地。

得勝堡。在神池縣北五十五里。又利民堡，在縣北六十里，北出苛麥川口，爲朔州井坪孔道。明成化中築，周三里有奇。

又乾柴溝堡，在縣北九十里邊墻外。

三岔堡。在五寨縣北六十里。明嘉靖中築，東達神池，西達岢嵐，北達偏關，當三路之衝，故名。

石湖水口。在寧武縣東二十里。明翁萬達疏：自石湖嶺起，西至野猪溝止，爲垣七里，增敵臺二十八；自野猪溝起，東至石湖嶺止，爲垣六里有奇，增敵臺九十二，通計水口三；又自石湖嶺起，東至雕窠梁、小西溝止，爲垣六里有奇，增敵臺八十六，通計水口十一。

水門溝口。在偏關縣北七十里滑石澗東。上有敵樓，下有湧泉，向稱險隘。相近有鵞虎口。

驢皮窑口。在偏關縣東北六十五里。兩崖石山，逕道平衍，爲邊衝要地。

窨兒墕。在偏關縣東北八十里。又塌崖溝，在縣東北八十五里，皆偏頭東北要道。

靳家窊。在寧武縣東南四十里。又金家嘴，在縣東南八十里。

津梁

鞏西橋。在偏關縣西一里。明嘉靖中建，上有飛樓環眺山河，爲關西勝境。

廣濟橋。在偏關縣西迤東五里，爲府省通衢。明嘉靖中建。

二道河橋。在五寨縣東三里。久圮，本朝康熙中重建。

鎮口山大橋。在五寨縣東南五里。

店坪山橋。在五寨縣南四十里。深溝峭壁，賴以涉險。

河兒橋。在五寨縣西北三里。

官莊橋。在五寨縣東北六十里。

唐家會渡。在偏關縣西七十里，通陝西界。

陵墓

明

周遇吉墓。在寧武縣東南一里許，有明劉玉瓚碑〔一二〕。

萬世德墓。在偏關縣界内。

祠廟

忠武祠。在寧武縣城内。有新、舊二祠，祀明總兵周遇吉及其夫人劉氏。

天池神祠。在寧武縣南二十里燕京山。通志：隋開皇間建。唐志有天池祠。宋史載遼人求天池廟地，河東帥龐籍訪於

都監郭逵，逵以太平興國中故牘證爲宋土，遼人愧服。

忠義祠。在寧武縣西一里寧文堡内。祀明總兵丁璋、遊擊周宇、總兵李淶。

蘆嶽神祠。在寧武縣北九十里蘆芽山。通志：由陽曲西北至偏關、保德群山以蘆芽爲宗，故尊之曰嶽而立祠焉。

瀰漣池神祠。在五寨縣南六十里蘆芽山。通志：水最靈異，故祀之。

臺駘廟。在寧武縣東南寧化舊城南二十餘里定河村。鄉人至今祀之。按：臺駘，汾神也，郡有汾源，故祠之。通志作昌寧公廟，非是。

李牧廟。在偏關縣東八十里老營堡。

寺觀

鐵佛寺。在偏關縣城内。通志：世傳唐開元時有自來鐵佛一尊，至羅漢坪而止，土人建寺。

清漣寺。在五寨縣東南六十里清漣河上。

華嚴寺。在五寨縣南六十里蘆芽山。明萬曆中重修，相近有紫峰、秀峰、小天澗、乾元諸寺。又乾元寺左有西照庵，明嘉靖間釋月空建，又於老營堡建圓對庵，印造大藏經二部分貯二庵。

經堂寺。在五寨縣北一百里。元至元間建。

名宦

宋

劉永錫。中山人。咸平中知寧化軍。製手砲以獻，詔邊塞造之以充用。按：府自漢以來乃雁門諸郡之邊鄙耳，遼、宋以後始專置軍城，故遠代名宦、人物著稱頗少。今志名宦自宋始，人物自金始，欲以覈實，未敢夸多也。

楊延昭。太原人。咸平中爲寧邊軍部署。率兵抵遼境，破古城，俘馘甚衆。

趙滋。開封人。仁宗時管勾河東經略司公事。建言代州寧化軍有地萬頃皆肥美，可募人田作，教戰射，爲堡砦，人以爲利。

何灌。祥符人。知寧化軍，治聲著聞。

金

康公弼。宛平人。爲寧遠令。縣中隕霜殺禾，漕司督賦急，繫之獄，公弼上書，朝廷乃釋之。因免縣中租賦，縣人爲立生祠。

郭秀。爲武州軍事判官〔一三〕。興定三年元兵下武州，秀死之。

玖住。金宗室。爲武州刺史。唐古博克遜，軍事判官。貞祐二年十一月元兵取玖住子姪抵城下，謂之曰：「不速降，且殺之。」玖住曰：「以死報國，遑恤家爲。」無何城破，力戰死，唐古博克遜亦不屈死焉。「玖住」舊作「九住」，「唐古博克遜」舊作「唐括孛果速」，今改正。

明

林忠。會州人。以武弁起家，累官後軍右都督。正統十二年以本官鎮守偏頭關，綜理周密，號令嚴明，又以關城狹隘不足容衆，乃增築之，屹爲巨鎮，威名甚盛，套部望風遠去。

滕淵。祥符人。正統間以嵐縣典史戍偏頭關。草宿枕戈，與士卒同甘苦，及滿去，惟琴、書而已。

陳經。正德間以太原左衛指揮僉事任寧武守備。值邊警，戰死，敕賜昭勇將軍，立祠春、秋祀之。

孫吴。初名國寶，其先當塗人，後家於老營。嘉靖中以武略登進士，任廣武守備時以斬級功，賜名吴。累遷都督僉事，爲協守老營副總兵官。吴以老營地當絶塞，屢經大敵，乃大修城垣，守禦之具畢備，且請建立學校，訓練之暇則以講藝，敵屢入擾，多所斬獲。

秦可大。咸寧人。隆慶中山西行太僕寺卿。備兵寧武，有政績。

李采菲。河間人。萬曆間山西行太僕寺卿，兼整飭寧武兵備道。踰年以外艱歸，百姓遮道泣留。

陳昌祚。福建長樂人。萬曆中偏關兵備道。有清廉譽，安輯兵民，尤加意學校，所部咸德之。

李修吉。同州人。萬曆中以户部主事出理寧武糧儲。度支明允，宿弊一清。又條議時宜四事，皆經國要務，疏上深見采納。

王胤懋。霸州人。寧武兵備副使。李自成既陷太原，遣使説降，胤懋斬之，與周遇吉固守，城陷自刎死，妻楊氏投井殉之。

吴鋐。貴州人。太原中路同知。與周遇吉守關城，城陷死之。

高日晄。保德人。寧武關遊擊。同周遇吉拒賊，力戰死之。

本朝

金光祥。奉天人。順治五年，任寧武兵備道僉事〔一四〕。姜瓖之亂，寧武兵應之，光祥自縊死。後贈光禄寺少卿，祀忠烈祠。

李吉。寧武副將。姜瓖之亂，部下偏從賊，執使降，吉力斥之，投繯死。

張國纓。京衛人。偏關參將。姜瓖變作，時已告病得請，聞變不去官，出戰被殺。時寧武營把總丘登戎亦死之，詔恤其家，祀忠烈祠。

人物

金

虞仲文。字質夫，寧遠人。第進士，累任州縣，以廉能稱。舉賢良方正，對策優等，擢起居郎、史館修撰，三遷至太常少卿。

宰相薦文行第一，權知制誥。天會間累官翰林侍讀學士。卒，謚文正。

明

萬世德。字伯修，偏關人。隆慶進士，授南陽知縣，歷元城、寶坻，皆以能名。生有膂力，知兵法，善騎射。歷西寧兵備僉事，遇敵入邊，每戰皆捷，時出塞擣其巢穴。累遷右布政使。倭奴犯朝鮮，以僉都御史經理朝鮮，大敗倭兵。特命總督薊遼，在任寬大簡静，以息兵安人爲務，卒於官。

潘文。寧武人。萬曆進士。知漢中府。礦賊俞士乾聚衆數千，肆爲劫奪，文設策招之，使充牙兵。未一載，殺人如故，文以計擒之，一日殲焉。

劉舉。寧武人。以世襲百户，積功官河保營參將。流賊入境時，舉已擢右衛副總兵，需代者，或勸疾趨右衛以避其鋒，舉慨然曰：「吾家世爲將種，志在滅賊報國，敢托辭避事以負初心乎？」召麾下勵以大義，咸爲感奮。迎戰於土溝，賊衆大至，舉衆寡不敵，突陳死之。

賈三光。字孟明，偏關人。客寧武周遇吉所，李自成圍城，遇吉促之行，三光曰：「公爲君死，吾敢不爲公死乎？」賊陷自盡。又寧化張學、李霖，俱殉節死。

本朝

韓萬善。字復初，偏關諸生。母楊性嚴，少有拂即加笞扑，卧病十餘年，萬善朝夕奉事無少懈。比卒，常慟曰：「求母扑責不可得矣。」學使旌之。

趙玉。字小河，偏關人，鹽賈萬某之客。姜瓖之變，萬欲從逆，玉力諫不聽，涕泣繼之，卒不聽，遂走郊外古廟中自縊死，懷中自書一紙曰：「吾妻賢子孝，無可死，緣主人禍將作，故先期死。」蓋以尸諫也。萬訖不悟，遂罹禍。

弓大成。字樂天，偏關人。姜瓖之亂，其黨攻圍老營堡，堡將羅他出求援，大成登城呼曰：「堡小無兵，願降，但昏夜難辨，俟黎明啓門。」賊信之，屯城外，已潛發大砲，擊賊多死。羅亦引兵還，賊衆大潰，堡獲全。羅給守備劄，固辭不受。

張化樞。偏關人。順治初以明經爲右衛訓導〔一五〕。姜瓖之亂，守官多遁，化樞獨詣明倫堂再拜自縊。

楊光祖。寧武人。少從軍，歷官江西南昌水師遊擊，有平撫州功。進兵駐南豐討賊，賊知其單弱，以數萬衆來攻，城陷，光祖率兵巷戰，奪門出走間道，竟爲賊所殺。

武揚。偏關人。四世同居，人以百計，量才授任，家無間言。弟名，能守其教。又王家賓，亦四世同居，以義稱。

列女

明

潘政妻施氏。寧化所人。夫亡守節，子姓四世同居，施親爲撫育。嘉靖間旌表。

任桐妾王氏。偏關人。桐亡，請於桐妻郝氏曰：「家貧無養，守節不能，改適不可，不若殉夫地下。」相持大慟，同縊棺側。郝繩斷墜地復蘇，王即死，時年二十九。

本朝

萬鉞妻孫氏。偏關人。年十九夫亡，守節四十年。姜瓖之變，殉難焚死。

王翊鼎妻宋氏。偏關人，鎮西指揮使宋興女。姜瓖之變，夫隨父投河死。宋日夜號泣，絶飲食，遂自縊，時年十九。

毛宏吉妻屈氏。偏關人。宏吉爲營兵，調防吴越，行月餘復調妻子偕往，屈泣曰：「婦人無夫，獨行數千里，即見夫面，能保其爲完人乎？不若以一死謝之。」遂自縊。又營兵趙自旺妻胡氏奉調南行，與屈氏同日縊死。

高搓妻史氏。偏關人。年二十一夫亡，姑憐其少且貧，諭改適，史絶粒自誓，姑慰而撫之，織紝奉養，憂勞早卒。

郭命宏妻李氏。五寨人。家貧，動遵禮法，一日出掃墓遇强暴，李拒不從，遂被害。康熙五十年旌〔一六〕。

薛文耀妻顧氏。文耀，偏關人；顧，江寧人。年二十三夫卒都門，顧攜子至京，負骸歸里，事舅姑盡力，營葬六棺，夫從弟文熙暨姪女二人俱失怙恃，撫字如己出。雍正七年旌。

岳林光妻喬氏。五寨人。年二十八夫故，夜卧不解衣，常佩利刃以防不測。又李朝柱妻賈氏，年二十九夫故無子，置木主於寢室，晨夕侍側，每事必告而後行，男子年逾十歲不通言語，並守節三十餘年。雍正八年旌。

王廷柱妻祁氏。寧武人。守正被戕。同縣烈婦高有珍妻田氏、楊有林妻趙氏，節婦李如柏妻郭氏、吕先聲妻張氏、張忠妻宋氏、楊瑞麟妻李氏、劉永清妻張氏、張致中妻王氏、潘世林妻鞏氏〔一七〕、吴毓琦妻王氏、閻維屏妻范氏、趙鋭妻張氏，俱乾隆年間旌。

白英奇妻張氏。偏關人。守正被戕。同縣烈婦楊正妻黃氏，節婦萬中遴妻張氏，俱乾隆年間旌。

宫音聲妻周氏。神池人。夫亡守節。同縣節婦李祥文妻韓氏，俱乾隆年間旌。

彭德普妻周氏。五寨人。夫亡守節。同縣節婦賈秉乾妻武氏、李堯弼妻李氏，俱乾隆年間旌。

劉校妻馮氏。寧武人。夫亡守節。同縣節婦王好古妻劉氏、鞏冕妻劉氏、劉應元妻趙氏，俱嘉慶年間旌。

楊靖遠妻安氏。偏關人。夫亡守節。同縣節婦喬作棟妻華氏、徐憲妻岳氏、于飛騰妻王氏、李敏中妻景氏，俱嘉慶年間旌。

吳茂祥妻楊氏。神池人。義烈可嘉。同縣節婦賈盛德妻宮氏、張經正妻勾氏、張适妻宮氏、黄開元妻金氏，俱嘉慶年間旌。

土産

毯。寧武縣出。府志：寧武所獨有，故名寧武毯。

石雞。出山中。府志：似雞而小，赤喙褐衣。按：宋史地理志寧化軍貢絹，今府境絶無蠶絲，不復有此産矣。附記於此。

校勘記

〔一〕一名大浴山　此與本條下文「北俗謂之大浴山」之「浴」，原作「峪」，乾隆志卷一〇八寧武州山川（下同卷簡稱乾隆志）同，據雍正山西通志卷二二山川六、水經注卷三改。

〔二〕又云一名太牢古山　此與本條下文「太牢古山」之「牢古」，原作「古牢」，乾隆志同，據雍正山西通志卷二三山川六、遼史卷九三蕭迂魯傳乙正。

〔三〕雕窠山　「窠」，乾隆志同，雍正山西通志卷二三山川六作「窩」。

〔四〕殿坪山　「坪」，原作「平」，乾隆志同，據雍正山西通志卷二三山川六改。

〔五〕源出分水嶺　「分」，原作「汾」，乾隆志同，據本卷上文「分水嶺」條及雍正山西通志卷二三山川六改。

〔六〕及其風籜所淪　「所」，乾隆志同，水經注卷一三作「有」。

〔七〕皆崇嶺疊嶂　「嶺」，乾隆志卷一〇八寧武府、雍正山西通志卷二三山川六作「岡」。

〔八〕瀰漣池　「瀰漣」，乾隆志同，雍正山西通志卷二三山川六作「瀰蓮」。

〔九〕伏戎城　「戎」，原作「伐」，乾隆志同，據元和郡縣志卷一七河東道四改。

〔一〇〕三岔　「岔」，原作「坌」，據乾隆志、雍正山西通志卷一三關隘五改。

〔一一〕雕窠梁堡　「窠」，乾隆志同，雍正山西通志卷一三關隘五作「窩」。

〔一二〕有明劉玉瓚碑　乾隆志同，按周遇吉戰没於明季，康熙中爲建忠武祠，墓碑當爲清人所立，雍正山西通志卷八一職官九載「劉玉瓚，順天大興人，進士，順治十五年任太原府中路同知」，此處稱明人疑誤。

〔一三〕爲武州軍事判官　「事」，原闕，乾隆志同，據雍正山西通志卷七七職官五、金史卷一五宣宗中改。

〔一四〕任寧武兵備道僉事　「道僉事」，原作「僉事道」，乾隆志同，據盛京通志卷八六忠節五乙正。

〔一五〕順治初以明經爲右衛訓導　「右」，乾隆志同，雍正山西通志卷一二一人物二一作「左」。

〔一六〕康熙五十年旌　乾隆志、雍正山西通志卷一四九列女二「十」下有「三」字。

〔一七〕潘世林妻鞏氏　「林」，乾隆志作「寧」，疑是。

朔平府圖

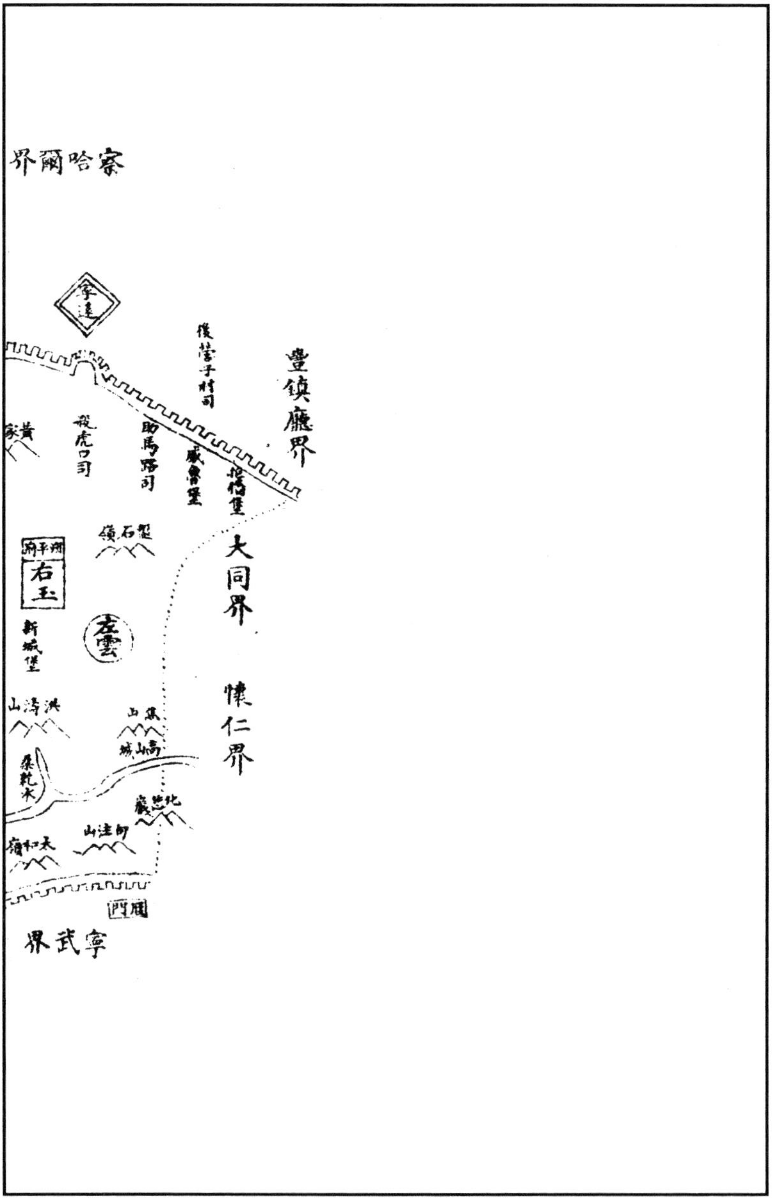
察哈爾界
寧遠
豐鎮廳界
殺虎口司
助馬路司
威魯堡
盤石嶺
朔平府
右玉
左雲
新城堡
大同界
懷仁界
洪濤山
高山城
桑乾水
太和嶺
寧武界

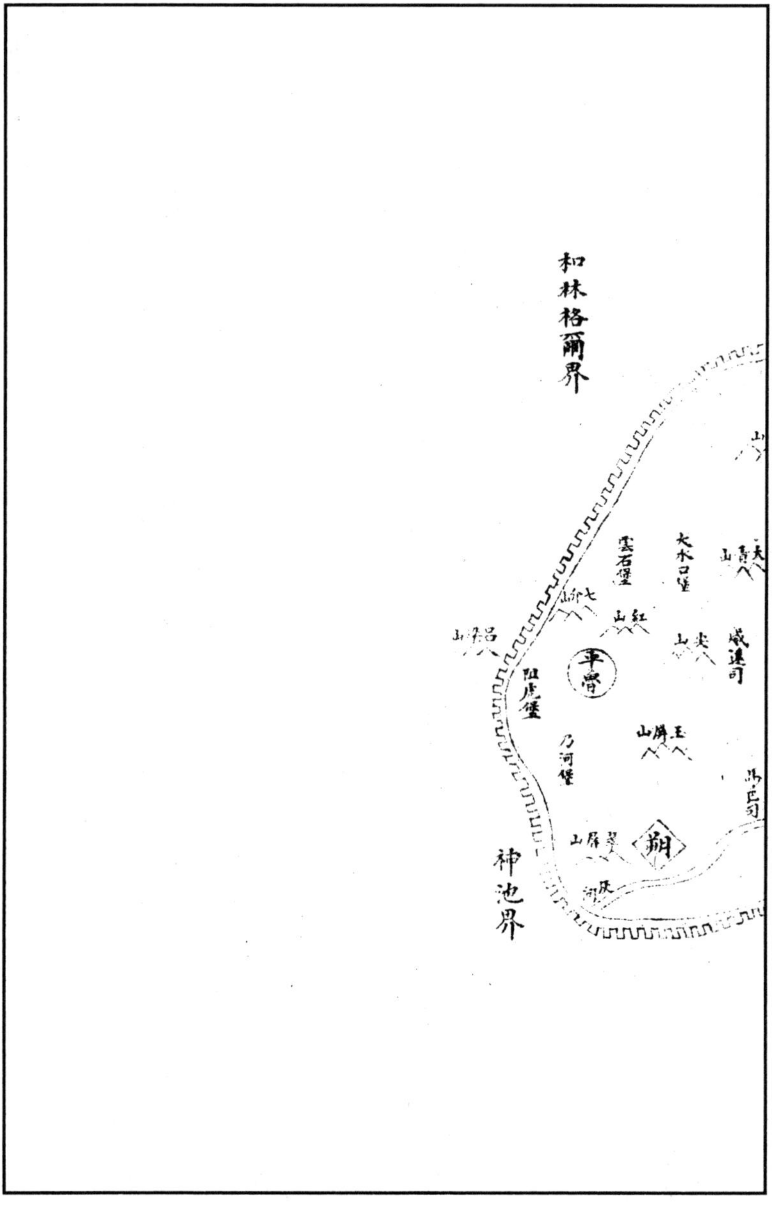
和林格爾界
神池界
雲石堡
大水口堡
阻虎堡
乃河堡
威遠司
平魯
朔
玉屏山
翠屏山

朔平府表

	朔平府	右玉縣	左雲縣
兩漢	定襄郡初置雁門郡，後漢建武二十七年改名，建安末廢。	善無縣郡治。建安末廢。	武州縣屬雁門郡，漢末廢。
三國魏晉			
後魏	善無郡天平二年置。	善無縣復置爲郡治。	武周縣復置，改名，屬代郡。
齊周	齊省。	齊省。	齊省。
隋	馬邑郡地。		
唐	朔州地。		定邊軍地。
五代			
遼宋			
金			
元			
明	右玉林衛洪武二十五年置定邊衛，後省。永樂七年設大同右衛，正統間改名。	正統中移玉林衛附此。	左雲川衛洪武二十五年置鎮朔衛，後省。永樂七年改設大同左衛。正統十四年移雲川衛於此，改名。

續表

平魯縣	朔州		
中陵縣 初屬雁門郡，後漢屬定襄郡，建安末省。	雁門郡地。	馬邑縣 屬雁門郡。後漢末省。	
		馬邑縣 晉永嘉五年入代。	
善無縣地。	孝昌後僑置朔州及大安、廣寧二郡。	省。	
	北朔州 廣安郡 齊置。	招遠縣 齊置，爲州郡治。	長安縣 齊置。
朔州地。	馬邑郡 開皇初郡廢，大業初改置代郡，尋改名。	善陽縣 大業初改名，爲郡治。	開陽縣 開皇十九年改名，屬馬邑郡。
	朔州馬邑郡 武德初復爲州，天寶初復爲郡，屬河東道。	善陽縣 改名，爲州治。	初改縣曰常安，尋省入善陽。
	朔州馬邑郡 晉天福三年入契丹。	鄯陽縣	
	朔州 遼屬西京道。宋屬雲中路。	鄯陽縣	
	朔州 屬西京路。	鄯陽縣	
	朔州 屬大同路。	鄯陽縣	
平魯衛 正統三年置。	朔州 屬大同府。	洪武初省入州。	

續表

馬邑縣 貞觀中置大同軍。開元五年置縣，屬朔州。建中中移州來治，尋復屬。
馬邑縣 寰州 後唐天成初置，領寰清縣。
馬邑縣 遼廢。
固州 貞祐二年升州。
馬邑縣 復爲縣，仍屬朔州。
馬邑縣

大清一統志卷一百四十八

朔平府

在山西省北六百七十里。東西距二百三十五里，南北距五百十五里。東至大同府大同縣界一百六十五里，西至邊墻七十里，南至寧武府寧武縣界二百九十五里，北至察哈爾鑲藍旗遊牧地二百二十里。東南至大同府山陰縣界二百七十里，西南至寧武府偏關縣界一百四十里，東北至大同府豐鎮廳界二百六十里，西北至和林格爾廳界一百六十里。自府治至京師九百六十里。

分野

天文昴、畢分野，大梁之次。

建置沿革

禹貢冀州之域。周并州地，戰國屬趙。秦爲雁門郡地。漢置雁門郡，後漢建武二十七年改爲定襄郡，建安末廢。後魏天平二年置善無郡，北齊省。隋爲馬邑郡地，唐以後爲朔州地。遼置

順義軍。金屬西京路，元改屬大同路。明洪武二十五年置定邊衛，後裁。永樂七年設大同右衛，正統間以玉林衛併入，名右玉林衛。本朝初改右玉衛。雍正三年置朔平府，隸山西省。領廳一、州一、縣三〔一〕。

右玉縣。附郭。東西距一百三十里，南北距一百七十里。東至左雲縣界六十五里，西至平魯縣界六十五里，南至朔州界一百五十里，北至殺虎口邊墻二十里。東南至大同府懷仁縣界一百六十里，西南至平魯縣界九十五里，東北至邊墻二十里，西北至邊墻三十里。漢置善無縣，爲雁門郡治。後漢爲定襄郡治，建安末郡、縣俱廢。後魏復置善無縣，兼置善無郡。北齊省。隋、唐以後爲朔州地。明洪武中置定邊衛於此，永樂七年改置大同右衛，正統十四年改名右玉林衛。本朝初名右玉衛，雍正三年升爲縣，爲朔平府治。

寧遠廳。在府北邊墻外六十里。東西距二百二十里，南北距二百一十里。東至大同府豐鎮廳界一百六十里，西至和林格爾廳界六十里，南至和林格爾界七十里，北至察哈爾鑲藍旗遊牧地一百四十里。本朝初爲太僕寺牧廠，雍正三年隸直隸宣化府張家口理事廳管理，十二年改屬山西省，設寧朔衛並懷遠所。乾隆十五年裁衛、所，改設寧遠廳，屬朔平府，移舊駐左雲縣之理事、通判駐此。

左雲縣。在府東南七十五里。東西距一百十里，南北距一百十里。東至大同府大同縣界九十五里，西至右玉縣界十五里，南至大同府懷仁縣界七十里，北至邊墻四十里。東南至懷仁縣界五十里，西南至平魯縣界五十里，東北至邊墻九十里，西北至右玉縣界四十里。漢置武州縣，屬雁門郡。後漢末廢。後魏復置曰武周縣，屬代郡。北齊省。唐爲定邊軍地。明洪武二十五年設鎮朔衛，後裁。永樂七年改設大同左衛，正統十四年移雲川衛併入，名左雲川衛。本朝初名左雲衛，雍正三年升爲縣，屬朔平府。

平魯縣。在府西南一百十五里。東西距六十里，南北距一百里。東至右玉縣界三十里，西至邊墻三十里，南至朔州界七十里，北至右玉縣界三十里。東南至朔州界三十里，西南至寧武府偏關縣界四十里，東北至左雲縣界二十里，西北至邊墻五十里。漢置中陵縣，屬鴈門郡。後漢屬定襄郡，建安末省。後魏爲善無縣地。隋、唐以後爲朔州地。明正統三年置平虜衛於大同城內〔二〕，嘉靖中移此。本朝因之，雍正三年升爲縣，屬朔平府。

朔州。在府南二百四十里。東西距一百四十五里，南北距一百九十里。東至大同府山陰縣界八十五里，西至寧武府神池縣界六十里，南至寧武府寧武縣界六十里，北至右玉縣界一百三十里。東南至代州界八十里，西南至神池縣界九十里，東北至大同府懷仁縣界二百十里，西北至寧武府偏關縣界一百三十里。戰國時趙地。秦置馬邑縣。漢屬鴈門郡，後漢末廢。晉復置，仍屬鴈門郡。永嘉五年地入於代，後魏孝昌後僑置朔州及大安、廣寧二郡。北齊置北朔州及廣安郡，又置招遠縣爲郡治。隋開皇初郡廢，置總管府。大業初州、府俱廢，改縣曰善陽，置代郡，尋改爲馬邑郡。唐武德四年復曰朔州，開元五年分置馬邑縣屬之，天寶元年復曰馬邑郡。乾元初仍爲朔州，屬河東道。建中初移州治馬邑縣，尋復故。天祐末改置振武軍於此。五代晉天福初割入契丹，遼升爲順義軍節度，屬西京道。宋宣和五年復歸於宋，改曰朔寧府，屬雲中路。尋入於金，仍爲朔州，屬西京路。元屬大同路。明初省州治鄯陽縣入州，屬大同府。本朝初因之，雍正三年改屬朔平府，嘉慶元年併馬邑縣入州。

形勢

東接恒山，西距黄河，鴈門峙其前，桑乾繞其後。舊志。

風俗

節用勤農，士務淳實。舊志。

城池

朔平府城。周九里有奇，門四，池廣三丈。明洪武中土築，萬曆初甃甎。本朝康熙中增修，雍正七年重修。右玉縣附郭。

左雲縣城。周十里有奇，門三，池深二丈。明洪武中土築，正統間甃甎。本朝乾隆三十二年重修。

平魯縣城。周六里有奇，門三，池廣二丈。明成化中土築，萬曆中甃甎。本朝乾隆三十二年修。

朔州城。周七里，門四，池廣十二丈。元至正末因舊址土築，明洪武中甃甎。本朝順治中修，乾隆十二年重修。

學校

朔平府學。在府城東門内。本衛學，明嘉靖中建。本朝重修。入學額數十五名。

右玉縣學。在縣城内鼓樓東。本衛學，明成化初建，在鼓樓西，萬曆中徙今所。本朝康熙六十年修。入學額數十二名。

左雲縣學。在縣城内鼓樓西。本衛學，明成化中建，在南城隅，萬曆中徙今所。本朝重修。入學額數八名。
平魯縣學。在縣治東。本衛學，明嘉靖中建。本朝雍正二年修。入學額數八名。
朔州學。在州治西北。明洪武中建，成化中重建。本朝順治十五年修。入學額數十五名。
馬邑鄉學。本縣學。元至元中建。本朝康熙中修，嘉慶元年改爲鄉學。入學額數八名。
華林書院。在府城内東南隅。本朝乾隆二十七年建。
寶鳳書院。在左雲縣城内。本朝乾隆二十七年建。
朔州書院。在朔州城内。本朝乾隆二十四年建。

户口

原額人丁二萬六百五十八，今滋生男婦共五十三萬六十六名口，計十一萬二千七百八十二户。

田賦

田地二萬六千八百三十七頃四畝有奇，額徵地丁正、雜銀二萬八千三百九十一兩五錢四分六

釐，糧一千五百四十石五斗有奇。

山川

楊鐵山。在右玉縣西南二十里。

邊家山。在右玉縣西南二十一里。

玉林山。在右玉縣西二十里。

東團山。在右玉縣西三十里。

聖山。在右玉縣西三十里。

大青山。在右玉縣西五十里。

黄土山。在右玉縣西五十里。

黄家山。在右玉縣西北十里。

平桓山。在右玉縣西北三十五里。

雕嶺山。在左雲縣東六十里。

焦山。在左雲縣東南三十四里。頂有石塔。

龍王堂山。在左雲縣西三十里。

黑龍山。在左雲縣北邊墻外。崇巖邃壑，易於藏伏。

小青山。在平魯縣西三十里。

丫角山。在平魯縣西四十五里，南接乃河堡界。

吕梁山。在平魯縣西邊墻外。水經注：善無水西流，歷吕梁山。

吕公山。在平魯縣西北四十里。

磨兒山。在平魯縣西北五十里。山形險峻，周環如磨，古用武之地。昔單于把禿王與漢兵轉戰數日於此，今建廟。傍有碧峰，古洞幽邃，人莫敢入。

西平山。在平魯縣西北五十里，西去大水口堡一里〔三〕。

七介山。在平魯縣西北。魏書世祖紀：太延五年蠕蠕犯塞，遂至七介山。

栲栳山。在平魯縣西北。明紀事本末：景泰元年大同總兵郭登敗寇於栲栳山。

吴二山。在平魯縣北威遠城西十五里。

紅山。在平魯縣北三十里。土石皆紅。

大南山。在平魯縣北威遠城南三十里。又小南山，在威遠城西三十里。

尖山。在平魯縣北威遠城西四十里。五代史唐莊宗紀：同光三年九月射雁於尖山。

句注山。在朔州東南，接代州界。元和志：在鄯陽縣東八十里。

神武尖山。在朔州東南六十里，即武州山之别峰。

翠屏山。在朔州西南七十里。一名西山。晉太元十二年慕容垂擊劉顯，顯奔馬邑西山，即此。山東連石碣谷，北接馬駿山，西至陀羅臺，南通寧武府，盤踞二百餘里。州志：山有石洞，洞有石佛，盛夏翠色曜目，寒氣逼人，陰崖有積雪。

蔣山。在朔州西南八十里。

黑垜山。在朔州西北二十里。高三百餘丈，特出郡山之表。

三塔嵬山。在朔州西北二十五里，周五十里。山半有泉，旱禱輒應。

另山。在朔州西北六十里。

元姬山。在朔州北三十里。寰宇記：後魏道武侍人李善謳，死葬此山。

寶峰山。在朔州北四十里。

玉屏山。在朔州北六十里。

彈子山。在朔州北八十里。

苗家山。在朔州東北三十里。石徑崎仄，僅通人行。

契吴山。在朔州東北五十里，東與洪濤山相接。

馬頭山。在朔州馬邑鄉南二十五里。山形似馬。

紫金山。在朔州馬邑鄉南五十里，周三十八里。形勢險峻。

筆架山。在朔州馬邑鄉南五十里。

雷山。在朔州馬邑鄉西北十里。

洪濤山。在朔州馬邑鄉西北十里，桑乾水出焉。縣志：山有七泉湧出，俗名洪濤泉。

盤石嶺。在右玉縣東四十里。

紅土嶺。在右玉縣東南十五里。

忙牛嶺。在右玉縣西二十里。

長安嶺。在右玉縣北二十五里。

焦家嶺。在左雲縣西北三十里。又蹄窟嶺〔四〕，在縣西北三十五里。

達速嶺。在平魯縣西北。北史齊文宣紀：天保五年十二月巡達速嶺，親覽山川險要，將起長城。

惡陽嶺。在平魯縣西北邊墻外。通鑑：唐貞觀四年李靖帥驍騎三千，自馬邑進屯惡陽嶺。胡三省注：「惡陽嶺在定襄古城南。」

雙化嶺。在朔州西三十里。有石道，東西盤踞一百餘里，嶺下有古寺。又門家嶺，亦在州西三十里。

西華嶺。在朔州西五十里。盛暑尚寒。又鞍子嶺，在州西六十里，形如馬鞍。

太和嶺。在朔州馬邑鄉東南六十里。金史地理志：鄯陽縣有太和嶺。元史成宗紀：大德四年幸上都，置西京太和嶺屯田。舊志：明初傅友德克大同，巡太和嶺，西北至宣德府。嘉靖十九年，吉囊由白泉口至太和嶺。

松子嶺。在朔州馬邑鄉西南。通鑑：唐武德六年，突厥攻馬邑，總管劉世讓至松子嶺，不敢進，還保崞城。

石香爐峰。在平魯縣北威遠城西十里，高二十四丈。

滴水崖。在平魯縣東北威遠城東南十里，高九十六丈。

陳家峪。在朔州南。宋史潘美傳：雍熙三年，美拔寰、朔、雲、應等州，内徙其民，遼兵奄至，戰於陳家谷口。

小峪。在朔州西三十里。秋、冬常暖，草木不變。

沃水。在右玉縣東北邊墻外。水經注：中陵水又北分爲二水，一水東北流，謂之沃水，又東逕沃陽縣故城南，又東北逕沃陽城東，又東合可不埿水，又東逕參合縣南，又東合炎豆渾水，又東北流注鹽池。

樹頽水。在平魯縣西北邊墻外。源出右玉縣北邊墻外，西南流入黄河，今名烏藍木楞河。水經注：樹頽水西南流合中陵川水，又西南流合誥升袁水，又西南分爲二水，左水南出謂之太羅河，右水西逕昆新城，自城西南流注於河。

奄遏下水〔五〕。在平魯縣西北邊墻外，俗稱羊圈海。遼史天祚帝紀：保大四年帝率諸軍出夾山，南下武州，遇金人戰於奄遏下水。大同府志：奄遏下水，在府西北二百里，水潮無常，納大淵、小淵〔六〕、大匯、小匯四海及銀海水諸細流，合而入黄河。

南大河。在右玉縣南二十里。源出平魯縣南，東北流入右玉縣南界，東南流合兔毛河，入左雲縣界。又有南小河，在縣南闞流入南大河。

兔毛河。在右玉縣西。源出平魯縣南，繞流府城西分爲二，一會南河東流，經雲陽堡東五十五里，入左雲縣西北；一北流，逕殺虎堡出口外，西流入烏藍木楞河，古名中陵川水。水經注：中陵川水出中陵縣東南山下，北俗謂之大浴山，東北流逕中陵縣故城東北，又西北合貸敢山水，又西北流逕善無縣故城西，又西北會吐文水，又北分爲二水，一水東北流謂之沃水，一水西北合誥升袁河，又西南合樹頽水。

蕭官人河。在右玉縣西二十里。

王石匠河。在右玉縣西四十五里。

廖家河。在左雲縣北。源出縣西南，東北流徑城北，又東流入大同府懷仁縣界爲十里河，即古武周川水。水經注：武周

川水出縣西南山下，二源翼導，俱發一山，東北流合成一川，北流逕武周縣故城西。

黄河。在平魯縣西邊墻外。自湖灘河所南流至縣西界，又南入寧武府偏關縣界。水經注：河水又南，樹頹水注之，又南，太羅水注之，又左得湳水口。元和志：河水在鄯陽縣西三百里。元史世祖紀：至元元年十二月命選善水者一人，沿黄河計水程達東勝，可通漕運。

湯旗河。在平魯縣西北三十里。

金河。在平魯縣西北邊墻外。一名金川。北史蠕蠕傳：齊天保五年文宣帝帥輕騎於金川下邀擊蠕蠕。通典：金河上承紫河水，南流入大河。郡國志云雲中郡有紫河鎮，界内有金河水，其泥色紫，故云金河。通鑑：隋大業三年車駕發榆林，歷雲中，泝金河。胡三省注：「單于都護府，秦、漢雲中郡地，治金河縣，縣有金河。」

紫河。在平魯縣西北邊墻外，一名紫塞河。隋書地理志：定襄郡大利縣有紫河。通典：勝州榆林縣有紫塞河，自馬邑郡善陽縣界流入。通鑑：隋大業三年築長城，西距榆林，東至紫河。文獻通考：朔州善陽縣，紫河發源於此。

滄頭河。在平魯縣北威遠城南。又有姚、趙二河，在縣北三十里，俱流入滄頭河。

鄯河。在朔州東。東流至馬邑鄉入桑乾河。

黄水河。源出朔州東南，東北流逕馬邑鄉，又東北流入大同府山陰縣界，即古治水。一名濕水，一名灅水。漢書地理志：雁門郡陰館縣，累頭山，治水所出，東至泉州入海，過郡六，行千一百里。水經注：濕水出於累頭山，泉發於山側，沿坡歷澗〔七〕，東北流出山，逕陰館縣故城西，又東北流，左會桑乾水。通鑑注：治水出累頭山，當時亦有累水之名，酈道元所謂濕水即灅水也。金史地理志：馬邑縣有灅水。按：治水乃濕水，溹涫水乃桑乾水，二水各出而合流，或以治水即桑乾，誤。

沙楞河。在朔州東南三十里。朝夕有潮水流經賈家莊，引水灌田，東入灰河。

灰河。在朔州西南。自寧武府寧武縣北流入，又北至馬邑故縣南入桑乾河，即古馬邑川。水經注：馬邑川水出馬邑西，俗謂之磨川，東逕馬邑故城南，東流入桑乾水。

七里河。在朔州北七里。源出洪濤山，流經酸刺村東南，入灰河。

岍嵋河。在朔州北十里。源出州西北石槽村，平地湧泉成池，東流逕城北，東南入灰河。

臘河。在朔州北二十里洪濤山之陽，南流合岍嵋河注灰河。通鑑：唐武德六年苑君璋寇馬邑，李高遷禦之〔八〕，戰於臘河谷，破之。

泥河。在朔州北。東流入馬邑故縣界，入桑乾河。

桑乾河。源出朔州東北，流經馬邑鄉南，又東入大同府山陰縣界。水經注：陰館縣西北上平，洪源七輪，謂之桑乾泉，即溹涫水。耆老云，其水潛承太原汾陽縣北燕京山之天池。自源東南流，右會馬邑川，又東南流，水南有故城，南、北臨河，又東南右合㶟水。元和志：桑乾河在馬邑縣東三十里。寰宇記：源出馬邑縣北山下。舊志：桑乾水自静樂縣天池伏流至洪濤山下，匯爲七源，曰上源、曰玉泉、曰三泉、曰司馬泊、曰金龍池、曰小盧、曰小蒲，合爲一流，是爲桑乾河之源。

牛川。在右玉縣北邊墻外。魏書太祖紀：登國元年大會於牛川。

野馬川。在右玉縣北邊墻外。明洪武初藍玉出山西，敗王保保於此。

鹽池。在左雲縣東北邊墻外。漢書地理志：雁門郡沃陽縣，鹽澤在東北。水經注：鹽池西南去沃陽故城六十五里，池水澂渟，東西三十里，南北二十里。

金龍池。在朔州馬邑鄉西北十里。明統志：在洪濤山下，其水淵深莫測。唐初有一馬從池中出，朝則奔騰郊坡，夜則復投水中，尉遲敬德收之，遂以「金龍」名池。

彌澤。在朔州西南。魏書太祖紀：登國二年帝親征劉顯於馬邑南，追至彌澤，大破之。

九十九泉。在右玉縣北邊墻外黑山上。魏書太祖紀：天賜三年登武要北原，觀九十九泉。

三泉。在朔州東南六十里。有泉三所，深不可測，合流而東，北爲黄水河，入馬邑鄉界。

南泉。在朔州南五里。

楊泉。在朔州西南九十里。寰宇記：冀州圖云，後魏太和中文明皇太后幸楊泉，釣得鯉魚一雙，皆長三尺，以黄金爲鎖穿腮放池内。後皆長五尺，其一浮爲五色虹而去，一在池。至孝昌元年六月行臺元淵北伐頓此，決池取魚，鱗甲非常，淵殺之，得金二觔八兩，淵來年爲葛榮所殺。

泥河泉。在朔州西五里。其水東流匯爲西湖，南入灰河。

小蒲泉。在朔州馬邑鄉西北五里。泉水淵深，源出不竭，蒲葦茂盛。又黄道泉，在州西北八里，即司馬泊也，其深莫測。

大水濼。在左雲縣北邊墻外。元史太祖紀：六年，帝自將南伐，敗金將定薛於野狐嶺〔九〕，取大水濼。

東井。在朔州東南。又南井在州南門内，西井在西門内，御井在北門内，諸井皆苦澁，獨四井水味清甘，居人取汲。

古蹟

善無故城。在右玉縣南。漢置縣，爲雁門郡治。後漢爲定襄郡治，靈帝末廢。後魏復置。魏書：太祖皇始元年大蒐於定襄之虎山，因東幸善無北陂。太宗永興五年南巡，次定襄大落城〔一〇〕，東踰七嶺山，田於善無川。地形志：天平二年於縣置善

無郡。舊志：北齊時郡、縣俱廢。

武州故城。在左雲縣南。漢置武州縣，晉省。後魏復置曰武周，隋省。通鑑：唐武德七年，突厥寇代州之武周城〔一一〕。胡三省注：「武周縣，漢屬雁門郡，後魏屬代郡，隋廢入朔州雲内縣。」按：今代州又有武州城，蓋後魏所置之武州，非武周縣。

馬邑故城。今朔州治。秦築。晉太康地記：秦建此城輒崩不成，有馬周旋反覆，父老異之，因依以築城，遂名馬邑。漢置馬邑縣，屬雁門郡。高祖六年，匈奴圍韓王信於馬邑，信降匈奴。武帝時使馬邑人聶翁壹與匈奴交易，陽誘單于，單于以十萬騎入武州塞，漢伏兵三十餘萬馬邑傍，尉史知漢謀，具告單于，單于乃引兵還。後漢永和五年，中郎將張耽等敗南匈奴於馬邑。晉永嘉五年，劉琨以馬邑等五縣地與拓跋猗盧，遂入於魏。水經注：馬邑川水東逕馬邑縣故城南。蓋漢舊縣也。後魏孝昌後僑置朔州於此，領大安、廣寧等郡。北齊置招遠縣，爲北朔州及廣安郡治。隋大業初改曰善陽縣，爲馬邑郡治。唐曰鄯陽縣。元和志：鄯陽縣，本漢馬邑縣。舊志：明初始省鄯陽縣入州，今州城外西北隅有古城，即古馬邑城。

寰州故城。在朔州東馬邑鄉西關灰河南岸。五代史職方考：寰州，唐明宗置。通鑑注：後唐明宗天成元年以興唐軍置寰州，領寰清一縣，屬應州彰國節度。遼史地理志：寰州，統和中爲宋將潘美所破，廢入應州。又聖宗紀：統和四年三月，寰州刺史趙彦章以城叛附於宋；六月，耶律色欽奏復寰州；七月，耶律色欽入寰州。「耶律色欽」舊作「耶律斜軫」，今改正。

中陵廢縣。在平魯縣北。漢置，屬雁門郡。後漢屬定襄郡，建安末省。水經注：中陵縣故城，俗謂之北右突城，闞駰曰：「善無縣南七十五里有中陵縣。」

馬邑廢縣。在朔州東四十五里。漢馬邑縣地，隋善陽縣地。唐貞觀中置大同軍，開元五年於軍城置馬邑縣，屬朔州。建中中嘗爲州治，旋復屬朔州。五代梁、唐因之。晉天福初入於遼。金貞祐二年升爲固州。元復爲馬邑縣，仍屬朔州。明屬大同府。本朝初因之，雍正三年改屬朔平府，嘉慶元年併入朔州。

陰館廢縣。在朔州東南。漢書地理志：雁門郡陰館縣，本樓煩鄉，景帝後三年置縣。後漢自善無縣移雁門郡來治，後

十里。

廢。魏書地形志：原平縣有陰館城。水經注：灅水逕陰館縣故城西。寰宇記：陰館城，今名下館城。舊志：在朔州東南八

長安廢縣。在朔州界。北齊置縣。隋書地理志：馬邑郡領開陽縣，舊曰長寧，開皇十九年改曰開陽。唐曰常寧，舊唐書地理志：武德四年朔州兼領常寧縣，其年省入善陽縣。

定邊廢衛。在右玉縣西。明洪武二十六年置，永樂七年改置大同右衛，十四年又移玉林衛於此。本朝順治七年因改曰右玉衛，雍正三年置右玉縣。舊志：右衛分邊三十二里，有黑嘴子口孤懸西北，實爲要衝。

鎮朔廢衛。今左雲縣治。明洪武二十六年置，永樂七年改置大同左衛，正統十四年又移雲川衛於此。本朝順治七年因改曰左雲衛，雍正三年升爲縣。舊志：左衛舊分邊十四里有奇，又黑龍王墩、水泉兒墩爲最衝。邊外威寧海子，寇巢也。嘉靖三十七年設備兵使者於此，分堡十四，分邊一百二十四里，東起寧虜〔一二〕，西至鐵山堡，爲大同中路。

長城。東接大同府北境，亘左雲、右玉、平魯三縣北，西沿黃河，接寧武府偏關縣界。北史齊文宣帝紀：天保七年自西河總秦戍築長城，東至於海。八年又於長城内築重城，自庫洛拔東至烏紇戍，凡四百餘里。隋書高祖紀：開皇六年修築長城。蓋因齊之舊。崔豹古今注：秦、漢所築長城土色皆紫，故曰紫塞。遼史地理志：天德軍有秦長城、唐長城。舊志：明成化二十一年，總督余子俊築長城，起大同中路，至偏頭關界六百里。嘉靖二十五年築長城三百餘里。二十六年築長城，自丫角山以東，至陽和靖虜堡，舊長城悉增修。

大同軍城。在朔州東，即馬邑故縣治。唐書地理志：大同軍，本大武軍，調露二年曰神武軍，天授二年曰平狄軍，大足元年復更名。元和志：開元五年分鄯陽縣，於州東三十里大同軍城内置馬邑縣〔一三〕。通鑑注：大同軍去太原八百餘里，開元五年置大同軍以戍邊，在代州北。

新城。在朔州西南。史記秦本紀：莊襄王三年蒙驁攻趙新城。括地志：新城，一名小平城，在善陽縣西南四十七里。通典：北齊置朔州於故郡西南新城，一名新平城〔一四〕，後移馬邑。寰宇記：北齊天保六年於今州南四十七里新城置朔州，八年徙馬邑，即今城。

鎮威城。在朔州西南。宋置戍於此，與遼分界處。

梁郡城。在朔州西北。寰宇記：冀州圖云，梁郡城在鄯陽縣北二十里，即爾朱榮所居。秀容川〔一五〕，東北接恒州，南接肆州，西限大河，北接朔州。

釣臺。在朔州東七里。州志：河中有洲若臺，洪濤巨浪不能没。

櫓臺〔一六〕。在朔州馬邑鄉城内西北隅。相傳李靖築以觀星。

古峰臺。在朔州馬邑鄉莊頭村。其臺高四丈，中空，可藏百人。

尉遲敬德故宅。在朔州南石碣峪村。遺址尚存。

崔斌故宅。在朔州馬邑鄉司馬泊。門前石獅尚存。

故戰場。在朔州馬邑鄉南五十里。相傳宋楊延昭屯兵處。

關隘

下關。在朔州東馬邑鄉東南三十五里，與代州接界。府志：在雁門關下，因名。

後營子村巡司。在寧遠廳東一百四十里。本朝乾隆四十年由東鄉移駐。

威遠堡巡司。在右玉縣南五十里。明正統三年置衛，築城周四里五步，高三丈五尺，門四，俱有月城，濠深一丈八尺。嘉靖三十九年分設威遠路，轄城堡五，分邊三十九里有奇，東抵右衛，西直平虜，道塗隔越，岡阜崎嶇。本朝順治十年廢爲威遠城。雍正七年設巡司，乾隆三十年裁，三十八年復設。

殺虎口巡司。在右玉縣北二十里。本朝雍正七年置。按：殺虎口西至邊墻三里，北至邊墻一里。明嘉靖中築殺虎堡城，周二里；相近又有殺虎新堡，亦周二里。分邊二十里有奇，形勢最爲扼要。本朝乾隆三十年設副將並都司以下各官駐守。

助馬路巡司。在左雲縣東北。本朝雍正七年置。按：邊防考：助馬路，轄堡九，分邊自北東路之拒墻堡，至中路之破胡堡〔一七〕，長七十七里，是爲大同北西路。舊志：助馬堡，分邊二十里零，西至邊墻二里，北至邊墻八里。明嘉靖中築堡城，周二里有奇，移應州參將防守。本朝因之。

馬邑巡司。在朔州東四十五里。本朝嘉慶元年廢縣改置。

高山城。在左雲縣東南五十里。明洪武初設高山衛，在大同府西八十里，宣德初調附陽和城内，天順中又改置於此。嘉靖十四年築堡城，周四里有奇。本朝順治中廢衛爲堡，設都司防守，屬助馬路。雍正八年復設巡司，乾隆四十四年裁。

井坪城。在平魯縣南六十里。明成化二十一年建井坪守禦所，築城周五里，分轄井坪以下十城堡。邊墻東起西路界，西至丫角山，長三十一里零，内屏雁、代，東障朔、應，爲西路之險。萬曆四年移朔州參將駐此，本朝仍曰井坪城。舊設巡司，今裁。

大狼水寨。在朔州西。宋史折惟昌傳：惟昌自火山軍入遼界，破大狼水寨。

楊六郎寨。在朔州馬邑鄉南五十里雁門關北口東山上。其西五里爲佳吉寨，在太和嶺北口西山上。

紅土堡。在右玉縣東一十五里。又黄土堡，在縣東二十五里，俱明嘉靖三十七年築，各周一里有奇。

牛心堡。在右玉縣東南四十里。明嘉靖三十七年築，周一百四十丈，當右玉、左雲二縣之中，北有黑龍王等山，重岡疊嶂，形勢險要。

新城堡。在右玉縣南二十五里，周一百九丈。又大柳樹堡，在縣南三十里，周一百九十六丈，俱有濠。

鐵山堡。在右玉縣西南七十里。明嘉靖三十八年築，周一里有奇，分邊十里有奇。

破胡堡。在右玉縣西五十里。東至邊墻二里，北至邊墻三百步。明嘉靖二十三年築，周二里。舊志：破胡堡，分邊十四里有奇，内平梁、鎮静二處極衝。

馬營河堡。在右玉縣西北十餘里。明萬曆初築，周不及一里，分邊五里有奇，内小水口最衝。

殘胡堡。在右玉縣北三十里。明嘉靖二十三年築，周一里有奇，分邊十五里零。又馬堡，在殘胡堡東，明嘉靖二十五年築，周一里有奇，分邊十里零。

破虜堡。在左雲縣東六十里。明嘉靖二十二年築，周三里有奇，屬助馬路。又威虜堡，在縣東北，東至邊墻三里，北至邊墻二里。明嘉靖二十一年築，周二里有奇，屬助馬路。

三屯堡。在左雲縣北。明隆慶三年築，周不及一里，分邊一里有奇。堡雖臨邊，而山險足恃，實左雲之屏障。

寧虜堡。在左雲縣北三十里。明嘉靖二十一年築，周二里有奇，有重城，屬大同西路，本朝屬助馬路。舊志：寧虜堡，分邊十一里零。

拒門堡。在左雲縣東北，助馬路東十餘里。明嘉靖二十四年築，周一里有奇，分邊十五里零。又保安堡，在助馬路西十餘里，亦明嘉靖二十四年築，周一里有奇，分邊十四里零。又滅虜堡，在助馬路西南二十餘里，明嘉靖二十二年築，周二里有奇，分邊四里零。又雲岡堡，在助馬路南四十里，有新、舊二堡，嘉靖中以舊堡地形卑下，築新堡於北崖，仍存舊堡以便行旅，各周一里有

奇，東通鎮城，爲雲西孔道。又雲西堡，在助馬路西南五十里，明嘉靖三十七年築，周一里有奇。

拒墻堡。在左雲縣東北，西至邊墻三里，北至邊墻一里。明嘉靖二十四年築，周一里有奇，屬大同北東路〔一八〕。本朝屬助馬路。舊志：拒墻堡，分邊十二里零。

阻胡堡。在平魯縣西三十里，西至邊墻六里。明嘉靖二十三年築，周一里有奇。舊志：阻胡堡，分邊八里有奇。

敗胡堡。在平魯縣西北三十里，西至邊墻六里。明嘉靖二十三年築，周一里有奇。舊志：敗胡堡，分邊八里有奇。

大水口堡。在平魯縣西北四十里，西至邊墻二里。明嘉靖中築，周一里有奇。

雲石堡。在平魯縣北少西七十里，西至邊墻二里。明萬曆十年改築，周一里有奇，有重城。舊志：雲石堡，分邊十四里有奇。

威平堡。在平魯縣北威遠城西三十里。明嘉靖四十五年築，周一里有奇，後又築土堡一座，與此相接。堡稍近腹裏，介威遠、平虜之間。又威胡堡，在威遠城西北六十里，明嘉靖二十三年築，周一里有奇。相近有净水瓶堡，明宣德中築，周一里有奇。

祁家河堡。在平魯縣東北威遠城東南五十里。明嘉靖四十一年築，周二里。西藩威遠，東蔽左雲，爲往來接應處。

東邵莊堡。在朔州東二十五里。又賈家莊堡、安子村堡，皆在州東。

羅家疃堡。在朔州馬邑鄉東二十五里。又吉家莊堡，在州北；沙家疃堡，在州東北六十五里。

小代堡。在朔州東南。又東南有王東莊堡。

臭溝村堡。在朔州西南五十里。又馬圈頭堡，在州西北，其東北有泉武營堡。

乃河堡。在朔州西北，東至平魯縣井坪城四十里。明嘉靖四十五年築，周一里有奇。又將軍會堡，亦在州西北，東南至井坪城五十里，舊名白草坪。明萬曆九年築土城，二十四年改築，周一里有奇，分邊十七里零。

暖會堡。在朔州西北七十里。明永樂二年築，周不及一里。又九姑村堡，在州西北九十里，周一里有奇。又西駱駝堡，在州西北一百里，周不及一里。

平番鎮堡。在朔州北六十里。明永樂二年築，周不及一里。又州東北有北邵莊堡。

兔毛河口。在右玉縣西北二十里，最爲要衝。又西三十里有小隘口。

城東驛。在朔州東門外。

廣武驛。在朔州馬邑鄉西門外。

津梁

三邊橋。在右玉縣殺虎堡南五里。本朝順治間建，康熙中修。

萬泉河橋。在右玉縣北二十里兔毛河上。長五丈，首尾各建甎樓，明萬曆間重修。

利涉橋。在朔州七里河上。

恢河橋〔一九〕。在朔州馬邑鄉東南四十里。本朝康熙中建。

永濟橋。在朔州馬邑鄉西桑乾河上。本朝康熙中建。

遺跡。

陵墓

唐

豐王墓。在朔州西北二十里黑垛山。通考云：唐昭宗第三子，名祁，天祐元年封。墓前有石砌神道，周圍有濠塹

明

孝子吴順墓。在朔州東八里。

祠廟

蘇武廟。在右玉縣北四十里。曹學佺名勝志：舊大同右衛城北有蘇武廟，蓋奉使匈奴時過此，後人立祠祀之。

桑乾河神廟。在朔州馬邑鄉西北十里洪濤山下。金天會間建。

鄂國公廟。在朔州馬邑鄉西北金龍池之南，祀唐尉遲敬德。

寺觀

顯明寺。在右玉縣南三十里大南山。元魏時建，明成化間修，正德間增修。

崇福寺。在朔州東門内。州志：唐高宗麟德二年，契丹爲林太師建府，遼統和間以其地爲僧居，金天德二年賜名崇福寺。

寶峰寺。在朔州西北四十里寶峰山。通志：明嘉靖間山現石佛二，一耄一稚，神工俱足，其光如玉，其響如金，因建寺。

棲雲寺。在朔州馬邑鄉南四十里寺頭村。元建。

龍泉寺。在朔州馬邑鄉西北十里，司馬泊、金龍池之西北。通志：一名水圍寺，舊有「水月如來」扁額，四圍皆水，中構蘭若，曲榭迴廊，稚號勝地。今廢。

玉泉觀。在朔州馬邑鄉西北十里。元建。

玉虚宫。在左雲縣城内。通志：一名鼎榆宫，宫内有古榆，根無緣著，生大鐵爐上，根下火常不絶，四時青翠，謂之火鼎神榆。

名宦

漢

李廣。成紀人。以驍騎都尉歷上谷、雲中、雁門等七郡太守。屢將擊匈奴，善撫下，得士卒死力，遇大敵持重不驚，意氣自

如，威震匈奴，號爲「飛將軍」。

郅都。大陽人。景帝時爲雁門太守。匈奴素聞郅都節，竟都死不近雁門。匈奴至爲偶人象都，令騎馳射莫能中，其見憚如此。

班伯。長安人。河平中定襄大姓石、李群輩報怨，殺追捕吏，伯請願試守期月，拜定襄太守。至郡，請問耆老父祖故人有舊恩者，迎延滿堂，日爲供具，執子孫禮，郡中益弛，諸所賓禮皆名豪，懷恩醉酒，共諫伯宜頗攝録盜賊，具言本謀亡匿處，伯曰：「是所望於父師矣。」迺召屬縣長吏，選精進掾史，分部收捕，及它隱伏，旬日盡得，郡中震栗，咸稱神明。

南北朝　魏

司馬楚之。温人。太武時爲雲中鎮大將、朔州刺史。在邊二十餘年，以清儉著聞。

源懷。樂都人。宣武初爲使持節，巡行北邊六鎮恒、燕、朔三州，銜命撫導，存恤有方。懷朔鎮將元尼須與懷有舊，貪穢狼籍，置酒請懷，乞相寬貸，懷曰：「今日之集，源懷與故人飲酒之坐。明日公庭，始爲使人檢鎮將罪狀之處。」既而表劾尼須。時百姓積年枉滯，一朝見申者日百數，所上事宜便於邊者三十餘條，皆見嘉納。

婁寶。代人。明帝時朔州刺史。時邊事屢興，人多流散，寶安集之，殘壞舊宅皆命葺構，人歸繼路。歲考爲天下最。

北齊

高叡。趙郡王琛子。天保八年除都督、北朔州刺史。撫新遷，置烽戍，防禦有法，大爲兵民所安。無水處禱而掘井，泉源湧出，號趙郡王泉。

隋

源雄。懷之孫。開皇初遷朔州總管。突厥來攻，雄輒捕斬之，爲北夷所憚。

李充。成紀人。開皇中拜朔州總管。甚有威名，爲敵所憚。

郭衍。本介休人，後居關中。開皇中朔州總管。部有恒安鎮，北接番境，常勞轉運，衍選沃饒地置屯田，歲贏粟萬餘石，民免轉輸之勞。

吐萬緒。代人。開皇中突厥寇邊，以緒有威略，徙朔州總管，甚爲北狄所憚。

裴肅。聞喜人。開皇中遷朔州總管長史。有能名。

宇文弼。洛陽人。開皇末朔州總管。有能名。

王仁恭。上邽人。大業初領馬邑太守。其年始畢可汗率數萬騎攻馬邑，復令二特勒將兵南過，時郡兵不滿三千，仁恭簡精鋭逆擊破之，二特勒衆潰，仁恭乘之，獲數千級，并斬二特勒。

唐

李靖。三原人。貞觀中突厥部種離畔，以靖爲定襄道行軍總管，率勁騎三千，由馬邑趨惡陽嶺襲破之。頡利可汗遣使謝，請舉國内附，以靖爲定襄道總管往迎之，靖乘機復襲破之，頡利亡去。

張儉。新豐人。高祖起兵，以儉爲朔州刺史。時頡利可汗方彊，每有求取，所遺書輒稱詔敕，邊使奉承不敢卻〔二〇〕，儉獨

拒不受。教民營田，歲收穀數十萬斛，雖霜旱，勸百姓相賑贍，免饑殍，州以完安。李靖既平突厥，有思結部者窮歸於儉，儉受而安輯之，其在磧北者親戚私相過省，儉不禁，示羈縻而已。儉徙勝州，後將不察，遽奏思結叛，朝廷議進討，時儉以母喪奪服爲使者，單騎入其部，召酋帥慰諭之〔二二〕，咸匍匐歸命。

裴行儉。聞喜人。調露元年，突厥阿史德温傅反，單于管二十四州叛應之〔二三〕，詔行儉爲定襄道行軍大總管往討。行儉用兵持重，料敵制勝，屢戰皆捷，突厥阿史那伏念執温傅來降，餘黨悉平。

金

耶律懷義。遼宗室。天會中爲西北路招討使，在西陲幾十年，撫御有恩，及去，老幼遮攀，數日不得發。

蕭仲宣。遼人。皇統初爲順義軍節度使，爲政平易，小吏不敢爲姦，賄賂禁絶，奴婢入郡，人莫識其面。百姓爲立祠，刻石頌之。

完顔永元。太宗子。大定六年爲順義軍節度使。朔州西境多盜，猾吏大姓蠹獄訟，晉亂賦役，永元剔其宿姦，百姓安之。

富察哲琳。東京路斡坦必喇明安人。大定間爲順義軍節度使。西京人李安兄弟争財，府縣不能決，按察司移富察哲琳平理，月餘不問，會釋奠孔子廟，乃引安兄弟與諸生齒坐會酒，陳友悌數事。安兄弟感悟，謝曰：「節使父母也，誓不復争。」乃相讓而歸。朔州多盜，富察哲琳禁絶游食，多蓄兵器，因行春撫諭之，盜乃衰息，獄空，賜錫宴錢以褒之。「富察哲琳」舊作「蒲察鄭留」，「斡坦必喇明安」舊作「斡底必喇猛安」，今並改正。

完顔宗道。上京人。章宗時除西北路招討使。故事，諸部駕馬八百餘匹，宗道辭不受，諸部悦服，邊鄙以治。

移喇福森。東北路烏楞古河明安人。章宗時爲順義軍節度副使。部内世襲明安穆騰掠民婦女，藏之窟室，移喇福森跡得所在，率衆索之，得婦女四十三人，明安穆騰抵罪。「移喇福森」舊作「移剌福僧」，「烏楞古河明安」舊作「烏連苦河猛安」，「明

安穆騰」舊作「猛安木呑」，今並改正。

明

石亨。鳳翔人。洪武中知朔州。勸民力穡，訟至立得其情，兩諭解之，民皆感悦。後坐事免官，父老爭赴闕，頌其治行，乞留，詔從之。

朱榮。沂州人。永樂十二年〔一三〕以左都督充總兵官鎮大同。修玉林衛之忙牛嶺、兔毛河、赤山、榆楊口、來勝諸城，敵不敢近。

李邦直。曹州人。弘治中知朔州。清慎公直，爲當道重，一時難決之獄悉委之，皆能辦理，民以不冤。

張俊。宣府衛人。爲大同遊擊將軍。弘治中以功進都指揮同知，霍什入大同左衛大掠，俊依河結營，擊却三萬餘騎。帝大喜，立擢都督僉事。「霍什」舊作「火篩」，今改正。

崔世榮。寧夏人。爲大同參將。嘉靖四十五年，敵入威遠衛，世榮以兵二百禦之，與子大朝、大賓俱死樊皮嶺。

申其學。山東人。萬曆中知朔州。深悉民隱，治理得宜，當時稱循良第一。

亓之偉〔一四〕。崇禎中爲朔州兵備道。闖賊入寇，殉節。

璩宏基。漢中人。崇禎中大同西路通判。闖賊陷城，死之。

本朝

宋子玉。奉天人。順治間大同兵備道，駐朔州。姜瓖之亂，密與通判楊逵、知州王家珍謀靖内患，既而變猝起，謀不克遂，

手刃愛子以死。家珍亦奉天人，殉節死。吏目王京，順德人，亦死難。

徐一范。蕪湖人。左衛兵備道。聞姜瓖變，私念從子明弼知馬邑縣，可密藉起兵，馳車至城下而賊已圍城，一范遂爲所殺。

楊逵。太康人。朔州通判。姜瓖之亂，逵諭衆城守，而守備張英通賊，逵密計擒之，錮於獄。翼日登陴，有康某者，英黨也，怒目視逵，逵立奪其刀，英子復鼓譟，賊黨乘之入城，遂被執。誘之降，怒罵不絶口，賊磔殺之。奏入後，贈山西按察司僉事。

李向堯。鐵嶺人。順治間助馬路參將。姜瓖之亂，殉節死，贈左都督僉事，祀忠烈祠。

佟國仕。奉天人。順治間井坪路參將。姜瓖之亂，巷戰死，贈副總兵，祀忠烈祠。

人物

漢

王霸。馬邑人，字元伯。避王莽亂棄官，後從光武起兵，屢著戰功。明帝五年追論中興功臣，以霸爲第二十三人，圖形雲臺。

三國　魏

張遼。字文遠，馬邑人，本聶壹之後，以避怨變姓。少爲郡吏，後歸曹氏，拜中郎將，賜爵關内侯，封蕩寇將軍，數有戰功。及屯合肥，孫權率衆十萬圍之，遼先登陷陣，斬二將，衝壘入至權麾下。權退，追擊幾獲權。拜征東將軍。文帝立，封晉陽侯。

南北朝　齊

斛律金。字阿六敦，朔州敕勒部人。性敦直，善騎射，行兵用匈奴法，望塵知馬步多少，嗅地知軍度遠近。以戰功累官大司馬，封石城郡公。文宣帝立，封咸陽郡王，進位左丞相。金子孫皆封侯貴達，一門一皇后、二太子妃、三公主。金嘗曰：「我家直以立勳抱忠致富貴，豈藉女也？」辭不獲免，嘗以爲憂。

斛律光。字明月，金子。工騎射，歷位太子太保。河清三年，周尉遲迥等攻洛陽，戰於芒山，大敗之，遷太尉。天統中襲爵咸陽王，屢敗周兵，拜左丞相。光居家嚴肅，見子弟若君臣。性節儉，杜絕饋餉。不肯預政事，每會議常獨後言，言輒合理。行兵嘗爲士卒先，自結髮從戎未嘗失律，深爲鄰敵懾憚。後被祖珽等譖死。弟羨，字豐樂，爲都督幽州刺史，善備邊禦敵，封高城縣侯。羨歷事數帝，以謹直稱。憂合門貴盛，上書推讓解職，詔不許，進爵荆山郡王。與光同死。

唐

尉遲敬德。名恭，以字行，善陽人。爲劉武周偏將，秦王遣使諭之降，引爲統軍。從擊王世充，世充將單雄信直趣王，敬德橫刺雄信墜，翼王出，還戰，大敗之。討劉黑闥，王被圍，又出之。破竇建德及徐圓朗，以功授王府護軍。隱太子招之，贈金皿一車，辭曰：「若私許則懷二心，徇利棄忠，將焉用之？」後與長孫無忌決策定隱、巢之亂，論功爲第一，除右武候大將軍〔二五〕，封吳國公，改封鄂國。卒，贈司徒、并州都督，謚忠武。

五代　唐

周德威。字鎮遠，馬邑人。勇而多智，能望塵知敵數。事晉王爲鐵林軍使，累以戰功遷振武節度使、同中書門下平章事。

天祐中大敗梁將王景仁於鄗邑，破劉守光於幽州，拜盧龍節度使。德威雖身爲大將，常與士卒馳騁矢石間，又務持重以挫人之鋒，常伺敵之隙以取勝。胡柳陂之戰，莊宗不從其謀，遂歿於陣。明宗時贈太尉。

宋

黨進。馬邑人。少淳謹。開寶中從征太原有功，歷官至忠武節度使。進形貌魁岸，居常恂恂，每擐甲胄，毛髮皆竪。卒，贈侍中。

金

李完。字全道，馬邑人。登詞賦進士第，由澄城主簿補尚書省令史。世宗選能吏八人按行天下，完其一也。累遷南京按察使，卒。完長於吏治，所至姦惡屏迹，民皆便之。

楊沃衍。一名噶理，朔州人。貞祐初，由武州刺史升岢嵐節度使，自奉詔即以身許國，累有戰功，正大二年歷拜陝西元帥左監軍。三峰山之敗，沃衍走鈞州，其部曲白留奴、呆劉勝既降元，請招沃衍。大帥令勝入鈞，誘沃衍大官，沃衍拔劍斫之，望汴京拜且哭，即自縊，從死者十餘人。「噶理」舊作「斡烈」〔二六〕，今改正。

元

崔斌。字仲文，馬邑人。工文學，達政術。中統元年授西京參議宣慰司事。世祖嘗召斌問爲政大體今當何先，斌以任相對，帝曰：「汝爲我舉可爲相者。」斌以安同、史天澤對〔二七〕，帝默然良久，斌乞采輿言，因揚言問群臣，衆皆呼萬歲，帝悦，遂以二

人並爲相。除斌左右司郎中，每論事帝前，群臣終日不決者，斌以數言決之。出莅外任，咸著威惠。下襄陽，取潭州，皆有力焉。尋被召入覲，會阿哈瑪擅權日甚，斌極言其姦蠹，帝遣使按問之，海内稱快。阿哈瑪因誣構以罪，竟爲所害。至大初贈太傅，追封鄭國公，謚忠毅。「阿哈瑪」舊作「阿合馬」，今改正。

李膺。完孫。少孤，事母以孝聞。太宗時詔郡國設科選試，膺弱冠與選，遂以薦爲翰林修撰。終集賢學士，謚文穆。

明

孫祥。大同右衛人。正統進士。由兵科給事中擢右副都御史，以才幹忠讜稱。後守備紫荆關，額森入寇，督戰被殺。「額森」舊作「也先」，今改正。

吴順。朔州衛卒。父病閉結，藥不能通，泣而舐之。又病痢，嘗其糞苦，喜曰：「可無患矣。」果愈。父思雞羹，遽索不得，忽雞飛墮其家，遂取以供。父卒，順年七十矣，猶哀毀廬墓三載。正統中被旌，年百餘歲而殁。

鄭本公。朔州人。正德進士。歷御史，請武宗慎選親賢正位東宫，不報。世宗初欲加興獻帝皇號，力言不可。論救給事中劉最，忤旨切責。時享太廟，帝不親行，極言遣代非宜，報聞。尋帝欲考興獻帝，且立廟禁中，偕同官屢争之不得，遂伏闕哭陳，繫獄廷杖。後終南京太僕少卿。

劉漢。平虜衛人。嘉靖中以署都督僉事充大同總兵官，三十九年北兵聚喜峰口，將攻薊鎮，漢乘其虚，自鎮河堡出塞，擣其帳於灰河，尋又大破之於豐州。時邊師積弱，北兵易之，駐近塞，出没無所忌。漢始再挫之，諸鎮亦往往乘間出擣，始稍移其帳。帝悦，進漢都督同知。

麻貴。大同右衛人。父禄，宣府副總兵，兄錦，宣府總兵，皆善戰立功塞外。貴由舍人積功至寧夏總兵〔二八〕，萬曆中以平

布巴功遷延綏總兵，累敗套賊。病歸，復起備倭總兵，征日本。事平，進右都督。旋鎮遼東，屢振軍聲，綽哈諸部皆遠遁求款。貴驍果善用兵，以邊功先後承恩賜者七，予世廕者六，稱一時良將。子承勛、從子承恩皆以勇力聞，承宗戰死廣安。麻氏多將才，人以方鐵嶺李氏，曰「東李西麻」。「布巴」舊作「哱拜」，「綽哈」舊作「炒花」，今並改正。

何廷魁。威遠衛人。萬曆進士，知涇縣。累官遼陽副使。城破，率其妾高氏、金氏投井死，婢僕從死者六人。贈大理卿，謚忠愍，與張銓、高邦佐同祀京師宣武門外，號「山右三忠」。

郭之麟。威遠衛人。崇禎中知真寧縣，時流賊猖獗，之麟練鄉勇守禦，卒保孤城。尋升九江府監紀同知，殉節死。本朝乾隆四十一年賜謚節愍。

霍鍈。字中明，馬邑人。萬曆進士，知任丘縣。擢監察御史，題豁本邑荒糧千餘石，又以雲中歲饑，請發帑金三萬兩賑濟。出按甘肅，忤魏忠賢，奪職歸。崇禎初起御史，督學畿輔，稱得人。終右通政。

柳毓榮。字含金，朔州人。父病，侍湯藥，衣不解帶者三年。崇禎中任朔州衛指揮使〔二九〕，十七年流賊陷城被執，罵不絶口，賊怒殺之。本朝乾隆四十一年賜謚節愍。

史朝顯。朔州人。世襲副千户，闖賊陷城，大罵不屈死。

本朝

麻振揚。右玉衛人。少有智略。順治元年以參將隨豫親王征潼關，歷懷慶、甘肅、象山副總兵，胥有功績。後擢京口總兵，軍民安之。

霍之琯。字玉官，馬邑人。順治進士。授柳州府推官，以缺裁，改范縣知縣，皆有治績，范人祠之。擢中書舍人，假歸，蠲

金爲馬邑甃東城焉。

史成。字薦章，朔州人。幼有大志，康熙中謁大同總兵康調元，願隸麾下立功，補中營把總。後以遊擊遷辰州副將，剿紅苗，突入大、小天星等寨，生擒八人，斬馘四百九十三人，以奇功遷寧台總兵。剿大盜陳君元，俘其黨，海盜以平。

郭建。朔州人。有孝行。時有葉成才者，違法論斬，建父鳳林、伯父鳳山連坐當死，建曰：「父生我身，願以身代。」遂斬建，赦鳳林。鳳山子安亦乞代父，監者謂鳳山年老一子，不許，時咸以爲難。

盧時泰。字靖寰，朔州人。書樓臨貿易地，有閻某攜五十金來，醉遺於梯。時泰以告父，父曰：「汝藏之。」時泰曰：「兒不以五十金易平生。」父喜曰：「是吾心也。」翼日還之。

趙亨清。左雲人。營兵劉朝選領餉歸，遺於路，亨清拾而還之。雍正八年旌。

葉凰。朔州人。孝行著聞。乾隆年間旌。

流寓

明

解縉。吉水人。謫戍河州，過朔，遂寓居焉。與里人蕭廣爲詩友。

李佐修。吉水人。福建僉事，正統六年謫戍威遠衛。以經學淑人，孫祥、郭紀輩皆受業其門。

王彰。潮陽人。刑部主事，正統七年謫戍威遠衛。以春秋授徒，大同士之習春秋自彰始盛。

列女

曹邦輔。定陶人。嘉靖中巡撫應天，禦倭有功，趙文華欲攘之不得，搆繫獄，謫戍朔州。隆慶初，起右副都御史。

北齊

斛律光女。朔州人，樂陵王百年妃也。百年被召，自知不免，割帶玦留與妃。百年既斬，妃把玦哀號不肯食，月餘死，玦猶在手，拳不可開，時年十四。其父光自擘之，乃開。

元

賈賢妻劉氏。朔州人。年二十二夫亡，子幼，守節撫孤，勤女工以供祭養，居五十餘年。至正間旌表。

明

尉章妻王氏。右衛人。章耕於田，爲部人所掠，王年十八。母令改適弗聽，與母絶往來，異日母至門，見女爲鄰媪辦糈米，斥之曰：「汝不吾從，今自苦乃爾。」女不答，遂投井死。

郝紀妻楊氏。朔州人。紀病，楊默禱願代。紀卒，時年二十餘，每謂所親曰：「計惟一死，奈堂上二老何？」盡心事之，

生卒盡禮，守節三十五年。正德間旌表。

張太倉妻宋氏。左衛人。夫貧且病，宋傭針黹，醫藥三年無倦容。夫歿，姑欲奪其志，宋佯諾，晚縊於室。事聞，詔旌其門。

盧天保妻倪氏。朔州人。年少有姿，饁夫于田，爲惡少所逼，倪以死拒，歸訴其事，自縊。

巨經妻李氏。右衛人。年十九夫亡守節，翁謹陣亡，負骸歸葬。巡按旌其門。年七十八卒。

高通妻温氏。平虜衛人。少寡，子女俱幼，依兄嫂以居，兄嫂令他適，温涕泣明志，兄嫂終迫之，乃撫子女泣曰：「我躬不閲，遑恤我後。」遂投繯死，子女亦自縊。官論兄嫂如法，以旌其節。

張調元妻鄭氏。馬邑人。調元父名世兵備薊州，死于難，調元與兄體元奔購父屍歸葬，欲請恤典，不果。未幾，以悲憤卒。鄭方少艾，仰天嘆曰：「翁死忠，夫死孝，吾雖婦人，獨不能死節乎？」投繯、飲藥，家人悉力救解之，砥志四十餘年卒。

本朝

范鼎鉉妻趙氏。右玉衛人。姜瓖之亂，與夫弟范台鉉妻陳氏同居左雲衛，城破，各抱幼女投井死，數日出其屍，面如生。時左衛城中井屍皆滿，惜姓名無考。

王璧妻李氏。平魯人。年十七夫故，家貧，姑與母皆勸之嫁，李不從，姑潛許配某，娶有日，李聞自縊死。

羅世弼妻張氏。朔州人。夫亡子幼〔三〇〕，即自縊，舅姑救之蘇，涕泣以諭，張乃忍死侍奉。翁歿，力襄喪葬。姑失明，色養尤謹。守節四十餘年卒。

董宏祥妻趙氏。朔州人。婚八月夫亡，苦節逾六載，有媒氏求婚，趙嘆曰：「少婦守志，多不諒於人。」遂自盡。

王善教妻劉氏。朔州人。夫亡守節，夫兄善績迫之轉適，劉不從，投井死。雍正八年旌。

鄭之寬妻霍氏。右玉人。夫亡守節。同縣節婦史旌直妻李氏、王大昇妻繆氏、賈懷德妻龐氏。俱乾隆年間旌。

劉秉仁妻蘇氏。寧遠廳人。守正捐軀。乾隆三十九年旌。

劉鴻業妻穆氏。左雲人。守節撫孤，事親克孝。同縣節婦喬佳士妻雷氏、曹稷妻夏氏、張閏妻武氏、張秉智妻章氏、成珍妻白氏、錢象翀妻穆氏、徐大訓妻張氏、王朝楝妻張氏、徐象乾妻李氏、廖銘妻姚氏、曹光岐妻謝氏、王鳳祥妻康氏、常榮妻劉氏、王賀氏、李喬氏、郭張氏、闞徐氏，俱乾隆年間旌。

周世悳妻趙氏。平魯人。夫亡守節。同縣節婦楊烈妻薛氏、黑待旦妻李氏，俱乾隆年間旌。

羅經妻王氏。朔州人。夫亡守節。同州節婦羅汝璧妻蔚氏〔三一〕、麻福妻黄氏〔三二〕、蔚乃實妻蒯氏、王士美妻霍氏、劉元英妻鄭氏，俱乾隆年間旌。

霍煜妻王氏。馬邑人。夫亡守節。同縣節婦田喜寯妻郝氏、陳敬典妻宫氏、張琚繼妻王氏、武世元妻張氏、張芳譽妻齊氏、張星耀妻白氏、陳璿妻蔚氏、霍雲慶妻田氏、張建業妻李氏、李茂妻李氏、王相妻賈氏、霍霨妻劉氏、焦鐸妻霍氏、張搖妻武氏，俱乾隆年間旌。

梁瑜妻王氏。右玉人。守正捐軀。同縣貞女崔瞻雲未婚妻謝氏，節婦張鑾妻劉氏，俱嘉慶年間旌。

張起福妻要氏。左雲人。夫亡殉節。同縣節婦劉漢宗妻邢氏，俱嘉慶年間旌。

鄭蔚氏。朔州人。守正捐軀。同州節婦賈裕妻李氏、石世名妻楊氏、劉珙妻田氏、馬文英妻蔚氏、殷燏妻蔚氏、李定國妻閻氏、武永瑄妻李氏、李如棠妻葉氏、康訓妻姜氏、王士秀妻劉氏、劉烜妻梁氏、宣俊德妻朱氏、蔚乃容妻落氏、陶興業妻李氏、李堂妻雷氏、李天桂妻劉氏、李天植妻王氏，又馬邑鄉節婦元之聯妻曹氏、霍裕謙妻胡氏、符玥妻林氏、元沛妻張氏，俱嘉慶年間旌。

土產

白雕羽。府境皆有。唐書地理志：朔州土貢。

藥。府境皆出。唐書地理志：朔州土貢甘草。金史地理志：朔州產鐵、荊三稜、枸杞〔二三〕。按：唐書地理志：朔州土貢豹尾，今未聞。

校勘記

〔一〕縣三　「三」，原作「四」。按，嘉慶元年併馬邑縣入朔州，故朔平府由原領四縣減爲三縣，此承乾隆志文而疏於改訂也。今據實改正。

〔二〕明正統三年置平虜衛於大同城內　「虜」，原作「魯」，乾隆志卷一一一朔平府建置沿革（下同卷簡稱乾隆志）同，據明史卷四一地理二改。

〔三〕西去大水口堡一里　「大」，原作「火」，據乾隆志及本卷關隘改。

〔四〕又蹄窟嶺　「蹄」，原作「啼」，據雍正山西通志卷二三山川六改。

〔五〕奄遏下水　「遏」，原作「曷」，據明天順志卷二一大同府及本條下文改。

〔六〕納大澗小澗　「澗」，明天順志卷二一大同府作「𣶏」。

〔七〕沿坡歷澗　「坡」，乾隆志同，水經注卷一三作「波」。

〔八〕李高遷禦之　「遷」，原作「千」，乾隆志同，據資治通鑑卷一九〇改。

〔九〕敗金將定薛於野狐嶺　「薛」，原作「薜」，據元史卷一太祖紀改。

〔一〇〕次定襄大落城　「大落」，原作「之洛」，乾隆志作「大洛」，據雍正山西通志卷二三山川六、魏書卷三太宗紀改。

〔一一〕突厥寇代州之武周城　此與下文引胡三省注「武周縣」之「周」，原作「州」，乾隆志同，據資治通鑑卷一九一改。又胡三省注「武周縣」之「縣」，據通鑑當作「城」。

〔一二〕東起寧虜　「寧虜」，原作「安鹵」，乾隆志作「寧鹵」，據宣大山西三鎮圖説大同鎮圖説改。按，清諱言「虜」，故改字。下類此皆改回，不出校。

〔一三〕於州東三十里大同軍城内置馬邑縣　「州」，原作「川」，乾隆志同，據元和郡縣志卷一八河東道五改。

〔一四〕一名新平城　乾隆志同，通典卷一七九州郡九、太平寰宇記卷五一河東道一二無「新」字。

〔一五〕秀容川　乾隆志同。按，此「秀容川」以下與上文無涉，太平寰宇記卷五一河東道一二此句以下另爲一條，此乃館臣誤讀所致。

〔一六〕櫓臺　「櫓」，原作「魯」，據乾隆志、雍正山西通志卷五八古蹟二改。

〔一七〕至中路之破胡堡　「胡」，原作「虎」，乾隆志同，據宣大山西三鎮圖説改。按，此清人諱言「胡」字故改也。下類此徑改回。

〔一八〕屬大同北東路　「東」，原作「西」，乾隆志同，據宣大山西三鎮圖説大同鎮圖説及本門「助馬路巡司」條改。

〔一九〕恢河橋　「恢」，原作「灰」，據乾隆志、雍正山西通志卷三二水利四改。

〔二〇〕邊使奉承不敢卻　「邊」，原作「遣」，乾隆志同，據新唐書卷一一一張儉傳改。

〔二一〕召酋帥慰諭之　「酋」，原作「西」，據乾隆志、新唐書卷一一一張儉傳改。

〔二二〕單于管二十四州叛應之　「管」，原作「營」，據乾隆志、新唐書卷一〇八裴行儉傳改。

〔二三〕永樂十二年　「二」，原作「三」，據乾隆志、明史卷一五五朱榮傳改。

〔二四〕亓之偉　「亓」，原作「元」，據乾隆志、勝朝殉節諸臣録卷八改。按亓乃萊蕪人，此條失載籍貫。

〔二五〕除右武候大將軍　「候」，原作「侯」，乾隆志同，據新唐書卷八九尉遲敬德傳改。

〔二六〕曷理舊作斡烈　「斡」，原作「幹」，乾隆志同，據金史卷一二三忠義三改。

〔二七〕斌以安同史天澤對　「安同」，乾隆志同。按，據元史卷一七三崔斌傳，此乃改譯之名，故本條末闕「安同舊作安童，今改正」語。

〔二八〕貴由舍人積功至寧夏總兵　「總」上原有「副」字，乾隆志同，據明史卷二三八麻貴傳、明神宗實録卷一三一萬曆十年十二月庚戌紀事删。

〔二九〕崇禎中任朔州衛指揮使　「朔」，原作「宿」，乾隆志同，據雍正山西通志卷一二〇人物二〇、勝朝殉節諸臣録卷八改。

〔三〇〕夫亡子幼　乾隆志同，雍正山西通志卷一五四列女六謂夫亡時張氏「年少無子」。

〔三一〕同州節婦羅汝璧妻蔚氏　「汝」、「蔚」，乾隆志作「如」、「尉」。

〔三二〕麻福妻黄氏　乾隆志「福」下有「廣」字。

〔三三〕朔州産鐵荆三稜枸杞　「枸杞」，原在「三稜」上，乾隆志同，據金史卷二四地理上乙正。

平定直隸州圖

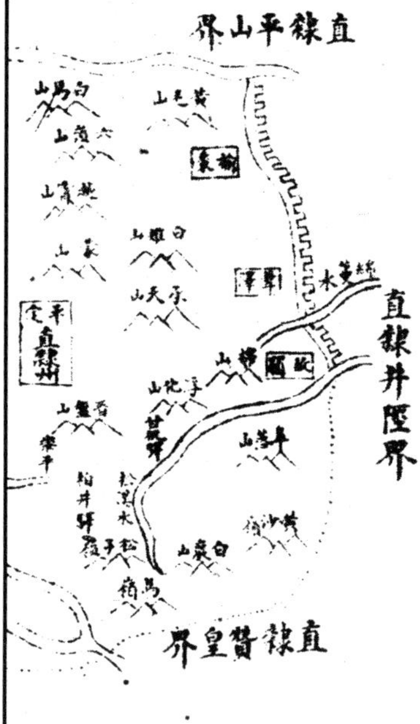
直隸平山界
直隸井陘界
直隸贊皇界
白馬山
平定直隸州

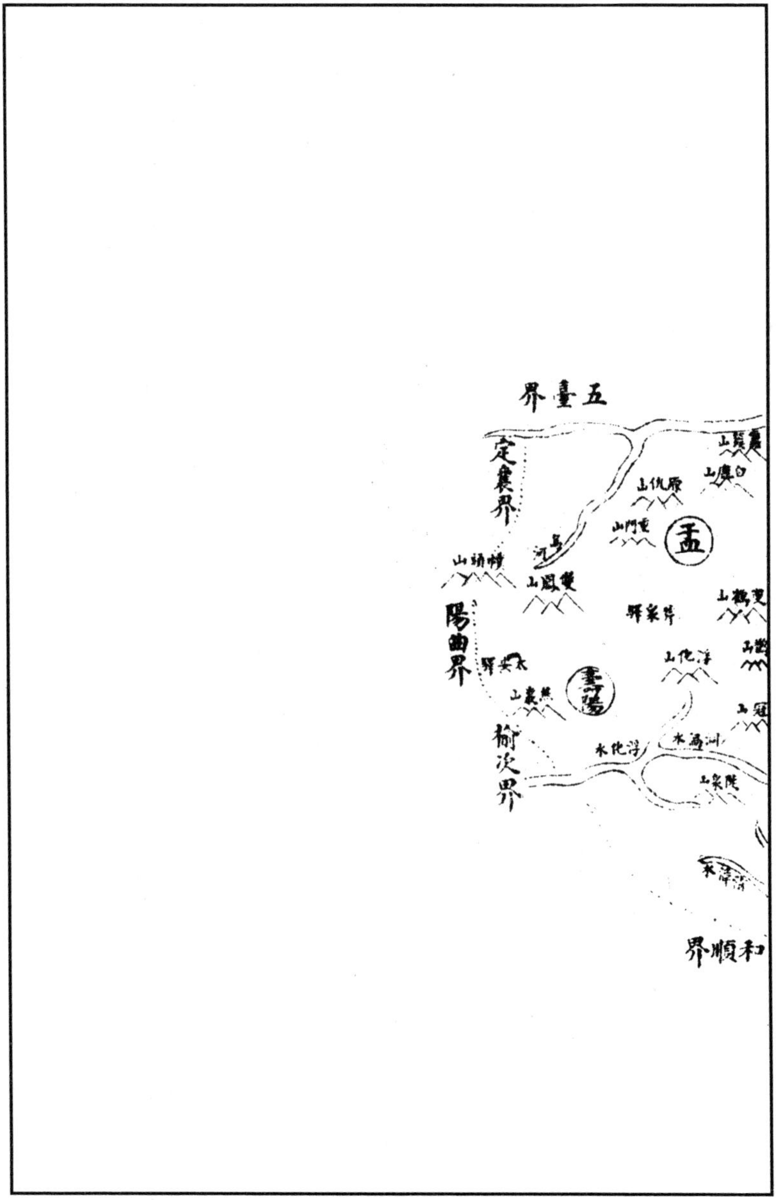
五臺界
定襄界
陽曲界
榆次界
和順界
盂
壽陽

平定直隸州表

	平定直隸州		
兩漢		上艾縣初屬太原郡。後漢屬常山國。	樂平郡上黨郡地。後漢分置，治沾縣。
三國魏晉		上艾縣晉屬樂平郡。	樂平郡
後魏		石艾縣太平真君九年罷，孝昌六年復置，改名。	樂平郡太平真君九年罷，孝昌二年復置。
齊周		石艾縣	樂平郡
隋		石艾縣開皇三年改屬遼州，大業中屬太原郡。	開皇初郡廢，十六年置遼州，大業初廢。
唐		廣陽縣武德三年仍屬遼州，六年屬受州，貞觀八年改屬并州。天寶元年改名。	武德三年復置遼州，六年徙廢。
五代		廣陽縣	
宋	平定軍太平興國四年置，屬河東路。	平定縣太平興國四年移治改名，爲軍治。	
金	平定州大定二年升州，屬河東北路。	平定縣州治。	
元	平定州屬冀寧路。	至元二年省入州。	
明	平定州屬太原府。		

續表

	盂縣
樂平縣 後漢分置。 沾縣 初屬上黨郡。後漢爲樂平郡治。	古仇猶國。漢爲上艾縣地。
樂平縣 屬樂平郡。 沾縣	
太平真君九年并入沾縣。 樂平縣 太平真君九年屬太原郡，孝昌二年改名，仍爲樂平郡治。	石艾縣地。
樂平縣	
樂平縣 開皇十六年爲遼州治，又分置東山縣，屬之。大業初仍省入，屬太原郡。	盂縣 開皇十六年置原仇縣，大業初改名，屬太原郡。
樂平縣 初爲州治，州徙，改屬受州。貞觀八年屬并州。	盂縣 武德元年分置烏河縣。三年置受州，六年州移，縣仍屬。貞觀元年省烏河縣入。八年屬并州，開元十一年屬太原府。
樂平縣	盂縣
樂平縣 還治故城。乾德初置平晉軍，尋罷。太平興國四年改屬平定軍。	盂縣
臯州 興定四年升州。	盂州 興定中升州。
樂平縣 仍爲縣，至元二年省入平定州，七年復置。	盂州 屬冀寧路。
樂平縣 屬平定州。	盂縣 洪武二年復爲縣，屬太原府。

壽陽縣
榆次縣地。
壽陽縣晉置，屬樂平郡，永嘉後廢。
大安郡孝昌中僑置，領狄那等縣，屬朔州。又廣寧、神武、太平、附化四郡皆孝昌中僑置。
受陽縣開皇十年復置，改名，屬太原郡。
壽陽縣武德三年屬受州，六年移州來治。貞觀八年州廢，屬并州。十一年復故名。
壽陽縣
壽陽縣屬太原府。
壽陽縣興定二年割屬平定州。
壽陽縣屬冀寧路。
壽陽縣屬太原府。

大清一統志卷一百四十九

平定直隸州

在山西省治東南二百七十里。東西距二百七十里，南北距二百九十五里。東至直隸正定府井陘縣界九十五里，西至太原府榆次縣界一百七十五里，南至遼州和順縣界八十五里，北至代州五臺縣界二百十里。東南至正定府贊皇縣界一百八十里，西南至榆次縣界九十五里，東北至正定府平山縣界二百三十里，西北至太原府陽曲縣界二百十里。本州境東西距一百五十五里，南北距一百四十五里。東至井陘縣界九十五里，西至壽陽縣界六十里，南至遼州和順縣界八十五里，北至盂縣界六十里。東南至贊皇縣界一百八十里，西南至榆次縣界九十五里，東北至平山縣界一百九十里，西北至盂縣界四十里。自州治至京師八百七十里。

分野

天文昴、畢分野，大梁之次。

建置沿革

古并州之域。春秋晉地，戰國屬趙。漢置上艾縣，屬太原郡。後漢屬常山國，建安中分上黨

郡地置樂平郡，治沾縣，又分置樂平縣屬之。晉因之。後魏太平真君九年郡廢，并樂平縣入沾縣，屬太原郡。孝昌二年復置郡，改沾縣曰樂平，爲郡治。六年復置上艾，後改名石艾，仍屬樂平郡。隋開皇三年罷郡，改屬遼州。十六年以樂平縣爲遼州治。大業三年省遼州，縣俱屬太原郡。

唐武德三年復置遼州。六年州移治遼山，縣俱屬受州。貞觀八年省受州，改屬并州，開元十一年屬太原府。天寶元年改石艾曰廣陽。五代因之。宋太平興國四年改曰平定，於縣置平定軍，屬河東路。金大定二年升軍爲平定州，屬河東北路。元屬冀寧路。至元二年省二縣入州，七年復置樂平縣，屬州。

明改州屬太原府。本朝初因之，雍正二年升爲直隸州，屬山西省。嘉慶元年并樂平縣入州。

領縣二。

盂縣。在州西北一百里。東西距一百九十里，南北距一百六十里。東至直隸正定府平山縣界七十里，西至太原府陽曲縣界一百二十里，南至壽陽縣界四十里，北至代州五臺縣界一百二十里。東南至本州界四十里，西南至陽曲縣界一百四十里，東北至平山縣界一百四十里，西北至忻州定襄縣界八十里。春秋時仇猶國，後屬晉。戰國屬趙。漢爲上艾縣地。三國魏及晉因之。後魏爲石艾縣地。隋開皇十六年分置原仇縣，大業初始改盂縣，屬太原郡。唐武德三年於縣置受州，六年移州治壽陽，以縣屬焉。貞觀八年州廢，屬并州。開元十一年屬太原府。五代及宋因之。金興定中升爲盂州。元亦曰盂州，屬冀寧路。明洪武二年降州爲縣，屬太原府。本朝初因之，雍正二年改屬平定州。

壽陽縣。在州西一百里。東西距一百四十五里，南北距一百六十里。東至本州界四十五里，西至太原府陽曲縣界一百里，南至遼州和順縣界一百里，北至盂縣界六十里。東南至本州界九十里，西南至太原府榆次縣界八十里，東北至本州界五十里，

西北至盂縣界三十五里。春秋晉馬首邑。漢爲榆次縣東境。三國魏因之。晉置壽陽縣，屬樂平郡，永嘉後省。隋開皇十年復置，屬并州，大業三年屬太原郡。唐武德三年屬受州，六年移州來治。貞觀八年州廢，十一年仍名曰壽陽，屬并州。開元十一年屬太原府。五代及宋因之。金興定二年割屬平定州。元屬冀寧路。明屬太原府。本朝初因之，雍正二年改屬平定州。

形勢

東迫常山，扼井陘之重險；西馳汾曲，據太原之上游。山川環繞，道路四達。州志。

風俗

少争訟，重禮義，士尚文學，民業耕耘。州志。

城池

平定州城。有上、下二城，合周九里有奇，門四，池深淺有差。宋太平興國中築。元初修下城，明成化中修上城，嘉靖二十年二城並修。本朝乾隆三十二年修。

盂縣城。周三里有奇，門三，池深二丈。又有東關外城，周五里有奇，門四，池深二丈。明嘉靖中築。本朝順治四年修，康熙二十二年重修。

壽陽縣城。周四里，門三，池廣三丈。明嘉靖間因舊土城甃甎，隆慶初增築。

學校

平定州學。在州城東北。舊在州治東南隅，宋元豐中建，明洪武初徙建今所。本朝順治八年修，康熙五十三年重修。入學額數十五名。

盂縣學。在縣治東南。元至治中建。本朝順治十二年修，康熙二十三年重修。入學額數十五名。

壽陽縣學。在縣治西北。元至元間因宋舊址建，明洪武中重建。本朝康熙十八年修，五十六年重修。入學額數十二名。

樂平鄉學。在州東南五十里，樂平廢縣治東南。金泰和中建，明天順中拓建。本朝康熙十一年修。嘉慶元年改爲鄉學。入學額數十二名。

嘉山書院。在州治西。舊名石樓書院，明宣德中建，與石樓山相對，故名。本朝乾隆十六年重建。

秀水書院。在盂縣。本朝乾隆二十二年建。

壽陽書院。在壽陽縣。本朝康熙中建。

沾城書院。在樂平鄉城。本朝乾隆十九年建。按：舊志載冠山書院，在州城西南，元呂思誠讀書於此；松峰書院，在

樂平鄉。今並廢，謹附記。

户口

原額人丁九萬七千一百五十五，今滋生男婦共六十四萬四百八十四名口，計一十三萬四千三百三十三户。

田賦

田地一萬六百三十八頃九十四畝九分有奇，額徵地丁正、雜銀七萬六千八百二十七兩八錢六分二釐，糧二千八百八石五斗二升有奇。

山川

浮化山。在州東五十里。一名浮山，李吉甫元和郡縣志：浮山，在廣陽縣東南三十五里。金史地理志：平定縣有浮山。州志稱東浮化山，又有西浮化山，在州西八十里。

鏡山。在州東五十里。由小澗崎嶇入三里許，四山環繞，窺天一隙，圓光若鏡，故名。

承天山。在州東八十五里，即宋之承天軍也。山形峭拔，有唐裴度、韓愈題名石壁。上即承天寨，山半爲老君洞，有老君堂。堂後崖上刻「韓愈、吳丹過此」六字，當是往鎮州宣諭王庭湊時書也。

綿山。在州東九十里，一名紫金山，周三十里，澤發水出焉。舊傳介子推避晉文公處，中有介子推廟。

故關山。在州東九十里。兩山險隘，關居其中，即古井陘口。

藥嶺山。在州東南三十五里。下有石佛洞，山巔有清涼院。

晉盤山。在州東南四十里，北與東浮化山對峙。其山盤錯非一，故名。

石樓山。在州南十里。每遇雪霽，如白石屏，亦名玉屏山。

冠山。在州西南八里。以高冠群山，故名。其北爲嘉山，與冠山角峙。下有黑水泉神祠，宋封爲靈源公。

獅子山。在州西二十五里，一名蒲山。有巨石數丈，盤聳古松間，石上有穴深尺許，中產菖蒲，水冬、夏不竭。

鵲山。在州西北五里。山下有平地，泉流爲池，明統志謂之靈應池。

臥虎山。在州北十三里。

四角山。在州北三十里。其勢四起，下出三泉。

蒙山。在州東北十五里。隋書地理志：石艾縣有蒙山。州志：在州東北十五里，土人九日登高於此。

白雉山〔一〕。在州東北三十里，周二十四里。舊有晉王廟，風土記：晉王李克用與嗣昭過此獲白雉〔二〕，因名，有古碑存焉。

黃巖山。在州樂平鄉東三十里，周四十五里。山石多黄，故名。其地乏水，惟此有懸泉流入石甕，人取給焉。又樂平鄉東

十里有蒙山，其西十里爲牛頭山。

臯落山。在州樂平鄉東七十里，一名樂平山。隋書地理志：樂平縣有臯落山。寰宇記：樂平山，在縣東七十六里，即左傳東山臯落氏之地，漢縣因山以名。縣志：山周四十五里，一名靈山，臯落水出焉。

白鶴山。在州樂平鄉東七十里。巖下有石作雙鶴相顧狀。

華庵山。在州樂平鄉東九十里，周四十五里。其上平曠可耕，晴霽登之，可眺臨城、贊皇諸縣。上有池，冬、夏不竭，名洗頭盆。

棲霞山。在州樂平鄉東南四十里。一名犀牙山，以形似也。又西北二十里有板橋山，上有古石橋。

石梯山。在州樂平鄉東南六十里。有石磴，峻絶如梯。

白巖山。在州樂平鄉東南八十里。一峰挺出，俯瞰群山，山畔有桃花洞。其麓據馬嶺隘口，接直隸順德府邢臺縣界，五代時爲河東守險之地。

少山。在州樂平鄉西南二十五里。山海經：清漳水出少山。淮南子謂之揭戾山，水經注謂之漳山，亦曰鹿谷山。元和志：一名河逢山，在樂平縣之西南三十里。縣志：大黽谷在其下。

石馬山。在州樂平鄉西南三十里，其麓石馬水出焉。又西二十里爲鐵佛尖山。

陡泉山。在州樂平鄉西四十里，周九十里。鳴水出其東，洞渦水出其西。

鳳凰山。在州樂平鄉北八里。上建神祠，本朝康熙八年修祠，神泉倏湧，名靈瑞泉。

越霄山。在盂縣東六十里。高入雲霄，名石城山，山半有仙人洞。又北十里爲羊鈴山，下有羊鈴谷。

柏橋山。在盂縣東六十餘里。下有一石，全無穴隙，水涓涓不已，相傳以爲水寶。

突頭覽山。在盂縣東南，接直隸正定府井陘縣界。

雙鶴山。在盂縣南二十里。危峰獨出，上有雙鶴洞、雙鶴泉，下爲細水所經。又東二里爲廬峪山，北三里爲嵰溝山，又東二里爲緑葉腦山，又東八里爲宴龕山，接本州界，下有驗心泉。

李賓山。在盂縣南二十里，一名神福山，周二十里。唐李長者隱此，因名李賓山，上有神祐泉。

龍翻石山。在盂縣西南四十里。相傳有龍翻石於此。

幞頭山。在盂縣西一百二十里，接太原府陽曲縣界。下有天靈橋，烏河北流經此，入於滹沱。

重門山。在盂縣西北三里。一名慈氏山，金大定二年敕建清涼、慈氏二寺，故名，下有白水泉。少北爲狐神山，下有泠泉河，盛夏則涸，隆冬湧出。

高嶺山。在盂縣西北五十里。下有白龍洞，危石下垂。又南三里爲獨頭山，高出衆山，下有獨頭泉。又西南三里爲小徐峪山，又南三里爲千佛山。

馬砦山。在盂縣西北五十五里，一名馬鞍山。大小黑白石皆有明星，遠望如玉，明時傳有鑛脈，採之不得。其南曰閣子崦，有宋莊砦，砦有朝陽洞。

石假山。在盂縣西北六十里。又西五里爲杏樹山，又三里爲史家山、牛蹄山，又三里爲柏木皮山，又三里爲鄭兔坡山，下皆爲烏河所經。

孫江山。在盂縣西北七墩村，接定襄縣界。下有孫江峪，南有車峪山。

竦岫山。在盂縣北七里。一曰孤山，巒翠插天，與諸峰不相聯屬，故名。又縣北三十里亦有孤山。

原仇山。在盂縣北八里。元和志：在縣北三十里，原仇縣取此山爲名。上有仇猶廟，俗名高神山。又東烈女泉，相傳昔有烈女渴而思水，扣地泉湧，飲畢自縊，士人立廟祀之。

石門山。在盂縣北二十里。山半石穴如門。又北二里曰王家峪，上有晏安砦，尤險絶。

五花山。在盂縣北二十五里。層巒疊巘若五花然，亦名五花砦，又名龍霧砦〔三〕。又東北五里爲徐峪山，上有兜子砦，高百有餘丈，砦半有水，其形似櫃，盈而不溢，名櫃子水。

藏山。在盂縣北三十五里。寰宇通志：相傳爲程嬰、公孫杵臼藏趙孤處，上有二義士祠，元吕思誠有藏山神祠記。

按：忻州有程侯山，定襄縣有武峪山，並傳藏趙氏孤兒遺蹟，大抵皆後人傅會，不足爲據，姑各存之以備考。

白鹿山。在盂縣北三十八里。隋書地理志：盂縣有白鹿山。縣志：舊傳有一白鹿，至此山觸石得泉，故名。

百泉山。在盂縣北四十里。内有石泉湧出，高百餘丈，周半畝餘，上有石窑，旁有石洞，浮泉湧出，清深不見底。又有水窑、石佛等泉。

蠶簇山。在盂縣北一百二十里。西三里爲王子峪，有温泉水三穴，浴之愈疾，東流入滹沱河。

六嶺山。在盂縣東北七十里，一名六嶺關。其西有黄土窑，亦名萬花洞，洞中二里許有河二道，約七八里，有一大河北流，深不可測，怪石鏤刻如花，因名。

白馬山。在盂縣東北七十里。山海經：白馬之山，其陽多玉石，其陰多鐵及赤銅，木馬水出焉。元和志：在縣東北六十里，上有白馬關，後魏所置。舊志：在縣東北八十里，接直隸正定府平山縣界。

黄毛山。在盂縣東北，接直隸正定府平山縣界，周三十里。巉巖峭拔，異木森然。中有百靈泉，下有黄毛巖。西三里爲

老蠶山，下有老蠶峪。又西北八里爲界首山。又西五里爲穿眼山，山穴如穿，故名，滹沱河經其下。又南五里爲旱魃山，下有旱魃泉，泉水遇旱益盛，故名。

渦山。在壽陽縣南八十里。洞渦水經其下，故名。一名過山，以其高過群山也。

燕巖山。在壽陽縣西三十里。隋書地理志：壽陽縣有燕巖〔四〕。寰宇記：嶺多蟄燕，故名。

紫巖山。在壽陽縣西八十里。土石皆紫。

罕山。在壽陽縣西九十里，接太原府陽曲、榆次二縣界，亦謂之看山。層巒起伏，視諸山獨爲雄麗。

石巖山。在壽陽縣西北八里，周五里。喬松怪石，歷落如畫，上有石佛古洞，下有流水三曲環映左右。

尖山。在壽陽縣北十五里。孤峰秀出，一名神山，後有神武村。又玉泉山，在縣北二十里，前有清涼泉。

雙鳳山。在壽陽縣北四十里。兩峰突起，形如鳳翥。上有五龍洞，洞壁五色成龍形，滴水懸珠不絕。

方山。在壽陽縣東北四十里，接盂縣界。壁立千仞，頂方一里，有池周百步，水旱不盈縮。

七里嶺。在州西南四十里。山高七里，故名。又黑沙嶺，在州西五里。

鶴度嶺。在州欒平鄉東九十里，北有嶂石巖，南連臯落山，接直隸趙州臨城縣界。

黄沙嶺。在州欒平鄉東，接直隸正定府贊皇縣界。

馬嶺。在州欒平鄉東南一百里。舊有關，接直隸順德府邢臺縣界，五代末爲守險之地。

松子嶺。在州欒平鄉南四十里，周三十里。松溪水出焉。

沾嶺。在州欒平鄉西五十里。

橫嶺。在州樂平鄉西一百里，山勢橫截漳水。

殺熊嶺。在壽陽縣西六十里，接太原府榆次縣界。宋种師中殉節於此。

黄嶺。在壽陽縣西北五十里。嶺皆黄沙。

試劍峰。在州東二十里。山形峭削，如劍劈狀。

孔子巖〔五〕。在州樂平鄉東北九十里。有孔子及顔、曾像。

鴉兒峪。在壽陽縣東南三十里，東北去盂縣一百二十里，亦名鴉鳴峪。圖經：谷徑幽邃，昔有人迷行谷中者，見鴉兒飛鳴得路，因名。

狐妖洞〔六〕。在壽陽縣西北五十里。其深莫測，風從洞出，人不可近。

摩陽洞〔七〕。在壽陽縣北六十里。洞口風聲如吼，俗名風洞，土人云與盂縣山谷相通。

石門。在壽陽縣東北二十五里。石壁如門，中通流水，縣東北諸山澗之總峽。

嘉水。在州東。源出嘉山黑水泉，東流經城東，入綿蔓水。

南川水。在州南。出州西南七里嶺下，東北流至井陘縣界入冶河。又州南二十里有陽勝水，源出州西南侯神嶺，東流至南交村入南川水。按：南川水，舊志云入桃水，今據輿圖訂正。

浮化水。在州西南。出西浮化山，南流入洞渦水，一名浮灤水，金史地理志：平定縣有浮灤水。

綿蔓水。在州東北。源發壽陽縣東，有二源，一出鴉兒峪曰南芹泉，一出太平峪曰北芹泉，水色赤濁，合流名太平河，東流至州界曰桃水，亦稱桃河，又東流入直隸正定府井陘縣界冶河。漢書地理志：上艾縣有綿蔓水，東至蒲吾，入滹沱水。水經注：

綿蔓水上承桃水，出樂平郡之上艾縣，東逕靖陽亭南，北流至井陘關，下注澤發水。史記正義：綿蔓水，一名阜將水，一名回星水，自并州流入井陘界，韓信背水陣即此水也。州志：本朝雍正二年濬渠，溉田四頃有奇。

澤發水。在州東北九十里。元和志：澤發水，一名阜漿水，亦名妬女泉，源出廣陽縣東南董卓壘東。其泉初出大如車輪，水色青碧，東北流入井陘縣界。舊志：澤發水源出縣東綿山妬女祠下，一名畢發水，突起平地，下赴絶澗，懸流千尺，俗謂之水簾洞，即井陘冶河之上源。金趙秉文有懸泉賦，碑在故關隘口。又故關水，在州東五十里，東流入故關合澤發水。按：史記正義「綿蔓水，一名阜將水」，元和志「澤發水，一名阜漿水」，阜將、阜漿二水非同名也，蓋冶河上源名阜將水，而其發源則一爲綿蔓、一爲澤發耳。

松溪水。在州樂平鄉東。源出松子嶺，西流逕州境，東北流至直隸正定府井陘縣入冶河。

清漳水。在州樂平鄉西南四十里。源出大黽谷，南流入遼州和順縣界。漢書地理志：沾縣，大黽谷，清漳水所出，東北至阜城入大河，過郡五，行一千六百八十里。水經注：水出大要谷，南流逕沾縣故城東，又南逕昔陽城。

沾水。在州樂平鄉西。源出沾嶺，東流合鳴水、小松水，東北流入直隸正定府井陘縣冶河。鳴水出陡泉山，亦名陡泉水，與石馬水合流，東北入沾水。小松水出松子嶺東，北流經樂平鄉東入沾水。石馬水出石馬山，流至樂平鄉東入鳴水。又有水峪水，出遼州和順縣界，流逕樂平鄉東南古柏巖下，伏流八十里復出。又楊趙水，在白巖山北，皆入沾水。

細水。在盂縣南。源出縣西南，流經雙鶴山下，其源微細，瀠洄不絶，東北流入滹沱。今名秀水河。

木馬水。在盂縣北七十里。源出白馬山東，北流入滹沱。明統志謂之牧馬水。

滹沱水。在盂縣北九十里。自代州五臺縣東流入，又東流入直隸正定府平山縣界。通典：盂縣有滹沱水，自雁門界來。元和志：滹沱水，自五臺縣流入，南去縣一百里。

壽水。在壽陽縣南二里。有二源，俱出山峪中，合流至縣西南十里合黑水。又有童子河，源出曹村，一名曹河，流經縣西南四里入壽水。

洞渦水。在壽陽縣南五十里。源出樂平鄉西陡泉山，西流經壽陽縣，又西流入太原府榆次縣界。一名同過水。水經注：洞渦水出沾縣北山，其水西流與南谿水合，又西北合黑水，又西蒲水北注之。魏書地形志：同過水，一出木瓜嶺、一出沾嶺、一出大廉山、一出原過祠下，四水合道，故曰同過。

黑水。在壽陽縣西七十里。水經注：黑水出西山，合三源同歸一川，東流南屈，經受陽故城東，又西南入洞渦水。舊志：源出縣之黑水村，東南流合壽水、龍門水，至縣南五十里入洞渦水。龍門河，在縣西北三十里，有二源，一出西可山、一出西張山，合流而南，入黑水。

烏河。在盂縣西南七十里，東北流入滹沱，唐烏河縣以此名。

龍花河。在盂縣北四十里興道村東崖下。瀦水爲潭，曰興龍泉，東北流至榆棗關口入滹沱。

清泉池。在州西五十里。

鎖黄泉。在州東南十五里。又有温泉，在州西五十里，由丹石崖流出。太清泉，在州北瑞雲觀下，平地突出。又有龍泉，在五龍祠下。

温泉。在盂縣北一百二十里。泉有三穴，一穴出盤石中尤熱，南流入滹沱河。

冷泉。在壽陽縣南五十里，西流入洞渦水。又有黄龍、黑龍、金剛三泉，俱在方山下。

郗家泊。在州北五里。水自半崖湧落數十丈，崖西南平地有泉數道，合流入桃水。州人郗氏世居之。

白鹿泓。在盂縣西北三十五里，一名白鹿泉。史記趙世家：肅侯十六年游大陵，出於鹿門。正義：「盂縣西有白鹿泓，

出白鹿山南，蓋鹿門在北山水之側也〔八〕。」

古蹟

廣陽故城。在州東南。元和志：廣陽縣，西至太原府二百六十里。本漢上艾縣。後魏改石艾縣。天寶元年改爲廣陽縣，因縣西南八十里廣陽故城爲名。舊志：宋太平興國四年改置平定軍，因移今治，寰宇記所云舊廣陽縣城在軍東南三里者是也。其縣西南之廣陽城，今爲廣陽村。

沾縣故城。在州西南。元和志：樂平縣，本漢沾縣，晉於此置樂平郡，又別置樂平縣。後魏太武省郡及縣，孝明帝重置樂平郡及縣。高齊移理沾城，即今縣。舊志：唐後又自沾城復移置晉樂平故縣，今縣治即晉時縣治，而隋、唐之故城廢。

受州故城。在州西北。元和志：廢受州城，在廣陽縣西北三十里。舊名塞魚城〔九〕，武德八年因故蹟築，移受州治此。貞觀八年廢。

烏河故城。在盂縣西。舊唐書地理志：武德元年并州領烏河縣，貞觀元年省。舊志：在縣西一百二十里，或曰隋末置撫城縣，唐武德初改名烏河。

仇猶故城。在盂縣東北半里，即古仇猶國地也。韓非子：智伯欲伐仇繇，道不通，因鑄大鐘遺之，仇繇除塗納之，而仇繇亡。隋書地理志：盂縣，開皇十六年置，曰原仇，大業初改焉。括地志：盂縣外城俗名原仇，亦名仇猶。元和志：漢故盂縣城，在今縣西南陽曲縣東北八十里，後魏省，地屬石艾縣。隋開皇十六年分石艾縣置原仇縣，因原仇故城爲名，即今縣是也。大業二年改原仇爲盂縣，因漢舊名。九域圖并州有仇猶城。史記樗里傳作「仇猶」，韓非子作「仇繇」，呂覽作「厹繇」，又作「仇猶」，高誘淮南

子注作「仇首」〔一〇〕。

廣牧故城。在壽陽縣北。漢廣牧縣屬朔方郡，在今陝西河套内。後漢建安末移置陘南，屬新興郡。晉書地理志：新興郡領廣牧縣。石勒載記：劉琨遣將軍姬澹討勒，琨次廣牧爲聲援。魏書地形志：附化郡有廣牧縣，後廢。

神武故城。在壽陽縣北。魏書地形志：朔州，孝昌中陷，寄治并州界，領大安、廣寧、神武、太平、附化五郡。元和志：神武故城，後魏神武郡也，在縣北三十里，周廢。按：魏書地形志：神武郡首領尖山縣，今有尖山在縣北；又大安郡首領狄那縣，今有大安鎮及狄那寨在縣西；又廣寧郡首領石門縣，今有石門在縣東；又太平郡首領太平縣，今有太平鄉、太平村在縣東北。蓋一州五郡皆僑置縣境，不獨神武矣。

樂平故縣。在州南五十里。後漢建安中置樂平縣，屬樂平郡。後魏太平真君九年併入沾縣，屬太原郡。孝昌二年復名樂平，爲樂平郡治。唐後復移治故城。宋乾德初置平晉軍，尋罷。太平興國四年改屬平定軍。金興定四年升爲臯州。元初仍爲樂平縣，至元二年省入平定州，七年復置。明屬平定州。本朝初因之，嘉慶元年省入州。

東山廢縣。在州東南。隋書地理志：開皇十六年分樂平縣置東山縣，大業初廢入。

昔陽城。在州東南。左傳昭公十二年：晉荀吴假道於鮮虞，遂入昔陽。秋滅肥，以肥子綿臯歸。杜預曰：「昔陽，肥國都，樂平沾縣東有昔陽城。」元和志：昔陽城，一名夕陽城，在縣東五十里，七國時趙置戍於此。

平潭城。在州西北二十五里。世傳晉趙簡子所築，平潭驛置於此。

倉角城。在州樂平鄉南二里，一名陽濠城。又有龍且城，在鄉東五十里野頭村之北〔一一〕；又有庳城，在鄉東七十里庳城村之南。

臯牢城。在盂縣東三十里。舊戍守處。

馬首城。在壽陽縣。左傳昭公二十八年：晉分祁氏之田爲七縣，韓固爲馬首大夫。元和志：馬首城，在縣東南十五里。縣志：今爲馬首村。

賀魯城。在壽陽縣西北三十里，一名胡盧城。相傳趙簡子所築。又故燕城，在縣西二十五里，北齊置，尋廢，今名南煙竹村。

廢晉州。在壽陽縣西北。金史郭文振傳：興定四年，詔升壽陽西張寨爲晉州，從文振之請也。縣志：寨在縣西北五十里，後爲蒙古所毁，州亦廢。

獵閭村。在州東。顔氏家訓：之推嘗從齊王幸并州，自井陘關入，上艾縣東數十里有獵閭村，後百官受馬糧，在晉陽東百餘里亢仇城側，並不識二所是何地，博求古今，皆未能曉。及檢字林、韻集〔一二〕，乃知獵閭舊是禵餘聚，亢仇舊是禝㔸亭，悉屬上艾。

湧雲樓。在州治後東北城角上。創自宋初，名思武樓，大觀四年改今名。金趙秉文有詩。

雲日樓。在州西北十五里。明統志：元仁宗來自懷孟，嘗登其上。吕思誠撰碑記。

知樂亭。在州北五里郗湫上。元學士歐陽原功有記。又有豐樂亭，在州北嘉山上。

壽陽古驛。在壽陽縣城内。唐韓愈奉使鎮州，夕次壽陽驛，即此。

關隘

故關。在州東九十里，接直隸正定府井陘縣界。魏書地形志：石艾縣有井陘關。通典：廣陽縣，東有故關，甚險固。元和

志：井陘故關，在廣陽縣東八十里，即韓信、張耳擊趙時所出道，今亦名土門。明洪武十年置故關巡司，今廢。詳見直隸正定府。

盤石故關。在州東北。唐書地理志：廣陽縣有盤石故關。元和志：在縣東北七十里。州志：一名石門口，通正定府平山縣界。

葦澤故關。在州東北，一名娘子關，接正定府井陘縣界。魏書地形志：石艾縣有葦澤關。元和志：葦澤故關，在廣陽縣東北八十里。通鑑注：井陘娘子關西南即承天寨，西北即平定軍。九域志：建隆元年以娘子關地建承天軍。舊志：唐乾元初置承天軍於此。長慶二年王庭湊以成德叛，裴度將兵出承天故關以討之。五代梁天祐末〔一三〕，趙王鎔會晉王存勗於承天軍，共謀伐梁。石晉末劉智遠舉河東兵戍承天軍，既而遣人襲潰戍兵，智遠復遣將克之。蓋承天軍近太原東鄙土門路，西出之衝也。北漢時軍廢，宋初復置，明時爲承天鎮，亦曰娘子關，設兵戍守。嘉靖二十一年增置官兵，明年築城與故關相唇齒。

六嶺關。在盂縣東北六十里。

白馬關。在盂縣東北七十里，通直隸正定府平山縣界。唐書地理志：盂縣東北有白馬故關，後魏置。州志：一名牧馬關，又名伏馬關。

榆棗關。在盂縣東北一百二十里，路通直隸正定府平山縣界，滹沱河所經也。

静陽鎮。在州樂平鄉東南九十里。又有店上、寨裏二鎮在鄉西南。金史地理志：樂平縣有静陽鎮〔一四〕。

遂成鎮。在壽陽縣西七十里要羅山中〔一五〕，明嘉靖十三年置。又張浄鎮，在縣東；宗艾鎮、解愁鎮，俱在縣北。

石人寨。在州樂平鄉東七十里，周二百步。山峻而盤折，下有大石窑，可容數百人，從窑門鳥道而上即寨址，金、元時避兵於此。巖間有一石如兩人相負，故名。又有安陽寨，在鄉東北界都村，周一百五十三步；青花寨，在鄉東野頭村，周二百七十步；黑石寨，在鄉東孔子村，周一里；石龕寨，在鄉東南白陽峪口，周一百五十步。

牛村寨。在盂縣東二十里，有市聚，通直隸正定府井陘、平山二縣界。又牽牛寨，在縣東南，通正定府獲鹿縣界；又洪唐寨〔一六〕，在縣東北。

饑虎寨。在壽陽縣西北三十里，俗名餓虎寨。四面壁立，高十丈餘，廣十四五畝，有井深十三丈。正北對峙爲青龍寨，相去僅數十步，亦險絶，今廢。

西煙堡。在盂縣西北七十里，路通忻、代二州。又山湖堡〔一七〕，在縣西六十里。又西爲新莊、蔣村等堡，又西南爲郭秋堡。

董卓壘。在州城東北。魏書地形志：石艾縣有董卓城。元和志：在廣陽縣東北八十里。水經注云，澤發水出董卓壘東。

猒谷口。在州東一百四十里，通直隸正定府元氏縣界。又白城口，在州東南一百四十里，通正定府贊皇縣界。

甘桃驛。在州城東南甘淘口，接直隸正定府井陘縣界。明築城建新固關，設千户所，隘口置巡司，今裁，以驛丞兼管。

平潭驛。舊在州城西二十五里平潭鎮，今移置下城西關。

柏井驛。在州樂平鄉東北七十里，其東四十餘里與故關相接。本柏井鎮，有驛丞兼管巡司。金史地理志：平定縣有東柏井鎮〔一八〕。按：柏井鎮在州東五十里，明嘉靖中築爲柏井堡，方二里，四面據河，地勢高二十丈。舊屬樂平，今改屬。

芹泉驛。在盂縣南七十里，接壽陽縣界。明洪武二年置。舊屬壽陽縣，今改屬，有驛丞兼管巡司。

太安驛。在壽陽縣西五十里太安鎮，即後魏太安郡地。今有驛丞兼管巡司。

方山市。在盂縣西八十里，通太原府陽曲縣界。又柴莊市，在縣北，通代州五臺縣、忻州定襄縣界。

津梁

濟川橋。在州城中，跨嘉水。明嘉靖中建。相近有利涉橋，又州西十里有仙境橋，皆跨嘉水。

丁峪口橋。在州樂平鄉東。明隆慶中建。又鄉西有司家溝橋，鄉北有土巷橋。

兩嶺橋。在盂縣西一百二十里。

張浄橋。在壽陽縣東張浄鎮。又安定橋，在縣西太安鎮；迎仙橋，在縣北童子河上。

陵墓

周

仇猶墓。在盂縣東三十里。

南北朝　魏

闞寶顒墓。在州北四十里。城冢記：寶顒，石艾人，魏冀州刺史，有武定八年紀德碑。

宋

苗訓墓。在盂縣東三十里。

高瓊墓。在盂縣西七十里。

金

楊雲翼墓。在州樂平鄉南三里。

元

吕允墓。在州治北二里，子思誠墓在側。

明

喬宇墓。在州樂平鄉南七里。

祠廟

扁鵲祠。在州西三里鵲山靈應池上。宋元豐八年建，金元好問有記。

石甕神祠。在州西北三十餘里。宋建。舊志：獅子山旁有石穴若井，上覆以石，名曰石甕，遇旱往禱，舉杖挑石，石開即雨，因立神祠，每歲致祭。

韓愈祠。在壽陽縣東郭外。唐長慶二年愈奉命宣撫鎮州，道經壽陽驛，後人立祠祀焉。

媧皇廟。在州東。東、西兩浮化山俱有，有司以春、秋仲月祭於東浮化山。明洪武初改稱女媧氏之神，併太昊祠徙置於此。

李勣廟。在州東十里。勣嘗爲并州都督，有惠政，民因廟祀之。

韓信廟。在州東二十里試劍峰上。韓信擊趙曾駐兵於此，後人立廟祀之。

蒲臺廟。在州西二十五里。宋崇寧中建，祀晉世子申生。吕思誠廟記：獅子山麓有石臺，菖蒲生其上，宋時歲旱，有童子置瓶蒲下以禱，蒲芒凝露墜瓶中，俄有靈物出，崇朝雨足，後祈禱屢應，於是建祠石臺下，名蒲臺神廟。州志：祠壁間畫小臣獻胙狀。宋封靈瞻公，元封昭應王〔一九〕。

羊舌廟。在壽陽縣治西南四十餘步。今廢。

寺觀

天寧寺。在州治下城。宋熙寧中建，内有雙塔。

崇教寺。在州樂平鄉城内。宋熙寧初建，明洪武中併壽聖寺入焉。

清涼寺。在盂縣西慈氏山。金大定初建。

白鹿寺。在壽陽縣西北五十里湧泉山。

昭化寺。在壽陽縣東北四十里方山。縣志：方山，一名神福山，有上寺、下寺，唐李通元建。宋元祐間重建下寺，政和間重建上寺。

萬壽宫。在州治下城。宋宣和中建，有徽宗御製碑。

名宦

晉

曹志。譙人，魏陳思王植之子。爲樂平太守。在郡上書，以爲宜尊儒重道，請爲博士置吏卒。

宋

程琳。博野人。敏厲深嚴，長於政事，大中祥符間知并州壽陽縣。

呂陶。成都人。知太原壽陽縣。府帥唐介重之，辟僉書判。

祝公明。麗水人。盂縣主簿。靖康間金人犯河東，令棄官去，公明攝縣事，率保甲入援，圍守踰年，城陷不屈死。建炎中贈承事郎。

金

趙秉文。滏陽人。泰和三年爲平定州刺史。爲政寬簡，旬月盗悉屏跡。歲饑出粟倡賑，全活甚衆。

元

保拜。至正元年同知平定州事。時春三月不雨，至夏六月禾稼皆槁，保拜免冠跣足禱於神，明日雨大降。秋七月復不雨，禱如初雨，復降。「保拜」舊作「保保」，今改正。

明

程宗道。舒城人。洪武三年知平定州。建州署、學校、壇廟、郵舍，撫綏凋瘵，民有起色。

吴原庸。濠州人。洪武初知壽陽縣。招集流散，教之耕作，設縣署，毁淫祠，立學宫，事多修舉。

李本浄。靈寶人〔二〇〕。永樂中知盂縣。仁慈不苛，期以德化，境内多生嘉禾，人以爲善政之應。

梁昱。崑山人。景泰中知平定州。以文學、政事並稱，卒於官，士民深悼惜之。

王子玉。寶坻人。成化中知樂平縣。歲洊饑，民多流亡，子玉緩賦均役，悉力招徠，流民歸者數百家，逾年增修學舍，課諸生有方，士民勒其政於石。

高光烈。膠州人。嘉靖中知平定州。廉潔寬平，然賦辦事集，吏民畏服。尋調絳州去，皆攀車悲號送之。

藍尚質。膚施人。萬曆中知壽陽縣。以勤儉爲治，邑素不諳紡績，尚質始教之，民賴其利。

本朝

孔興範。曲阜人。康熙十九年知盂縣。城西北隅瀕河，舊堤已圮，興範築堤一百二十餘丈，高十五尺，厚稱之。廟學頹廢，以次告成。興範性節儉，衣布衣見客。在官六年，寬嚴並濟，盂人懷之。

人物

唐

王行敏。樂平人。高祖興，拜潞州刺史，遷屯衛將軍，敗竇建德於武陟。武德四年徇燕、趙，與劉黑闥戰歷亭破之，既而爲所掩，被執不屈見害。

宋

李謙溥。字德明，盂人。父蕘，晉天福中使遼還，上言屈節外國非長策，出爲魯山令，卒官。謙溥少通左氏春秋。周世宗征劉崇，遼州刺史張乙堅壁不下，遣謙溥單騎說之，乙以城降。師還，留爲晉州兵馬都監。累立戰功，建隆四年爲慈州刺史，兼晉隰緣邊都巡檢，累遷濟州團練使。後邊將失律，復爲晉隰緣邊巡檢使，邊民聞之喜，争迎勞於道左云。次子允正，字修己，累典邊

任有功，徙知永興軍，卒。

李允則。字垂範，謙溥子。少以材略聞，歷知滄、雄等州，鎮定、高陽三路行營兵馬都監，仁宗時領康州防禦使。允則不事威儀，間或步出，遇民有可語者，延坐與語，以是洞知人情，訟至立斷。善撫士卒，皆得其用。在河北二十餘年，功最多。

段德。平定軍人。五世同居，真宗時旌表，蠲其課調。

侯可。盂人。父道濟，任丹徒令，生女適程珦，即程顥、程頤之母也。可博極群書，尤熟於西北形勢，以討儂智高功拜武爵，不就，改文資，歷殿中丞。事蹟詳程顥所作墓誌銘。

金

楊雲翼。字之美，樂平人。明昌五年進士第一，特授應奉翰林文字，累官禮部尚書。正大中設益政院，雲翼爲選首，每召見賜坐而不名。卒，謚文獻。雲翼天性雅重，自律甚嚴，與人交死生禍福不少變，國家之事知無不言，議論忠讜，務格君心，文墨、政事皆有足傳，兼精天文、醫方。與趙秉文代掌文柄，時號「楊趙」，所著書甚多。

耿守直。平定人。由進士官總帥府教授。金亡不仕，隱居鄉里，自號方山居士。

元

杜安。盂人。少有謀略，從世祖累立戰功，授龍虎衛指揮使，擢鎮遠大將軍。南蠻叛，遣安討之，安撫以威信，不戰而平。

王構。字嗣能，父无咎自武安徙樂平，遂爲樂平人。舉孝廉，爲寧晉令，縣適有盜，聞構至即以贓歸主而去，曰：「恐辱賢宰也。」累官同知衢州路總管府事。構性至孝，居喪廬墓六年，白兔兩繞墓傍，詔表其門閭。

呂思誠。字仲實，州人。泰定初進士第，爲景州蓨縣令，有善政。天曆時擢翰林編修，文宗在奎章閣，命取國史閱之，院長貳無敢言，思誠在末僚，獨跪閣下争曰：「國史紀人君善惡，自古天子無親閱之者。」遂寢。官至大司農。卒，謚忠肅。思誠氣宇凝定，以剛廉勁直聞，彈劾不法，不爲勢利屈。三爲祭酒，一法許衡之舊，諸生從化，後多爲名士。

聶珪。字廷器，平定人。初授招撫司副使，以破武仙功授都元帥。自守令以下，任賢使能，各盡其長。喜賓客，好吟咏，與元好問友善。卒，贈西陽郡公。

葛禋。字從禮，平定人。居家孝友，歷中外官，以名德爲世推重。仕至工部尚書、河南總管，卒。

李朝英。盂人。至元中進士，授汾州判官，有政聲。五世同居，奉詔旌表其門。

明

閻察。平定人。洪武中進士。除禮科給事，改監察御史，遇事敢言，上甚器之。轉浙江布政司參議，有中官使浙侵察，察擊殺之，太祖赦不問，尋擢爲左布政使。

王克己。壽陽人。母喪廬墓側，兵亂號泣不去，賊感其孝不忍害。洪武初以文學孝行辟，累官吏部尚書，甄拔得人，尤以清介著。

石撰。平定人。以學行稱。洪武中寧王府長史，及燕兵起，撰在大寧，輒爲守禦計，及城破被執，憤詈不屈，支解死。

耿九疇。字禹範，平定人。永樂進士。由給事中任兩淮鹽運同知，痛革宿弊，廉聲著聞。尋入爲刑部侍郎，力辨疑獄。巡視鳳陽，招流移七萬户。撫陝西，極言邊衛增戍之非。仕至南京刑部尚書。卒，謚清惠。

郭浩。盂人。由貢士歷工部主事。從英宗北狩，被執不屈死，贈員外郎。又同縣韓能爲隨駕將軍，兵敗，執金瓜殺賊甚

衆，力竭死之。

賈琮。壽陽人。永樂舉人，授都督府經歷。從英宗駐蹕土木，戰死，贈奉直大夫。

郗夔。平定人。弘治進士，爲禮科給事中。正德五年命覈延綏戰功，劉瑾屬其私人，夔正色拒之。明日復遣中使脅諸途，夔叱使者，中使曰：「有駕帖械公。」夔歎曰：「予天子耳目臣，豈從賊謀！」遂自經死。瑾誅，追復原官。

李岱。字宗岳，樂平人。成化進士。官南京刑科給事中，劾權倖數人置於法，遷南京光禄少卿。罷嶺外上供物，凡病民事必絶之，以忤劉瑾致仕。

閻璽。壽陽人。居官清廉，遷河南兵備副使，以忤劉瑾免官。

喬宇。字希大，樂平人。祖毅，工部左侍郎；父鳳，職方郎中。皆以清節顯。宇成化進士，武宗時官南京兵部尚書。宸濠反，中官劉瑯通賊，豫伏死士，宇索得三百人皆斬之，嚴爲警備，宸濠遂不敢東。上至南京，詔百官戎服以朝，宇不可，卒如禮。江彬矯旨宣索，每裁抑之，彬爲稍戢。論功加少保。世宗初爲吏部尚書，銓政一清。宇遇事不可無不力争，而争大禮尤切，復争召用席書、張璁、桂萼等，忤旨奪官，卒。穆宗初贈少保，謚莊簡。

楊思忠。字孝夫，平定人。嘉靖進士。除清苑知縣，治行最。擢給事中，彈劾無所避。孝烈皇后大祥，欲豫祧仁宗，祔后太廟，思忠與尚書徐階據禮力争，帝摘其疏中語杖之百，斥爲民。隆慶初起掌吏科，終南京户部右侍郎。

孫繼先。字胤甫，盂人。萬曆中由進士歷御史，疏請召吴中行、趙用賢、鄒元標諸人，又言魏學曾、宋纁等皆海内正人，當用，由是諸人咸得進。後以劾兵部尚書張學顔，謫臨清州判官。

葛凝秀。平定人。崇禎間進士，歷任户部郎中。家居，李自成敗歸過平定，欲授以官，凝秀大罵，不屈而死。

朱一統。平定人。由舉人知蒲城縣，崇禎十六年城陷，赴井死。本朝乾隆四十一年賜謚烈愍。

安邦輔。平定諸生。闖賊過州，偕友陳一德抵賊詈詆之〔二二〕，俱投井死，後並入祀忠義祠。

耿升。平定人。偕妻避兵，盜執之，使爲嚮導，升曰：「吾不忍禍延鄉里。」夫婦皆死，州帥義而葬之。

趙之壟。字如石，樂平人。父紱，由進士官兵部尚書，里居時遇流賊至，不屈死之，本朝乾隆四十一年賜謚節愍。之壟爲紱長子，由拔貢中解元，助父拒賊。父死，賊挾之入城，索鑼無以應，刃下如雨，臂且斷，之壟曰：「吾不怖死，所以不偕衆逸者，以父柩在耳。汝能留一椽勿燼，吾瞑矣。」賊太息曰：「何不蚤言，使吾輩幾殺孝子。」遂捨去。巡按上於朝，有「才媲班、馬，行法閔、曾」之語。後歷官參政，鼎革時死節燕京，入本朝始歸葬焉。乾隆四十一年賜謚節愍。

本朝

武全文。字藏夫，本州人。順治四年以進士知崇信縣，度汭水疏渠溉田，民甚賴之。遷衡永郴守道，亦有惠政。

張景星。字伯顯，本州人。明季拔貢生，爲保定府通判，未任時子青雲於州南拾遺金四百兩，景星曰：「必公帑也。」已而官吏來尋帑，景星詣州報金在，出付之。

趙曰熿。樂平人。爲人孝謹，饒才略。順治初以進士知博野縣，邑多盜，曰熿設科條，洞中機宜，期月盜靖獄空。後官江南潁道，賑饑有紀，民獲蘇。

王纘先。字接武，盂人。性孝謹，十歲從父遇賊，賊執父，纘先捫懷曰：「金在是，釋吾父。」父逸去，探懷中止二銅鎖，賊怒欲殺之，已而義之，獲免。嘗見盜其園果者，引身避之。故家女鬻爲婢，典衣贖還之。年九十三卒，子孫多登科甲，人以爲盛德之報云。

朱時亨。本州人。孝行著聞。同州孝子耿丹，俱乾隆年間旌。

趙德忭。盂人。孝德著聞。同縣孝子舉人張拱鹿，俱乾隆年間旌。

祁繼昌。壽陽人。孝行著聞。乾隆年間旌。

張宗文。本州人。任湖南永州府同知，以政績稱。嘉慶二年入祀鄉賢祠。

劉鏸。本州生員。孝行著聞。嘉慶六年旌。又同州義夫孫裕，嘉慶十八年旌。

石維崲。盂人。孝行著聞。同縣孝子張作式、張作儀、賈景璋、孫書田，俱嘉慶年間旌。

流寓

金

王无咎。武安人。爲昭義軍節度副使，金亡不仕，徙樂平，以山水自娱。

列女

唐

張暌妻趙氏。盂人。會昌中暌戍邊十年，趙繡迴文詩詣闕獻之，暌得歸。

宋

程珦妻侯氏。盂人。幼聰悟過人，好讀史而不爲詞章。年十九歸河南程珦，相敬如賓，雖小事必禀命。生二子顥、頤，纔數歲，行而踣，必責以徐步。嘗食絮羹，亦呵止，雖使令輩不得以惡言加之。其教子如此。

元

郝義妻張氏。平定人。年二十夫亡，子彌月，舅歿，日灌畦蠶織以奉姑。嘗畜一牝羊，孳息不勝計，人謂節孝所感。至正中旌表。

王履謙妻齊氏。平定人。履謙爲河東廉訪副使，寇掠州境，齊與二婦蕭氏、呂氏及一女避趙莊石巖〔一三〕，寇圍急，俱投崖死。後旌表。

耿承祖妻康氏。平定人。承祖爲太常太祝，山東盜起，剽掠平定，康攜幼子避盂陽石洞中，盜迫之，遂以幼子付婢，投井死。至正中旌表。

明

黄鑑妻靳氏。平定人。嘉靖中北部入寇，獲靳欲污之，不屈，賊剖腹視胎以去。時其同宗有嬪於荆氏者，有通名張氏子者，俱義不受辱，同時遇害。

郝麒妻任氏。盂人。嘉靖中與麒弟麟妻侯氏俱被寇掠，任至龍池投淵死，侯至河村先擲幼兒崖下，躍身從之，人稱郝氏雙烈。

閻洪範妻季氏。壽陽人。嘉靖中北寇至被掠，季肆罵不辱，死之。

蔡芳妻尚氏。平定人。與姑避寇於王德寨，寇攻寨急，俱投崖死。又王佇妻某氏，爲闖卒所逼，掣刀殺賊，即自刎死。

潘雲翼妾石氏。盂人。十餘歲鬻於潘，潘導以學，遂通書史，後納爲妾。闖賊陷太原，雲翼被拘拷掠，家人悉逃，石垢面服男子服，乞食奉潘，潘死，石仰天哀慟亦死。

本朝

潘一鳴妻劉氏。本州人。年二十夫卒，遺娠生男，撫之成立，歷五十有餘年。順治中旌。

甄大治妻葛氏。本州人。夫亡守節，撫子昭成進士。康熙年間旌。

李綦隆妻常氏。樂平人。綦隆以生員從擊賊戰歿，常親往購屍，哭幾斃。苦節四十餘年，訓子有成。

張氏。壽陽人。適李某，年未笄，偶歸母家，紡績墻下，惡少逼污，被白刃不從，母至乃解。招其夫告以故，送之門，訣曰：「妾不辱君。」遂自縊。同縣劉世輔妻李氏，年十七，于歸閱十月，夫卒求殉，姑防甚，至半載後得間自縊。

張禄妻姚氏。本州人。守正捐軀。同州烈婦王立經妻李氏、夫失名池氏、王氏，節婦王憲武妻郝氏、白成懿妻延氏、李璧書妻張氏〔二三〕、張灝妻劉氏、景棉遠妻葛氏〔二四〕、趙宜妻趙氏、王良臣妻張氏、杜秉仁妻潘氏、王學士妻朱氏、李正春妻張氏、苗瑾妻劉氏、楊錦妻劉氏、張元新妻霍氏、梁鈺妻朱氏、劉立誠妻杜氏〔二五〕、郭秀妻張氏、史廷秀妻張氏、王丕基妻楊氏、賈綬妻王氏、盧登祚妻劉氏、石耐妻李氏、朱光繼妻張氏、黃玉亮妻丁氏、劉大學妻曹氏、黃振基妻竇氏、李文標妻宋氏、竇淇妻薛氏、潘時夏

妻張氏、李福妻郭氏、陳世璘妻張氏、張成連妻杜氏〔二六〕、荆如桂妻李氏、姚成德妻石氏、王克勤妻朱氏、耿遜志妻尚氏、竇克崇妻朱氏、張志道妻趙氏、楊升秀妻王氏、霍盡美妻李氏、李奇芳妻周氏、趙鏄妻郝氏、郭祺妻孟氏、商廷輔妻郗氏、魏元亨妻楊氏，俱乾隆年間旌。

王端大妻竇氏。樂平人。守正被戕。同縣烈婦胡秉旺妻黄氏〔二七〕、趙壽昌妻李氏，節婦毛宏化妻劉氏、宋訓通妻李氏、閻宏中妻劉氏、張克謙妻李氏、馬從龍妻毛氏、李明初妻趙氏〔二八〕、趙其勉妻宋氏、趙明妻李氏、翟雲翔妻劉氏、喬會同妻趙氏，俱乾隆年間旌。

榮旺妻田氏。盂人。守正捐軀。同縣節婦王德顯妻石氏〔二九〕、劉向智妻王氏〔三〇〕、龐紹貴妻趙氏、栗春旺妻李氏、鄭國燦妻趙氏、張燿繼妻白氏、張作相妻韓氏、高璿妻張氏，俱乾隆年間旌。

李文明妻王氏。壽陽人。夫亡守節。同縣節婦張苗妻李氏、趙如梅妻高氏、王通妻胡氏、傅龍妻王氏、傅巩妻陳氏、榮志士妻劉氏、王廷鳳妻李氏、王述義妻王氏、鈕遂性妻李氏、王朝美妻郭氏、張敷治妻韓氏、陳宗衍妻丁氏、郝見龍妻苗氏、陳元佐妻王氏、陳萬鍾妻武氏、韓萬春妻孫氏、尚應通妻聶氏，俱乾隆年間旌。

李鳴玉妾王氏。本州人。守正捐軀。同州烈婦韓某妻張氏、苗昌霖妻郝氏、和鋭妻趙氏，節婦董喜興妻王氏、潘美珠妻黄氏、史秉忠妻周氏、高步蟾繼妻郝氏、李富書妻石氏、石山屏妻商氏、王蔚文妻張氏、李綬繼妻任氏、石文貴妻高氏、李鳴儀妻趙氏，又樂平鄉節婦李安仁繼妻董氏、李池繼妻張氏、冀來復妻宋氏、秦立藩妻宋氏、陳鳳來妻李氏、李承祚妻季氏，俱嘉慶年間旌。

趙凡受妻周氏。盂人。守正捐軀。同縣貞女史璘聘妻張氏，節婦劉鐸妾孫氏、聶青雲妻張氏、張朝琮妻于氏、張作藩妾任氏，俱嘉慶年間旌。

王藴功妻郝氏。壽陽人。夫亡守節。嘉慶二十五年旌。

仙釋

唐

李通玄。號長者。開元中自滄州來盂縣，日食十棗、一柏葉小餅，掩室著論無虚時。後至冠蓋村，逢一虎馴伏。又至神福山，得一龕居之，拔去一松化爲一潭，僭暘之歲祈求必應。每製作心窮玄奥，至夕輒出白光以代燈燭。著論既畢，化於龕中，年九十有六。

元

普惠。州人，號洞雲。住壽聖寺，能詩有戒行，與中書左丞吕思誠爲方外友，吕嘗作洞雲歌贈之。及吕北上，惠貽詩曰：「君王若問榆關郡，地瘦民貧山水多。」後徙獅子山石巖下，年九十八化。

明

讓大師。號衲空〔三二〕，相傳陜右人。筮仕長史，後棄官雲遊，得佛法於五臺山達觀禪師，遂棲獅子窟，與憨山、海印、妙峰輩五十三人爲浄友。達觀示寂，乃卓錫方山之昭化院，戒行精嚴，嘗貯粟於掌，鳥雀馴集掌上就食。後無疾跏趺而逝。

土産

鐵。本州出，有冶。

礬石。本州出，有窑。

瓷器。本州出，有窑。

梨。盂縣出。

煤炭。壽陽出。

校勘記

〔一〕白雉山　「雉」，乾隆志卷一一二平定州山川（下同卷簡稱乾隆志）同，雍正山西通志卷二五山川九、明天順志卷一九太原府作「雞」。

〔二〕晉王李克用與嗣昭過此獲白雉　「王」，原作「主」，據雍正山西通志卷二五山川九改。按，李克用因救唐昭宗而獲封晉王。

〔三〕又名龍霧砦　「砦」，乾隆志同，雍正山西通志卷二五山川九作「山」。

〔四〕壽陽縣有燕巖　「壽」，原作「受」，乾隆志同，據隋書卷三〇地理中改。

〔五〕孔子巖　「巖」，乾隆志同，雍正山西通志卷二五山川九作「崖」。

〔六〕狐妖洞　「狐妖」，乾隆志同，雍正山西通志卷二五山川九作「妖狐」。

〔七〕摩陽洞　「摩陽」，乾隆志同，雍正山西通志卷二五山川九作「陽摩」。

〔八〕蓋鹿門在北山水之側也　「北」，原作「此」，乾隆志同，據史記卷四三趙世家正義改。

〔九〕舊名塞魚城　「塞」，原作「賽」，據乾隆志、元和郡縣志卷一六河東道三改。

〔一〇〕高誘淮南子注作仇首　乾隆志同。按，此語見於呂氏春秋卷一五慎大覽注，淮南子注無，則「淮南子」當作「呂覽」。按本條「史記樗里傳作『仇猶』」云云，襲自吳師道戰國策校注卷一，彼謂「高注或作『仇首』」，「淮南子」者乃修書館臣臆加。查呂氏春秋無「仇猶」之文，則「又作『仇猶』」亦無據。

〔一一〕在鄉東五十里野頭村之北　「野」，原闕，據乾隆志、雍正山西通志卷五九古蹟三補。

〔一二〕韻集　「韻」，原闕，據乾隆志、顏氏家訓卷上勉學補。

〔一三〕五代梁天祐末　「天祐末」，原作「石晉末」，乾隆志作「乾元初」，據新五代史卷五唐本紀改。

〔一四〕樂平縣有静陽鎮　「静」，乾隆志同，金史卷二六地理下作「浄」。

〔一五〕在壽陽縣西七十里要羅山中　「要」，原作「安」，乾隆志同，據雍正山西通志卷一五關隘七改。

〔一六〕又洪唐寨　「唐」，乾隆志同，雍正山西通志卷一五關隘七作「塘」。

〔一七〕又山湖堡　「山」，乾隆志同，雍正山西通志卷一五關隘七作「小」。

〔一八〕平定縣有東柏井鎮　「有東」，原作「東有」，乾隆志同，據金史卷二六地理下乙正。「柏」，地理下作「百」。

〔一九〕元封昭應王　乾隆志同，雍正山西通志卷一六六祠廟三稱「元至正間復修，加封昭應靈瞻王」。

〔二〇〕靈寶人　「靈寶」，原作「崑山」，據乾隆志、雍正山西通志卷九八名宦一六改。按，此蓋涉下條「梁昱，崑山人」而誤。

〔二一〕偕友陳一德抵賊詈詆之　「德」，乾隆志作「中」，雍正山西通志卷一二七人物二七作「忠」。

〔二二〕齊與二婦蕭氏吕氏及一女避趙莊石巖　乾隆志同。按，本條亦見於本志卷一三七太原府二之列女，「一女」作「二女」。元史卷二〇一列女二亦作「二女」。

〔二三〕李璧書妻張氏　「璧」，乾隆志作「壁」。

〔二四〕景棉遠妻葛氏　「棉」，乾隆志作「綿」。

〔二五〕劉立誠妻杜氏　「誠」，乾隆志作「臣」。

〔二六〕張成連妻杜氏　「連」，乾隆志作「璉」。

〔二七〕同縣烈婦胡秉旺妻黄氏　「黄」，乾隆志作「王」，且列於盂縣。

〔二八〕李明初妻趙氏　「明」，乾隆志作「朝」。

〔二九〕同縣節婦王德顯妻石氏　「顯」，乾隆志作「顥」。

〔三〇〕劉向智妻王氏　「向」，乾隆志作「尚」。

〔三一〕號衲空　「衲」，原作「納」，據乾隆志、雍正山西通志卷一六〇仙釋二改。

忻州直隸州圖

崞縣界
滹沱水
五臺界
程侯山
忻州
定襄
十八盤山
盂縣界
七巖山
廣峪山
居士山
陽曲

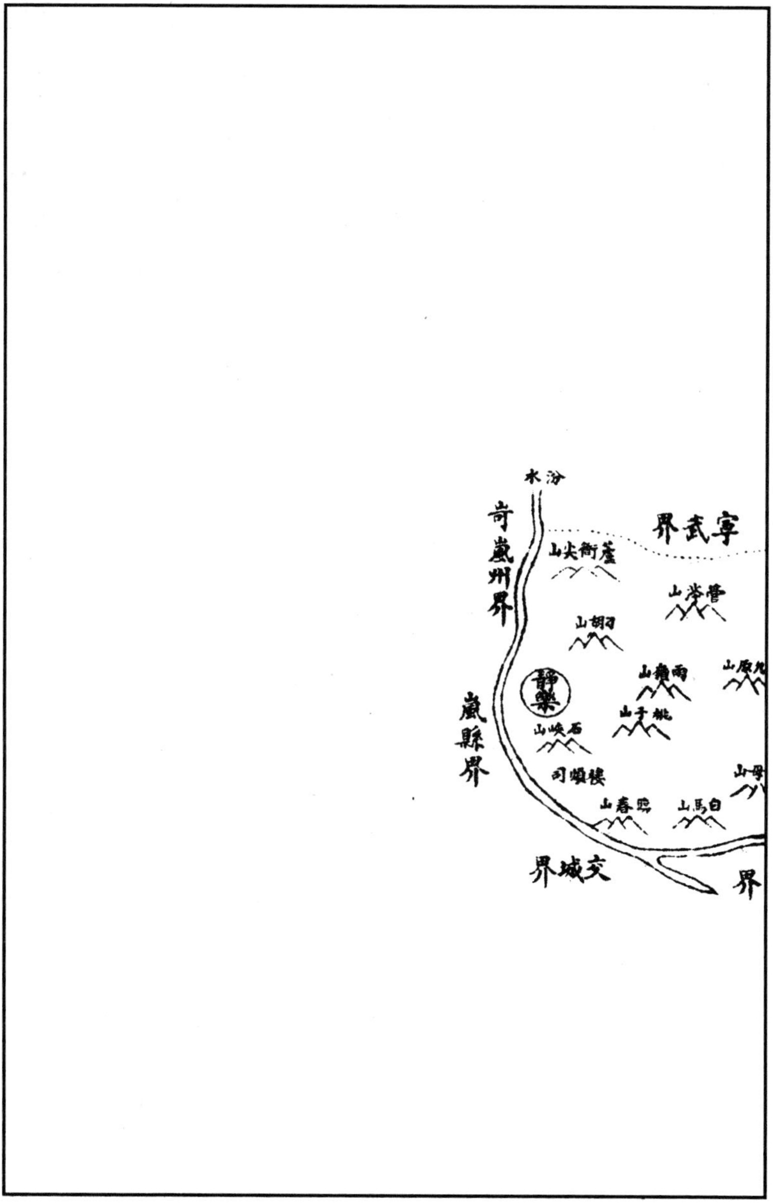
汾水
岢嵐州界
嵐縣界
寧武界
蘆衙尖山
管涔山
靜樂
石峽山
桃子山
樓煩司
白馬山
交城界
界

忻州直隸州表

	忻州直隸州		
兩漢	太原郡陽曲縣地。後漢建安二十年置新興郡，又置九原縣。		
三國魏晉	新興郡 晉惠帝改曰晉昌，尋復故。	九原縣 郡治。	
後魏	肆州 永安郡 天賜二年爲鎮，太平真君七年置州，永安中改郡，治定襄。	太平真君七年省入定襄。	秀容郡 永興二年置，屬肆州。
齊周	周徙廢。		齊廢。
隋	新興郡 開皇初復置郡，尋廢。十八年置忻州，大業初廢。義寧初復置郡。		
唐	忻州 定襄郡 武德初復置州，天寶初改郡名，屬河東道。		
五代	忻州 定襄郡		
宋	忻州 定襄郡 屬河東路。		
金	忻州 屬河東北路。		
元	忻州 屬冀寧路。		
明	忻州 屬太原府。		

續表

	定襄縣
	陽曲縣屬太原郡。後漢建安末改置定襄縣，屬新興郡。
肆盧郡東晉置，兼置肆盧縣。 平寇縣東晉置，屬肆盧郡。	定襄縣
秀容縣永興二年置，爲郡治。 肆盧縣太平真君七年郡廢，屬秀容郡。 平寇縣永安中屬永安郡。	定襄縣永安郡治。
秀容縣 齊廢。 齊徙。	平寇縣齊省。武成帝移來治。
秀容縣開皇十八年徙置於九原故城，爲州治。大業初屬樓煩郡。又開皇初析置銅川縣，大業初廢。	開皇十年省入秀容。
秀容縣州治。貞觀五年以思結部落於縣境置懷化縣，屬順州。十二年屬代州。後省。	定襄縣武德四年復置，屬忻州。
秀容縣	定襄縣
秀容縣	定襄縣熙寧五年省入秀容。元祐初復置，仍屬忻州。
秀容縣	定襄縣
秀容縣	定襄縣
洪武初省入州。	定襄縣

	靜樂縣	
	汾陽縣地。	
晉昌縣 置，屬新興郡。	新興郡地。	
太平真君七年省入定襄。	永安郡地。	初置三堆縣，太平真君七年併入平寇縣。
	樓煩郡 大業四年置。	靜樂縣 開皇三年移岢嵐縣於三堆城，十八年改曰汾源。大業四年又改名，爲郡治。
	武德四年改置管州，五年曰北管州，六年廢。	靜樂縣 武德初爲州治，四年又置六度縣，六年俱省入，屬嵐州。
		靜樂縣
	憲州 汾陽郡 咸平二年置靜樂軍，五年軍廢，移州來治。熙寧三年州廢，縣屬嵐州。十年復置州。政和五年賜郡名，屬河東路。	靜樂縣 州郡治。
	管州 天德三年改名，屬河東北路。	靜樂縣
	管州 屬冀寧路。	省入州。
	洪武三年廢。	靜樂縣 洪武三年復置縣，屬太原府。

續表

婁煩縣 貞觀十五年置監牧使。龍紀初置縣，兼置憲州，又置天池、元池二縣屬之。
婁煩縣
婁煩縣 咸平五年州徙，省天池、元池二縣入，屬嵐州。
婁煩縣
太祖十六年省入州。

大清一統志卷一百五十

忻州直隸州

在山西省治北一百四十里。東西距三百四十五里，南北距一百里。東至平定州盂縣界一百二十里，西至太原府嵐縣界二百二十五里〔一〕，南至太原府陽曲縣界四十里，北至代州崞縣界六十里。東南至陽曲縣界六十五里，西南至汾州府永寧州界三百三十里，東北至代州五臺縣界七十五里，西北至寧武府五寨縣界二百八十里。本州境東西距一百三十五里，南北距一百里。東至定襄縣界二十五里，西至靜樂縣界一百十里，南至陽曲縣界四十里，北至崞縣界六十里。東南至陽曲縣界四十里，西南至陽曲縣界六十里，東北至定襄縣界四十里，西北至崞縣界六十五里。自州治至京師一千三百里。

分野

天文昴、畢及參分野，大梁、實沈之次。

建置沿革

古并州之域。春秋晉地，戰國屬趙。秦爲太原郡地。漢太原陽曲縣地。後漢建安二十年置

新興郡，治九原縣。三國魏及晉初因之。元康中改爲晉昌郡，尋復名。後魏太平真君七年置肆州，永安中改郡曰永安。治定襄縣。後周徙州於鴈門郡。隋開皇初復置新興郡，尋廢。十八年置忻州，治秀容縣。大業三年州廢，義寧初仍置新興郡。唐武德元年復曰忻州，天寶初曰定襄郡。乾元初復曰忻州，屬河東道。五代因之。宋曰忻州、定襄郡，屬河東路。金曰忻州，屬河東北路。元屬冀寧路。

明初以州治秀容縣省入，仍曰忻州，屬太原府。本朝因之，雍正二年升爲直隸州，屬山西省。

領縣二。

定襄縣。在州東少北五十里。東西距九十里，南北距五十五里。東至代州五臺縣界七十里，西至本州界二十里，南至太原府陽曲縣界二十五里，北至代州崞縣界三十里。東南至陽曲縣界三十里，西南至本州界三十五里，東北至五臺縣界三十五里，西北至崞縣界三十五里。漢置陽曲縣，屬太原郡。後漢因之。建安末改置定襄縣，屬新興郡。三國魏及晉因之。後魏永安中爲永安郡治。北齊省，改置平寇縣。隋開皇十年省入秀容。唐武德四年復分秀容置定襄縣，屬忻州。五代因之。宋熙寧五年省入秀容，元祐初復置，仍屬忻州。金、元、明不改，本朝因之。

靜樂縣。在州西一百八十里。東西距一百二十里，南北距一百九十里。東至本州界九十里，西至太原府嵐縣界三十里，南至太原府交城縣界一百三十里，北至寧武府寧武縣界六十里。東南至太原府陽曲縣界九十里，西南至嵐縣界三十里，東北至本州界六十里，西北至太原府岢嵐州界一百二十里。漢汾陽縣地。後漢末爲新興郡地。後魏爲永安郡地。北齊於今嵐縣地置岢嵐縣。隋開皇十八年移縣治此，改曰汾源。大業四年又改曰靜樂，於縣置樓煩郡。唐武德四年罷郡置管州，五年曰北管州，六年州省，以縣屬嵐州。五代因之。宋咸平二年置靜樂軍，五年廢軍，自樓煩縣移憲州來治。熙寧三年州廢，縣仍屬嵐州。十年復置憲

州治此，政和五年賜州名汾陽郡，屬河東道。金天德三年改曰管州，屬河東北路。元廢縣入管州，屬冀寧路。明洪武三年州廢，復置静樂縣，屬太原府。本朝雍正二年改屬忻州。

形勢

翼蔽晉陽，控帶雲朔，左衛勾注之塞，南扼石嶺之關，屹爲襟要。續文獻通考。

風俗

地寒物儉，民貧而嗇，士夫恬然自守，蚩愚利之不庸。州志。

城池

忻州城。周九里有奇，門四，池廣丈餘。明萬曆中因舊土城甃甎。本朝乾隆三十一年修。

定襄縣城。周四里有奇，門三，池廣二丈七尺。明萬曆中因舊址甃甎。本朝康熙四十三年修，雍正三年重修。

静樂縣城。周四里有奇，門二，池二重，廣四丈。宋時土築，明正統中增築，萬曆中甃甎。本朝乾隆三十二年修。

學校

忻州學。在州治西北。舊在治西南，五代晉天福初建，明弘治中移建今所。本朝康熙十六年修，二十七年、五十八年重修。入學額數二十名。

定襄縣學。在縣治東北。舊在南城外，元大德中建，明洪武中移建今所。本朝康熙四十六年修。入學額數十二名。

静樂縣學。在縣治東岑山上。宋大觀初建，明洪武初改建山之東隅，萬曆中復舊址。本朝康熙二十四年修。入學額數八名。

秀容書院。在州城内。本朝乾隆四十年建。

晉昌書院。在定襄縣城内。本朝乾隆十六年建。

恒麓書院。在静樂縣。本朝乾隆十六年建。

户口

原額人丁七萬八千二百一十三，今滋生男婦共三十六萬六千一百四十六名口，計五萬三千一百三十七户。

田賦

田地一萬五千四百七十三頃二十六畝四分有奇，額徵地丁正、雜銀八萬一千二百三十兩五錢一釐，糧二千九百九十一石六斗四升有奇。

山川

石梯山。在州東南十八里。山北有馬井，土人資以灌溉。

廣峪山。在州東南二十五里。中有石巖，廣三丈，建黄堂於此〔二〕，祀黄堂神，即晉尹鐸也，下有廣峪泉。山之東有七峰山，山峰有七，俗名筆架山。山有龍王寨，絶險。

繫舟山。在州南三十五里。隋書地理志：秀容縣有繫舟山。寰宇記：在縣南四十里，相傳堯時洪水繫舟於此。州志：五代時薛雲居此。有薛雲谷，金元好問父德明讀書其下，趙秉文又改曰讀書山。

鳳凰山。在州南，即繫舟山支阜。數峰聳峙，最高處名鳳凰臺。又州城西北四十里亦有鳳凰山。

獨擔山。在州西南二十里。一名雲母山。寰宇記：其山出雲母，上有穴，入四五里，産玉芝。唐貞觀十八年敕賜薛遵度採雲母、玉芝於此山。金史地理志：忻州有雲母山。州志：北俗謂雲母爲王丹，訛爲「獨擔」也。又南七里有前獨擔山，舊名後獨

擔山，有玉泉。

陰山。在州西南四十里。舊傳夏月常有積冰。又西南十里有三嵬山，下有香泉，甚甘洌。

白馬山。在州西南六十里，北接大嶺山，西南接静樂縣界。牧馬水出焉。

九原山。在州西，一名九龍岡。漢末以此名縣，今州城跨岡上，三面臨平疇。晉咸寧二年白龍二見九原井中。又石姑山，在州城西二十五里，即九原支阜也。

落霧山。在州西六十里，一名羅務山。其相連有馬鞍、清水諸山。

五峰山。在州西七十里。五峰屹立如指，形勢險絶。

兩截山。在州西北二十里。

浮屠山。在州西北四十里，與龍池梁、石佛嵎相連。其西南有白龍頭，兩崖石窟絶險。

鍾乳山。在州西北四十里，一名雙乳山。雙峰對峙，狀類乳形，建層樓於其上。

龍門山。在州西北五十里。兩峰夾立如門，一名白雲山。

陀羅山。在州西北五十五里。怪石懸崖，有清涼石、香鑪石、滴水崖、青龍池諸勝。

雲中山。在州西北八十里。多産藥草，下有谷，雲中水出焉。其相屬者爲雙尖山。

大嶺山。在州西北一百里，北連代州崞縣之黄嵬山，西接静樂縣界。

程侯山。在州北四十里。水經注：忻水東歷程侯山，山甚層鋭，其下舊有採金處〔三〕，俗謂之金山。隋書地理志：秀容縣有程侯山。寰宇記：在縣西北三十五里。新志：俗傳即程嬰匿孤處。又北十里即忻口諸山，踞滹沱河曲。按：程嬰藏孤處

應在平定州盂縣藏山，此與定襄縣武峪山藏孤臺並出附會，存以備考。

武子谷山。在定襄縣東二十里。峰巒高峻，相近有五石峪山。

十八盤山。在定襄縣東三十里。旋折而上，凡十八盤。

武峪山。在定襄縣東南十五里。上有藏孤臺，俗傳程嬰藏孤於此。相近有紅砂山、琵琶山，又南十里有窑頭山。

七巖山。在定襄縣東南十八里。以山有七洞名，一名摩笄山，上有聖母祠。

居士山。在定襄縣東南三十里。名勝志：山下有流泉，泉側石室有碑，曰「魏武定任城王居士室」，歐陽修集古録云：「魏宗室封任城王者數人，其國中絶，不知武定中封任城王者何人也。」山有居士臺，臺上舊有浮圖七級。

八峰尖山。在定襄縣東南三十里。以八峰聳峙而名，相近有熊兒水山。

叢蒙山。在定襄縣南二十五里。山自西北環繞而東南，群峰聯絡，至此益端聳。

紅泉山。在定襄縣西南三十里。山石紅類硃砂，泉源不絶。

横山。在定襄縣西北三十里。又相近有鳳凰山。

漆郎山。在定襄縣北三十里，亦名柏樹嶺山。山洞内刻漆郎像，俗傳即豫讓漆身處。相近有鐵石山，有黑石可以吸鐵。

神山。在定襄縣東北十五里。平地壘石，突兀如盤，上有神仙寨。

聖阜山。在定襄縣東北二十里。挺然孤峙，下有温泉，聖阜水出焉。元和郡縣志：聖阜今名聖人山，石上足跡猶存。

牛臺山。在定襄縣東北三十里。又東北十里有五公、段木、青石諸山。

岑峰山。在静樂縣治東五十步。岡巒延亘，城之東北隅跨其上。

愚山。在静樂縣東五里。巖下甚平曠。又娘娘山，在縣東十五里，峰巒聳如列笋，下有温泉。

四稜山。在静樂縣東二十五里。

兩嶺山。在静樂縣東七十里。派自管涔山來，西北諸郡并榆林、寧夏取道於此。

懸鐘山。在静樂縣東七十五里。狀如鐘，多沙石，不生草木，上有石寨曰馬寨。

桃子山。在静樂縣東南五十里。有泉，旱禱多應。又東南十里有閣雷山，二十里有羅漢山，皆兩嶺山之支脈。

天柱山。在静樂縣南三里。相傳後魏天柱大將軍爾朱榮嘗過此，因名。山間有金龍泉。

石峽山。在静樂縣南六十里。石峽如門，有石峽泉，流注汾水。

周洪山。在静樂縣南七十里。一名周公山，明統志：宇文周公巡方至此，因名。山之西北十里有渥洼池〔四〕。

石門山。在静樂縣南樓煩鎮西北二十五里。兩峰聳立，其狀如門。

臨春山。在静樂縣南一百二十里。寰宇記：在樓煩縣南七十里天池縣界，高百餘丈，西南接石樓山。下有泉，流入鴈門村，注于汾河。

紫石山。在静樂縣南，接交城縣界。石可爲硯。

石龍山。在静樂縣南，接交城縣界。有兩石墜地如龍，一名夾龍山。

龍和山。在静樂縣西南，接嵐縣界，一名花果山。

黑風山。在静樂縣西北五里。山側有竅，秋、冬常出黑風。

蘆衙尖山。在靜樂縣西北，接岢嵐州界，一名蘆芽山。縣志：前有荷葉坪山，後有林溪山，右有神林山，延袤數百里，縣及嵐縣處其南麓，岢嵐、五寨處其西麓，寧武、神池處其北麓，忻州、崞縣處其東麓。

馬頭山。在靜樂縣北五十里。以形似名。

屹㟳山。在靜樂縣東北六十里。西通磨官谷，谷中有磨川水，流注汾水。

刁胡山。在靜樂縣東北，接本州界，亦名雕狐山。相近有黄菜山。

巾字山。在靜樂縣東北，接本州界。絶頂處狀如「巾」字，山巖布石如雲，滴水如雨，積而爲瀨，清潔如銀，有堡。

管涔山。在靜樂縣東北，接本州界。山海經：北次二經之首，在河之東，其首枕汾，名曰管涔，其上無木而多草，其下多玉，汾水出焉。淮南子地形訓：汾水出燕京。水經注：燕京亦管涔之異名也，其山重阜修巖，有草無木。隋書地理志：靜樂縣有管涔山。元和志：在縣北一百三十里。舊志：其山盤踞甚廣，不可以道里計，自靜樂跨寧武、岢嵐、朔州界，周迴百餘里。按諸書皆作「管」，獨寰宇記作「菅」，云其山多菅草故。

牧馬水。在州南五里，一名牧馬河。源出白馬山，合嵐水及洛陰水，東逕縣南三里，東北過定襄縣，入滹沱河。洛陰水在州南，源出闊溝，北流入牧馬河。嵐水在州西南，一名藍水，亦稱石代橋溝，東流入牧馬河。隋書地理志：秀容縣有嵐水。寰宇記：藍水逕秀容縣界。

滹沱水。在州北五十五里，亦稱滹沱河。自代州崞縣流入，逕忻口，又東歷程侯山北，入定襄縣界，又東入代州五臺縣界。元和志：滹沱水，在秀容縣東三十二里，西流入定襄縣。

雲中水。在州北七十里，今名雲中河。源出雲中山，流逕雲内口，又東經兩截山，又東經定襄縣西藍臺村，至縣北羊房村入滹沱河。寰宇記：秀容縣有肆盧川水，今名雲中水，一名分嶺水。

汾水。在靜樂縣。自寧武府寧武縣流入，繞縣治西南，又南流過樓煩鎮，東南流入太原府陽曲縣界。漢書地理志：汾陽，北山，汾水所出，西南至汾陰入河，過郡二，行千三百四十里，冀州寖。水經注：汾水又南過侯莫干城，又南逕汾陽縣故城東。

南河。在州西四十五里。源出石佛峒，經州西北四十里入雲中水。

金水河。在州西。源出九原山西麓，流經州西十里，東北流入雲中水。又有鵠索河，在縣西三十里，有灌溉之利。

碾河。在靜樂縣東。有二源，一出縣東北巾字山，一出縣東懸鐘山，合流經縣南二里入汾。

監河。在靜樂縣南七十里。源出縣西南一百四十里獨石河村，東流至樓煩鎮南一里入汾。

社干河。在靜樂縣西南十五里。源出太原府嵐縣梅家莊，東流入汾河，興、嵐、臨三縣及永寧州皆取道於此。

嵐河。在靜樂縣西南，接嵐縣界。源出太原府嵐縣，即淥水、大賢二河下流，逕古石門入縣界，合龍泉水，又十五里過進牛村東北入汾，右折而入石硤。

羊兒河。在靜樂縣西。源出太原府嵐縣鹿逕嶺下，流逕縣西南一里，東入汾河。

緑水泉。在州東十五里。東流入牧馬河。

海滿泉。在州西北三十五里之嘉禾堡。灌田十餘頃，南入雲中河。又南訾屯有前山泉，亦灌田千餘畝。又大溝泉，出浮屠山南；一滴泉，出浮屠山北，合流俱入雲中河。

三會泉。在定襄縣南叢蒙山麓。三泉合流，一曰呂布池，一曰娘娘池，一曰龍液泉，四時不涸，浸灌數里，亦名三會水，合牧馬水入滹沱河。寰宇記：三會水，出九原縣，西經定襄縣界。

古蹟

九原故城。今州治。漢九原縣爲五原郡治，在今大同縣西北、黄河外。後漢僑置縣於此，後魏省入定襄。三國志魏武帝紀：漢建安二十年省雲中、定襄、五原、朔方郡，郡置一縣領其民，合以爲新興郡。晉書地理志：新興郡治九原縣。魏書地形志：肆州，治九原。天賜二年爲鎮，太平真君七年置州。又定襄縣，太平真君七年併九原屬焉。元和郡縣志：忻州即漢太原郡之陽曲縣地，縣在今州東四十五里，定襄縣理是也。後漢末曹操立新興郡理九原，即今州是也。後魏宣武帝于今州西北十八里故州城移肆州理此。隋開皇十八年改置忻州。按：後漢末九原縣屬新興郡，隋開皇中復置忻州，移後魏明元帝所置秀容縣於此爲州治。又按州志：肆州故城在州城西北五十里河管村東南，又新興郡故城在州南二十里，相傳後漢建安中曹操所築，亦名建安城。

平寇故城。在州東十五里。東晉置縣，隋省。魏書地形志：永安郡領平寇縣。隋書地理志：秀容縣，後齊于此置平寇縣，開皇十年廢。元和志：秀容縣，後魏莊帝于今縣東十里置平寇縣。又定襄縣，高齊武成帝移平寇縣于此，隋開皇十年移平寇縣于崞城。

肆盧故城。在州西。東晉置肆盧郡及肆盧縣。後魏郡廢，縣屬秀容郡。齊省。魏書地形志：肆盧縣，治新會城。

秀容故城。在州西北五十里。後魏置縣，爲秀容郡治。隋徙。魏書地形志：肆州領秀容郡，永興二年置，太平真君七年併肆盧、敷城二郡屬焉。治秀容縣，亦永興二年置，有秀容城。元和志：隋開皇十八年于縣西北五十里秀容故城，移後魏所置秀容縣于今理。

陽曲故城。即今定襄縣治。漢置縣，後漢建安二十年改置定襄縣。漢書地理志：太原郡陽曲縣，應劭曰：「河千里一

曲，當其陽，故曰陽曲也。」元和志：定襄縣，東至忻州四十五里。本漢陽曲縣，後漢末移陽曲縣于太原界，于此置定襄縣，屬新興郡。高齊省，武成帝移平寇縣于此。隋開皇十年移平寇縣于崞城。武德四年于漢陽曲城重置定襄縣。

晉昌故城。在定襄縣西北。晉書地理志：新興郡領晉昌縣。魏書地形志：定襄縣，太平真君七年併晉昌縣屬焉。

三堆故城。今静樂縣治。晉永嘉後嘗爲縣。魏書地形志：平寇縣，太平真君七年併三堆屬焉。北齊書文宣帝紀：天保四年山胡圍離石，帝討之，因巡三堆戍，大狩而歸。元和志：静樂縣，西至嵐州四十五里，城内有堆阜三，俗名三堆城。隋開皇三年自今宜芳縣北移岢嵐縣於三堆城，十八年改爲汾源縣，大業二年改爲静樂縣。按：寰宇記「三堆城在縣南八十里故縣城」，恐誤。

樓煩故城。在静樂縣南七十里。唐初爲監牧地，後置縣，屬憲州。宋改屬嵐州。金因之，元省。舊唐書地理志：憲州，舊樓煩監牧也。先隸隴右節度使，至德後屬内飛龍使，龍紀元年特置憲州于樓煩監，仍置樓煩縣。郡城，開元四年王毛仲築。樓煩縣，龍紀元年于監西一里置。宋史地理志：憲州初治樓煩，咸平五年移治静樂，樓煩改隸嵐州。元史地理志：憲州，太祖十六年以嵐州之樓煩併入本州。縣志：樓煩鎮東臨汾水，西抵周洪山，通交城縣。南址尚存，北址水衝廢。按：漢樓煩縣在寧武府界，此唐所置縣，非漢故地也。

天池故城。在静樂縣西南。唐末置縣，宋省。舊唐書地理志：憲州天池縣，在州西南五十里，本置于孔河館，乾元後移置于安明谷口道人堡下。五代會要：唐長興元年吐谷渾内附，于天池川、静樂安置。宋史地理志：静樂縣，咸平五年廢天池縣入焉。縣志：樓煩鎮之西馬家莊有故城，蓋即古天池城也。

銅川廢縣。在州西。隋置縣，尋廢。隋書地理志：秀容縣，開皇初置銅川縣，大業初廢。按：隋王通父曾宦遊此地，所謂銅川府君也。

三會廢縣。在州西北。魏書明元帝紀：泰常八年幸三會屋侯泉。又地形志：肆盧縣，太平真君七年併三會屬焉。

懷化廢縣。在州北。唐置縣，尋省。唐書地理志：秀容縣，貞觀五年以思結部落于縣境置懷化縣，隸順州。十二年以懷化屬代州，後省。

玄池廢縣。在静樂縣東南。唐末置，宋省。舊唐書地理志：玄池縣，憲州東六十里。宋史地理志：静樂縣，咸平五年廢玄池縣入焉。

六度廢縣。在静樂縣南。唐初置，尋省。舊唐書地理志：武德四年置六度縣，六年省。縣志：今縣南廉恥鄉有六度村。

六郎城。在州南四十里石嶺關北。相傳宋楊延昭駐兵于此。又州西北五十里有北羅城，七十里有孟良城。

長城。在静樂縣東。隋書地理志：静樂縣有長城。寰宇記：古長城在憲州東七十里。

下馬城。在静樂縣東南六十里，接太原府交城縣界。相傳魏孝文帝嘗於此下馬，今有堡。

趙武靈王城。在静樂縣南三里天柱山左。東、南、北俱跨山上，西臨汾水，城壘猶存，相傳趙武靈王練兵于此。

淩雲臺。在州東門外。元李中立有詩。

勞師臺。在州南二十里。相傳晉大夫趙武誅屠岸賈，勞師于此。

藏孤臺。在定襄縣東南十五里武峪山。相傳程嬰藏趙氏孤兒于此。有按，見「程侯山」注。

鍾乳阜樓。在州西北。有阜屹然，狀如鍾乳，樓建其上。

野史亭。在州東南十里。金元好問建。金史文藝傳：元好問構亭于家，著述其上，名曰野史。凡金源君臣遺言往行，采摭記録，至百萬餘言，金史多本其所著云。

關隘

石嶺關。在州南四十里，接太原府陽曲縣界。詳陽曲縣關隘。

赤塘關。在州西南五十里。唐、宋時郡置防禦團練使，戍石嶺、赤塘二關。

兩嶺關。在静樂縣東南六十里，路出太原府陽曲縣。明洪武初調太原左衛官軍戍守，築土城。

雁門關。在静樂縣南，亦名雁門村。唐書地理志：憲州天池縣有雁門關。寰宇記：在憲州東南六十里，屬天池縣雁門鄉，東臨汾水，西倚高山，接嵐、朔二州界。按：忻、代俱有雁門關，代在雁門山，建在前，忻在雁門鄉，建在後，非一關也。

娑婆嶺隘。在静樂縣東八十里。明洪武初調太原左衛官軍戍守，尋置巡司，築土城。弘治十年移巡司于太原府陽曲縣天門關，自嶺而南十里有懸鐘嶺隘口，東北十里有石神嶺隘口，皆通本州界。又有馬家會隘口，在娑婆嶺西五十里，又西北三里有橋門嶺隘口。

樓煩鎮巡司。在静樂縣南七十里。元樓煩鎮，明置巡司，本朝因之。

芳蘭鎮。在定襄縣東北三十里。又東北至代州五臺縣四十五里，有堡。

故鎮。在静樂縣舊社東順水村。明洪武初置巡司，今裁。

窟谷鎮。在静樂縣西北六十里。

永安鎮。在静樂縣北四十里。舊名横水嶺，有小城。縣志又有小店鎮，在縣東九十里，接太原府陽曲縣界。

牛尾莊寨。在州西南九十里，當白馬山之西南，路通静樂縣。明洪武初置巡司，嘉靖中裁。

沙溝寨。在州西北七十里。明洪武中置巡司，今裁。

猫兒寨。在州北五十里。元時戍守處。又州西北七十里有蒲閣寨，亦戍守處。

蕎麥寨。在定襄縣東北二十里滹沱河北。勢極峻聳，隔河南對神山寨，與玉池灣胥要地。又東北有牛臺村、青石村二土寨。

狐谷寨。在定襄縣東北。

待陽村堡。在定襄縣東南三里。又東南有劉暉村、南王村二山寨。

横山村堡。在定襄縣北三十里。又縣西北三十里有上湯頭村山寨及向陽村土堡，皆民堡也。

西街堡。在静樂縣西南樓煩故城西。相近有桑園堡。

下馬營堡。在静樂縣北三十里。相近又有風溝、武家莊、磨官谷等堡。

雲内口。在州西七十里龍門山北。雲中水所經也，亦名寨西口。宋史地理志：秀容縣有雲内砦。州志：明初置寨西巡司於此，嘉靖中裁。其地西至蒲閣寨，通静、嵐、石、隰等州縣，北至沙溝寨，通寧化、寧武等邊，戍守要地也。

忻口。在州北五十五里。兩山相夾，滹沱水經其中。魏土地記：漢高祖出平城之圍，還軍至此，六軍忻然，因名。山之西舊有忻口城，相傳即漢高所築。宋史地理志：秀容縣有忻口寨。州志：忻口舊築堡山上，以資捍禦，明萬曆二十四年環甃以石，極爲險固。

九原驛。在州治南。明洪武中置馬驛。

康家會驛。在静樂縣西三十里。舊在縣東，以道里不均乃移此。

津梁

巨濟石橋。在州城東門外。又南門外有西張石橋。

滹沱河橋。在定襄縣西北五里。木橋也，冬架春撤。

通濟橋。在静樂縣南婁煩鎮北汾水上。又西門外有普惠橋，俱明萬曆中建。縣志：橋之近縣者，今皆爲汾水所圮。

隄堰

古河堤。在静樂縣東門外二百步。明初因金、元舊址作長塹，後爲河水所圮，正德初又建碾河橋于其尾。萬曆二十六年始甃以石，長九十七丈，高六尺，又于郭門外築水堤二十餘丈。本朝康熙中修築。

牧馬河渠。在州西南。源出白馬山，經紫巖等二十三村，溉田四百餘頃。又州境引雲中水渠十三道，引滹沱水渠三道，民資灌溉，其利甚溥。

滹沱河渠。在定襄縣。源出繁峙泰戲山，至忻口東折入縣境，爲渠二十一道。又引牧馬水五渠，引泉水五渠，水源開廣，民資灌溉。

陵墓

周

韓厥墓。在州城南十五里。今有韓家溝，相傳爲韓厥故里。

程嬰墓。在州西南原上。又見平陽府。

公孫杵臼墓。在州城西北七里。又見平陽府。

趙襄子墓。在定襄縣東南五里許。

漢

霍去病墓。在静樂縣西邢村西。有斷墓碑。

南北朝　魏

劉貴珍墓。在州城西九原岡上。

北齊

庫狄干墓。在州西門外，俗呼宰王墓。

金

元好問墓。在州城東南十五里。郝經譔碑。

祠廟

尹鐸祠。在州東南二十里。

惠應聖母祠。在定襄縣東南十五里七巖山洞中。相傳即趙襄子姊，爲代王夫人摩笄而死者，宋崇寧間封今號。

趙武靈王祠。在定襄縣，見魏書地形志。又静樂縣南三里亦有武靈王廟。

烈士廟。在州西北三里。明嘉靖三年建，祀趙盾、韓厥、程嬰、公孫杵臼、鉏麑、靈輒、提彌明七人。

寺觀

興國寺。在州治後。唐儀鳳中建。

福田寺。在州南繫舟山，即金元德明讀書處。

香泉寺。在州西南三嵬山麓。唐光化中建。

華蓋寺。在州西五十里。後唐建。

功德寺。在定襄縣東北十五里神山下。

白鶴觀。在州西九龍岡上。始爲七聖觀，唐天寶間建，後改白鶴觀。

天慶觀。在静樂縣城内東隅。宋祥符中建。

名宦

南北朝　魏

元匡。景穆帝孫，嗣封廣平王。宣武時爲肆州刺史。廉慎自修，甚有聲績。

元深。太武元孫，嗣封廣陽王。孝明初拜肆州刺史。豫行恩信，人皆便之，劫盜止息。

崔振。安平人。正始初除肆州刺史。在仕有政績。

宋

郭進。博野人。開寶九年爲忻、代等州行營馬步軍都監。招徠山後諸州民三萬七千餘口〔五〕。

李重誨。金城人。雍熙三年爲忻州都巡檢、緣邊十八砦招安制置使。北兵寇邊，邀戰敗之，獲牛馬、鎧甲甚衆，賜詔褒美。

郭逵。洛陽人。爲汾州都監，雁籍鎮河東，俾權忻州。遼人來求天池廟地，籍不能決，逵得太平興國中故牒，證爲王土，遼人服之。

郭諮。平棘人。仁宗時知忻州。開渭渠，導汾水，興水利，置屯田。

馮行己。河陽人。知憲州。因治狀增秩。

武英。太原人。爲忻、代同巡檢。會州將出獵，因留帳飲，英曰：「今空郡而來，萬一賊乘間入城，奈何？」既而敵果入寇，英左右馳射，悉擒獲之。

金

石琚。定州人。天眷初以廉辨改秀容令〔六〕。諭訟者使自愧，期月大治。

周美。蜀人。知管州。德政顯著，有去思碑。

明

鍾友諒。錢塘人。洪武初知忻州。興學撫民，有循良聲，凡城郭、廨署、祠宇、壇壝皆一新之，公私不甚費而事畢集。

葉砥。上虞人。洪武初知定襄縣。時當大兵後，境内蕭然，砥撫綏有方，流亡皆集。

史魁。平鄉人。正統中知静樂縣。邑近邊，數被兵，魁增陴濬隍，集丁壯教以騎射，守禦有法，一方安定。

王軒。臨清人。弘治中知忻州。移建學宫，疏雲、牧兩河，立四倉備荒，剿平土寇，士民賴之。

周夢綵。阜城人。嘉靖中知忻州。修城備寇，不擾閭井，清丈各鄉屯田，即立石勒田畝四至及户口租數，俾無侵越，民咸便之。祀名宦。

楊維嶽。餘姚人。萬曆中知忻州。政尚廉平，聽訟立斷，撫流亡八百餘家，開水渠三十五道，墾荒田五十餘頃。

楊家龍。曲陽人。崇禎末知忻州。數旬流賊即至，召語士民曰：「此城必不守，吾出，若輩可全也。」挺身出城，罵賊而死，士民立祠祀之。

本朝

何顯祖。順治初以陽曲主簿署知忻州事。姜瓖之亂，督糧於鄉，中途被害。贈太原府左衛經歷。

祝文光。奉天人。順治四年知定襄縣。有廉聲，姜瓖之亂死難。

辛曰杰。順天人。康熙間爲静樂縣典史。督修河堤，植柳成蔭，今稱辛公堤。

黄圖昌。長垣人。康熙三十四年以進士知静樂縣。賑飢民，興學校，修邑志，士民謳思之。

人物

晉

劉殷。字長盛，新興人。七歲喪父，哀毀過禮，服喪未嘗見齒。曾祖母王氏盛冬思菫，殷年九歲，慟哭澤中，便有菫生，食而不減，至時菫生乃盡。又掘得粟十五鍾，銘曰：「七年粟百石，以賜孝子劉殷。」食之七載方盡。性倜儻，有濟世之志，以王母、母在堂，固辭徵辟。後齊王冏輔政，辟爲大司馬軍諮祭酒，轉拜新興太守，明刑旌善，甚有政能。有七子，五子各授一經，二子分授史記、漢書，一門之內，七業俱興。

南北朝　魏

梁越。字元覽，新興人。少而好學，博通經傳。性純和篤信，行無擇善。魏初爲禮經博士，太祖以其舉動可則，遷上大夫，授諸皇子經書。官至光禄大夫，卒。

宋

輔超。秀容人。晉開運中隸澶州軍籍。周顯德中從太祖征淮南，定滁、泗，破淮陰，下揚州，俱有功。建隆初從平上黨，累官至萊州團練使。

白重贊。樓煩人。周廣順中授義成軍節度，親部丁壯，隄塞決河，詔書褒美。世宗征劉崇，重贊率所部力戰，以功授保大軍節度使。從征太原，與符彦卿擊遼兵走之。建隆初加檢校太師。

賀惟忠。定襄人。性剛果，知書，善騎射，洞曉兵法，有方略。知易州，捍邊有功。開寶二年太祖駐常山，以惟忠爲本州刺史，卒官。

劉易。忻州人。性介烈，博學好古，喜談兵。韓琦知定州，上其所著春秋論，授官不仕。趙抃復薦其行誼，賜號退安處士。

金

張翰。字林卿，秀容人。大定末進士，調隰州軍事判官，遷户部尚書。宣宗遷汴，上言五事，略施行之。翰有治劇才，所至輒辦。初至南京，庶事草略，翰經度區處，皆有條理。

元德明。秀容人，系出拓拔魏。嗜讀書，口不言世俗事，樂易無畦畛。累舉不第，放浪山水間。所著有東巖集三卷。

元好問。字裕之，德明子。七歲能詩，十四從郝晉卿學，淹貫經傳百家，六年業成。至京師，禮部趙秉文見其詩，謂近代無此作，由是知名。中興定五年進士第，仕至行尚書省左司員外郎。金亡不仕，詩文爲一代宗工，著作甚多，今所傳者有中州集及壬辰雜編若干卷。

趙鼎。字宜之，定襄人。博通書傳，處事詳雅，工詩，有重名。

孫九鼎。字國鎮〔七〕，定襄人。天會中舉經義第一，有詩名，與弟九疇、九億同榜登第。忻州文派九鼎指授爲多。

元

許楫。字公度，忻州人。從元好問學，中詞賦選，又舉賢良方正孝廉。左丞許衡深器重之，爲勸農副使，累遷徽州總管，所至皆有善政。

李子敬。定襄人。博學能詩，善騎射。至元間以平蠻功，官至軍民鎮撫。

明

劉圓僧。定襄人。洪武中以學行授翰林洗馬，充東宫講官，執坐講之禮，時論偉之。

楊寧。字以安，忻州人。永樂進士，官户部郎中，有清節。及卒，遺銀帶一圍。子斆，正統進士，授雲南道御史。以直言左遷新都縣，有治稱。

雷澤。字時霖，定襄人。天順進士，除刑科給事中，抗直不避權勢，疏陳戚畹驕恣，被杖幾斃，既蘇復諫不止，聞者稱爲鐵漢。仕至光禄寺卿。

吴忠。静樂人。孝事繼母，嘉靖十九年土寇至，家人驚走，忠母老疾不能行，忠負去，賊不能及，人以爲孝行所感。

王治。字本道，忻州人。嘉靖進士，歷官禮科左給事中。隆慶初劾中官趙廷玉、馬尹乾没罪，尋疏陳四事，其一謂獻皇當專祀世廟，不宜祔太廟。進吏科都給事中，屢劾内外大僚不職，及請追謚何塘、雪夏言罪、追奪大理寺朱廷立等官，皆報可。仕至太僕寺卿。

張弘業。字印吾，忻州人。父泮，萬曆進士，官至光禄卿，以廉直稱。弘業爲撫標都司，崇禎末闖寇犯太原，城陷自縊死。子凝和，通判順天，分守北城，亦死。本朝乾隆四十一年賜謚節愍。

郝芳聲。忻州人。崇禎中以進士知滋陽縣，有治聲，十五年冬殉城，獲贈恤。本朝乾隆四十一年賜謚節愍。

喬遷高。定襄人。崇禎末累官陝西按察司副使，剿流寇河南屢捷，尋以餉不繼軍潰，退守潼關，力戰死。

本朝

趙家駿。本州人。順治進士，知南溪縣。滇逆之亂，死於官。

李士麟。定襄人。順治六年以貢生任海州同知，海賊攻城輒敗之，已而賊大至，城潰被執，不屈死，賜祭一壇，優恤獨厚。

黄縉。静樂人。順治初以貢士爲垣曲訓導。姜瓖之亂，城陷死之。

李友直。本州人。孝行著聞。乾隆十三年旌。

李昌齡。定襄人。孝義著聞。嘉慶七年旌。

流寓

元

李治。欒城人。金亡後微服北渡，流落忻、崞間，聚書環堵，人所不堪，冶處之怡如也。世祖在潛邸聞其賢，嘗召至問事，

每嘉納之。

列女

晉

劉殷妻張氏。殷同郡張宣子重殷色養、謝辟召，以女妻之。張性婉順，事殷王母以孝聞，奉殷如君父。及王母卒，殷夫婦毀瘠，幾至滅性。

宋

任玹妻劉氏。樓煩人。年十八夫亡，姑欲奪其志，劉自刎幾死。居十餘年，弟利富人金，逼命改適，乃自縊。

明

姚氏二女。定襄人。正德初隨父廷玉任山東武城縣主簿，會流賊破城被獲，渡河俱投水，一溺死，一流數里得援。事聞旌表。

任繼曾妻李氏。忻州人。嘉靖中北部入邊，恐被污，投井死。一女守哭累日，亦投井。事聞俱旌表。

樊邦教妻張氏。定襄人。年十六而寡無子，誓不再適，富民趙加賢賄姑逼嫁，訟之官，廷讞日拔簪刺頸，血流被體，歸即自縊。萬曆初旌表。

曹廷輔女。定襄人。年十七未嫁。鄰人張汝孝令妻盧氏紿至室，逼污之不從，遂遇害。萬曆中旌表。

郝紀繼妻孫氏〔八〕。静樂人。紀先娶妻張氏、妾張氏皆無出，妻没娶孫，未三年紀亡，孫撫義子朝輦守志。妾陰主嫁孫，已受姦豪聘，伺孫往祀墓，令姦豪逼行，孫詭言歸取私財，遂鳴於官，得完節。爲朝輦娶已姪爲妻，輦亦早卒無子，偕輦妻守節以終。

吕新命妻張氏。静樂人。姑病，醫言乳可療，張以食啗兒，乳姑三年。後新命爲重慶守，贈恭人。

張弘業妻趙氏。忻州人。崇禎末闖賊陷太原，弘業死難，趙驅女孫、侍婢八人投井，井塞不能容，尋投繯死。

李發女。静樂人。崇禎五年被賊執，投石崖死。

本朝

周鋐妻王氏。本州人。姜瓖之亂被獲，聲容不改，徐步從行，至巨溝躍入。

李繼先妻侯氏。本州人。奸民謀污未遂，誣以不潔，訟之官，侯不能白，即於公庭自刎死。

樊明月妻陳氏。定襄人。山賊掠境，陳被擁上馬，罵不絶口，賊慕其色，不忍加刃。行至滹沱河躍入水，賊挽起，刃脅之，罵益厲，遂被害。

胡月亮妻任氏。定襄人。月亮遠出不返，家貧，翁數令改嫁不從，後遇歲凶，翁潛受人聘，欲强嫁之，鄰婦以告，遂縊死。

王仁昇妻張氏。定襄人。年十六適仁昇，仁昇棄家爲僧，翁姑令改適不從。越數載仁昇以宗嗣爲念，還家生一子，未三月復去。張事翁姑愈篤，翁姑卒，以厚産讓其叔，撫孤姪如己子。

劉藻妻李氏。静樂人。未嫁夫失明，父母有異議，女堅志不移，卒歸藻。四載夫亡，撫遺腹子以守。

史超妻焦氏。本州人。夫亡殉節。同州烈婦武舉蔚楹齡妻李氏、楊貳旺子妻陳氏，節婦李文成妻程氏、蔚楠齡妻盧氏、王曰璜妻曹氏、李岑妻杜氏、劉恩妻石氏、孫連春妻毛氏、趙國昌妻崔氏、李建聰妻周氏、李加榮妻石氏〔九〕、焦養初妻馬氏、周縄殷妻張氏、焦清儒妻楊氏、盧起用妻杜氏、李鬲妻董氏、李秉恒妻胡氏、李克立妻張氏，俱乾隆年間旌。

梁君賜妻崔氏。定襄人。守正捐軀。同縣烈婦蘭桂才妻張氏、李仲昇妻張氏，節婦喬茂功妻張氏、牛友聖妻張氏、李璒妻郭氏、薄芬菲妻閻氏、鄭師慤妻韓氏，俱乾隆年間旌。

尹賜瑋妻郝氏。静樂人。夫亡守節。同縣節婦李旭妻姚氏、郝直妻段氏、馮尢肅妻郝氏，俱乾隆年間旌。

郭二子妻宿氏。本州人。義烈可風。同州烈婦郭周氏、張慶妻趙氏，節婦梁士龍妻蘇氏、李毓陽妻石氏、梁蛟龍妻吕氏、郝象賢妻薄氏、武進士孫鎮吴妻趙氏、孫養威妻董氏、王濮妻馬氏、翟榮祚妻王氏、崔雲卿妻張氏、郝慶雲妻張氏、周咸喜妻焦氏、馬稱德妻張氏、焦映駟妻姜氏、馬仰聖妻常氏、趙來選妻張氏、王安清妻曹氏、聶文通妻喬氏、焦緝熙妻馬氏、張士科妻班氏、魏嶸妻盧氏、魏湧泉妻王氏、楊承詔妻張氏、周曰庠妻秦氏、周學淵妻高氏、趙萬盛妻楊氏、盧芝妻范氏、趙基妻楊氏，俱嘉慶年間旌。

張趙氏。定襄人。義烈可風。同縣節婦劉彦德妻田氏、邢昌妻吴氏、徐定國妻郭氏、翟定邦妻馮氏、邢九天妻曲氏，俱嘉慶年間旌。

李均正妻袁氏。静樂人。夫亡守節。同縣節婦强安晉妻張氏，俱嘉慶年間旌。

仙釋

唐

打地和尚。始師江西馬祖，後隱定襄縣，往來深山，與虎豹群居。人問佛法，但以杖三打地而已。大曆中入滅。

金

懶牧和尚。忻州人。住興國寺，戒行精嚴。後遇南來高僧，彌聞密諦，天德中書偈而逝。

元

了空。忻州人，姓王氏。爲華蓋寺僧，能前知。嘗遇一僧云：「修行當學最上乘，前知特小乘法。」數年遂大徹悟，一夕作偈而逝。

土產

解玉砂。州出。宋史地理志：忻州貢。

麝。州出。唐書地理志：忻州貢。

豹尾。州出。唐書地理志：忻州貢。

白雕羽。州出。唐書地理志：忻州貢。

鹽。定襄出。

蟾酥。定襄出。

石炭。静樂出。

雲母石。静樂出。見太原府志。

校勘記

〔一〕西至太原府嵐縣界二百二十五里 「五」，原闕，乾隆志卷一一三忻州（下簡稱乾隆志）同，據雍正山西通志卷七疆域補。按，添「五」字始與上文「東西距三百四十五里」合。

〔二〕建黄堂於此 「黄」，乾隆志同，雍正山西通志卷二六山川一〇作「廣」，記纂淵海卷二三作「黌」。

〔三〕其下舊有採金處 乾隆志同，趙一清水經注釋卷一一云：「『處』字疑『穴』字之誤。」

〔四〕山之西北十里有渥洼池 「池」，乾隆志同，雍正山西通志卷二六山川一〇作「泉」。

〔五〕招徠山後諸州民三萬七千餘口 「七」，原作「三」，據乾隆志、宋史卷二七三郭進傳改。

〔六〕天眷初以廉辨改秀容令 「辨」，原作「辦」，據乾隆志改。

〔七〕字國鎮 「鎮」，原作「讓」，乾隆志同，據雍正山西通志卷一三九人物三九、中州集卷二改。

〔八〕郝紀繼妻孫氏 「繼」，字原闕，乾隆志同，據雍正山西通志卷一五六列女八補。

〔九〕李加榮妻石氏 「加」，乾隆志作「如」。

代州直隸州圖

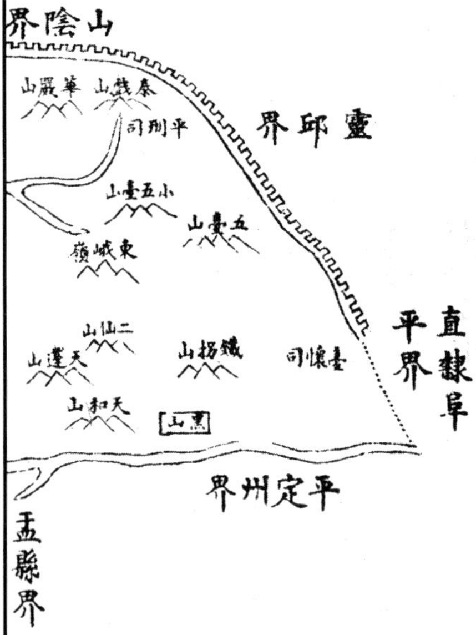

山陰界
華嚴山
泰戲山
平刑司
靈邱界
小五臺山
五臺山
東城嶺
二仙山
天蓬山
鐵拐山
臺懷司
直隸阜平界
天和山
黑山
平定州界
盂縣界

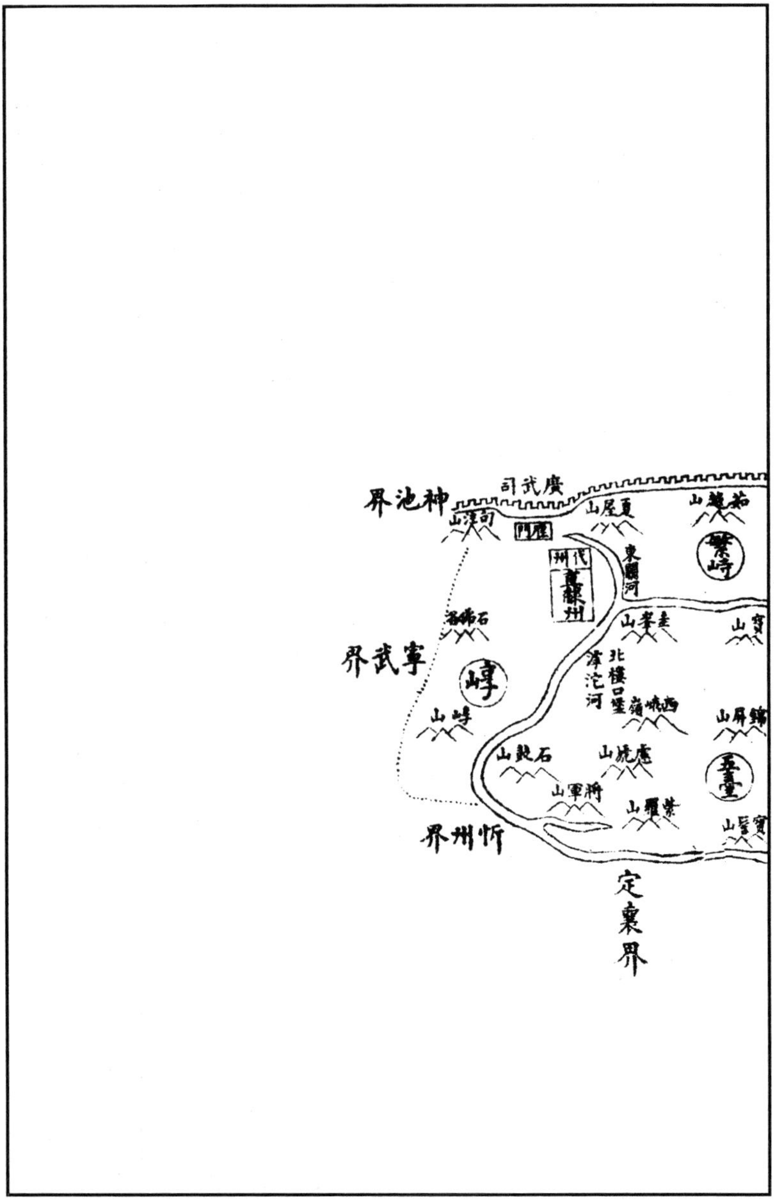
神池界
廣武司
句注山
雁門
夏屋山
代州直隸州
繁峙
寧武界
崞
滹沱河
北樓口堡
石鼓山
將軍山
五臺
忻州界
定襄界

代州直隸州表

	代州直隸州			五臺縣
兩漢	雁門郡 後漢來治陰館。	廣武縣 屬太原郡，爲都尉治。後漢屬雁門郡。	陰館縣 初屬雁門郡。後漢爲郡治。	慮虒縣 屬太原郡。
三國魏晉	雁門郡 魏文帝移治廣武，屬并州。	廣武縣 魏移雁門郡來治。	陰館縣 魏屬雁門郡。晉永嘉後廢。	晉省。
後魏	雁門郡 屬司州。	廣武縣 明帝移治東上館城，仍爲郡治。		驢夷縣 太和中改置，永安中屬永安郡。
齊周	肆州雁門郡 周大象元年移州來治。	廣武縣		驢夷縣 齊屬雁門郡。
隋	雁門郡 開皇初郡廢，五年改代州。大業初復爲郡。	雁門縣 開皇十八年改名。		五臺縣 大業初改名，仍屬雁門郡。
唐	代州雁門郡 武德初復置州，屬河東道。	雁門縣 州郡治。		五臺縣 屬代州。
五代	代州雁門郡 漢末歸北漢。	雁門縣		五臺縣
宋	代州雁門郡 屬河東路。	雁門縣		五臺縣
金	代州 屬河東北路。	雁門縣 州治		臺州 貞祐四年升州，屬太原府。
元	代州 屬冀寧路。	中統四年省縣入州。		臺州 屬冀寧路。
明	代州 洪武三年廢爲縣，八年復爲州，屬太原府。			五臺縣 洪武二年復爲縣，屬太原府，八年改屬代州。

續表

崞縣			
		原平縣 屬太原郡。後漢屬雁門郡。	
		原平縣	樓煩縣 晉徙置。
石城縣 永興二年置，屬秀容郡。東魏置廓州，領廣安、永定、建安三郡。		原平縣	樓煩縣
石城縣 齊廢三郡，改州曰北顯州。周省。		齊省。	齊省。
崞縣 開皇十年改曰平寇，大業初又改名，屬雁門郡。			
崞縣 屬代州。	唐林縣 證聖元年分五臺、崞二縣置武延縣，屬代州。神龍初改名。		
崞縣	唐林縣 梁開平二年改曰白鹿。唐同光初復故名，晉又改廣武，後復舊。		
崞縣	省。		
崞縣			
崞州 太宗十四年升爲州，屬冀寧路。			
崞縣 洪武二年復爲縣，屬太原府。八年改屬代州。			

續表

	繁峙縣
雲中縣 後漢建安中移置，屬新興郡。	葰人縣 屬太原郡。後漢省。 鹵城縣 屬代郡。後漢屬雁門郡，建安中省。
雲中縣	葰人縣 晉復置，屬雁門郡。永嘉後廢，徙置繁畤縣於此。
省。	繁畤縣 天平二年兼置繁畤郡。 武州 武定元年置，領吐京、齊、新安三郡。
	周郡縣俱省。 齊改北靈州，尋廢。
	繁畤縣 開皇十八年置於大堡戍，屬雁門郡。大業十二年移於武州城。
	繁畤縣 屬代州。聖曆二年移今治。
	繁畤縣
	繁畤縣
	堅州 貞祐三年升州。
	堅州 屬冀寧路。
	繁峙縣 洪武二年復爲縣，屬太原府，八年屬代州。

大清一統志卷一百五十一

代州直隷州

在山西省治東北三百二十里。東西距三百七十六里，南北距三百四十里。東至大同府靈丘縣界二百三里，西至寧武府寧武縣界一百七十三里，南至平定州盂縣界二百二十里，北至大同府山陰縣界一百二十里。東南至直隸正定府平山縣界二百四十五里，西南至忻州界一百四十里，東北至大同府渾源州界一百九十里，西北至朔平府朔州界一百四十里。本州境東西距七十五里，南北距一百三十八里。東至繁峙縣界四十五里，西至崞縣界三十里，南至繁峙縣界八十八里，北至大同府山陰縣界五十里。東南至繁峙縣界四十里，西南至崞縣界三十里，東北至繁峙縣界五十里，西北至崞縣界三十里。自州治至京師七百七十里。

分野

天文昴、畢分野，大梁之次。

建置沿革

禹貢冀州之域。春秋屬晉。戰國屬趙，置雁門郡。秦因之。漢亦爲雁門郡，治善無縣。在今

朔平府界。後漢移郡治陰館縣。三國魏始移郡治廣武縣，屬并州。晉因之。後魏屬司州，太和中改屬肆州。後周大象元年移肆州來治。隋開皇初郡廢，五年始改州爲代州，置總管府。十八年改廣武縣曰雁門縣。大業初府廢，改州仍爲雁門郡。

唐武德元年復置代州總管府，五年廢總管，六年又置。貞觀四年改總管爲都督府。天寶初曰雁門郡，乾元初復曰代州，屬河東道。中和二年置雁門節度使，三年賜名代北節度使。五代梁、唐、晉皆因之，後又屬北漢。宋曰代州、雁門郡。景德初置防禦使，屬河東路。金曰代州，天會六年置震武軍節度使，屬河東北路。元仍曰代州。中統四年省雁門縣入州，屬冀寧路。明洪武三年廢爲代縣，八年復曰代州，屬太原府。本朝因之。雍正二年升爲直隸州，屬山西省。領縣三。

五臺縣。在州東南一百四十里。東西距二百七里，南北距一百八十里。東至直隸正定府阜平縣界一百四十七里，西至崞縣界六十里，南至平定州盂縣界八十里，北至繁峙縣界一百里。東南至正定府平山縣界九十里，西南至忻州定襄縣界六十五里，東北至繁峙縣界一百里，西北至本州界八十里。漢置慮虒縣，屬太原郡。後漢因之。晉省。後魏太和中復置曰驢夷，永安中屬永安郡。北齊屬雁門郡。隋大業初改曰五臺，仍屬雁門郡。唐屬代州。五代及宋因之。金貞祐四年升爲臺州，屬太原府。元屬冀寧路。明洪武二年廢州復爲五臺縣，屬太原府。八年改屬代州，本朝因之。

崞縣。在州西南八十里。東西距一百九十五里，南北距五十五里。東至五臺縣界八十里，西至寧武府寧武縣界一百十五里，南至忻州界十五里，北至本州界四十里。東南至忻州定襄縣界七十里，西南至忻州界八十里，東北至繁峙縣界三十里，西北至朔平府朔州界八十里。漢置原平縣，屬太原郡。後漢屬雁門郡。晉因之。魏永興二年析置石城縣，屬秀容郡。東魏置廓州，北齊

改爲北顯州，後周州廢。隋開皇十年改石城曰平寇，大業初改曰崞縣，屬雁門郡。唐屬代州。五代、宋、金因之。元太宗十四年升爲崞州，屬冀寧路。明洪武二年復爲崞縣，屬太原府。八年改屬代州，本朝因之。

繁峙縣。在州東六十里。東西距一百四十五里，南北距一百四十里。東至大同府靈丘縣界一百三十里，西至本州界十五里，南至五臺縣界八十里，北至大同府應州界六十里。東南至直隸正定府阜平縣界二百五十里，西南至五臺縣界八十里，東北至大同府應州界六十里〔一〕，西北至應州界六十里。春秋晉霍人邑。漢置葰人縣，屬太原郡。後漢省。晉復置，屬雁門郡。永嘉後廢，徙置繁畤縣於此。後魏天平二年兼置繁畤郡。後周郡、縣俱廢。隋開皇十八年復置繁畤縣，屬雁門郡。唐屬代州。五代、宋因之。金貞祐三年升爲堅州，屬太原路。元屬冀寧路。明洪武初復爲繁峙縣，訛「畤」爲「峙」，屬太原府。八年改屬代州，本朝因之。

形勢

三面臨邊，最稱險要。文獻通考。天下九塞，雁門爲首。輿地記。雁門障其西北，滹沱經於東南，外繞群山，中開平壤，誠險固之地，戰守之區。州治廳壁記。

風俗

民淳訟簡，節儉勤農，無遊惰之習，絶澆薄之風。元代州志。質野勇悍，地無平原，多武少文，勤

耕稼，無蠶桑。州志。

城池

代州城。周八里有奇，門四，池深二丈餘。後魏時土築，明洪武中甃甎。本朝乾隆三十三年修。

五臺縣城。周二里有奇，門三，東南臨慮虒水，西北有池。後魏時土築，明萬曆中甃甎。本朝康熙二十二年修，乾隆三十二年重修。

崞縣城。周四里有奇，門四，池深三丈。元末因舊城土築，明萬曆中甃甎。本朝順治六年修，乾隆三十三年重修。

繁峙縣城。周三里有奇，門三，池深一丈。唐聖曆中土築，明萬曆中甃甎。本朝順治六年修，乾隆三十二年重修。

學校

代州學。在州治南。明洪武初建。本朝順治九年重修。入學額數二十名。

五臺縣學。在縣治西南。金正隆中建。本朝康熙十二年修，二十二年重修。入學額數十五名。

崞縣學。在縣治東南。元泰定間建，明洪武中重建。本朝康熙二十五年修。入學額數十五名。

繁峙縣學。在縣治東。元至正初建。本朝康熙四十七年修。入學額數十二名。

斗山書院。在州城。
崇實書院。在五臺縣城。本朝乾隆四十二年建。
崞陽書院。在崞縣城。本朝乾隆四十年建。
石橋書院。在崞縣北門外。明時建。
北靈書院。在繁峙縣城。本朝乾隆二十一年建。

户口

原額人丁五萬七千五百一十四，今滋生男婦共五十一萬三千一百三十五名口，計七萬二千八百九十六户。

田賦

田地二萬一千八十一頃一十一畝五分有奇，額徵地丁正、雜銀八萬三千一百六兩八錢六分八釐，糧九千四百四十二石八斗有奇。

山川

舜山。在州東南十五里。上有舜井。其西有王通山，去州二十里，甚幽阻，亦名龍谷。

三臺山。在州東南四十里。三峰矗立。

圭峰山。在州東南五十里。下豐上鋭，象圭之終葵首，故名。上有明月岩。又繁峙縣西南五十里亦有圭峰山。

香鑪山。在州南二十里。四角稜起，故名。

鳳凰山。在州南三十里。相傳魏主珪時鳳見於此，亦名嘉瑞山。有天柱、玉案、玉女、會仙四峰，桃花、水簾、白雲三洞，洗參、飲虎二池，唐孫思邈常栖焉。

紫荆山。在州西南二十五里。形如筆架，多産紫荆木。

句注山。在州西北二十五里。上爲太和嶺，其後爲白草溝。吕氏春秋：天下九塞，句注其一。戰國策：趙王欲并代，與代王遇於句注之塞。史記匈奴列傳：趙襄子踰句注，破并、代以臨貉。漢書地理志：雁門郡，句注山在陰館。元和志：句注山，一名西陘山，在雁門縣西北三十里，句注碑曰「蓋北方之險有盧龍、飛狐，句注爲之首，天下之阻，所以分别外内也」。漢高祖伐匈奴，踰句注，困於平城，謂此地也。按：李璋河東記：「句注以山形句轉、水勢注流而名，亦曰陘嶺，自雁門以南謂之陘南，北謂之陘北。漢中平以後，陘北之地皆爲荒外，魏晉中並以句注爲塞，分别内外，實南北巨防。」考州志，句注山與雁門山岡隴相接，故亦有雁門之稱，而北斗、夏屋並相附近，大抵州境諸山得名者，皆句注之支脈也。

雁門山。在州西北三十五里。爾雅：北陵，西隃雁門是也。郭璞注：「即雁門山也。」史記趙世家：蘇厲遺趙王書曰：

齊倍五國之約，而秦反巠分、先俞於趙。正義曰：「巠音邢。『分』字誤，當作『山』字。西隃即雁門山，西、先聲相近，趙地也。」後漢書郡國志「雁門郡陰館縣」，注引山海經曰：「雁門山者，雁飛出於其間。」州志：山一名雁門塞，雙闕陡絶，雁度其間。稍東有過雁峰，巍然特高，北與應州龍首山相望。按：水經注「雁門水出雁門山，在高柳縣西北」，蓋别一雁門山，非此之謂也。

北斗山。在州西北八十里。漢書地理志名曰累頭山。寰宇記：在雁門縣西北六十里，即句注陘西北三十五里山也。州志：山有七峰如斗形，故名，一名牛斗山〔二〕，下有白龍池。

覆宿山。在州東北三十五里。州志：形肖貪狼，故名覆宿。寰宇記：一名牛心山，一名伏牛山，在雁門縣東南十五里。

夏屋山。在州東北六十里。俗名草垛山，爾雅謂之夏壺山〔三〕。史記趙世家：趙襄子元年北登夏屋，請代王。徐廣曰：山在廣武。括地志云：夏屋山一名賈屋山，今名賈母山，在代州雁門縣東北，與句注山相接。元和志：在雁門縣東北三十五里。

天蓬山。在五臺縣東五里。其峰高峻。

天和山。在五臺縣東四十里。山有龍洞泉。

東明山。在五臺縣東四十里。山腰一孔，與縣東月挂山相望。

鐵拐山。在五臺縣東五十里。削壁千仞，中插二鐵拐，世傳爲仙人所遺。又東三十里爲烏牛山。

暖泉山。在五臺縣東南四十里。下有泉，極温。

仙人山。在五臺縣東南五十里。縣志：石巖上有人坐蹟，山腹石上有手蹟，山下石上有雙脚蹟，皆西向。

寶髻山。在五臺縣南十里。有香鑪峰、真潛洞、避雨巖〔四〕，出碧陽砂。

抓髻山。在五臺縣南十五里。兩峰尖秀，形如抓髻。又相近有鳳腦山，東、西兩山相接，低昂起伏，如鳳鸞翔翥。

五洞山。在五臺縣南四十里。又突兀山，亦在縣南四十里，一峰特出雲表。

段畝山。在五臺縣南四十里。石堪爲硯，一曰文山。又相近有簡子山，上有趙簡子廟。

紫羅山。在五臺縣西南八里。峰巒高峙，翠柏一株，繁蔭曲幹，上有臺駘廟。

慮虒山。在五臺縣西十五里。下有伏虎泉。按：縣志爲蘆虎山，以伏虎泉而訛也。

峰山。在五臺縣西北二里。兀起盤旋，環城三面，有龍蟠之勢。

錦屏山。在五臺縣北十五里〔五〕。石壁層巒，巖花林樹，五色交輝。

閣嶺山。在五臺縣東北十里，舊名白雲山。五臺由此而入，跨山爲道，跨道爲閣，俯瞰縣城，如在履舄之下。

二仙山。在五臺縣東北四十里。巖間二石如人，一坐一立。山左半里一巖壁立，石花蒼紫，爲紅崖。迤東爲太師腦，下爲龍灣。

五臺山。在五臺縣東北一百二十里，西北距繁峙縣一百三十里。水經注云：山五巒巍然，故謂之五臺。通鑑注：山在代州五臺縣，山形五峙。華嚴經疏云：「清涼山者，即代州雁門五臺也。歲積堅冰，夏仍飛雪，曾無炎暑，故名清涼。」元和志：道經以爲紫府山。皆即此山也。山左隣恒山，右接天池，環基五百餘里，五峰聳立，高出雲表，頂無林木，有如壘土之臺，故名。本朝康熙二十二年聖祖仁皇帝奉皇太后巡幸，有御製清涼山詩。乾隆十一年、十五年、二十六年高宗純皇帝奉皇太后巡幸凡三，並有御製恭和聖祖仁皇帝元韻詩。乾隆四十六年、五十一年、五十七年高宗純皇帝巡幸，並有御製恭依聖祖仁皇帝元韻詩。嘉慶十六年仁宗睿皇帝巡幸，有御製啓蹕西巡瞻禮五臺即事詩、御製清涼山記、中臺東臺西臺南臺北臺等讚。五臺者，一曰中臺，在北臺南三十里，臺高三十九里，頂平廣周五里，一名翠巖峰。峰右有甘露泉，高宗純皇帝有御製甘露泉詩。在南爲靈鷲峰，上三里有菩薩頂，別出五峰之外，若屏障焉，而其最高者爲大螺頂，盤旋險仄，登者絶少，高宗純皇帝有御製瞻禮菩薩頂詩、御製跋馬至黛螺頂

詩，御製菩薩頂、黛螺頂二碑文，御書菩薩頂殿額曰「心印毗曇」、曰「人天尊勝」。嘉慶十六年仁宗睿皇帝西巡，有御製登黛螺頂詩。東麓有萬年冰，九夏不消，桃、李生於冰隙，聖祖仁皇帝御題額曰「浄域」。東三十里内梵仙山，亦曰飯仙山。山東南三里有玉華池，亦曰雨花池，聖祖仁皇帝御題額曰「天開渌池」，高宗純皇帝有御製玉華池詩，御書額二，曰「華嚴龍海」、曰「妙參真入」。嘉慶十六年仁宗睿皇帝西巡，有御製玉華池恭依高宗純皇帝壬子詩韻詩。池旁有三珠泉。自此以南則爲九龍岡，西南爲獅子窩，西北爲太華池。北四十里有萬聖澡浴池，聖祖仁皇帝御題額曰「無垢」。一曰東臺，去中臺四十二里，去北臺略相等，東爲龍泉關路。臺高三十八里，頂周三里，一名望海峰，其上可觀日出，滄瀛在日，若陂澤焉。聖祖仁皇帝有御製望海峰詩，高宗純皇帝有御製恭和聖祖仁皇帝元韻詩。有紫府廟，聖祖仁皇帝御題額曰「列真之宇」。東有那羅延洞，又東爲樓觀谷，谷内有習觀巖。西北十五里有華巖嶺。東南二十里爲明月池，高宗純皇帝有御製明月池詩。一曰西臺，去中臺四里，去北臺三十五里。臺高三十五里，頂周二里。舊名栲栳山，後改名挂月峰，疊障連延。北有秘魔巖。東南有清涼嶺，西北有八功德水，聖祖仁皇帝御題額曰「霄潤」〔六〕。一曰南臺，去中臺八十里。臺高三十里，頂周一里。金蓮日菊、佛鉢花燦發如錦，亦名錦繡峰，世傳文殊示現之處，聖祖仁皇帝御題曰「古南臺」。西北有千佛洞，聖祖仁皇帝御題曰「禪悦」，高宗純皇帝有御製游千佛洞詩。東有聖鐘山，狀如覆鐘。西南有三賢巖，亦名七佛巖。南七十里則爲聖石巖。一曰北臺，去中臺十三里。臺高四十里，頂周四里。一名叶斗峰，亦曰掖斗峰。臺側有黑龍池，即天井也，聖祖仁皇帝御題額曰「五界神湫」。南下二十里有白水池，與天井通，其麓有七佛池。南有飲馬池，東北有寶陀峰，又有黑岸洞，聖祖仁皇帝御題額曰「定水心蓮」，又有御製北臺眺望詩，高宗純皇帝有御製恭和聖祖仁皇帝元韻詩。嘉慶十六年仁宗睿皇帝西巡，有御製寄題北臺詩。詳山之形勢，北臺最高，南臺去中臺最遠，爲入山必由之路，而東、西、中三臺皆偏近於北，周遭如城垣狀，抱拱天成。其山巔風甚烈，不可居，古寺皆藏谷中，蓋以什百計。仰邀列聖御製碑文、詩歌、扁額，所在皆有，兹各分地恭載。貞珉勒於萬年，寶輪光於四表，山靈佛法，與有榮施矣。按：五臺爲文殊示現之地，見於通鑑注。唐柳宗元送文暢登五臺序所謂「雲、代間有靈山，與竺乾鷲嶺角立相望」，其説相傳已久。而水經注稱晉永嘉十二年雁門郡葰人縣百餘家入此山，詣訪莫知所在，又以爲仙人所居。考北齊書：突厥入境，代、忻二州牧馬數萬匹，避五臺山柏谷中。五臺山之名始見於此。隋

書：盧太翼者，居五臺山，與弟子廬於巖下。蓋山深林密，隱者托足焉。遼史聖宗統和十年飯僧於五臺山，元史英宗至治二年禁星於五臺山，車駕俱嘗臨幸，而名蹟未播，自聖祖仁皇帝駐蹕，高宗純皇帝西巡六登是山，由是甃坯潄石之區，遂爲祝華呼嵩之地。嘉慶十六年仁宗睿皇帝六飛莅止，名山顯佑，古佛延釐，復命儒臣纂輯西巡盛典，繪圖貼説，冠以宸章。鴻藻景鑠，昺奕千載，豈僅佛號清涼，仙稱紫府，所得標奇而擅美哉。

五峰山。在崞縣東二十五里。五峰高聳，横亘二十餘里。上有聖母祠，元至順中建，神座下有泉，禱雨輒應。

凭牛山。在崞縣東南三十里。上有神池。

天涯山。在崞縣東南四十五里。形類芙蕖，亦有小五臺之稱，俗名蓮花峰。峭石壁立，巒岫温和，雪落隨消。

石鼓山。在崞縣東南七十里。魏書地形志：秀容縣有石鼓山。按：縣志無石鼓山，天涯山下云「前有石鼓，建石鼓神祠，元好問有天涯石鼓詩，亦謂山形之像石鼓」，蓋即此山。

福壽山。在崞縣東南，接定襄縣界。下有温泉。

將軍山。在崞縣東南，接定襄縣界。上有將軍廟，廟前石上有馬蹄蹟。又縣東南有鳳凰山，其西三里有龍尾山，又西十里爲堯天山。

雙山。在崞縣南，接忻州界。上有寨。

崞山。在崞縣西南三十里。隋書地理志：崞縣有崞山。元和志：縣因山爲名，其山連峰疊嶂，森森翠色，左有甘露池。又西五里爲前高峰，亦曰前高山。

黄嵬山。在崞縣西南七十里，接寧武府寧武縣界。宋史沈括傳：遼蕭禧來理河東黄嵬地，留館得請而後返，帝遣括往議，凡六會，其相楊益戒知不可奪〔七〕，遂舍黄嵬而以天池請。

憨山。在繁峙縣東八十里。其勢聳拔，嶺路屈曲，登陟易迷，故名。

華嚴山。在繁峙縣東九十里。

公主山。在繁峙縣東南二十里。相傳拓跋氏女焚修於此，石上有手足蹟。

寶山。在繁峙縣東南九十里。中有南冶谷，路通直隸平山縣。舊傳山産礦砂，煉之成金。

小五臺山。在繁峙縣東南一百四十里。五臺並聳，即目可見，有泉石之勝，寺觀成林。

静明山。在繁峙縣南十里。三巒並列，爲邑外屏。一名浄明山，又名端横嶺，内有仙人石洞。

巖頭山。在繁峙縣西南六十里。南與太行山相連，山坂巉巖始此，故名。中有龍洞。

茹越山。在繁峙縣北二十里。有谷，路通大同府應州。

鐵脚山。在繁峙縣北三十里。一名鐵撅山，爲縣之鎮。

泰戲山。在繁峙縣東北，接應州界。山海經：泰戲之山，無草木，多金、玉，虖沱之水出焉〔八〕。元和志：一名武夫山。通典：滹沱水出繁峙縣東南派阜山。寰宇記：一曰平山，亦曰戊夫山，今名派山。通志：泰戲爲大孤山，下爲泰華池，即滹沱河之源。其東又有小孤山。按：縣志列泰戲山，又列孤山，並在縣之東北。此孤山蓋大孤山，爲泰戲山之支，别自有小孤山，而縣志不具也，通志之説可證。明統志謂泰戲山一名小孤山，是又誤大爲小矣。又此山别名派山，派、孤字形相近，或因「派」而誤爲「孤」亦不可知，附此志疑。

虒陽嶺〔九〕。在五臺縣東三十五里。

迴光嶺。在崞縣東南五十里。

白仁巖。在州西北三十里。

滴水崖。在州東南四十里。峭崿十餘丈，有水細流一線，春、夏不絕。又崞縣西南六十五里亦有滴水崖。

太子崖。在崞縣西南六十里。

東峨峪。在州東南，接繁峙縣界。兩山壁立萬仞。又西峨峪在西南十里，亦曰荆山，下有西峨水。其在五臺縣西北八十里曰西峨嶺，東北八十五里曰東峨嶺，皆與州相接。

揚武谷。在崞縣西三十里，一名羊武谷。唐大曆十三年回紇寇代州，都督張光晟破之於揚武谷。五代唐清泰三年石敬瑭據河東，求援於遼，遼將五萬騎自揚武谷西南旌旗不絕。蓋雁門西偏之要隘也。今有堡。

石佛谷。在崞縣西北三十里，北接朔州界。元末用石壘塞，南通廟嶺，即夾柳樹堡也。其西北有郎嶺關。

華巖嶺水。在繁峙縣東南一百里。西北入滹沱河。

東關河。在州城東半里。發源雁門山，東南流入滹沱，後漢書郡國志云「雁門有常溪水，合注滹沱」，即此。又三里河，在州西南三里，源出三里村，經西關外；又柳村河，在州西七里，源出上田都，流經七里堡，又名七里河；又馬站河，在州西十里；又羊頭神河〔一〇〕，有二，皆在州西二十里，一出黑龍池，俗名東河，一出黄龍池，俗名西河；又九龍河，在州西北三十五里，皆南流入滹沱。

峪口河。在州東南十五里。源出五臺縣楊林嶺，北流經鳳游峪口。又西峨河，在州西南十里，源出荆山。居民皆引之溉田，俱北流入滹沱河。

滹沱河。在州南二里。源出繁峙縣東泰戲山，有三泉並導，西南流三里，玉斗泉合焉，又西流三里復有三泉注之，又西合北樓口水，又西合華巖嶺水，又西入代州界，又西南流入崞縣界，州境諸水皆入焉。又東南流入忻州界，又自忻州定襄縣東流入五

臺縣界，至縣南五十里河門與慮虒、虒陽、清水三河合，又東入平定州盂縣界。周禮職方氏：并州，其川虖池。山海經：泰戲之山，虖沱之水出焉。漢書地理志：代郡鹵城有虖池河〔一一〕，東至參合入虖池別，過郡九，行千三百四十里〔一二〕，從河東至文安入海。通典：繁畤縣有虖池河。寰宇記：源出縣東南派皐山，經繁畤故城西三里與五泉合，又西南入樓煩郡秀容界，又還入崞縣，又入秀容界，東北入五臺，南入恒山界。按：滹沱，禮記作「惡池」，周禮作「虖池」，史記作「嘑沱」，戰國策作「呼沱」，山海經作「虖沱」，秦詛楚文作「亞駝」，韓非子作「呼沲」〔一三〕。名勝志謂「滹沱」古本作「濩池」，「虖沱」乃後人所改。傳聞互異，並存備考。

東峪河。在五臺縣東。發源縣東移城村，南流入河門口，與滹沱河合。

慮虒河。在五臺縣西十五里。源出縣西王村，流環縣東南，又名縣河，與虒陽、清水二河合流入滹沱。元和志：慮虒水，在五臺縣北十五里。寰宇記：源出縣界，漢因此水以立縣。文獻通考五臺有慮虒水。縣志：明天順中築渠引以溉田，名曰豐樂。縣南五十里曰河門，虒水將會滹沱河處，水衝崖出，兩岸壁立萬仞，崖半有穴，高水丈許，徑一尺，清明前三四日穴中魚躍出，五六日方止。

泉巖河。在五臺縣西三十里。源出縣西泉巖堡，東南流至縣西南三十五里入滹沱。

虒陽河。在五臺縣東北四十里。平地湧出，西南流入峽口，經東明山，下至河口村，與清水河合流。

清水河。在五臺縣東北，接繁峙縣界。南流過石觜合射虎川，又西流合虒陽、慮虒二河，入於滹沱。

南橋河。在崞縣南門外。又北橋河，在縣北門外；板橋河，在縣北二十五里。俱東入滹沱。

揚武河。在崞縣南二十里。源出太子崖，東流經揚武谷入滹沱，其水支分有灌溉之利。

雲中河。在崞縣南二十里。源出縣東南九十里黑龍池，西流三十里合巖頭河入滹沱河。

峨河。在繁峙縣東二十里。源出縣東南九十里黑龍池，西流三十里合巖頭河入滹沱。

茹湖。在五臺縣東十五里。四面阻山，水聚爲湖，周四里，春、秋雁集於此。

射虎川。在五臺縣東北一百三十里。下流入清水河。康熙二十二年聖祖仁皇帝西巡還輦，循長城而東，忽有虎伏林莽間，親挽雕弧射之，虎應弦斃，居人行旅莫不忭踊，因撫臣請，賜名射虎川。

龍池。在五臺縣東北四十里獨龍山下。石罅出泉，旱禱於此。

太華池。在繁峙縣東南一百里。深不可測。

西泉。在州東南五十里圭峰山西澗。有石百尺，水自上瀉下，至石根不見，數步則從石竇湧出，出澗口又不見，潛行石罶間又百步許出趾下，合峨水入滹沱。

龍躍泉。在州西二十里，一名龍泉，一名雲龍泉。寰宇記：龍泉，源出縣西北平地。水經注云：「出雁門縣西北平地，其大三輪，泉源湧沸，騰波奮發，以巨石投之水輒噴出，云潛通燕京山之天池。」按：水經注文今本無之，蓋樂史時所見本也。

趵突泉〔一四〕。在州西北雁門關西。自平地湧出，北出塞口，入桑乾河。

神武泉。在五臺縣東北一百三十里射虎川旁。康熙二十二年聖祖仁皇帝西巡還輦，既殪虎於射虎川，守土之臣薙除林莽，忽有泉自地湧出，清甘澂淨，經冬不竭。此神武之瑞應也，因以名泉。

龍灣泉。在五臺縣東四十里太師山下。有大泉二、小泉近百，皆平地出，可灌田。

沙沛泉。在五臺縣南門外。

九女泉。在五臺縣西北一里峰山下，上有黑風洞。其水稍温，南流慮虒。

明月泉。在五臺縣東北五臺山中。相傳陰雲之夕候之，月在水中。

龍泉。在崞縣西北三十里。相傳唐魏鄭公徵駐師於此，以劍插地，泉湧出。泉左有鄭公祠。

古蹟

廣武故城。在州西十五里。漢置縣，屬太原郡。後漢屬雁門郡。三國魏移郡來治，晉因之。北魏移郡縣於古上館城。隋開皇中避太子諱，改爲雁門縣。括地志：廣武故城，在雁門縣西南。寰宇記：漢廣武縣城，今在郡西南，續漢書云，雁門郡本理陰館。建安初立新興郡於太原北界，後廢。魏文帝移雁門郡，南度句注，置廣武城，即今代州西廣武故城是也。後魏明帝又移置廣武東古上館城内，即今州城是也。

陰館故城。在州西北。漢初爲樓煩鄉，景帝後三年置縣，屬雁門郡。後漢自善無縣移郡來治。晉永嘉五年猗盧求句注陘北之地，縣遂廢。一名下館城，東魏武定三年高歡娶柔然，親迎於下館。魏收云：「館即陰館城也。」宋白曰：「後漢雁門郡理陰館，今句注山北下館城是。」州志：雁門廢縣，在州西北四十里，蓋即故陰館城，以嘗爲雁門郡治而名，俗又訛郡爲縣。

慮虒故城。在五臺縣東北。漢置縣，晉廢。漢書地理志太原郡領慮虒縣，師古曰：「音驢夷（一五）。」魏書地形志：永安郡驢夷縣，二漢屬太原郡，曰慮虒，晉罷。太和十年改名，永安中屬，有驢夷城。按：北魏太武紀「神䴥元年詔王倍斤鎮慮虒」，尚有慮虒之稱，太和中始改驢夷。魏收志曰「縣有驢夷城，城即故慮虒」，蓋其時已徙治矣。新志云：縣北里許有故城村，疑即慮虒故址。

石城故城。今崞縣治。後魏置石城縣，隋改爲崞縣。魏書地形志：秀容郡石城縣，永興二年置。隋書地理志：雁門郡崞縣，後魏置，曰石城縣。東魏置廓州，領廣安、永定、建安三郡，寄治石城。齊廢郡，改州爲北顯州，後周廢。開皇十年改縣曰平

寇，大業初改爲崞縣。

樓煩故城。在崞縣東十五里。古樓煩國及漢所置樓煩縣俱在雁門關北，晉徙於此，北齊省。魏書穆帝紀：三年帝從劉琨求句注陘北之地，琨乃徙馬邑、陰館、樓煩、繁畤、崞五縣之民於陘南，更立城邑，盡獻其地。又地形志雁門郡原平縣有樓煩城。括地志：在今崞縣東北。蓋晉時所徙。

原平故城。在崞縣南。漢置縣，屬太原郡。後漢屬雁門郡，晉及後魏因之，北齊省。括地志：原平故城，在崞縣南三十五里。按：魏書地形志秀容縣有原平城，蓋其時已非故治矣。

唐林故城。在崞縣南。元和志：本漢廣武縣地，證聖元年分五臺、崞縣置武延縣，神龍元年改爲唐林縣。寰宇記：五代梁開平二年改爲白鹿縣，後唐同光初復舊。晉改爲廣武，後復舊。宋史地理志：景德二年廢唐林縣。新志：在崞縣南四十里。

雲中故城。在崞縣西南七十里。秦、漢所置雲中郡及縣俱在今大同府西北塞外，後漢建安中移置此，屬新興郡。北魏省。晉書地理志：新興郡領雲中縣。魏書地形志：永安郡定襄縣，太平真君七年併雲中、九原、晉昌屬焉。隋書地理志：崞縣有雲中城，東魏僑置恒州，尋廢。寰宇記：雲中城，在崞縣西一百里，即管涔之異名也。舊志：今名蘆板塞。

鹵城故城。在繁峙縣東一百里。漢置鹵城縣，屬代郡。後漢屬雁門郡，建安中省。州志：其地多鹵，故名。故城周三里有奇。

繁峙故城。在繁峙縣東。漢置繁畤縣，在今大同府渾源州界，後魏移置於此。隋書地理志：雁門郡繁畤縣，後魏置，并置繁畤郡。後周郡、縣俱廢，開皇十八年復置。元和志：隋開皇時置繁畤縣於今縣東六十里大堡戍，大業十二年移於武州城。唐聖曆二年以縣在平川難以固守，遂東移於今治。其城三面枕澗，東接峻坂，極爲險固。

葰人故城。在繁峙縣南。葰人一名霍人，左傳襄公十年：晉滅偪陽，使周内史選其族嗣，納諸霍人。漢高帝七年周勃從

上擊韓王信於代，降下霍人，尋置葰人縣，屬太原郡。後漢廢。晉復置，屬雁門郡，後省。括地志：葰人故城，在繁峙縣界，漢葰人縣也。

武州故城。在繁峙縣境。魏書地形志：武州，武定元年置，治雁門川，三年始立州城，領吐京郡、齊郡、新安郡。隋書地理志：繁畤有東魏武州及吐京、齊、新安三郡，寄在城中，北齊改爲北靈州，尋廢。寰宇記：武州城，在雁門縣西六十里。

棗户城。在州東。寰宇記：雁門縣有棗户城，隋圖經云：「初築此城，以地多棗樹爲名，土人云此棗多輸北京。」州志：棗雲城，在州東四十里，俗名棗林村，即古棗户城也。

神武軍城。在州北。唐書地理志：代州，其北有大同軍，本大武軍，調露二年曰神武軍，天授二年曰平狄軍，大足元年復更名。其西有天安軍，天寶十二年置；又有代北軍，永泰元年置。

倉城。在五臺縣西南。魏書地形志：驢夷縣有倉城。舊志：倉城，在縣西南三十里，魏晉時儲積處。

張公城。在五臺縣境。寰宇記：十六國時石勒將張平築，城東有平碑。

寶興軍。在繁峙縣東南。五代北漢置，宋因之，後廢。五代史北漢世家：五臺山僧繼顒於柏谷置銀冶，鑿山取鑛，烹銀以輸劉氏，仰以足用，即其冶建寶興軍。寰宇記：寶興軍者，今代州烹鍊之冶務，劉繼元割據之時建爲寶興軍，地屬五臺山寺。宋平河東，因之不改。宋史地理志：繁畤有寶興軍砦。

阜通監（一六）。在州城内西南隅。金史食貨志：大定十八年代州立監鑄錢，二十年名代州監曰阜通。州志：監今爲武安王廟。

潘家莊。在州南七里。宋潘美守代時常遊息於此。

南樓。即州城南門樓。下爲蓮花池，面鳳凰山。一名看花樓，金趙秉文嘗遊息於此。

東花園。在州城西十里。相近又有西花園，傳爲李克用游賞之所。

關隘

東陘關。在州南。唐天寶十四載，郭子儀敗賊兵，圍雲中，拔馬邑，遂開東陘關。寰宇記：東陘關，地甚險固，在代州南二十里。

雁門關。在州西北三十里。一名西陘關，唐書地理志代州雁門縣有東陘、西陘二關。寰宇記：西陘關，在雁門縣西北五十里。州志：關舊在雁門山上，東、西山巖峭拔，中路盤旋崎嶇，唐於絶頂置關。元時關廢，明初移今所築城，周二里有奇，兩山夾峙，形勢雄勝，即句注故道也。西抵寧武、偏頭，東連紫荆、倒馬，逼近朔州、威遠，爲山西之屏垣。本朝雍正四年設巡司於此，乾隆七年移置廣武鎮。

黑山關。在五臺縣東南九十里，接直隸平山縣界。

石門關。在崞縣東北。唐書地理志：代州崞縣有石門關。寰宇記：在崞縣西北八十里。

郎嶺關。在繁峙縣東一百里。舊名狼嶺，路通應州，屬振武衛戍守。

廣武陘巡司。在州城西北雁門關北二十里。明洪武七年創置，周四里餘。西十里爲白草溝堡，東二十里爲水峪堡。本朝乾隆七年移雁門關巡司駐此。

臺懷鎮巡司。在五臺縣東一百二十里。本朝康熙五十二年設，管墩汛三，乾隆七年移洪口巡司於此。謹按：臺懷鎮舊有行宫，乾隆二十五年改建於靈鷲峰之麓，高宗純皇帝賜題正殿額曰「恒春堂」、後殿額曰「清凝齋」。嘉慶十六年仁宗睿皇帝西

巡，有御製恭依高宗純皇帝辛丑詩韻詩，又清凝齋恭依高宗純皇帝丙午詩韻詩，又御製臺懷晴望詩。

平刑關巡司。在繁峙縣東一百三十里，即故瓶形寨。九域志：繁峙縣有瓶形砦。金史地理志：繁峙縣有瓶形鎮。本朝雍正九年裁倉大使，改置巡司。按：平刑關路通靈丘縣，西北連渾源州大寨口，南接直隸正定府阜平縣界，最爲扼要之地。雍正十年並設都司防守。

東冶鎮。在五臺縣西南三十里。康熙二十二年聖祖仁皇帝西巡經此，有御製過東冶鎮詩。乾隆二十五年建立行宮，十一年、二十六年高宗純皇帝西巡經此，有御製恭和聖祖仁皇帝元韻詩。

竇村鎮。在五臺縣東北四十里。通志：順治六年姜瓖穴竇村鎮，宣府總兵李延壽聲言牧馬代州，刻期由峨口進兵，出賊不意，夜驟馬竇村，賊驚遁，縱擊無一脱者，五臺圍解。

揚武寨。在五臺縣東四十里。地極險峻。

曹寨。在五臺縣南七十里。峻峋拔起，四面石壁，滹沱水繞其下。

水月堂寨。在五臺縣東北七十里。上如覆甑，下如壁立。

摩天寨。在五臺縣東北九十里。峭壁高二十餘里，上平地數頃，可馳射。按：五臺縣志：自揚武以下四寨，本朝順治初皆常有土寇據之，攻圍經月乃下，摩天寨頂平處有樓榭洞屋，世祖章皇帝嘗命平治之。古之堡寨民間借以禦寇，而不謂寇反藉以自固，有防守之責者不可不知。

土墱寨。在崞縣西北。北史魏孝静紀：武定元年高歡築長城於肆州北山，西自馬陵，東至土墱。宋史地理志：崞縣有土墱寨。

秦王寨。在崞縣北二十里弔橋嶺。舊設巡司，後改入陽曲縣石嶺關。

振武衛。在州城内東南。明洪武十三年建。

八岔口堡。在州城北，一名水芹堡。舊有驛丞，乾隆二十七年裁。

胡峪堡。在州東北。舊爲砦，宋史地理志：代州雁門縣有胡峪砦。州志：在州東北六十里，與八岔口、白草口、水峪口皆有把總戍守。

陽武峪堡。在崞縣西三十里陽武峪中，西去蘆板寨堡四十里，南去陽武村三十里。宋故砦也，元建爲關。元史文宗紀〔一七〕：天曆元年九月令崞州之陽武關，穿塹壘石以爲固〔一八〕。舊志有陽武峪巡司，在縣西七十里陽武村，今裁。

蘆板寨堡。在崞縣西七十里。即宋時樓板寨，金爲鎮。宋史地理志：崞縣有樓板砦。

茹越口堡。在繁峙縣北六十里，東至小石口堡二十里，北至應州四十里。宋故寨也，宋史地理志：繁時縣有茹越砦。

大石口堡。在繁峙縣北。宋史地理志：繁時縣有大石砦。

小石口堡。在繁峙縣北大石口堡西五里。明正德九年築城，周二里有奇，設守備駐此。其西十里爲馬蘭峪堡，堡北去山陰縣三十里。

北樓口堡。在繁峙縣東北，接應州界。明正德九年築城，周四里有奇。本朝初設參將、守備駐此，康熙五十二年移參將駐縣城。

高洪口。在五臺縣東七十里，南接石佛口，北連大峪口。明洪武九年設巡司，乾隆七年裁。

大峪口。在五臺縣東北五十里，路通直隸正定府阜平縣，西通崞縣。明永樂中置巡司，今裁。又石佛峪口，在縣西南五十里。

飯仙山口。在五臺縣東北一百二十里。明永樂九年置巡司，今裁。其西南二十里有狐野口，又西北二十里有趙勝口。
雁門驛。在州治南。
原平驛。在崞縣東南四十里，南達忻州。
鬧浧驛。在崞縣西七十里。本置於静樂縣鬧浧村，明弘治十一年移於陽武谷，後移今所。
平刑驛。在繁峙縣東平刑關。
沙澗驛。在繁峙縣東北六十里。

津梁

峪口橋。在州東南十五里。
滹沱橋。在州南門外。明正德中建，架木爲之。
通濟橋。在五臺縣西南十里孤嶼溝上。
白梁橋。在五臺縣西南四十里滹沱河上。
西巡橋。在五臺縣東北塔院寺前。舊名巡檢司橋，康熙二十二年聖祖仁皇帝西巡過此，士人因改名，以志欣幸焉。
普濟橋。在崞縣南門外。金泰和三年建，又名南石橋。本朝乾隆二十年修。
來宣橋。在崞縣北門外。金泰和三年建，又名北石橋，明洪武間修，改今名。本朝乾隆十六年重修。

普濟橋。在繁峙縣東一百二十里平刑關石澗。

堤堰

雁門渠。在州城東南。三國魏志：牽招爲雁門太守，郡治廣武，井水鹹苦，民擔輦遠汲流水，往返七里，招準望地勢，因山陵之宜，鑿源開渠，注水城内，民賴其益。

峨河渠。在州東南。源出峨峪，自東而西，溉峨口等四村地。

峪口河渠。在州南。溉王家等十村地。

小營河渠。在五臺縣南。源出縣西泉巖村，引渠六道，溉東冶鎮及五級等村田。

陽武河渠。在崞縣南。源出陽武峪口。舊志：陽武河源出太子崖，居民分支灌溉，其利頗饒。

陵墓

漢

郅都墓。在州東五十里。又見平陽府。寰宇記：漢郅都葬雁門，墓側有古柏五千餘株，號郅君柏。

南北朝　魏

拓跋猗盧墓。在州西北雁門山中。寰宇記：雁門縣有拓跋陵。

五代　唐

李克用墓。在州西八里柏林寺側。五代史唐莊宗紀：天祐五年葬李克用於雁門。其弟克謙、子嗣昭二墓俱在柏林寺東。

宋

滕茂實墓。在州城東七里。茂實使金被拘，卒於代州，葬此。

明

楊興墓。在繁峙縣西十五里。

弋謙墓。在州城北郭西壁下。

祠廟

趙文子祠。在五臺縣東北四十里。

魏鄭公祠。在崞縣西北三十里龍泉左。祀唐魏徵。

李衛公祠。在崞縣北三十里。祀唐李靖。

河神廟。在州城南。元和志：在雁門縣南，開元九年并州刺史張説奏置。

漢文帝廟。在五臺縣南十里南神山上。相傳帝爲代王時獵於兹山，人立廟於其上。

崞山神廟。在崞縣西南二十五里崞山西南麓。神爲秦將軍蒙恬，縣志謂築邑之初神以兵助力出入之地。今名鬼兒坪。自北齊永明以來，列在祀典。廟碑宋邑人張忱撰，廟額「崞山神」三字金王無競書，元好問寶貴之，刻石爲之記，今皆不存。又州城東二十里别有蒙恬祠。

寺觀

天寧寺。在州城北門街。唐貞觀中建，明洪武初割其半爲振武衛。

圓果寺。在州城東北隅。隋開皇中建，有甎塔，高一百二十尺。

洪濟寺。在州東二十里。諸佛像甚工，傳爲劉鳳山塑〔一九〕。

望臺寺。在州東南四十里。宋太平興國初建。又十里有庵頭寺。

延福寺。在州西南十里。元至元初建，明洪武時併文殊、三聖二寺入焉。

柏林寺。在州西八里。通志：在晉王墓側，後唐同光中建。

佛光寺。在五臺縣東北五十五里。唐穆宗實録：元和十五年四月四日，河南節度使裴度奏，五臺山佛光寺側慶雲現，自巳至申乃滅。

娑婆寺。在五臺縣東北五十五里麻岩山。北齊釋元順建〔二〇〕。又十五里爲法華寺〔二一〕，亦北齊時建。

清涼寺。在五臺縣東北八十里。後魏孝文帝建，元至正二年重修。本朝康熙中御題額二，曰「水晶域」、曰「心會真如」。下有雪浪亭，爲登山必由之徑。寺有清涼石，其石可轉，寺僧遂謂頂禮心誠者能扛動此石，蓋不必然也。乾隆十六年於寺改修精舍，以供宸憩，御書二額，曰「菩提不染」、曰「清涼法蔭」，有御製清涼寺詩，又有御製清涼石詩。

臺麓寺。在五臺縣東北東臺之東射虎川上。本朝康熙二十二年聖祖仁皇帝西巡，臣民歡忭建寺，二十四年發帑興修，以供內製香檀佛像，御製碑文，賜梵書藏經，御題額二，曰「一刹圓光」〔二二〕、曰「五峰化育」。高宗純皇帝御書寺額三，曰「妙莊嚴路」、曰「筏通彼岸」、曰「五髻香雲」，又有御製臺麓寺詩。寺旁向有行宮基址，乾隆二十五年改修，御題前殿額曰「雪妍堂」、後殿額曰「靜寄齋」，殿側書軒額曰「雨花」，又有御製靜寄軒詩。嘉慶十六年仁宗睿皇帝御書殿額曰「大覺總持」，又有御製臺麓寺及雨花堂詩。

望海寺。在五臺縣東北東臺望海峰上。後魏時建。本朝康熙二十一年發帑重建，御製碑文，御書額二，曰「自在」、曰「般若原」。乾隆十四年重修，御製碑文，御書額二，曰「霞表天城」、曰「華嚴真境」。

般若寺。在五臺縣東北東臺東樓觀谷。明成化中建。本朝康熙中御書額曰「雁堂」，乾隆十二年御書額曰「妙音如意」。

太平興國寺。在五臺縣東北東臺東樓觀谷。宋釋睿見居此，相傳爲楊延朗之師，後有僧真寶殉靖康之難。元於此祀岳瀆后土。

旃林寺。在五臺縣東北東臺南。本朝順治八年建。寺有娑羅樹，亦名娑羅寺。聖祖仁皇帝題曰「旃林」，有御製娑羅樹歌。高宗純皇帝御題額曰「七佛導師」，又有御製恭和聖祖仁皇帝元韻詩。

棲賢寺。在五臺縣東北東臺西南棲賢谷，古名棲賢社。本朝康熙中發帑重修，御製碑文，御書額二，曰「小匡山」、曰「鴿苑」。高宗純皇帝有御製棲賢寺詩，御書額二，曰「是忉利天」、曰「身徧恒沙」。

普濟寺。在五臺縣東北南臺頂。宋建。本朝康熙二十二年發帑重建，御製碑文，御書額二，曰「大方廣室」、曰「物外游」。乾隆十四年重修，御製碑文，御書額曰「仙花證果」。其西三里有雲集寺，高宗純皇帝御書額曰「慧性明圓」。又有石觜普濟寺，康熙二十二年御書額曰「梵覺」。

金閣寺。在五臺縣東北南臺西北。唐大曆二年有見金閣浮空，因建寺，鑄銅爲瓦，塗金其上。本朝康熙中御書額曰「具神通力」，乾隆十二年御書嶺後殿額曰「宗乘仰鏡」。

演教寺。在五臺縣東北中臺頂。唐建，有舍利藏於鐵塔。本朝康熙二十二年發帑重建，御製碑文，御題額二，曰「翠巖」、曰「古雪」。乾隆十四年重修，御製碑文，御書額二，曰「靈鷲中峰」、曰「震那金界」。

文殊寺。在五臺縣東北中臺靈鷲峰頂。唐釋法雲建。相傳寺成時文殊現金像，塑工安生肖之，名曰真容院，明易今名。本朝康熙二十二年發帑重修，御製碑文，頒賜藏經全部，御題額四，曰「五峰化宇」、曰「珠林花雨」、曰「雲峰勝境」、曰「十刹圓光」，又有御製靈鷲峰文殊寺詩。乾隆二十五年於寺改建行宮，二十六年賜額曰「雨花堂」，有御製靈鷲峰文殊寺恭和聖祖仁皇帝元韻詩，又有御製題雨花堂、文殊寺静舍、真容院諸詩。嘉慶十六年仁宗睿皇帝西巡，有御製靈鷲峰文殊寺瞻禮詩。

殊像寺。在五臺縣東北靈鷲峰麓。有文殊跨狻猊像，神工所造。康熙二十二年御題額曰「瑞相天然」。三十七年發帑重

修，御製碑文，又有御製殊像寺詩。乾隆十四年發帑重修，御製碑文，御書額二，曰「大圓鏡智」、曰「現清淨身」，又有御製恭依聖祖仁皇帝元韻詩。嘉慶十六年仁宗睿皇帝西巡，御書額曰「人天勝果」，有御製恭依高宗純皇帝壬子詩韻詩。

顯通寺。在五臺縣東北靈鷲峰上。建自東漢明帝，名大孚靈鷲寺。後魏文帝置十二院，環繞鷲峰，名花園寺。唐改大華嚴寺，明永樂中賜額大顯通寺〔二三〕，萬曆中改永明寺。中有無梁殿，寺後銅殿一區、銅塔五座。本朝康熙二十六年發帑重修，仍名顯通寺，御製碑文，御題額二，曰「甘露津」、曰「紺園」，又有御製顯通寺詩。高宗純皇帝御書額二，曰「十地圓通」、曰「真如權應」，又有御製恭依聖祖仁皇帝元韻詩。嘉慶十六年仁宗睿皇帝西巡，御書文殊殿額曰「寶地珠林」，又有御製恭依高宗純皇帝壬子詩韻詩。

廣宗寺。在五臺縣東北靈鷲峰南半麓。明正德初建。本朝康熙中發帑重建，御製碑文。内有銅瓦殿，御題額曰「雲嵋」。

圓照寺。在五臺縣東北靈鷲峰下。明永樂初建。本朝康熙中御書額曰「勝幡西振」，乾隆十二年御書額曰「弘範三界」。

壽寧寺。在五臺縣東北中臺南三十里，一名竹林寺。唐大曆初僧法照見白光中現文殊像，因建寺。本朝康熙中御題額曰「白毫光現」。高宗純皇帝御題額曰「善超諸有」，又有御製壽寧寺詩。嘉慶十六年仁宗睿皇帝西巡，御書文殊殿額曰「圓成方廣」，又有御製壽寧寺詩。

湧泉寺。在五臺縣東北北、中二臺之間。有湧泉，傳爲文殊盥掌之地。本朝康熙中發帑重建，御製碑文，御書額曰「法雨晴飛」。高宗純皇帝御製湧泉寺詩。嘉慶十六年仁宗睿皇帝西巡，御書三大士殿額曰「靈源法宇」，又有御製湧泉寺詩。

法雷寺。在五臺縣東北西臺頂。唐建，寺在林中，松杉交蔭，旋折而上，如棧閣然。本朝康熙二十二年發帑重建，御製碑文，御書額二，曰「蓮井」、曰「初地」。乾隆十四年重修，御製碑文，御書額曰「月鏡空圓」、曰「德水香林」。

靈應寺。在五臺縣東北北臺頂。明萬曆中建。本朝康熙二十二年發帑重建，御製碑文，御書額三，曰「棲真境」、曰「火珠月白」、曰「龍參」。乾隆十四年重建，御製碑文，御書額二，曰「應真禪窟」、曰「寶陀飛觀」。

白雲寺。在五臺縣東北北臺外。舊名接待院，面臨逵道，後枕巖椒。本朝康熙中發帑重建，御製碑文，御書額曰「法雲真際」。乾隆十年於寺改修行宮，二十五年改爲精舍，十五年、二十六年、四十六年、五十一年、五十七年並有御製白雲寺詩，御題額三，曰「法雲地」、曰「朗瑩心珠」、曰「松風花雨」。嘉慶十六年仁宗睿皇帝西巡，御題額曰「香曇湧現」，又有御製駐白雲行館恭依高宗純皇帝壬子詩韻詩，及静宜書屋、引懷堂諸詩。

羅睺寺。在五臺縣東北五臺山。有蓮花藏。宋元祐中建，張商英常見神燈於此。本朝康熙四十一年發帑重修，御製碑文，御書額曰「八正門」。乾隆十年於寺改修行宮，二十五年改爲精舍。寺後有轉輪閣，高宗純皇帝御書額三，曰「慧燈淨照」、曰「悟色香空」、曰「意蕊心香」，又有御製羅睺寺詩。嘉慶十六年仁宗睿皇帝西巡，有御製羅睺寺詩。

碧山寺。在五臺縣東北五臺山華嚴谷。明天順中建，名普濟寺，又名北山寺。本朝康熙三十七年發帑重建，改今名，御製碑文，御書額曰「入雲天籟」。寺有文殊殿，高宗純皇帝御書額二，曰「淨域靈因」、曰「香林寶月」。

鎮海寺。在五臺縣東北五臺山交口西南嶺下。本朝康熙中御書額曰「金光輪藏」。高宗純皇帝御書額曰「金輪不住」，又有御製鎮海寺詩。仁宗睿皇帝西巡，御書釋迦殿額曰「宗乘海會」，又有御製迴蹕至鎮海寺詩。

慈雲寺。在五臺縣東北五臺山，古稱慈雲社。本朝康熙中御書額曰「真實相」。

崇聖寺。在崞縣治東。宋政和二年建。

樓煩寺。在崞縣西北二十五里。

正覺寺。在繁峙縣西關外。元建。

瑞雲觀。在州南八里潘家莊西。唐貞觀中建。

鳳凰觀。在州南三十里鳳凰山南，一名來儀觀。元魏太武帝迎嵩山寇謙之居此，葛洪、孫思邈、劉海蟾皆常寓焉。

壽寧觀。在州境。金元好問續夷堅志：代州壽寧觀中一楸樹，老且枯矣，海蟾子過州賣藥，三日不售，投藥此樹中，明年枯枿再茂，人目之爲脱殻楸。

明陽觀。在五臺縣西南八里紫羅山下。元大德中建，有元好問碑記。又長春觀，在五臺縣東北，元時建。

朝元觀。在崞縣西南七十里。元大德中建，有元好問碑記。觀内有碑帶石，至晚光明如月。又神清觀，在縣治西，元至治中建。

三清觀。在繁峙縣東南一里。元大德中建〔二四〕。

寶塔院。在五臺縣靈鷲峰下。内有佛舍利塔，左有文殊髮塔、佛足碑，後殿有轉輪藏。明永樂中建，亦稱塔院寺。本朝康熙中御書額二，曰「景標清漢」、後閣曰「金粟來儀」。高宗純皇帝御書額曰「攬妙鬘雲」，又有御製寶塔院詩。嘉慶十六年仁宗睿皇帝西巡，御書釋迦殿額曰「尊勝法幢」，又有御製寶塔院詩。

萬緣庵。在五臺縣東北東臺南。本朝康熙十二年建。乾隆七年慈雲寺圮，敬移供聖祖仁皇帝御書「真實相」三字額於庵内文殊殿。高宗純皇帝御書額二，曰「施洽群有」、曰「智弘六度」。

妙德庵。在五臺縣東北南臺西北。本朝康熙中御書額二，曰「香閣慈雲」、曰「松風水月」。乾隆十六年御書額曰「性因净果」。

雜花庵。在五臺縣東北北臺之東南。明永樂三年建。本朝雍正七年萬聖澡浴池被火，敬移供聖祖仁皇帝御書「無垢」二字額於庵内。乾隆十二年御書額曰「無量福田」。

名宦

漢

郭涼。右北平人。建武中爲雁門太守。擊盧芳將尹由於繁畤，由將共殺由詣涼，自是盧芳城邑稍稍來降。涼誅其豪右郇氏之屬，鎮撫羸弱，旬月間雁門且平，芳遂亡入塞。

三國　魏

牽招。觀津人。爲雁門太守。郡在邊陲，寇抄不斷，招教民戰陣，虜犯塞，逆擊輒摧破。繕治陘北故上館城，置屯戍以鎮内外，野居晏閉，寇賊静息。乃簡選才俊詣太學受業，還相教授，數年中庠序大興。明帝即位，賜爵關内侯。在郡十二年，威風遠振，治邊之稱次於田豫。

傅容。漁陽人。繼牽招爲雁門太守，有名績。

晉

吾彦。吴郡人。有文武才幹，武帝時爲雁門太守。

索靖。敦煌人。武帝時爲雁門太守。

隋

宇文弢。洛陽人。文帝末爲代州總管，有能名。

王頒。祁人。高祖時爲代州刺史，有惠政。

李景。休官人。仁壽中檢校代州總管。漢王諒作亂并州，拒之，屢挫賊鋒，司馬馮孝慈、參軍吕玉驍勇善戰，儀同三司侯莫陳乂多謀畫，工拒守，景推誠此三人，月餘朔州以兵來援，合擊大破之。

敬釗。蒲坂人。仁壽中爲繁畤令，有能名。賊至力戰，城陷，賊臨之以兵，辭氣不撓。僞將喬鍾葵署爲代州總管司馬，釗拒之再三，葵怒，將殺之，會葵戰敗得免。

陳孝意。河東人。大業中爲雁門郡丞。時長史多贓污，孝意清節彌厲，發姦擿伏，動若有神，吏人稱之。煬帝幸江都，劉武周作亂，前郡丞楊長仁、雁門令王確等謀應賊，孝意族滅其家，郡中莫敢異志。武周來攻，孝意拒之，每致克捷。孤城無援，誓必死，遣使江都，竟無報命。孝意知帝必不反，旦暮向詔敕庫俯伏流涕。糧盡，爲校尉張世倫所殺。

唐

張儉。新豐人。高祖時檢校代州都督。勸民墾田力耕，歲數稔，私蓄富實，乃建平糴法，入之官，民悦喜，由是儲斛流羸。

張公謹。繁水人。貞觀初爲代州都督。置屯田以省餽運，數言時政得失，太宗多所采納。

王忠嗣。鄭人。明皇時試守代州別駕。大猾閉門自斂，不敢干法。

李光進。河曲人，後家太原。憲宗時爲代州刺史。弟光顔，亦歷代州刺史。

宋

陳恕。南昌人。精吏治，太宗時知代州。

楊業。太原人。太宗以業老於邊事，遷代州刺史兼三交駐泊兵馬都部署。契丹入雁門，業自西京出，由小徑至雁門北口，南向擊敗之。以功遷雲州觀察使，仍判代州。自是契丹望見業旗即引去。

張齊賢。冤句人，徙家洛陽。雍熙三年知代州，與部署潘美同領沿邊兵馬。遼兵薄城下，齊賢選廂軍二千出，誓衆慷慨，一以當百，遼兵遂卻。乃夜發兵二百，人持一幟、負一束芻，距州城西南三十里列幟然芻，遼兵駭走，齊賢先伏兵於土墱砦掩擊之。

柳開。大名人。真宗即位，命治代州。開至，葺城壘，治戰具，甚有方略。

周永清。世家靈州，祖美歸京師。永清爲河北沿邊安撫副使，知代州。契丹無名求地，永清入對，言：「疆境不可輕與人，臣職守土，不願行。」固遣之，復上章陳利害，竟以母病辭。

劉文質。保塞人。天禧中知代州。先是，蕃部獲逃卒給絹二疋、茶五斤，卒皆論死，時捕得百三十九人，文質取二十九人以赦後論如法，餘悉配隸他州。

張亢。臨濮人。仁宗時爲并代副都總管，知代州兼河東沿邊安撫使。增廣堡砦，以廣田牧，蕃漢歸者數千户，歲減戍兵萬人，河外遂爲并、汾屏蔽。

劉永年。并州人。仁宗時知代州。契丹取西山木，積十餘里，輦載相屬，永年遣人焚之一夕盡。契丹移檄捕縱火盜，永年曰：「盜在我境，何預汝事？」

馮行己。河陽人。皇祐中知代州。時五臺山寺調廂兵義勇繕葺，爲除和糴穀三萬，行己謂：「不可損歲入之儲，事不急之務。」

劉舜卿。開封人〔二五〕。神宗時知代州。遼遣諜盜西關鎖，舜卿易舊鐍而大之，後以鎖來歸，曰：「吾未嘗亡鎖也。」引視，納之不能受，遂慙去，誅諜者。

史抗。濟源人。宣和末爲代州沿邊安撫副使。金人圍代急，抗呼二子稽古、稽哲謂曰：「吾將死事，汝輩能不負國，當令家屬自裁，然後同赴義。」二子泣曰：「唯父命。」至城破，父子三人突圍力戰，死於城隅。

李翼。新泰人。宣和末爲代州西路都巡檢使，屯崞縣。金人取代，執守將嗣本，遣諭降，翼射卻之，帥士卒堅守。金兵入，翼挺身搏戰，被執不屈，與縣令李聳、丞王唐臣、尉劉子英、監酒閻城同死之。

張忠輔。宣和末爲將，同崔中、折可與守崞縣。金人來攻，嬰城固守，中有二心，忠輔宣言曰：「必欲降，請先殺我。」中紿斬忠輔，開城門，可與被執不屈，死之。可與兄可求，建炎中言於朝，官可與之子五人而忠輔不與，士論惜之。可與，雲中人。

王忠植。紹興十年知代州，舉兵復石、代等十一州。

金

璞薩忠義。上京巴爾古河人。海陵時爲震武軍節度使。火山賊李鐵鎗乘暑來攻。璞薩忠義單衣從一騎迎擊之，射殺數人，賊乃退。「璞薩忠義」舊作「僕散忠義」，「巴爾古河」舊作「拔盧古河」〔二六〕，今並改正。

完顏衷。中都人，世祖曾孫。大定中授代州宣鋭軍都指揮使。歲旱，州委禱雨於五臺靈潭，步致其水，雨隨下。人爲刻石記之。

鄂通醜和尚。爲代州經略使。貞祐四年八月元兵攻代州，鄂通醜和尚禦戰敗績，身被數創被執，欲降之，不屈死。「鄂通醜和尚」舊作「奥敦醜和尚」，今改正。

明

陸亨。晉江人。洪武中以吉安侯鎮守雁門。繕甲練兵，戎伍整肅，州關城堡營建甚堅，至今賴之。

劉英。寶坻人。洪武間知繁峙縣。居官廉潔，賦役均平。嘗以抗疏言事解官，父老數十人備列治狀，詣闕請留，得復任。

李昇。盩厔人。洪武間五臺典史。值秋霜殺禾，即以狀聞乞賑，布政司委官勘，稱不實，置昇於獄。昇曰：「爲民獲罪，雖死何憾。」耆庶爭訴其誣，得復職。

曹鼐。寧晉人。宣德二年以舉人授代州學正。課諸生有聲，時年十九。

徐綬。昌平人。成化間知崞縣。歲饑，親詣富室貸米以賑，全活萬餘人。比稔，悉爲徵還。

馬通。同州人。弘治中知繁峙縣。縣故頑梗逋賦，不知學，通勸於化導，俗爲一變。會大水没禾，他邑承風旨減報，通獨詣司臺力争，得報全災，他邑民以不生繁峙爲恨。

郭宗臯。福山人。嘉靖十七年代州兵備副使。自奉約而法令嚴，兇豪潛伏，撫民以恩，有隱咸得自達。聞訃奔喪，即日徒步號哭歸，送者萬餘人。

李士元。洛陽人。嘉靖中知代州。州使客旁午，民苦供億，士元特設支房，命謹愿吏掌之，歲輸有節。又上官遣吏來督賦輒索財物，不應則捶館人，士元命如數以給，輒報上官，後雖强畀之不敢受。卒以不善事上官論罷。

楊啓允。狄道人。知五臺縣。世宗建三殿，募邑民伐山採木二十萬，時亢旱水竭，艱輓運，啓允禱於天，夕果大雨，木盡浮出。

南居益。渭南人。萬曆二十九年雁門參政〔二七〕。繕治亭障，省費萬計。

閻夢夔。鹿邑人。崇禎末代州參將。流賊破城，抗節死。

本朝

許可用。蓋州人。順治四年爲雁平道。劉遷攻代州城，可用堅守，密遣人期大軍合剿，遷遂授首，代人立祠祀之。

李延壽。奉天人。姜瓖之亂，五臺被圍，延壽以宣府總兵往援，值竇村爲賊巢，佯言進剿代州，潛出峨口，夜抵竇村，擒斬無遺，慰脅從者數百人。餘賊守堯山巖，巖高數百丈，設長圍，募死士數十夜破之，賊遂墜崖死，其被誣通賊者盡釋之。在五臺二年班師，百姓建祠以祀。

劉正。任丘人。順治初知代州。州人某爲仇家所訐，禍不測，力白其枉得釋，懷數百金以謝，卻之。姜瓖作亂，代人劉遷應之，賊數萬攻城百日，正守禦甚力。大軍至，圍解，或指聚落爲賊黨，正抗聲折之，密令具牛酒犒師，胥獲免。

范印心。河内人。順治五年以進士知崞縣，克勤其職。姜瓖亂，殫力守禦，邑獲安。官兵往返，芻糧備而不擾，又請蠲逋賦，贖俘掠婦女，民甚德之。

崔尚質。奉天人。順治四年知繁峙縣，治行第一。時劉遷亂，尚質守城，力屈死之，家人皆自焚死，贈按察司僉事，祀忠

烈祠。

周遠祚。臨汾人。順治初繁峙縣教諭。姜瓖勒授僞職，不屈死。

張道祥。徐州人。康熙十三年任雁平道，多善政。代州饑，捐俸金煮粥以賑，又購米平糶，全活甚衆。

人物

漢

周黨。字伯況，廣武人。束身修志，州里稱高。王莽竊位，托疾杜門，後賊暴縱横，唯至廣武過城不入。建武中徵爲議郎，以病去職，復被徵引見，自陳願守所志，帝乃許焉。遂隱居澠池，著書上下篇而終，邑人賢而祠之。

殷謨。字君長，雁門人。守節不仕，王莽世、建武中徵並不到。

荀恁。字君大，廣武人。少修清節，資財千萬，父越卒，悉散於九族，隱居山澤，以求厥志。王莽末匈奴入寇，聞恁名節，相約不入荀氏里。光武徵，以病不至。永平初應東平王蒼之辟，尋罷歸，卒於家。

王霸。字儒仲，廣武人。少有清節，王莽篡位，棄冠帶，絶交宦。建武中徵到尚書，以病歸，隱居守志，連徵不至。

晉

秦秀。字玄良，雲中人。少敦學行，以忠直知名。咸寧中爲博士，議何曾、賈充謚及訟王濬平吳功，世多稱之。後議齊王

攸事忤旨除名，尋復起爲博士，卒於官。

范隆。字玄嵩，雁門人。生而父亡，四歲喪母，疏族范廣愍而養之，隆好學修謹，奉廣如父。博通經籍，著春秋三傳，撰三禮吉凶宗紀，甚有條義。惠帝時隱迹，不應州郡之命。

南北朝　魏

張黎。原平人。善書計，太祖知待之，太宗器其忠亮，賜爵廣平公。世祖時以鎮北將軍征赫連定有功，進號征北大將軍，鎮長安。清約公平，甚著聲稱。恭宗初與崔浩等輔政，忠於奉上，非公不言。官至太尉，後以議不合旨免。

莫含。繁畤人。劉琨爲并州，辟含從事，含居近塞下，常往來於魏。穆帝愛其才器，及爲代王，備置官屬，求含於琨，琨遣入參國官，常參軍國大謀，卒於左將軍、關中侯〔二八〕。子顯，知名於時，昭成世爲左常侍。顯子雲，好學善射，道武時執金吾。太武克赫連昌，詔雲與常山王素留鎮統萬，進爵安定公，雲撫慰新舊，皆得其所。

唐

茹汝升。代州人。長安間爲僕射，時本郡西峨谷水溢，汝升理泉脈，穿渠灌田，里人安業，即峪口立廟祀之。

五代　唐

史敬思。雁門人。晉王爲雁門節度使，時敬思爲九府都督，從入關，破黃巢，復京師，常爲先鋒。晉王過梁，梁王置酒上源驛，獨敬思等十餘人侍，晉王醉留宿。梁兵攻之，敬思登驛樓射殺梁兵十餘人，晉王與從者縋門出，敬思爲梁兵所殺。

史建瑭。敬思子。初爲先鋒，梁兵數爲建瑭所殺，相戒常避史先鋒。後敗梁兵於柏鄉，加檢校左僕射。又敗梁兵於下博橋，敗劉鄩於故元城。累以功歷貝、相二州刺史，卒。

李嗣本。雁門人，本姓張，世爲銅冶鎮將。少事太祖，太祖愛之，賜姓李。累以戰功遷代州刺史、雲州防禦使、振武節度使，號威信可汗。從莊宗下洺、滋諸州，還軍振武，契丹入代北，攻破蔚州，嗣本戰没。

郭崇韜。雁門人。爲河東教練使，明敏以幹材稱，累遷兵部尚書、樞密使。勸莊宗襲汴州，八日滅梁，以謀議居佐命功第一，賜鐵券，拜侍中、成德軍節度使。崇韜盡忠國家，建天下利害二十五事施行之，遇事切諫，無所迴避，宦官、伶人用事不便，共讒構殺之。明宗即位，詔許歸葬。

晉

史匡翰。建塘子，尚高祖之女。匡翰爲將沈毅有謀，接下以禮，與部曲語未嘗不名。歷懷、和二州刺史，終義成軍節度使〔二九〕，所至兵民稱慕之。史氏世爲將，而匡翰好讀書，尤善春秋三傳，與學者講論終日無倦。

安彦威。字國俊，崞人。善射，頗知兵法。高祖入立時拜北京留守，徙鎮歸德，遷西京留守，皆有惠政。丁母憂，哀毁過制。彦威與安太妃同宗，出帝事以爲舅，彦威未嘗言。及卒，太妃臨哭，人始知其同宗。

宋

楊宗閔。崞人。爲永興軍路副總管。靖康中金兵圍永興，與經略使唐重、提舉程迪〔三〇〕、提刑郭忠孝等拒守，城陷不屈

死，謚忠介。

楊震。字子發，宗閔子。以巡檢從折可存討方臘，追至黃巖，賊帥吕師囊扼險拒守，震以輕兵緣山背憑高鼓譟，賊驚走，生得師囊，進秩五等。還知麟州建寧砦，契丹亡將濟濟哩驅幽、薊叛卒，與夏人、奚人圍建寧，矢盡力乏，城不守，與子居中、執中力戰没，謚恭毅〔三一〕。

「濟濟哩」舊作「小鞠録」，改今改正。

楊存中。本名沂中，字正甫，震子。少警敏，力能絶人，學孫、吴兵法，善騎射。父震及難時存中從征河北，故獨免。由忠翊郎累官至檢校少保，兼領殿前都指揮使，乾道二年以太師致仕。卒，追封和王，謚武恭。存中天資忠孝勇敢，大小二百餘戰，身被五十餘創，宿衛出入四十餘年，最寡過，高宗嘗以郭子儀比之。

金

張大節。字信之，五臺人。天德進士，累官户部郎中。定襄退吏誣縣民匿銅者十八村，大節廉得其實，抵吏罪。章宗即位，擢中都路都轉運使，言河東賦重宜減，從之。授震武軍節度使，部有銀冶，有司皆以官榷爲便，大節曰：「山澤之利當與民共，宜諭民授地輸課，則游手者有所資，於官亦便。」上亦從之。大節忠實剛直，果於從政。又善弈，當世推爲第一。子巖叟，字孟弼，大定中進士，累官太常卿兼國子祭酒。大安三年朝廷議塞諸城門爲兵備，巖叟曰：「是任城而不任人也，莫若遣兵擇將，背城疾戰。」時論多之。

胥鼎。字和之，繁時人。由進士第累官至平陽府兼河東南路兵馬都總管。建言利害十三事，宣宗多采納之。拜本路宣撫使，尋權尚書左丞行省於平陽，設方略拒戰，屢卻元兵。興定初進拜平章政事，封莘國公。鼎忠勤，練達國事，善料敵，威望甚隆，人樂爲用，朝廷倚重之。

楊慥。字叔玉，五臺人。能文，承安進士，累官户部尚書。資器雅重，識朝廷大體，處事皆有法度。

王特起。字正之，崞人。好學工於詞賦，泰和中由進士爲真定録事參軍，有惠政。累遷司竹監使，卒。

聶天驥。字元吉，五臺人。至寧元年進士。興定初辟爲尚書省令史，時胥吏擅威，士人往往附之，獨天驥不少假借。哀宗遷歸德，天驥以右司員外郎留汴中，崔立之變，天驥被創甚，卧十餘日，其女舜英謁醫救療，天驥笑曰：「吾幸得死，兒女曹尚欲活我耶？」竟鬱鬱以死。

禹顯。雁門人。貞祐初以戰功授義勝軍節度使兼沁州招撫副使。元光二年元攻河東，顯扼龍豬谷夾攻敗之，擒元帥韓光國，所歷州縣悉復之。守襄垣八年，元大帥攻之數四不能拔，尋權元帥府都監。正大六年軍内變被擒〔三二〕，帥以鐵繩鈐之，密遁去，元兵追執，不屈死。

劉會。繁畤人。興定間起布衣爲堅州判官〔三三〕，政績著聞，累遷堅州都元帥兼節度使。

喬天翼。五臺人。興定末爲合河令〔三四〕，元兵陷城，不屈死。

元

趙惟賢。崞人。博學能文，仕至太常禮儀院奉禮郎，著春秋集傳等書。

姚天福。字君祥，本絳州人，父居實避兵徙雁門。天福幼讀春秋，通大義。及長，以才辟懷仁丞。至元中拜監察御史，每廷折權臣，世祖嘉其直。時按行畿内，有出使者淩氏取賄，天福得其狀，奏戮之以徇，豪右慴服。歷河東、淮西、湖北、山北諸道按察使，威惠並行，所在稱治。大德四年拜參知政事、大都路總管兼大興府尹，後之尹京者莫及焉。卒於官。

皇甫德。崞人。議論英發，穆瑚黎器之，數諮時務，拜信威將軍、本州觀察判官。鋤强梗、植良善，興學勸農，爲時良牧。

「穆瑚黎」舊作「木華黎」，今改正。

殷仲温。繁時人。父珍，有隱德，州縣屢辟不就。仲温廉慎精敏，起家奉宸副使，有政績，五遷朝列大夫、僉中書院事。

皇甫世忠。崞人。性純孝。母卒，廬墓盡哀，自祖而下封墓高丈餘，皆自築，手爲血裂，未幾卒。

明

弋謙。代州人。永樂中進士，授御史，遷大理少卿。直陳時政，多見納。後以言事太激，觸仁宗怒，已而嘉其清鯁，擢副都御史，往四川治採木，中官暴横，遂寢其役。後罷官卒。

韓士琦〔三五〕。繁峙人。永樂中舉人，歷陝西關内道。天順間賊定山等亂，士琦討平之，生擒其魁。猶子鐸，有勇略，士琦嘗困於賊，鐸奮身馳救得出。

趙文博。字子約，代州人。景泰進士，授監察御史。天順中劾石亨、曹吉祥，下獄，尋貶淳化知縣，有善政。亨敗，擢衛輝知府，終河南巡撫、右副都御史。

田益。字損之，崞人。天順中舉人，知光山縣，政稱第一。擢監察御史，權倖歛迹。巡按鳳陽，獄多平反，墨吏望風解綬。官至陝西兵備僉事。

梁璟。字廷美，崞人。事父以孝稱。天順末進士。成化時歷兵科都給事中，請寬減山西民預征，又請順天、永平分設巡撫，從之。以請起致仕尚書王竑、李秉，而斥都御史王越，並及宫闈事，被杖。尋擢陝西參政，進布政使，在陝十五年，多政績。累遷户部尚書，卒。

孫璽。代州人。弘治中舉人，知扶風縣。時蜀盜攻陷郡邑，都御史藍章檄璽至略陽，盜至略陽，縣令竄去，璽力拒不敵死。

贈光禄寺少卿。

劉繹。字以成，代州人。弘治進士，以户部主事督理遼東糧儲。正德中觸劉瑾怒，罷爲民。尋起監察御史，遷衛輝知府，有禦賊功，終長蘆運使。

王汝敬。代州人。正德中進士，官行人。亢直不容，棄官歸養，親卒廬墓，雨雪凍死。

王源。五臺人。弘治進士，四川按察使僉事。正德中禦賊藍廷瑞死，贈副使。

安瑄。五臺人。正德中夏邑丞。流寇入境，城守不支，罵賊遇害。詔贈開封同知。

王貫。崞人。幼喪父，事母張至孝，母卒，悲號幾死。既葬，廬墓三年，有白兔、烏鴉繞集。

王夢弼。代州人。嘉靖中進士，歷刑科都給事中。楚世子獄具，詔無覆奏即行刑，夢弼曰：「楚獄誠無冤，但覆奏制也。」竟三覆奏。尋晉都御史巡撫寧夏，有戰功。

謝蘭。字與德〔三六〕，振武衛人。嘉靖進士，授真定推官，歷副都御史巡撫陝西，功德及民。轉兵部侍郎，卒。

董暘。繁峙人。以戰功累官遊擊。嘉靖間敵入馬市口，戰死，贈鎮國將軍，祀褒忠祠。子一奎、一元，仕皆至總兵、都督，並推良將。

楊恂。字伯純〔三七〕，代州人。萬曆進士，累官户科都給事中。疏節財四議，皆近倖所不便，格不行。復論輔臣趙志皐、張位，貶按察司經歷。

楊夢弼。五臺人。萬曆中以舉人知淅川縣，調滎澤，皆有平賊功。遷開封同知，以藩邸不法事詣闕陳奏，王懼，遺金十萬，並封其金以聞，詔削王籍爲庶人。丁父喪歸，以哀毁卒。

崔賢。代州人。由舉人知新河縣，崇禎中殉難，被贈恤。本朝乾隆四十一年賜謚節愍。

孫傳庭。字伯雅，振武衛人。萬曆進士。天啓中，由商丘知縣入爲吏部主事。魏忠賢亂政，乞歸。崇禎九年擢右僉都御史巡撫陝西，擒斬流賊，累建大功。忤楊嗣昌下獄，十五年起兵部侍郎，總督陝西。明年加尚書，督師出關剿賊。師潰，轉入潼關，賊破關，城陷陣死。本朝乾隆四十一年賜謚忠靖。

高斗垣。繁峙人。性孤鯁。崇禎中知西平縣，以清慎得民，城陷，不屈死。本朝乾隆四十一年賜謚節愍。

李景時。崞人。崇禎中以貢生任濟南通判，釐姦剔弊，有能聲。德州兵亂，撫按檄景時往諭降之。流賊破濟南，景時曰：「吾職守土，殉國分也，但老母在家，不可以不訣。」馳歸白母，母曰：「臣死忠，子死孝，汝自爲之。」景時遂服藥而死。

本朝

馮如京。字秋水，本州人。順治初授永平知府，累遷廣東左布政使，屢平巨盜。每上疏陳事，次第施行。母歿，如京年六十餘，居喪哀毀骨立，服闋未幾而卒。

馮亨期。本州人。幼喪父，析產裁取十之三。姜瓖之亂，州人劉遷應之，謀襲城，亨期密白當事爲備，賊夜至不敢動。知謀出於亨期，遂殺其子於城下，亨期捐家資募士，乞援雲中，三遣乃達，城獲全。嘗游揚州，聞有身負官帑就繫者，立解槖贈之。

高鼎。大同籍，五臺人。闖寇焚掠，糾里中諸少年自保，寇不敢窺。順治初自參將歷官總兵，從平吴三桂。王輔臣叛，被羈，知賊虚實，密遣人歸報，大兵至，舉衆來會。以功至四川松潘鎮總兵。聖祖仁皇帝幸雲中，駐蹕其家，賜扁旌之。

張爊。字孔昭，五臺人。順治中舉人。嗜讀書，不事章句，以古聖賢自期。居喪毀甚，以孝聞。姜瓖脅之，佯疾被縛，中道逸歸，賊怒，追掠縱火，殺其妻子七人。兄失明，爊推讓田宅，居茅屋講道。洎病危，坐不少倚，遺命不用音樂殮，端坐而逝。

張琳。崞縣諸生。賊攻大陽堡，琳糾衆禦之，殺賊數人，既而賊大至，力戰被殺。

李旦時。崞縣貢生，景時弟。順治初姜瓖作亂，道出崞，旦時率鄉勇禦之，以棺自隨，示必死，兵力不支，被執駡賊死。其子舍玉、猶子養兆，同日死難。奉旨旌表。旦時弟昺時亦貢生，性孝友，尤多智略，痛旦時死，密偵賊黨，得殺旦時者三人，計擒之，馘以祭，於是餘賊不敢復至。後爲陵川訓導，以教澤著。

張誌。崞人。雍正初武舉。事母至孝，母死廬墓，墓前枯樹復榮，有鳥來集其上。乾隆八年旌表。

馮鍾宿。字垣拱，本州人。性孝友。父慶曾，署安西兵備道，卒於任。鍾宿時爲中書舍人，聞訃奔馳，扶櫬歸葬。居喪三年，幾滅性。以母老不仕，與諸弟相愛怡怡如也，周恤鄉里，力行不怠者二十餘年。乾隆四十五年入祀鄉賢。

郎廷卧。本州庠生。秉性恬澹，不慕仕進，孝友敦睦，樂善不倦。嘉慶二十三年入祀鄉賢。

流寓

隋

盧太翼。河間人。博綜群書，嘗隱白鹿山數年，徙居林慮山茱萸澗，請業者自遠而至。後憚其煩，逃於五臺山，與弟子數人廬巖下，蕭然絶世。

魏先生。宋人，逸其名。隋初太常議樂如聚訟，先生爲調律，樂遂和。太常欲薦而官之，先生不可，受帛二百段，歸寓雁門，以帛市酒，旦夕歡飲。時李密敗黎陽，亡命雁門，先生見之曰：「子氣沮而目亂，心揺而語偷，方今捕蒲山黨，得非長者乎？」密

驚起曰：「既知我，能免我否？」先生曰：「子非帝王規模，又非將相才略，吾望氣，晉、汾有異人出，能往事之，當不失富貴。」密終不能用其言而敗。

宋

姚孝錫。豐縣人，徽宗時任五臺簿，因家五臺。縣境歲饑，出家藏萬石賑濟，全活甚衆。

滕茂實。臨安人。靖康元年以工部員外郎假侍郎，副路允迪出使，爲金所留。時兄𡼏通判代州〔三八〕，已先降金，尼雅哈素聞茂實名，乃遷之代州，又自汴取其弟華實同居，以慰其意。茂實聞欽宗將至，即自爲哀辭，且篆「宋工部侍郎滕茂實墓」九字，授其友朔寧府司理董詵。欽宗及郊，茂實具冠幘迎謁，拜伏號泣，請從行，金人不許，憂憤成疾，卒雲中。「尼雅哈」舊作「粘罕」，今改。

明

趙南星。高邑人。天啓中以吏部尚書謫戍代州，處之怡然。

本朝

李因篤。富平人。博學工詩文，康熙初曹溶觀察三晉，因篤從之，至代州，愛其風土人物，居句注、夏屋間者十年。

列女

漢

王霸妻。不知何氏之女。霸少立高節，妻亦美志行。初，霸與同郡令狐子伯爲友，後子伯爲楚相，其子爲郡功曹，令子奉書於霸，霸子時方畊於野，聞賓至，投耒而歸，見令狐子，沮怍不能仰視，霸目之有愧容。客去，妻曰：「君少修清節，子伯之貴孰與君之高，奈何忘宿志而慙兒女子乎？」霸起而笑，遂共終隱。

金

聶孝女。字舜英，尚書左右司員外郎天驥長女。讀書知義理，適進士張伯豪，伯豪卒，依父母居。及哀宗遷歸德，天驥留汴，崔立劫殺宰相，天驥被創甚，舜英刲股以進。天驥死，舜英自以年少，葬父之明日，絶脰而死，合葬伯豪墓。

元

吉彦亨妻馬氏。崞人。夫死，自誓終身不二，與譚君澤妻張氏、王德素妻辛氏，至順以來俱以貞節被旌。

明

弋福妻王氏。代州人。成化末福爲御史，王以姑老留侍養。姑齒落不能食，王乳之，姑疾，嘗糞甘苦。後福卒京師，姑

憂死，王不食三日，殯殮成禮，鄉人稱其孝。事聞褒贈。

劉壽貞。五臺人，舉人劉復初女。字同邑盧春，未嫁而春客死，及歸葬，壽貞變服披髮奔號櫬前，葬如禮，遂往事舅姑，終身盡孝。事聞旌表。婢感其貞節，亦不適人，壽貞卒，爲尼。又有劉氏女，許字崞縣張氏子，張歿往弔，自刎柩前，被詔旌表。

冀廷威妻王氏。代州人。家雁門都堡，俺答破堡被執，王大罵，寇怒，攢殺而裂其屍。

要聚剛二女。崞人。正統間俺答入寇，二女被執，犯之不從，以善言紿至崖邊，俱投崖死，後人名其崖曰烈女崖。

王維垣妻賀氏。代州人。父璠病，割股療之。適維垣，事翁姑孝謹，維垣卒，翦髮以殉，守節五十六年，撫孤成立。其女弟適崞縣程子朝，年十九而孀，其節亦如其姊云。

李欽妻趙氏。崞人。年二十，夫亡守節，姑兩目盲，祝於天，以舌舐之，左目復明。

石錦妻田氏。崞人，御史田益女。少刲股愈父疾，錦卒，割耳殉葬，年七十而終。

楊茂三女。崞人。富民吕廷要强聘爲妾，三女恥辱身，相繼縊死。有司爲旌表立祠。

陳淑英。五臺人。許字劉氏子，未婚劉亡，女遂奔喪守節，事舅姑克盡孝道，年六十餘。又同縣王奇中妻陳氏、陳紀妻孫氏、陳俊妻師氏、陳价妻王氏，俱以守節奉詔旌表。

陳福朝妻田氏。五臺人。年十九夫亡，誓與俱死，竟自縊。

曲致化妻楊氏。五臺人。致化以秋闈被放，抑鬱而卒，氏密縊於柩側。事聞旌表。

孫嗣芳妻王氏。五臺人。嗣芳省試卒於客邸，柩歸，氏縊以殉。事聞旌表。

徐光明妻康氏。五臺人。娶三月光明卒，父母令改適，氏曰：「腹有遺娠，得男可繼徐氏，且夫肉未寒，何忍議此？」及

生子不育，遂自縊。事聞旌表。

曲秋葉。靈丘曲大保女。歲祲，大保攜妻子就食五臺，僦居安崇德家，崇德見其美，屢欲私之，女峻拒，哭訴於父母，父母去不決，女憤恚自縊死，時年十七歲。事聞旌表。

孫傳庭妻張氏。代州人。傳庭總督陝西，兵陷戰亡，張在西安聞之，率三妾二女俱投井死。

寇良政妻張氏。崞人。崇禎七年流賊肆掠，抱幼子投井死。同縣張桂妻祁氏〔三九〕，聞桂爲賊所執，呼號奔救，願生桂以養舅姑，而己代桂死，賊從之。行數十里欲自盡，賊語曰：「吾即汝夫，毋爲念汝家也。」氏怒駡不止，賊臠殺之。又同縣張計生妻賀氏，夫卒自縊。

蘇奈妻皇甫氏。崞人。奈卒，營殮具，氏謂匠曰：「斲棺令可容二人。」潛自縊。

李昌時妻王氏。崞人。夫卒，五日不食，死於柩側。

陳光先妻張氏。崞人。時年二十一，光先棄家從黄冠游，數載知無歸志，會有以改適勸者，氏大慟，絶食十一日死。具題旌表。又同縣譚子信妻靳氏、任彪妻賀氏、武本妻李氏、程可久妻楊氏〔四〇〕、李三戒妻靳氏，俱以守節被旌。

糜岩妻侯氏。繁峙人。守節被旌。

本朝

王維妻楊氏。五臺人。明末流賊至，與夫相失，恐不免，遂自殺，後以夫官吏部郎中贈淑人。又任氏，適夏縣柴雲龍，寄居五臺，夫爲商，被劫身死，任聞自縊以殉。

蔡貴妻王氏。本州人。年二十五夫旅卒，王方娠，矢殉，家人止之，舉男甫彌月，柩歸里，乘間自縊。康熙年間旌。

王則堯妻安氏。五臺人。採田薊於野，遇强暴逼污之，怒罵奔逸，訴於縣，引刀刺頸未死，復自經。

羅清妻沈氏。五臺人。年二十，夫亡殉節。

狄貞女。崞人。幼字張夢麟，將嫁夫卒，奔喪守志，事舅姑極謹。康熙年間旌。

杜青雲妻王氏。五臺人。守正捐軀。雍正年間旌。

賀烈女。崞人。許字郝琪，未婚夫亡，女奔喪，侍婢安氏從之，既葬與婢俱經死。雍正年間旌。

張允中妻封氏〔四一〕。崞人。允中任銓曹，遘疾，封憂慘甚，允中恐其殉己，囑曰：「慎勿以二柩累長途。」封然之，旋里乃自縊。

郎起發妻馬氏。本州人。守正被戕。同州烈婦李小小妻王氏、高文章妻樊氏、陳步武妻李氏，烈女劉繼武女、崔仙桃、沈金金，節婦張翱妻畢氏、妾孟氏，張翔妻劉氏、孫章錦妻馮氏、張儒魁妻楊氏、陳宫華妻閻氏、任振翱妻白氏、龐敦修妻張氏、馮偉妻孫氏、黄秉錀妻張氏、張廷瓚妻閻氏、柔銀妻温氏、崔永寬妻王氏、施永吉妻吴氏，俱乾隆年間旌。

李量小妻智氏。五臺人。守正捐軀。同縣烈婦楊卓義妻齊氏，節婦張素藴妻王氏、閻心鎔妻張氏、閻鷹揚妻李氏，俱乾隆年間旌。

韓伏蘭妻李氏〔四二〕。崞人。逼嫁捐軀。同縣烈婦文采銀子妻蘭氏〔四三〕、李冬蘭妻李氏，烈女楊照林妹、孟登遠女秀娃、楊贊女二女、于扶娃、李大德女矩娃，節婦蘇生蘭妻孟氏、楊廷璧妻張氏、張宏運妻安氏、張昭妻李氏、田朝佐妻楊氏、楊春先妻馮氏、索應圖妻郭氏、要極妻吴氏、要曰珩妻黄氏、李祖堯妻張氏、郄珠繼妻楊氏、樊來福妻杜氏、李先禄妻張氏、閻慕菊妻元氏、武天相妻郭氏、楊任妻李氏、郝生貴妻吉氏、田助公妻邢氏，俱乾隆年間旌。

劉有寶妻韓氏。繁峙人。守正被戕。同縣烈婦李舉子妻宋氏，節婦侯肱妻殷氏、侯安民妻郭氏、張春元妻侯氏、常養信

妻劉氏，俱乾隆年間旌。

劉祥運妻高氏。本州人。夫亡殉節。同州烈婦劉奏泰妻柳氏、馮寵妻張氏、李琢玉妻馮氏，節婦閆文光妻程氏、丘世基妻王氏、吴勇楨妻段氏、吴永通妻劉氏、程儒妻王氏、趙逵妻王氏、趙震興妻柳氏、李位妻王氏、李儒妻韓氏、李瓊休妻張氏、劉實妻路氏、閻子謙妻賈氏、馮思恭妻范氏、趙郁文妻李氏、劉泰妻高氏、賈公欽妻高氏、王正梅妻汪氏、馮棉祚妻范氏、陳錫常妻黄氏、陳錫爵妻張氏，俱嘉慶年間旌。

馬東喜妻董氏。五臺人。守正捐軀。同縣烈女王二有女老忙，節婦王恩洋妻張氏、楊萬鵬妻趙氏，俱嘉慶年間旌。

甯亢氏。崞人。夫失名，守正捐軀。同縣烈婦張素子妻張氏，貞女蘭儲聘妻張氏，節婦弓招妻楊氏、王夢龍妻索氏、樊繼賢妻蘇氏、周開基妻王氏、邸通富妻李氏、鄭麗中妻王氏、李朝陽妻王氏、趙來賓妻武氏、蘭慎修妻李氏、賈足録妻李氏、陳萬肇妻李氏、曹必因妻何氏、趙有年妻蕭氏、郭貴林妻解氏、段嗣績妻李氏，俱嘉慶年間旌。

李舉妻宋氏。繁峙人。守正捐軀。同縣烈婦劉玉廷妻原氏、穆開運妻郭氏、張宣妻任氏，節婦何廷悦妻韓氏、趙中獻妻劉氏、孟兆鳳妻郭氏，俱嘉慶年間旌。

仙釋

北魏

靈辨。懸甕山沙門。熙平初頂戴華嚴，日夜行道於五頂之間，足破血流，曾無少怠。一夕松下坐，忽爾心光凝湛，自是一

切文字觸目冰釋，造華嚴論一百卷。孝明帝請於式乾殿敷揚奥旨，宰輔重臣皆北面而聽，後終於清涼。

曇鸞大師。雁門人。年十四即出家，窮研經論，因注大乘經成疾，周行醫療，遂往江南陶隱居所，得仙方十卷歸魏，依方修法。後至潞州，逢三藏菩提留支師，以觀經授之曰：「修此當得解脱生死也。」師即受行，調心鍊氣，魏主重之，號爲神鸞。卒之日，異香滿室。

隋

解脱和尚。代州邢氏子〔四四〕。嘗於東臺麓見草衣比丘跏趺石上，即前叩首，語曰：「夫解脱者當求諸己，而由人乎？」於是狂機頓歇，深契大法，普度垂五十餘年，莫知所終。

唐

澄觀。會稽人。大曆中入五臺，駐錫大華嚴寺，博覽六藝圖史、九流異學、竺經梵字，及四圍五明〔四五〕、聖教世典等書，靡不該洽。自是筆無停思，注述華嚴無間。貞元十二年上遣河東節度使、禮部尚書備禮迎入京，翻譯烏茶國所進華嚴，既就進之，上大悦。憲宗時賜號清涼國師。

宋

真寶。代州人。五臺山僧正，能外死生。靖康之擾，與其徒習武事於山中，欽宗召對便殿，令還山聚兵助討，州破被執，

曰：「吾法中有口回之罪，吾既許宋以死，豈當妄言也。」怡然就戮。

金

蘇陀室利。中印度那蘭陀寺僧。慕清涼文殊住處，與弟子七人航海而來，殞者三、還者三，惟蘇陀室利六載始達臺山，時年八十五矣。經一臺，頂誦華嚴十部，禪寂七日，不息不食。後化於靈鷲峰，弟子佛佗闍毘收舍利八合，持歸西土。

明

葛爾麻。烏斯藏人。太宗聞其名，遣使迎之，至京，封如來大寶法王西天大善自在佛。性樂林泉，奏辭游五臺，遣使衛送，命重修大顯通寺居之。後疏別入寂，火化無物〔四六〕，相傳闕吏見法王適西，奏上所賜玉玦云。「葛爾麻」舊作「葛哩麻」，今改正。

本朝

阿王老藏。俗姓賈，順天西山人。十歲出家，順治中攝齋受戒，西天上士諦視曰：「此中有五臺主人。」衆皆惘然，後果以兼通番漢選主五臺。年七十退居，長坐不卧，聖祖仁皇帝幸五臺，賜號清涼老人。

老藏丹貝。蒙古人，入衛籍爲趙氏。順治中挂錫五臺。沖淡疏朗，解文義，工翰墨，聖祖仁皇帝西巡，特奬賚之。

土産

鐵。州志有鐵冶。

鐵砂。

磁器。

石炭。五臺縣志：天和山出，又五洞山出煤炭。

豹尾。唐書地理志：代州貢。

白雕羽。元和志：代州貢雕羽五具。

青碌。唐書地理志：代州貢青碌。五臺縣志：北臺寶山産石碌。

紫石。五臺縣志：石有紫硯石、紫英，又段畝山出紫緑紋石可爲硯。崞縣志：鳳凰山有石可爲硯。按山海經郭璞傳：「瑞石出雁門山〔四七〕，白者如水，中有赤色。」豈即此耶？

天花。五臺縣志：五臺山産天花。五臺山志：雨餘菌生，黄曰天花，白莖紫纖謂之地菜，又有銀盤麻姑、猴頭麻姑，皆菌屬，牧兒得一本輒易一縑。廣群芳譜：五臺山天花蕈，一名天花菜，形如松花而有香氣，食之甚美。聖祖仁皇帝御製天花詩，乾隆十一年、二十六年、四十六年高宗純皇帝並有御製恭和聖祖仁皇帝元韻詩。

麝香、仙茅。唐書地理志：代州土貢麝香。五臺縣志：縣出麝香。曲洧記聞：五臺有草名長松，亦名仙茅，有患麻瘋

者入山，異僧指示此藥服之，兩眉更生。廣群芳譜引本草亦云：五臺山有仙茅。按：隋書稱五臺山地多藥物，縣志所列近百種，意此二種乃專産也。

金蓮花。五臺山志：山有旱金蓮如真金，傳是文殊聖蹟。廣群芳譜：色金黄，七瓣兩層，蘂亦黄色，一莖數朵，若蓮而小，六月盛開。遼史：道宗幸黑山賞金蓮。元周伯琦上都紀行詩，上都有金蓮花〔四八〕，蓋塞外産。本朝康熙中聖祖仁皇帝命移植避暑山莊，三十六景其一曰「金蓮映日」。種又有緑色者，聖祖仁皇帝御製詩賦及柳梢青詞，又有緑金蓮花詩。高宗純皇帝有恭和聖祖仁皇帝元韻詩。

鷄足草、䔰䕭草、菩綫草。五臺山志有異草鷄足、䔰䕭，五臺縣志又有菩綫草。按：廣群芳譜引本草有鷄脚草，赤莖對葉，如百合苗。蓋藥屬，惜志不言其狀，未知與鷄足同異，餘亦未詳。按：唐書地理志：代州貢蜜。五代史僧繼顒於柏谷置銀洞，鑿礦取銀。一統志代州鳳游峪出銅，代州志州有銀洞。五臺縣志五臺山北臺有寶山産銀。崞縣志縣西七里有蟾酥池，泉自地出，舊産蟾酥，金元好問有詩。今皆無之。又太平寰宇記代州賦麻布，崞縣志福壽山温泉冬月可以漚麻，不言出布。山海經泰戲山有獸名辣〔四九〕。爾雅「西方有比肩獸，其名謂之蹷」，郭璞注：「今雁門廣武縣夏屋山中有獸形如兔，俗名蹷鼠。」並附識於此。

校勘記

〔一〕東北至大同府應州界六十里　乾隆志卷一一四代州建置沿革（下同卷簡稱乾隆志）作「東北至大同府渾源州界一百三十里」。

按，據前文代州四至及輿圖，當以乾隆志爲是。本志承襲乾隆志，蓋涉下文錯録也。

〔二〕名牛斗山　「牛斗」，原作「斗牛」，據乾隆志及雍正山西通志卷二六山川一〇乙正。按，又名牛頭山。

〔三〕爾雅謂之夏壺山　「壺」，乾隆志同。按，爾雅釋地郭注作「夏屋山」，字作「屋」，且引語見於郭注，稱「爾雅謂之」亦不恰。

〔四〕避雨巖　「巖」，原作「鑪」，據乾隆志、雍正山西通志卷二六山川一〇改。

〔五〕在五臺縣北十五里　「縣」，原闕，據乾隆志補。

〔六〕聖祖仁皇帝御題額曰霄潤　「霄」，乾隆志、雍正山西通志卷二六山川一〇作「宵」。

〔七〕其相楊益戒知不可奪　「楊益戒」，原作「揚益」，乾隆志同，據宋史卷三三一沈遘傳改補。

〔八〕虖沱之水出焉　「虖」，原作「滹」，乾隆志同，據山海經卷三北山經改。按二字本通，然本卷下文「滹沱河」條云「山海經作『虖沱』」，故據改。

〔九〕虒陽嶺　「陽」，原作「頭」，據乾隆志、雍正山西通志卷二六山川一〇改。

〔一〇〕又羊頭神河　「羊」，原作「半」，乾隆志同，據雍正山西通志卷二六山川一〇改。

〔一一〕代郡鹵城有虖池河　此與下文「入虖池別」之「虖池」，原作「滹沱」，乾隆志同，據漢書卷二八下地理下改。

〔一二〕行千三百四十里　「千三」，原作「三千」，據漢書卷二八下地理下乙正。

〔一三〕韓非子作呼沲　「沲」，原作「沱」，乾隆志同，據韓非子卷一初見秦改。按若作「呼沱」，則與前文所稱「戰國策作『呼沱』」無別矣。

〔一四〕趵突泉　「趵」，乾隆志同，雍正山西通志卷二六山川一〇、記纂淵海卷二三作「豹」。

〔一五〕音驢夷　「驢」，乾隆志同，漢書卷二八上地理上作「廬」。

〔一六〕皐通監　此與下文「名代州監曰皐通」之「皐通」，原作「通皐」，乾隆志同，據雍正山西通志卷六〇古蹟四、金史卷四八食貨三乙正。

〔一七〕元史文宗紀　「文」，原作「明」，乾隆志同，據元史卷三二文宗一改。

〔一八〕穿塹壘石以爲固　「塹」，原作「鏨」，乾隆志同，據雍正山西通志卷九關隘一、元史卷三二文宗一改。

〔一九〕傳爲劉鳳山塑　「山」，乾隆志、雍正山西通志卷一七一寺觀四作「仙」。

〔二〇〕北齊釋元順建　「順」，乾隆志同，雍正山西通志卷一七一寺觀四作「頤」。

〔二一〕又十五里爲法華寺　「法華」，原作「華法」，據乾隆志、雍正山西通志卷一七一寺觀四乙正。

〔二二〕曰一刹圓光　「一」，乾隆志同，雍正山西通志卷一七一寺觀四作「十」。

〔二三〕明永樂中賜額大顯通寺　「顯通」，原作「通顯」，據乾隆志、雍正山西通志卷一七一寺觀四乙正。

〔二四〕元大德中建　乾隆志同，雍正山西通志卷一七一寺觀四作「金大定年建」。

〔二五〕開封人　「封」，原作「州」，乾隆志卷一一五代州名宦同，據雍正山西通志卷九八名宦一六、宋史卷三四九劉舜卿傳改。

〔二六〕巴爾古河舊作拔盧古河　「拔」，原作「巴」，據乾隆志、金史卷八七僕散忠義傳改。

〔二七〕萬曆二十九年雁門參政　按，明史卷二六四南居益傳謂「萬曆二十九年進士，授刑部主事，三遷廣平知府，擢山西提學副使、雁門參政」，則其任雁門參政之年不得爲二十九年明矣，此乃删節史文不當所致。乾隆志作「萬曆末」，庶近之。

〔二八〕關中侯　「中」，原作「内」，乾隆志同，據雍正山西通志卷一二七人物二七、魏書卷二三莫含傳改。

〔二九〕終義成軍節度使　「義成」，原作「成德」，乾隆志同，據舊五代史卷八八、新五代史卷二五之史匡翰傳及曝書亭集卷五〇晉義成節度使駙馬都尉史匡翰碑跋改。

〔三〇〕提舉程迪　「舉」，原作「調」，乾隆志同，據宋史卷四四七忠義二改。

〔三一〕謚恭毅　「恭」，原作「忠」，今據宋史卷四四六忠義一、建炎以來繫年要録卷一六四改。

〔三二〕正大六年軍内變被擒　「正」，原作「至」，乾隆志同，據雍正山西通志卷九一名宦九、金史卷一二三禹顯傳改。

〔三三〕興定間起布衣爲堅州判官　「堅」，原作「監」，據乾隆志、雍正山西通志卷一二八人物二八改。

（三四）興定末爲合河令　「興定」，原作「天興」，乾隆志同，據金史卷一一五宣宗中改。

（三五）韓士琦　「琦」，乾隆志同，雍正山西通志卷一二八人物二八作「奇」。

（三六）字與德　「與」，原作「興」，乾隆志同，據雍正山西通志卷一二八人物二八改。

（三七）字伯純　「伯純」，原作「純伯」，乾隆志同，據雍正山西通志卷一二八人物二八、明史卷二三〇楊恂傳乙正。

（三八）時兄絢通判代州　「絢」，原作「徇」，乾隆志同，據宋史卷四四九忠義四改。

（三九）同縣張桂妻祁氏　「祁」，乾隆志作「祈」。

（四〇）程可久妻楊氏　「程」，乾隆志同，雍正山西通志卷一五七列女九作「陳」。

（四一）張允中妻封氏　乾隆志同，雍正山西通志卷一五七列女九「妻」上有「繼」字。

（四二）韓伏蘭妻李氏　「伏」，乾隆志作「後」。

（四三）同縣烈婦文采銀子妻蘭氏　「文采」，乾隆志作「艾萊」。

（四四）代州邢氏子　「邢」，原作「那」，據乾隆志、雍正山西通志卷一六〇仙釋二改。

（四五）及四圍五明　「明」，原作「聖」，乾隆志同，據雍正山西通志卷一六〇仙釋二、宋高僧傳卷五唐代州五臺山清涼寺澄觀傳改。

（四六）火化無物　「火」，原作「大」，乾隆志同，據雍正山西通志卷一六〇仙釋二改。

（四七）瑻石出雁門山　「瑻」，乾隆志同，山海經卷五中山經作「礝」。

（四八）上都有金蓮花　「有」，原闕，據乾隆志補。

（四九）泰戲山有獸名䍶　乾隆志同，山海經卷三北山經「䍶」字重。

保德直隸州圖

偏關界
樺林堡
黃嶺梁山
河曲
火山
河邑司
五寨界
翠峯山
尖山
獅子山
赤山
岢嵐州界

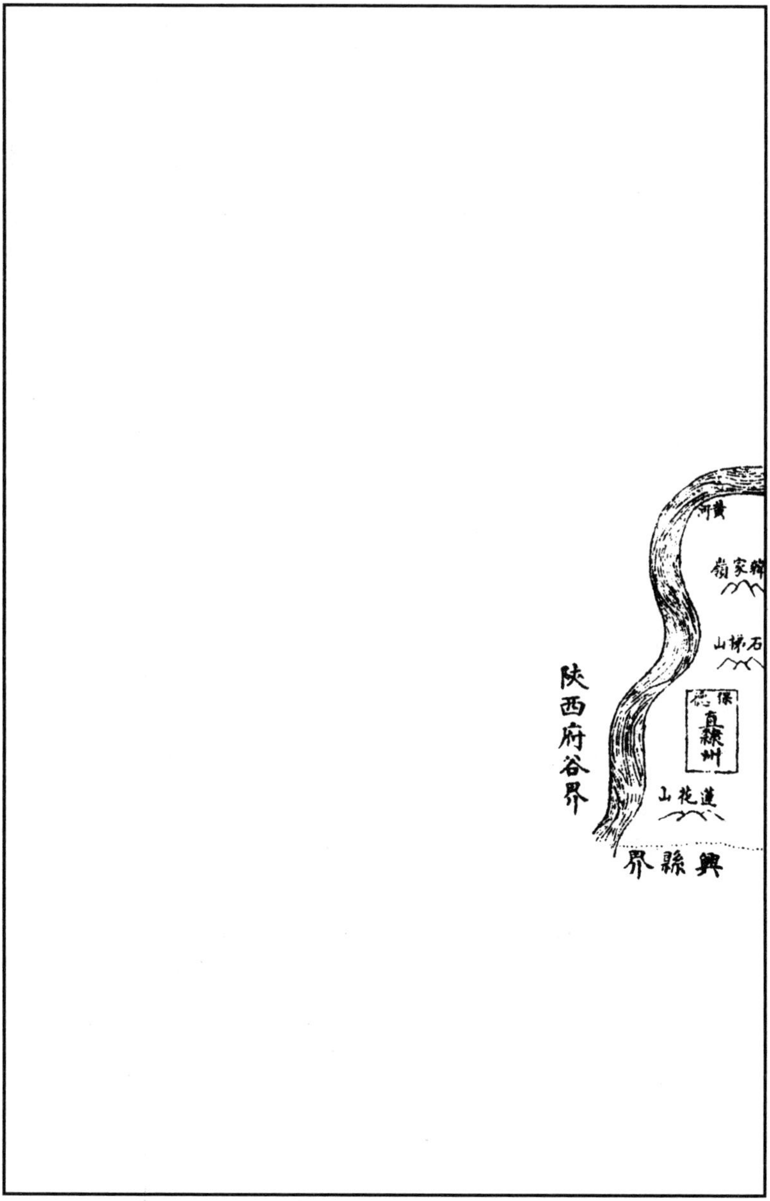
黃河
韓家嶺
石梯山
保德直隸州
蓮花山
陝西府谷界
興縣界

保德直隸州表

	保德直隸州	河曲縣
兩漢	太原郡地。	
三國魏晉	新興郡地。	
後魏	永安郡地，置武川鎮。	
齊周		
隋	嵐州地。	
唐		嵐州地。
五代		北漢置雄勇鎮。
宋	保德軍 淳化四年置定羌軍，景德二年改名，屬河東路。	火山軍 太平興國七年置，屬河東路。
金	保德州 大定二十二年升州，屬河東北路。 保德縣 大定十一年置爲軍治。	隩州 大定二十一年升爲州，尋改名。興定二年改屬嵐州，屬河東北路。
元	保德州 屬冀寧路。 憲宗七年省入州。又有芭州，至元初省入州。	省
明	保德州 洪武七年降爲縣，九年復升爲州，屬太原府。	

續表

治平四年置火山縣，爲軍治。熙寧元年廢。
河曲縣 貞元元年置爲州治。
至元二年省入保德州。
河曲縣 洪武二年復置，六年廢。十四年復置，屬太原府。

大清一統志卷一百五十二

保德直隸州

在山西省治西北四百六十里。東西距二百三十里，南北距二百二十里。東至寧武府五寨縣界一百二十里，西至太原府興縣界一百十里，南至太原府岢嵐州界七十里，北至邊墻一百五十里。東南至岢嵐州界一百六十里，西南至興縣界一百里，東北至寧武府偏關縣界一百八十里，西北至蒙古界一百四十五里。本州境東西距八十里，南北距九十一里。東至河曲縣界四十里，西至陝西榆林府府谷縣界四十里，南至興縣界九十里，北至府谷縣界一里。東南至岢嵐州界一百七十里，西南至興縣界九十里，東北至河曲縣界三十里，西北至府谷縣界三十里。自州治至京師一千七百十五里。

分野

天文昴、畢分野，大梁之次。

建置沿革

禹貢冀州之域。春秋屬晉，戰國爲樓煩地。漢太原郡地，魏、晉新興郡地，後魏永安郡地，

隋、唐爲嵐州地。宋淳化四年析嵐州地置定羌軍，景德二年改保德軍，屬河東路。金大定十一年置保德縣，爲軍治。二十二年升保德州，屬河東北路。元憲宗七年省縣入州，屬冀寧路。明洪武七年降爲縣，九年復爲州，屬太原府。本朝雍正二年升爲直隸州，屬山西省。領縣一。

河曲縣。在州東北一百三十里。東西距一百四十二里，南北距一百三十三里。東至寧武府五寨縣界一百四十里，西至陝西榆林府府谷縣界二里，南至本州界一百三十里，北至蒙古黄河界三里。東南至太原府岢嵐州界一百七十里，西南至本州界一百里，東北至寧武府偏關縣界一百八十里，西北至蒙古界十五里。漢太原郡地。唐嵐州地。五代北漢置雄勇鎮。宋太平興國七年建火山軍，屬河東路。治平四年置火山縣，爲軍治，熙寧元年縣省。金貞元元年置河曲縣，大定二十二年升爲火山州，治河曲。後改州曰隩州，屬河東北路。元至元二年州、縣俱省入保德州。明洪武二年復置河曲縣，六年省，十四年又置，屬太原府。本朝雍正二年改屬保德州。

形勢

迫臨黄河，密邇西徼。續文獻通考。群山屹峙於東南，黄河繞流於西北。通志。

風俗

土瘠民貧，莫不尚義。明統志。質樸剛勁，猶有古風。州志。

城池

保德州城。周七里有奇，門四。宋淳化中土築，金大定中增築，明萬曆中甃甎。本朝順治六年修，康熙六年、四十六年、乾隆三十二年重修。

河曲縣城。周三里有奇，門三。明宣德初土築，名灰溝營。萬曆中甃甎，改名河保營。本朝乾隆二十七年爲縣治，三十三年重修。

學校

保德州學。在州治西。舊在城東南隅，宋熙寧初建，金大定中移建今所。本朝順治十年修，康熙十二年、三十二年重修。入學額數十二名。

河曲縣學。在縣東南舊縣治東北。明洪武中建，成化間遷明倫堂於縣治北隅，崇禎中重建。入學額數八名。

宿文書院。在河曲縣南。本朝乾隆二十二年建。按：舊志載見龍書院，在州治西，明萬曆中建。今廢，謹附記。

户口

原額人丁六千三百八十九，今滋生男婦共一十四萬七百六十九名口，計二萬二千七百四十一户。

田賦

田地九百四十七頃四十畝有奇，額徵地丁正、雜銀九千四百四十一兩五錢四分九釐，糧三千二百三十石八斗九升有奇。

山川

馬頭山。在州東二十里。

氈帽山。在州東六十里。山半有洞，可容百人。

鷹窩山。在州東六十里。又窩弓山，亦在州東六十里。

翠峰山。在州東八十里，接河曲縣界。明統志：保德州治東有翠峰，其形如覆斗，色恒蒼翠。

獅子山。在州東南二十里。又孤山，在州東南三十里；劉家山。在州東南五十里。

堂子山。在州東南六十里。崖半有石洞。又黄龍山、倒座山，俱在州東南六十里；袁家山，在州東南七十里。

赤山。在州東南八十里。山皆楓樹，經霜盡赤。

土門山。在州東南八十里。又賀家山，在州東南九十里。

柏山。在州東南一百里。又潘家山、桑林山，俱在州東南一百里。

蒼水山。在州東南一百二十里。以山中水色蒼，故名，其水不竭不溢，州人木炭取給於此。

蓮花山。在州南一里。其山五峰，東爲東廓山，西爲西廓山，俱臨黄河。又分三小支入州城，東爲鐵山，西爲金山，中一支當州治，形如蓮房，故名。

銀鑪山。在州南十里。

寨山。在州南三十里。又羊頭山，在州南四十里。

麥子山。在州南七十里。有洞，昔人常避兵於此。

伊山。在州南，接嵢嵐州界。

飛龍山。在州西南十里。又州東北亦有飛龍山。

黄金山。在州西南六十里。又神山，在州西南八十里。又野人山，在州西南九十里。

石梯山。在州東北二十里。上有墩，墩下一堡，甚險隘。山下爲水寨山渡口，亦戍守要地。

逍遥山。在州東北二十里，一名腰莊。出鐵器。

黄巍梁山。在河曲縣東南二十五里。高埒翠峰，可眺數百里外。

强梁山。在河曲縣東南一百里。又杜家山，在縣東南一百十里。又望羊山，在縣東南一百三十里。又葫蘆山，在縣東南一百六十里。

火山。在河曲縣南六十五里。寰宇記：在火山軍東四十里。遼史景宗紀：乾亨元年太保舒蘇與宋兵戰於火山。縣志：在舊縣西五里黄河東岸，山上有孔，以草投孔中煙焰上發，可熟食，不生草木。上有硇砂窟，下有氣砂窟，黄河過此如遇覆釜，河流爲之曲。

尖山。在河曲縣南一百里。峰鋭故名。

郝家嶺。在州東南三十里。

峰子嶺。在州南五十里。西溝水出焉，流經州城西入河。

楊家嶺。在州南，接岢嵐州界。又王家嶺，亦在州南。

黨家嶺。在州西南九十里。

韓家嶺。在河曲縣東南三十里。

木瓜崖。在州城西。又花花崖，在州西南八十里。

雕黄崖。在河曲縣東南八十里。

赤崖。在河曲縣南三十里。土色俱赤，相傳吕梁未鑿時河出此山之上，崖上有蛤蚌遺殼。

倒回谷。在州東北三十五里。金史忠義傳：正大八年陳和尚有倒回谷之勝。

夾子洞。在州東南七十里。

纏户崖洞。在州西南四十里。上有石崖，下逼黄河，外小内大，可容數百人。

石洞。在河曲縣南六十五里，深廣可容千人。又縣東南河峪村亦有石洞，高一丈六尺，廣二丈，深三丈有奇。

天橋峽。在河曲縣南九十五里，上闊十二丈五尺，中闊七丈，下闊八丈五尺，共長九十丈。黄河流經其中，每雨激浪如雷，聲聞數十里。冬月積冰成橋，俗謂之天橋。明時議建橋於此，不果。

禪師崖棧。在州西南六十里。崖半有石洞。

黑石崖棧。在州西南七十里。中有石洞，深不可測，洞口石徑臨黄河，長二十里，極屈曲，行旅前後不相望，盜賊出入於此。明萬曆三十八年設兵林家峪及神山、馮家川諸處戍守，始與禪師崖俱闢爲大道。

觀音峁。在州東北十里。出炭。

深溝水。在州南三十里，西北入黄河，爲興縣往來通路，最崎嶇。又石堂水，在州南四十里；土門溝水，在州南六十里；爬樓溝水〔一〕，在州南八十里，出石燕。皆入河。

得馬水。在河曲縣南三十里，西流入黄河。相傳尉遲敬德得馬於此，故名。

黄河。在州城西北一里。自寧武府偏關縣南流，經河曲縣西北六里，又南流入州界，又南入太原府興縣界，對岸爲陝西府谷縣界。邊防考：大河流入老牛灣，過河曲縣西南，經保德州，中間有娘娘灘、太子灘，皆套中渡河處，最爲險要。

大澗河。在河曲縣東南七十里。源出寧武府神池縣，西流七里入黄河。有二山，形如鐘鼓，水出其下有聲。

沙泉河。在河曲縣東南一百三十里。源出寧武府五寨縣，流經縣界，至本州界入河。

石佛河。在河曲縣東南一百六十里，接岢嵐州長流溝，西入黄河。

鎮口河。在河曲縣南二十五里，南流入黄河。

朱家川。在州東六十里。源出寧化山，西南流入黄河。

鴨頭川。在州南，接岢嵐州界。水由東南流入黄河，一名馮家川。

卧龍池。在州南四十里。有石窟，水常清。

龍池。在州南五十里石澗中，周十餘丈。旁建五龍祠，禱雨輒應。

楊家泉。在州東。從平地湧出，煮豆粥不用鹽。又老鵶泉，在州東一里，水出石峽。

平泉。在河曲縣西北十里。平地湧出，汲之不縮不盈，流三里入黄河。又白鹿泉，在縣南十里，冬月不冰。又榆泉，在縣東南四十里。又凝碧泉，在縣南六十里，泉出崖下，冬温夏寒。

孫家溝。在州城内金山下。又草廠溝，在州城内鐵山下；苦水溝，在州城内西北角學宫下，皆有水洞。

石坂溝。在州東五里。又熱窑河溝，在州東十五里，出炭。

倒迴谷溝。在河曲縣南九十五里，亦流入大河。溝上有橋，金時建。

古蹟

芭州故城。在州城西北。元初置，屬冀寧路，至元二年省入保德。詳見陜西榆林府府谷縣。

河曲故城。在河曲縣東南七十里，周六里有奇。宋太平興國中土築，元至正中增築南面小城。明萬曆中甃以甎石，並爲縣治。本朝因之，順治中重修，增設甕城。乾隆二十七年移治西北河保營。

隩州故城。在河曲縣東南一百五十里。宋曰火山軍，文獻通考：火山軍本嵐州地，劉崇置雄勇鎮，宋太平興國七年建爲軍，徙治鎮西三十里，屬河東道。金史地理志：隩州，本宋舊火山軍。大定二十二年升爲火山州，後更今名。興定二年改隸嵐州，四年徙治於黄河灘許父寨。元史地理志：至元二年省隩州入保德州。

古長城。在州南偏橋村，西抵黄河，南接興縣，長八十里。

定羌軍。今州治。宋淳化四年析嵐州地置定羌軍，景德二年改曰保德軍。金升爲州。州志：今州古名林濤寨，有故城在州西二十里，宋建。

擬江樓。在州城上。俯瞰大河，金時建，知州李晏改曰安西樓。

關隘

得馬水關。在河曲縣南三十里。下即得馬水堡，有土城，周一里餘。明洪武九年置巡司，後廢。通志：舊隸保德州，在州東北一百里。

河邑巡司。在河曲縣東南七十里故城內。本朝乾隆二十七年移巡司駐此。

陳家寨。在州東十里。又秦峁寨、叢林溝寨，皆在州東；廟溝寨、新畦寨、王家寨，皆在州東南；禪房寨，在州南；花園寨、劃峻寨，皆在州西南。

水寨。在州東北十五里。當黄河中流，高二十八丈，周二里許，河水至此分流周抱，合流而下，有渡。

五門樓寨。在河曲縣南三十五里。險隘可守。又南五里有元太捕寨，三面陡絶，東有一路，爲戍守要地。

楊家寨。在河曲縣北六十里。明初調鎮西衛官兵戍守，後裁。

下鎮寨。在河曲縣北。宋置雄勇、偏頭、董家、横谷、桔槔、護水六寨，屬火山軍，後廢，元豐中止領下鎮一寨。

河曲營堡。在河曲縣東南五十里。明宣德初置，萬曆中增築東關土堡，俱周二里有奇。

唐家會堡。在河曲縣南十里。明正統中建，周一里有奇。又南爲五花營堡，明萬曆中築，周二里有奇。又南爲楊兔堡。

樺林堡。在河曲縣北。明成化間建，本朝初設守備防守，雍正十年改設都司。

河會營堡。在河曲縣東北五里。明萬曆中建，周二里有奇，亦名潞澤營〔二〕。又東北爲羅圈堡，明弘治中建。又東北爲樓子營堡，明宣德中建，周一里有奇。

石梯隘口。在河曲縣南五十五里。東枕高岡，西臨黄河，邊墻始此。

星坐驛。在河曲縣東一百二十里。

津梁

大堡津。在州城南四十里。九域志：保德軍有二津，大堡津在軍南四十里，沙谷津在軍北五里。

九粱津。在河曲縣東北三十里。宋慶曆間置榷場，路通遼、夏，後廢。

化龍橋。在州城内州學東，阻城中水使北流。明萬曆中改修。

保德橋。在州城南門外。明弘治中修，本朝康熙中增修。

天門橋。在州城南鷹窩嶺下。下有大澗，每暴雨則水泛溢，人不得渡，宋嘉祐中商人王繼宗於天門峽口疊石爲岸，跨岸爲橋，州志名曰石橋，今廢。

惠民井橋。在州城西南。明正德中建，本朝康熙中重修。

澗虹橋。在河曲縣東南七十里大澗河上。

天橋子渡。在州城東三十里。又西南有馮家川渡。又西有故城、花園、柴家窊、韓家川、桑園、神山等渡。

芽子陂渡。在河曲縣南六十五里，路通清水、黄甫川諸處。

隄堰

井谷溝。在河曲縣南七十里。民資灌溉。

龍門溝。在河曲縣南七十里。有灌溉之利。

郭家灘。在州東十里。灘水溉田百畝有奇，明萬曆間河水衝決，知州胡枏修堰引灌焉。

陵墓

宋

折太君墓。在州城南四十里折窩村，楊業妻。

趙寧墓。在州城東北義門都。

九女墓。在州城東北，地名條梁。州志：宋時趙氏女不適人，合葬於此。

朱光墓。在河曲縣東南一百三十里。

明

姜名武墓。在州城西南八十里。

張綬墓。在州城西嶺。

祠廟

三賢祠。在州城内。祀明州守高岡鳳、王甲、胡枘。

胡桝祠。在州城南門外。舊州境内有祠四十餘所，今盡廢。

河神廟。在州城北坡下。明弘治十八年建，本朝順治中重修。

大禹廟。在河曲縣西五里黄河岸。

寺觀

承天寺。在州城内。又寶積寺，亦在州城内，俱元時建。

花佛寺。在州南十五里。元至正間石崖崩出石佛數百，州人建寺，舁置其中。

金峰寺。在州南五十里。金建。

興隆寺。在州西南三十里。宋熙寧初建，舊名資福寺。

華嚴寺。在河曲縣舊治東。元天曆初建。

禪會寺。在河曲縣東南五十五里。元至正間建。

宗説寺。在河曲縣東南一百五十里翠峰山。元皇慶中建閣浮殿，至治間改今名。

天慶觀。在河曲縣舊治南門外東岡。宋大中祥符中建。

名宦

宋

楊嗣。瀛州人。雍熙四年知火山軍。代還，吏民借留，遂再任。

孔文仲。新喻人。神宗時通判保德軍。時征西夏衆數十萬皆道境上，久不解，邊人厭苦，文仲陳三不便。

徐徽言。西安人。大觀中歷保德軍監押，以邊功權知保德軍，宣和中改知火山軍。

何灌。祥符人。爲火山軍巡檢。有盜狡悍，爲二邊患，灌親梟其首。遼人以争賈胡疃泉水，舉兵來犯，灌迎高射之輒中，或著崖石皆没鏃，敵驚以爲神，皆引去。

金

李晏。高平人。大定間知保德軍。城西南臨溝輒圮，遂相地改築，計一百七十步有奇。城中乏水，於石渠上壘甓爲洞以便汲，州人賴之。

王嘉言。知保德軍〔三〕。建學闡明道學。

元

袁公。失其名，光州人。至正十四年以薦知保德州。才略明敏，凡有糧儲、科役、造作，必躬詣樞府請省減，民心悦服。

明

宋鎮。永樂元年知保德州。蒞政勤能，撫字有方。

任泰。咸寧人。宣德初知保德州。廉直無私，遇事立決，人推公敏。

周山。紹興人。弘治間知保德州。處事公勤，治行爲一時最。考滿當遷，州人走京師請留，命加銜仍治州事。

李澤。歷城人。正德中知保德州。興除利病，民皆愛戴。武宗幸山西〔四〕，芻餉不給，澤奉部院檄召買唐家會，未旬日得米三百石、草十萬束，公用充足。後以疾求去，送者載道。

齊恩。隆德人。嘉靖中知河曲縣。爲政廉明仁恕，寇犯内境，恩揚兵河東，多設旗幟，金鼓聲不絶，敵大驚，急卷甲去，乃整船筏，拯民之避兵者。事聞，遣官賚之。

王世臣。太原人。嘉靖中灰溝營守備。套寇自陝西潰邊入犯，世臣率其弟迎戰冰橋峽，同死於賊。千總李虎亦力戰殁。

郝九齡。高陵人。嘉靖間河曲典史。勤介自勵，時築邊墻，散帑十萬，錙銖不苟，詔褒異之。

胡枏。洵陽人。萬曆中知保德州。殫心民事，百廢具舉。遷官去，士民送者百里不絶，建生祠四十餘所。

人物

宋

朱光。滏陽人，後徙河曲。宋初以翊戴功爲龍捷右廂指揮。乾德三年河決，奉詔治河，製祝文誓神，祝畢伐鼓，萬夫齊力，決河遂塞。

趙寧。保德人。十世同居，家至數百餘口，治平間賜米五十石、絹五十疋，旌爲義門。

元

狄琮。字子玉，保德人。尚氣節，至元中梁王開藩雲南，改封晉，鎮西陲，皆爲司馬，忠實無欺，府中事知無不言，王每嘉納。王薨，哭之慟，嘔血而死。

明

張綬。字朝儀，保德人。正德間歲貢。母卒，廬墓三年。在國學奏准保德、河曲糧草本州支給，永不起運，民甚賴之。

戴辰。保德人。嘉靖中爲振武千户。值寇圍豐阜城，奉檄往援，力戰死，寇亦解去。贈明威將軍、指揮僉事。

徐堯臣。保德人。嘉靖間以百户領軍於唐家會鑿冰，套賊踏冰入犯，堯臣拒堵，被重傷歿於陣。贈副千户。

韓友范。字一咸，保德人。萬曆中舉人，授河南鹿邑知縣，累陞神木道副使。闖賊陷城，友范以金簪自刺不死，後駡賊被殺。本朝乾隆四十一年賜謚節愍。

姜名武。字我揚，保德人。天啓武進士。崇禎初以參將守宣府右衛，蒙古部落有乞撫者，監視中官欲殺以邀功，名武持不可，中官怒劾之，總督楊嗣昌力白其誣，乃獲免，擢通州副總兵。十五年李自成圍開封，從保定總督楊文岳往援，大戰朱仙鎮，力竭被執，大駡，賊磔死之，贈右都督。本朝乾隆四十一年賜謚忠烈。

高日晀。字翼皇，保德人。崇禎武進士，官寧武關遊擊。闖賊陷城，同總兵周遇吉死之。又同州常道行，黑水監正；楊于堦，濟源知縣，俱以城陷不屈死。本朝乾隆四十年賜謚烈愍。

本朝

吕朝京。本州人。順治七年姜瓖之亂，守備牛化麟應賊破州城，大兵來剿，朝京恐良民被冤，請往説賊使解甲降，牛叱斬之，朝京至死神色如常。

張射斗。本州人。爲諸生，志氣激昂。牛化麟入州城，射斗謀誅之，未發事洩，化麟欲殺射斗，懼其得人心，誘入學宫殺之。後化麟亦爲州人崔耀等所殺。

姜宗吕。字瑯璵，本州人。父名武，明右都督，援開封戰死，宗吕得父故衣，招魂斂之。順治戊子舉於鄉。牛化麟應姜瓖，列劍堦下，宗吕斥以大義，化麟不能害。比賊平，州人多以從賊伏法，宗吕獨免。己亥成進士，授濰縣知縣，未至卒。

姜橚。字仲端，宗吕子。康熙乙丑進士。知麻城縣，多善政，升户科給事中。與試江南、督學浙江，所取皆知名士。仕至

吏部侍郎，卒。

李如竹。本州人。五世同堂。乾隆五十年奉旨給扁。

列女

明

王嘉會妻劉氏。河曲人。西部入犯被掠，踞地號罵，遂遇害。

苗敏行妻孫氏。河曲人。王嘉胤陷城，二子牽衣侍側，不顧，泣曰：「少緩吾不得死矣。」遂絶裾投井。侍婢玉姐從之，不及死，爲賊所執，迫之不從，餌以玩好，悉投諸地，脅以刀怒斥之，被殺。

王成科妻喬氏。河曲人。王嘉胤之變，與夫弟成舉妻何氏相戒勿辱，俱自縊死。又同邑丁紹謨妻王氏，孀居守志，聞賊變墮城死。王積學妻樊氏，孀居被逼，自刎幾絶。

陳奇瑜二妾。奇瑜，保德人，有妾張氏耐、郭氏宗正、王氏綴。崇禎中總督陝西、山西五省軍務，專辦流賊，會關中失守，奇瑜當謫邊，賊將郝安才與奇瑜僕謀，誘致諸妾止之，張氏懼辱，飲毒死。奇瑜既歿，郭氏父欲更嫁之，郭氏憤恚，遂與王氏定謀，兩人亦飲毒死。

本朝

陳燦妻馬氏。本州人。少寡，事姑孝，課子有成，守節四十七年。雍正元年旌。

李氏。本州人。夫某死於賊，賊將至門，李拔刀欲刺之，事不就，遂自刎。同州張文蔚妻馬氏，年二十七夫故，視殮畢即飲毒死。

劉述祖妻薛氏。河曲人。年二十六夫亡，事舅姑盡孝，撫二子爲知名士，迎養寡嫂，相與勵節以終。雍正九年旌。同縣王琮妻劉氏，與夫弟王緡妻劉氏並守節，撫子有成。

徐鵬翼妻韓氏。本州人。夫亡守節。同州節婦王立本妻汪氏、陳常妻王氏、韓延貴妻袁氏、陳之綽妻李氏、張又良妻馬氏、馬端妻張氏、白爲讓妻王氏、徐聯魁妻張氏，俱乾隆年間旌。

韓金貴妻李氏〔五〕。河曲人。夫亡守節。同縣節婦趙德聘妻左氏、許世法妻鄔氏，俱乾隆年間旌。

張浩妻陳氏。本州人。夫亡守節。同州節婦張問仁妻章氏、陳仰虞妻白氏，俱嘉慶年間旌。

土産

鐵器。州志：出生鐵器，頗適用。

木炭。州、縣俱出。

柴胡。宋史地理志：火山軍貢。　按：宋志保德軍貢絹，今州、縣並無蠶織之利，附記於此。

校勘記

〔一〕爬樓溝水　「爬」，乾隆志卷一二三保德州山川(下同卷簡稱乾隆志)同，雍正山西通志卷二七山川一一作「扒」。

〔二〕亦名潞澤營　「潞」，原作「路」，乾隆志同，據雍正山西通志卷一六關隘八改。

〔三〕知保德軍　乾隆志同。按，據金史地理下及本卷建置沿革，大定二十二年升宋保德軍爲州，雍正山西通志卷三六學校云保德州儒學「明昌五年知州王嘉言搆講堂」，則王嘉言任職時已升爲州，故此處之「軍」當爲「州」之訛。

〔四〕武宗幸山西　「山西」，原作「西山」，據雍正山西通志卷九九名宦一七乙正。

〔五〕韓金貴妻李氏　「韓」，乾隆志作「黄」。

霍州直隸州圖

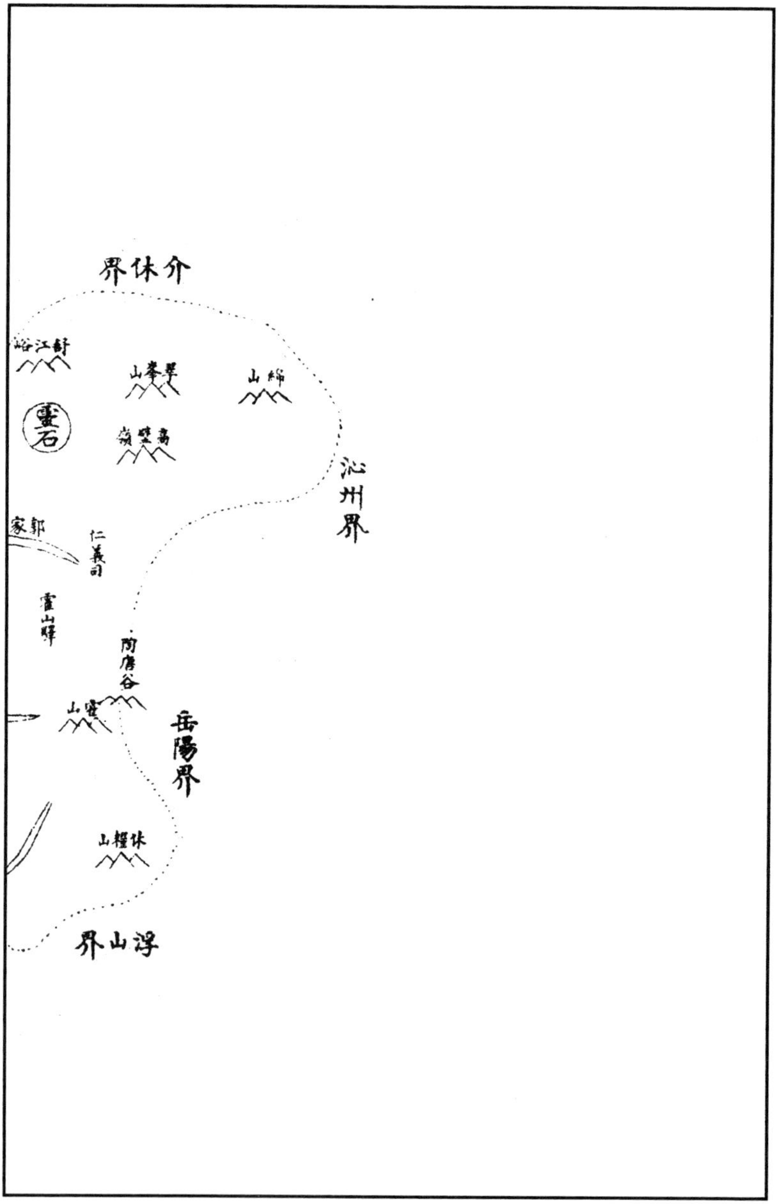
介休界
舒江峪
翠峯山
綿山
靈石
高壁嶺
沁州界
郭家
仁義司
靈山驛
陶唐谷
岳陽界
休糧山
浮山界

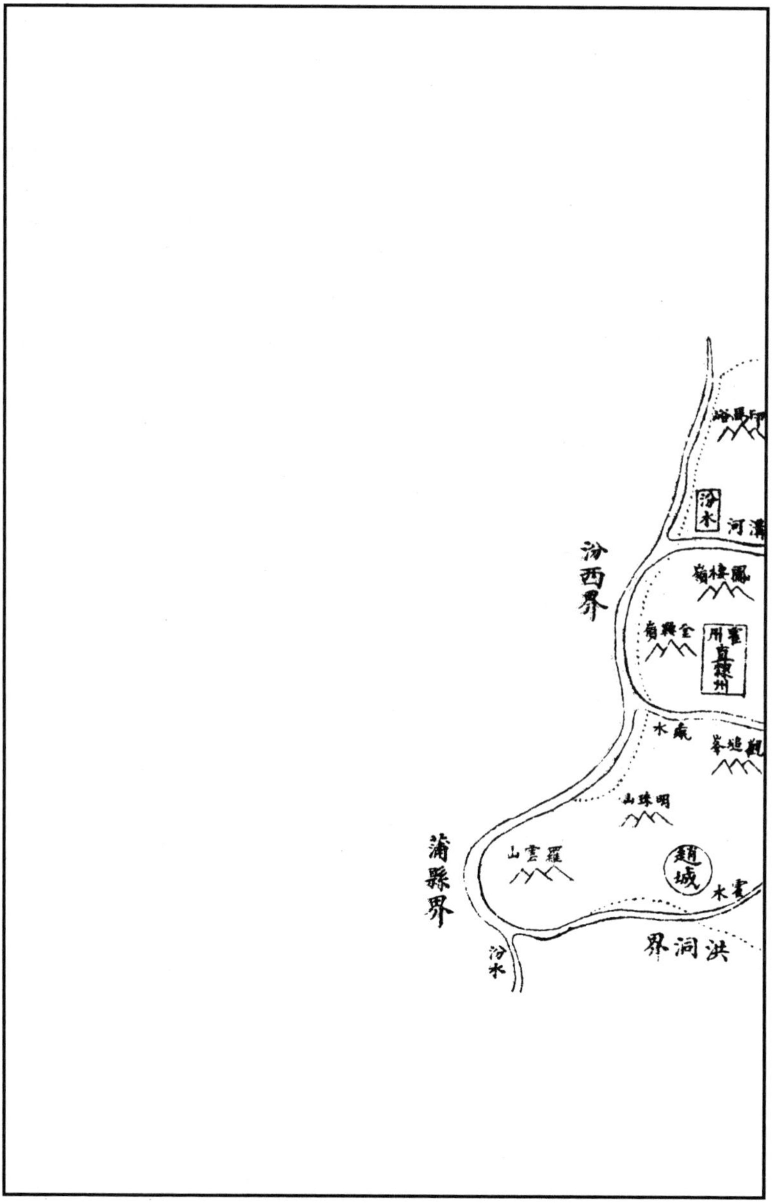
汾西界
蒲縣界
汾水
澗河
鳳棲嶺
金雞嶺
霍州直隸州
彘水
觀堆峯
明珠山
羅雲山
趙城
霍水
洪洞界
汾水

霍州直隸州表

	霍州直隸州	
兩漢	河東郡地。	彘縣 初屬河東郡。後漢陽嘉三年改曰永安。
三國魏晉		永安縣 屬平陽郡。
後魏	永安郡 建義元年置。	永安縣 太平真君七年併入會昌。正始二年復置，治仇池壁，尋還舊治。
齊周	永安郡	永安縣
隋	開皇初郡廢，十六年置汾州，十八年改曰呂州。大業初州廢。義寧元年復置霍山郡。	霍邑縣 開皇十八年改名，大業初屬臨汾郡，後復爲郡治。
唐	武德元年復曰呂州，貞觀十七年州廢。	霍邑縣 屬晉州。
五代		霍邑縣
宋		霍邑縣 屬平陽府。
金	霍州 貞祐三年置。	霍邑縣 州治。
元	霍州 屬晉寧路。	霍邑縣
明	霍州 屬平陽府。	洪武初省入州。

趙城縣	靈石縣
彘縣地。後漢永安縣地。	界休縣地。
趙城縣 初爲霍邑縣地。義寧初分置，屬霍山郡。	靈石縣 開皇十年置，屬西河郡。義寧初屬霍山郡。
趙城縣 武德初屬呂州，貞觀中屬晉州。	靈石縣 武德初屬呂州，貞觀十七年屬汾州。
趙城縣	靈石縣
趙城縣 熙寧五年省入洪洞，元豐三年復置，政和三年升爲慶祚軍。	靈石縣。
趙城縣 軍廢，復爲縣。貞祐三年改屬霍州。	靈石縣 貞祐三年割屬霍州，四年復故。
趙城縣	靈石縣 割屬霍州，又析置小靈石縣。至元初省入介休。
趙城縣 洪武三年屬平陽府。	靈石縣 初屬霍州，後屬汾州，尋屬平陽府。

續表

大清一統志卷一百五十三

霍州直隸州

在山西省治西南五百里。東西距八十里，南北距二百二十五里。東至沁州沁源縣界五十里，西至平陽府汾西縣界三十里，南至平陽府洪洞縣界七十里，北至汾西縣界一百五十五里〔一〕。東南至平陽府浮山縣界一百五里，西南至隰州蒲縣界一百五十里，東北至汾州府介休縣界一百五十里，西北至汾州府孝義縣界二百四十里。本州境東西距八十里，南北距七十五里。東至沁源縣界五十里，西至汾西縣界三十里，南至趙城縣界二十五里，北至靈石縣界五十里。東南至趙城縣界四十五里，西南至汾西縣界二十里，東北至沁源縣界五十里，西北至靈石縣界三十里。自州治至京師一千五百五十里。

分野

天文觜、參分野，實沈之次。

建置沿革

禹貢冀州之域。周初霍國，後爲彘邑。漢置彘縣，屬河東郡，後漢陽嘉三年改曰永安。晉屬

平陽郡。後魏太平真君七年併入禽昌，平陽郡禽昌縣即漢、晉北屈，神䴥元年世祖禽赫連昌置郡。正始二年復置。建義元年於縣置永安郡。隋開皇初郡廢，十六年於縣置汾州。十八年改曰呂州，又改縣曰霍邑。大業初州廢，縣屬臨汾郡。義寧元年置霍山郡。唐武德元年復曰呂州。貞觀十七年州廢，縣屬晉州。五代因之。宋屬平陽府。金貞祐三年置霍州，治霍邑縣。興定元年置鎮定軍節度。元仍曰霍州，屬晉寧路。明洪武初省縣入州，屬平陽府。本朝因之。乾隆三十七年升爲直隸州，屬山西省。領縣二。

趙城縣。在州南二十五里。東西距一百二十里，南北距四十五里。東至平陽府岳陽縣界六十里，西至隰州蒲縣界六十里，南至平陽府洪洞縣界二十里，北至本州界二十五里。東南至平陽府浮山縣界六十里，西南至蒲縣界一百三十里，東北至岳陽縣界四十里，西北至平陽府汾西縣界十五里。周爲趙城，穆王以封造父。漢爲彘縣地。後漢爲永安縣地。隋爲霍邑縣地。義寧元年析置趙城縣，屬霍山郡。唐武德初屬呂州，貞觀十七年屬晉州。五代因之。宋熙寧五年省入洪洞，元豐三年復置。政和三年升爲慶祚軍。金復爲趙城縣，貞祐三年改屬霍州。元因之。明洪武三年改屬平陽府。本朝因之，乾隆三十七年改屬霍州。

靈石縣。在州北五十里。東西距一百九十里，南北距一百五里。東至沁州沁源縣界九十里，西至隰州界一百里，南至本州界五十里，北至汾州府介休縣界五十五里。東南至本州界七十里，西南至平陽府汾西縣界六十五里，東北至介休縣界四十里，西北至汾州府孝義縣界六十五里。漢太原郡界休縣地。隋開皇十年析置靈石縣，屬西河郡，義寧元年改屬霍山郡。唐武德初屬呂州，貞觀十七年屬汾州。五代及宋因之。金貞祐三年屬霍州，四年還屬汾州。元屬霍州。明初因之，萬曆二十三年屬汾州府，四十二年改屬平陽府。本朝因之，乾隆三十七年改屬霍州。

形勢

中鎮跨趙城，絡洪洞，瞰平陽，而萃秀於霍。元劉祁中鎮廟碑記。

風俗

岳陽堯都所在，其民勤且儉。明統志。好儒少訟，薄於衣食而好置產業。州志。

城池

霍州城。周九里有奇，門四，池深八尺。元時築，明正德間增築。本朝康熙四十六年重修。

趙城縣城。周五里有奇，門四，池深七尺。唐麟德初土築，明崇禎中甃甎。本朝康熙三十四年修。

靈石縣城。周三里有奇，門四，重池各廣八尺。隋開皇中土築，元至正中增築。本朝順治六年修，康熙四十二年重修。

學校

霍州學。在州治西。元至元中建，大德中重建。本朝順治、康熙中屢修。入學額數十二名。

趙城縣學。在縣治西南。明洪武中建。本朝順治十六年修，康熙四十四年重修。入學額數十二名。

靈石縣學。在縣治南。元大德中建。本朝順治、康熙中屢修。入學原額十二名，乾隆五十四年增三名。

霍山書院。在霍州城北二里。本朝乾隆十三年建。

簡城書院。在趙城縣城外東南隅。本朝乾隆十五年建，嘉慶二十三年重修。

竺林書院。在靈石縣南關。本朝乾隆二十四年建。按：舊志載正學書院，在州城内；龍雲書院，在趙城縣治北，俱明建。今並廢，謹附記。

户口

原額人丁二萬九千七百四十七，今滋生男婦共三十五萬一千一百四十七名口，計五萬七千一百六十七户。

田賦

田地八千九百三十二頃九畝九分有奇，額徵地丁正、雜銀七萬八千八十五兩五分九釐，糧五十石。

山川

霍山。在州東南三十里，遞高三十里，主峯高百丈有奇，盤踞二百里，南接趙城、平陽府洪洞二縣界，即古太岳也。尚書禹貢：既修太原，至于岳陽。壺口、雷首，至于太岳。鄭康成注：「今河東彘縣霍太山。」周禮：冀州，其山鎮曰霍山。爾雅：西方之美者，有霍山之多珠玉焉。漢書地理志：彘縣，霍太山在東北。左傳注：永安縣東北有霍太山。水經注：太岳山，禹貢所謂岳陽也，即霍太山。唐六典：河東道名山曰霍山。元和郡縣志：霍山，在霍邑縣東三十里，洪洞縣東三十里。按：州志：霍山，周二百餘里，今謂之中鎮。

休糧山。在趙城縣東五十里。上有方石高數丈，名説法臺〔二〕，土人傳休糧菩薩蹟，旁有五小臺。

羅雲山。在趙城縣西四十五里，周一百里，南接平陽府洪洞婁山，西接隰州蒲縣界，北接平陽府汾西縣界。山有五峯，峯各有臺，邑人謂之小五臺。北臺下有洞，其深不測，南臺下一峽名七佛峽。

明珠山。在趙城縣西北、羅雲山東北，周二十里。

綿山。在靈石縣東四十里。介子推隱此，一名介山。高五里，周七里。隋書地理志：靈石縣有介山。元和志：介山，在縣東四十二里。縣志：在縣東三十五里，北跨汾州府介休縣界，東南接沁州沁源縣界。其別峰爲馬頭山，一名鳳頭山。

抱腹山。在靈石縣東四十五里。

石膏山。在靈石縣東七十里，尖陽山之東，産石膏。有上、中、下三巖，峰巒壁立，溪壑幽深，山之東有狗脊巖。又孝文山，在石膏山東十餘里。

十八盤山。在靈石縣東，石膏山之南。上下盤繞十八曲，故名。

翠峰山。在靈石縣東，其高半里，盤踞一里許。石壁巉巖，林木茂密，四時蒼翠，故名。

逍遥山。在靈石縣南五十里。

金鞍嶺。在州西十里。相傳唐太宗息馬卸鞍于此。

鳳棲嶺。在州北四十里鳳棲鄉。

蛤蟆嶺。在州東北五十里。

回牛嶺。在州東北。金河東南路都總管胥鼎疏：霍州回牛、鳳棲嶺諸阨戍卒，乞量留偵候。

高壁嶺。在靈石縣東南二十五里。通典：靈石縣東南有高壁嶺。通鑑：陳太建八年，周主自將伐齊，齊師大潰，齊高阿那肱守高壁。注云：「高壁，嶺名，在雀鼠谷南。」宋史楊廷璋傳：周世宗使征北漢，率兵入太原境，拔高壁等砦。新志：一名韓信嶺，在縣南二十五里，南去霍州八十里。五代時北漢於此置砦，今名高壁鋪。

觀堆峰。在州霍山西。省志：觀堆當即觀阜，趙襄子祠三神于百邑，使原過主之，謂其處爲觀阜。按：觀阜又作觀堆，寰宇記霍邑東南三十里有觀堆祠，正指此。

聖佛崖。在州西南十五里，汾水東。上有石佛千餘。

印馬峪。在靈石縣西，接隰州界。

舒江峪。在靈石縣北，接孝義縣界。又桑平峪，在縣北；興地峪，在縣東北。

鑾鈴原。在州南十里。相傳唐太宗過此挂鈴于樹，因名。

雞棲原。在州東北三十里霍山高平處。通鑑：陳太建八年周伐齊〔三〕，使永昌公椿屯雞棲原，伐柏爲庵以立營。

五女原。在趙城縣北十五里。西有九仙洞，接汾西縣界。

王禹原。在靈石縣西南道美里。

望川原。在靈石縣北，接介休縣界。

陶唐谷。在州東三十里。有泉飛流如玉，曰玉泉，西流灌田百餘頃。漢書瓚注：永安，唐城，堯所都也，東去彘十里避暑〔四〕。舊志：堯嘗游此。

石鼻谷。在州南五里。中有朝陽洞，有水，即彘水之源。又義成谷，在州東南三十里，中有水，西流灌田，名義成渠。

石門谷。在靈石縣西四十里。

南坡。在州南十五里。

北坡。在州北十五里。

秦王坡。在趙城縣南三十里。

竹竿坡。在靈石縣南十五里。

鷄掌凹。在州霍山中。州志：相傳妖蛛鬬龍于此。

魚鼓洞。在靈石縣雙白里深静村。

出佛峽。在趙城縣羅雲山。山崖下墜，大小石胥似佛首，一名七佛峽。

摇車纏。在靈石縣東。山勢最峻險。

魯班纏。在靈石縣西南四十里，汾河北。上有寺，傳爲魯班所修。後有石穴最深杳，大風四時不息，蓋風洞也。

霍水。在州東南。源出霍山西麓，西南流至平陽府洪洞縣北入于汾。水經注：霍水出霍太山，發源成潭，漲七十步，不測其深，西南逕趙城南，西流注于汾水。寰宇記：霍水，在洪洞縣北三里，源出趙城縣東三十八里廣勝寺，西流至洪洞縣。趙城縣志：唐貞觀中引霍泉分二渠，名北霍、南霍，趙城得七，洪洞得三。宋慶曆五年二縣相争，因勒碑定制，北渠分爲三，西北入汾；南渠分爲五，一曰南霍、一曰九成、一曰小霍、一曰大霍、一曰清水。

彘水。在州南。源出石鼻谷，西流至城西南入汾水。水經注：彘水出汾東北太岳山，禹貢所謂岳陽也，即霍太山矣。又西流逕觀阜北，又西流逕永安縣故城南〔五〕，又西南流注于汾水。元和志：彘水，出霍山，經霍邑縣南一里。

第一河。在趙城縣西。源出出佛峽，流經隰州蒲縣城西，大寧縣界入黄河。山溪奔滙，諸水所宗，故名。

雙河。在靈石縣東。源出雀兒山巖，東流入沁河。

石村溝河。在靈石縣南五里。會東山之水入汾。

郭家溝河。在靈石縣南二十五里高壁嶺、常家山之中。會各山之水，西流入汾。

仁義河。在靈石縣南四十里。源出沁州沁源縣境，流逕石膏山之南，西南入汾。又柳溝河、羅兒溝河、青石溝河，皆流入仁義河。

新水峪河。在靈石縣西南六十里。源出隰州回龍、印馬峪，孝義柏枝峪諸水自北來會之，至秦王嶺入汾。

懷來峪河。在靈石縣西十里。

石門峪河。在靈石縣西四十里，一名西河。源出孝義舒江等山峪，諸水會流，至夏門鎮入汾。

景家溝河。在靈石縣西北。會孝義諸水，東南流入汾。

小水河。在靈石縣北門外。源出綿山白石峪。又興地峪河、柏溝峪河、曲買峪河、水峪溝河、沙峪溝河，皆同小水河合流入汾。

轟轟澗。在州西。源出平陽府汾西縣西，東南流至州入汾。水聲如雷，故名。

南澗。在趙城縣南。有大、小二澗，大澗在縣南二十里，源出霍山青條谷中；小澗在縣南五里，源出霍山谷中，皆西流入汾。

北澗。在趙城縣北。亦有大、小二澗，大澗在縣北一里，源出霍山觀音溝；小澗在縣北二十里，源出霍山谷中，皆西流入汾。

舞羊澗。在趙城縣北十里。南山上有小泉，遇雨成大河，東流入汾。

拖風澗。在靈石縣東山中。人不可躋陟，名澗而實山也。

古魚池。在州東八里，下流入堯水。又方池，在州南十五里，下注汾水。

章丘泉。在州東十五里丘家崖。又圓泉，在州東南十五里；邢家泉，在州東北三里；羅頭泉，在州東北三十五里。俱引流溉田，下入堯水。

靈泉。在州東三十里霍山，今名打鼓泉。水經注：霍太山岳廟有靈泉以供祭事，鼓動則泉流，聲絶則泉竭。

冷泉。在靈石縣北四十里冷泉鎮，東流入汾。其水釀酒頗甘，一名堡中泉。

藍腰溝。在州西北三十里。左山右河。

三里溝。在州北五十里。左右大山。

龍池溝。在州東北三里，下流入堯水。

古蹟

霍邑故城。即今州治。元和志：霍邑縣南至晉州一百五十里，本漢彘縣，因彘水爲名。後漢順帝時改爲永安縣。後魏初省，宣武帝正始二年又置。隋開皇十八年改爲霍邑縣，因霍山爲名。

趙城故城。在今趙城縣西南。史記趙世家：周穆王賜造父以趙城，由此爲趙氏。元和志：趙城縣南至晉州九十五里，本漢彘縣地，即造父之邑。義寧初分霍邑置，屬霍山郡，因故趙城爲名。武德元年廢郡，置吕州，縣仍屬焉。貞觀十七年廢吕州，縣屬晉州。寰宇記：縣初置在故城内，麟德元年爲城少水，移向西三里，即今縣治也。舊志：唐、宋時趙城縣舊治在今縣西南，明

宣德五年稍移東北，即今治。

永安故城。在趙城縣東北。魏書地形志：永安郡永安縣，正始二年治仇池壁。寰宇記：後魏正始二年于今趙城縣東北十五里仇池壁置永安縣，尋移趙城東南三里，魏末復還今霍邑縣治。

小靈石廢縣。在靈石縣北五十五里，接汾州府介休縣界。元史地理志：元初靈石縣析置小靈石縣，至元二年省入介休。舊志：舊有靈石口巡司，因故小靈石縣爲名，今冷泉關也，即唐冷泉驛。

赫連城。在州東三十里東城村，名夏王城。相傳赫連勃勃所築，城基微存。

陶城。在州東三十一里陶唐谷。

霍城。在州西南六十里。周初武王封弟叔處于霍。國語：史伯謂鄭桓公曰：「西有霍、揚。」左傳閔公元年：晉侯滅霍。史記趙世家：晉獻公之十六年趙夙爲將伐霍，霍公求奔齊，晉大旱，卜之曰：「霍太山爲祟。」使趙夙召霍君于齊，以奉霍太山之祀，晉復穰。又魏世家：悼子徙治霍。水經注：汾水又南逕霍城東，故霍國也，蓋霍公求之故居也。文獻通考：霍，姬姓國，在平陽永安縣，今晉州霍邑縣。

唐城。在州西。漢書地理志注：臣瓚曰：「所謂唐，今河東永安是也。」按：臣瓚以爲此堯所都，顔師古是其説，諸家皆以爲誤。

彘城。在州東北。前漢書地理志：彘，周厲王所奔。應劭注：「順帝改曰永安。」後漢書郡國志注：杜預曰：「永安縣東北有彘城。」

吕鄉。在州西。一名吕州城。博物記：彘縣有吕鄉，吕甥邑也。元和志：吕坂〔六〕，在霍邑縣西南十里，有吕鄉，晉大夫吕甥之邑也，吕州取名于此。

先鋒臺。在州東北。州志：唐高祖征宋老生，太宗爲先鋒時所築。

伏牛臺。在趙城縣東南二十里伏牛里。寰宇記：在趙城縣南十五里。按：帝王世紀曰：伏羲常居此臺，伏牛乘馬，故曰伏牛臺。

飛虹塔。在趙城縣霍山南麓。通志：後周保定元年僧法江所建，阿育王藏舍利之處。明永樂十五年重修，高二百六十尺，極壯麗。

瑞石。在靈石縣北門外。寰宇記：隋開皇十年巡幸，傍汾開道得石，文曰「大道永吉」，因分置靈石縣。舊志：石高六七尺，玲瓏類太湖石，其文今不可辨。

關隘

陽涼關。在靈石縣東。宋史地理志：靈石縣有陽涼南關、陽涼北關。舊志：關在縣東八十里。

汾水關。在靈石縣西南汾水上。後周書武帝紀：建德五年柱國宇文盛守汾水關。通典：靈石縣有汾水關，險固之處。地理通釋〔七〕：汾水關在霍邑縣南、臨汾縣北。

陰地關。在靈石縣西南。唐書地理志：靈石縣有陰地、長寧二關。又昭宗紀：大順元年張濬及李克用戰於陰地。十國春秋北漢紀〔八〕：天祐四年冬十月出陰地關〔九〕。新志：在縣西南五十里，即南關鎮。唐、宋以來雄關橫亘，唐太宗取霍邑曾駐于此，今關廢，遺址猶存。俗稱南關者，因冷泉關在北也。

冷泉關。在靈石縣北四十五里，接汾州府介休縣界。一名冷泉鎮，因冷泉水爲名，又名古川口。明沈復禮修冷泉關記：山西平陽爲畿輔右翼，靈石之冷泉尤捍衛平陽之重地，余增建官舍角樓、壁壘陴堞，兩月工竣，天險屹然。舊志：關外迤北皆平原曠野，入關則左山右河，中道一軌，實爲南北咽喉。

仁義鎮巡司。在靈石縣南四十里，有堡。宋史楊廷璋傳：周世宗時率兵七千入太原境，拔仁義砦。縣志：相傳堡係劉武周所築，山崖壁立，四面塹削，若天成者。本朝乾隆二十七年設巡司駐此。

辛置鎮。在州南二十里。又師莊鎮，在州北三十里。

夏門鎮。在靈石縣西。又雙池鎮，在縣西北。又索州鎮〔一〇〕，在縣北二十里，有堡，又十里有兩渡鎮。

送飯子寨。在靈石縣東三十里牛鼻山巖下。險峻難上。

馬跡崖寨。在靈石縣東三十五里綿山上。勢極陡峻，其中洞穴足容數千人，四面無路，惟一石梯可登，上又有石門距之。

三清寨。在靈石縣東四十里綿山中。四面懸崖，險不可陟，上有尖峰高丈餘，謂之屏風石，內有泉。又有禪房巖寨，亦在綿山中，四圍險阻，中通一路，有石洞深百尺，內有一泉深三四尺，四時不竭。相近又有曲買峪寨，亦陡峻，中有清泉。舊志：以上五寨俱在深山中，無牆垣、居民。

宋老生寨。在靈石縣西南三十餘里。名勝志：寨高四里，與秦王寨相對，蓋老生所築以拒唐兵之處。

㲉谷堡。在州東。又石鼻堡，亦在州東；蝦蟆灣堡、羅澗堡、鼂兒溝堡，俱在州東南；陳村堡，在州西南；轟轟澗村堡，在州西北；鳳棲堡，在州北；龍泉堡、李澗堡，俱在州東北。

梗壁堡。在趙城縣東十里。又營田堡，在縣東南三十里；柴村堡，在縣東南四十里；楊堡，在縣南十里；韓信堡，在縣西南十里；安定堡，在縣西十里；師村堡，在縣西三十里；羅雲堡，在縣西四十里。

靜昇堡。在靈石縣東二十里。又上村堡，在縣東三十里。

賈胡堡。在靈石縣西南五十里。唐書地理志：靈石縣有賈胡堡，宋金剛拒唐兵，高祖所次地。唐温大雅創業起居注：大業十三年張綸等下離石郡，入自雀鼠谷，次于靈石縣，霖雨甚，頓營於賈胡堡，去霍邑五十餘里。元和志：在縣南三十五里。新志：在蛤蛹嶺上，俗呼蚰子嶺。

桑平堡。在靈石縣北五十里。

千里徑。在州東，霍山神指唐高祖之徑也。元和志：隋末宋老生屯兵霍邑，義師之至也，老生陳兵據險，師不得進，忽有白衣老父詣軍門曰：「霍山神遣語大唐皇帝，若向霍邑，東南傍山取路，我當助帝破之。」遣人視之，果有微道，高祖曰：「此神不欺趙襄子，豈當負吾耶？」于是進師，去城十餘里，老生戰敗，劉弘基斬之，遂平霍邑。

霍山驛。在州東關。明洪武中置在治西，成化中移此，今廢。

津梁

汾水橋。在州西郭門外。冬築春撤，夏、秋舟渡。

關神橋。在趙城縣東四十里。橋闊丈餘，叠小堰于兩旁，下流霍泉，上瀉山水。

天險橋。在靈石縣南二十五里郭家溝上，一名惠濟橋。明辛珍記：橋在韓侯嶺南、常家山北，衆甃奔趨，成而復圮。嘉靖乙酉告成。

仁義橋。在靈石縣南仁義河上。冬、春木石架成，夏、秋撤去，縣境汾河諸橋制皆如之。

中流砥柱橋。在靈石縣北門外汾河上。昔以鐵索繫兩岸，置板其上，今廢，其中流臺址尚存。

冷泉渡。在靈石縣北四十里汾河岸靈石口。其南三十里有夏門渡，相近又有小水渡。

隄堰

萬金隄。在靈石縣北門外，築以護城。

碧玉渠。在州東北十里，引汾水。又鴨底渠，在州東北三十里，引師家泉；官渠，在州東，合大張等村水。俱有灌溉之利。

大澤渠。在趙城縣東北二十里。元中統四年引北霍水溉田，西流入汾。又清水渠，在縣東三十里，亦引北霍水溉田，與大澤並爲一渠。

陵墓

媧皇陵。在趙城縣東五里。見寰宇記。按：城冢記：女媧墓有五，其一在趙簡子城東五里，即此。明太祖實録：洪武十六年命趙城媧皇陵與歷代帝皇一體致祭。縣志：在縣東八里，有二冢，東西相距四十九步，各高二丈，周各四十八步。

周

厲王陵。在州城西南隅。元和志：在霍邑縣東北二十五里。寰宇記：王出奔彘，因葬此。

商

飛廉墓。在州東。水經注：霍山有飛廉墓。

周

介之推墓。在靈石縣東三十五里綿山之上，地名神林。

漢

韓信墓。在靈石縣南二十里高壁嶺。漢高后遣人函信首詣帝所，帝征陳豨還，駐蹕于此，遂葬其首于嶺上。後人即其冢立廟祀之。元歸暘廟記云：靈石有廟，侯所經也。靈石者，自漢適趙之道。

晉

赫連勃勃墓。在趙城縣東四十里霍山最高峰上。

隋

宋老生墓。在霍州東三里，有祠。

宋

師範墓。在靈石縣東二十里。

祠廟

觀堆祠。在州東南，祠霍山神。寰宇記：觀堆祠，在霍邑縣東南三十里，堆高二里，周迴十里。俗謂其處爲觀阜，又作「觀追」。

霍山祠。在趙城縣東南。水經注：霍太山有岳廟，廟甚靈，烏雀不棲其林，猛虎常守其庭。元和志：霍山廟在趙城縣東南三十里霍山上，甚有靈驗，貞觀五年敕令修理。創業起居注：八月己卯霖止〔一一〕，帝指霍太山而言曰：「此神人之語信而有徵，封内名山，禮許諸侯有事。」乃命所部鄉人設祠致祭焉。舊志：霍山廟有三，一在霍州、一在趙城。霍州霍山廟，明洪武間有正號御製碑，本朝康熙中屢遣官致祭，御書「秀峙中區」扁額。趙城縣霍山廟，在霍山之麓苑川里。唐開元間封霍山中鎮爲應聖公，宋政和中封應靈王，明洪武初改稱中鎮霍山之神，春、秋有司致祭，每遇改元及兵荒，仍遣官祭告。本朝載之祀典，屢遣官致祭。

卜子夏祠。在靈石縣西一里。舊名文學里，子夏退居西河設教，此其息游之地。明萬曆十三年始建堂，扁曰「先賢卜子祠」。

雲麾將軍廟。在州西。俗名轟轟廟，寰宇記：轟轟廟，在霍邑縣西百里。唐永徽五年百姓爲羅縣開國燕伯龍立〔一三〕。燕伯龍名鸞，唐故雲麾將軍，霍邑人也。

媧皇廟。在趙城縣東五里。廟周迴約五里許，松柏圍二丈有奇者百餘株。通志：在縣東侯村里，宋開寶六年建，明洪武三年命有司修理，春、秋致祭，每三年遣官致祭，有碑文。本朝載之祀典，屢遣官致祭。

豫讓廟。在趙城縣南八里。有石碑一座，圍以垣墻。

趙簡子廟。在趙城縣東北。寰宇記：在趙城縣内。新志：在縣東北三里。

寺觀

普濟寺。在州城内宣化坊。元和志：貞觀八年詔以破宋老生處置普濟寺，即此。一名西福昌寺，其寺東有東福昌寺，亦唐貞觀中敕建。

廣勝寺。在趙城縣。有二，一在霍山上，一在山下。又有休糧寺，亦在霍山頂，原名慈雲寺，皆漢建和間建。

興唐寺。在趙城縣北，依山帶壑。唐貞觀中建，斷碑猶存。

惠安寺。在靈石縣西南四十里。寺中有石穴，大風從中出，四時不息。

清涼寺。在靈石縣北。萬山環抱，爲梵宫勝境。又縣北四十五里有大雲寺，一名冷泉寺，寺鎖重關之中，雲山幽麗。

紫微觀。在趙城縣東南二十里。漢建和初建。又縣南十里有棲雲觀，晉永和間建。

名宦

南北朝 周

柳霞。解人。保定中授霍州刺史。導人務先以德，再三不用命者，乃微加貶異，示恥而已。其下感而化之，不復爲過，咸曰：「吾君仁惠如此，其可欺乎？」 按：柳霞，北史作「柳遐」。

唐

馬燧。郯城人。寶應中爲趙城尉。時回紇還國，恃功恣睢，所過州縣供餼不稱輒殺人。燧自請典辦具，先賂其酋，得其旗章爲信，犯令者得殺之，乃取死囚給役左右，小違令輒戮死。回紇大駭，至出境無敢暴者。

金

伊喇阿里合。遼州人。興定間霍州刺史。四年移霍州治好義堡，元兵至，力竭被執，誘使降，曰：「吾有死無二。」叱使

跪，但向闕而立，元兵射殺之。「伊喇阿里合」舊作「移剌阿里合」，今改正。

元

王明安。燕人。太祖時爲霍州守。有異政。

明

曹端。澠池人。永樂中爲霍州學正。修明聖學，諸生服從其教，郡人皆化之，恥争訟。監司大吏過，必造謁問政。遭艱歸澠池，霍諸生多就墓次受學。服闋，改蒲州學正，霍、蒲兩州各上章争之，霍奏先得請。先後在霍十六年，卒於官，諸生服心喪三年，霍人罷市巷哭，童子皆流涕。

董厥修。長清人。萬曆中知趙城縣。居官廉潔，始終如一。開城北董家渠，引汾水溉田，民賴之。

孫份。汜水人。崇禎間知趙城縣。城南嘗受水患，築石以捍水，又于城西、東、北三面增高五尺，甃池深一丈，邑人立石紀績。

侯鼎禄。良鄉人。崇禎中霍州州判，署本州事。李自成兵過霍，力攻之，鼎禄督士民固守，城破被執，不屈死。

本朝

王來覲。奉天人。知霍州。潔己愛民，不阿權貴。姜瓖攻霍，來覲守城，力戰死。祀忠烈祠。

人物

李紹祖。奉天人。康熙中知霍州。剛直廉明，民胥德之。已升潞安知府，會聖祖仁皇帝西巡，留辦供億，爲一内監所窘，自刎死。上聞立命梟内監于市，霍人咸呼萬歲。及紹祖喪歸，商民罷市奠送，建祠中鎮廟祀之。

漢

紀信。趙城人。漢將，時項王圍滎陽急，紀信自請乘黄屋車，傅左纛，詆楚爲王以降，漢王遂得與數十騎間出。項王怒，燒死紀信。

宋

師範。靈石人。元祐初進士，督岢嵐軍政，兼平定、岳陽，有惠于民。復督理江南，民苦賦役，奏請稍增茶税，俾賦役少息。江南人圖像祀之。

金

賈邦獻。霍邑人。舉進士第。元兵攻河東，邦獻集居民爲守禦計，既而兵大至，居民悉降，邦獻棄家獨與子懿保于松平寨。興平四年兵復大至，與懿俱被執，欲以爲鎮西元帥，持刃脅之，邦獻不屈，密遣懿歸松平，遂自刎。贈奉直大夫、本縣令。

王佐。字輔之，霍州人。興定中聚兵數千人，權領霍州事，累遷宣武將軍，遥授寶昌軍節度副使。元兵取青龍堡，被獲，元帥崔環質其妻子，招撫使成天祐與環有隙，佐與天祐謀殺環。天祐曰：「君妻子爲質，奈何？」佐曰：「佐豈顧家者耶？」元光二年因環出獵殺之，率軍民請命。加龍虎衛上將軍、元帥右監軍，兼知平陽府事。徙沁州，救襄垣，中流矢卒，贈金吾衛上將軍。

元

賀芳。字伯京，霍州人。由國子生仕至翰林學士，有文名。後遷江南行臺御史，會紅巾賊亂，被執不屈死。

邢飛翰。霍州人。性剛果，以薦爲内臺御史。巴顔專政，飛翰嘗面折其罪，參議富珠哩姦邪，復廷劾之，後以兩淮鹽運司同知致仕。至正末兵亂，殉節死，贈工部尚書，謚忠毅。「巴顔」舊作「伯顔」，「富珠哩」舊作「佛家驢」，今並改正。

明

郭睿。霍州人。從曹端受學，永樂中舉于鄉，任南城兵馬司指揮。聞父喪，徒步歸，廬于墓側，後有白兔穴其旁，甚馴，曹端作歌以志其事。

吴珉。靈石人。成化進士。由郎署歷官甘肅巡撫，恩威並著。遷南京副都御史，以亢直稱。

劉憲。靈石諸生。幼孤，正德中負母避寇，寇追及之，曰：「願殺我，毋害吾母。」遂得免。後憲爲他賊所殺，賊焚民居，獨憲居隨爇隨滅。

成德。字元升，霍州人。崇禎進士，除滋陽知縣。性剛介，清操絶俗，以忤温體仁爲御史禹好善所誣，逮入京，杖午門外，戍邊。居七年用薦起，知如皋縣，尋擢武庫主事。流賊陷京師，德慟哭奠莊烈帝梓宫，觸地流血，賊露刃脅之不爲動。歸家，妹年

二十餘，請先死，繼室霍氏繼之，德拜其母張氏，遂自縊，母亦死。福王時贈光禄寺卿，謚忠毅。本朝乾隆四十一年賜謚介愍。

宋之儁。靈石人。天啓進士。崇禎中歷官登萊監軍副使，忤巡撫謝三賓，互訐落職歸。十七年邑破，不屈死。本朝乾隆四十一年賜謚節愍。

本朝

劉有恒。本州人。父一達，明末死張五倫手，五倫擬絞繫獄，以流賊變脱走。順治三年，有恒塗遇五倫〔一三〕，手斃之，遂自投，獄吏會勘，知復父讎，釋之。又同州閻吉兆，父文玉爲閻文清所斃，擬絞抵死，後以赦免，吉兆糾兄弟擊殺之，詣州陳狀，雍正八年特減死。

晉大忠。字心葵，趙城人。從軍海上，以署守備奪戰船，並擒獲賊將史良謨。耿逆之變，制府李之芳命轉戰龍游、金華，累著戰功，署遊擊。調赴衢州，至繆村遇賊，斬馘數十人，賊益衆，力戰死。蔭子賦，官至六安參將。

何思祥。靈石人。與子起蛟、騰蛟俱驍勇。姜瓖之亂，賊誘入黨，堅不從，尋被擒罵不絶口，賊磔之。

閻西來。靈石人，本姓劉名旺子，閻民載之義男也。民載夫婦相繼病死，長子五歲、次三歲，舅氏姑母各攜其一去，旺子枕門哭三日，負之而歸，賣炭以贍衣食，比壯爲成家室。

張龍鱗。本州人。性至孝，父殁廬墓側，朝夕必拜，拜哭必哀，三年不少間。岡上甘泉湧出，服闋歸侍母，泉旋涸，母殁復廬墓，泉復湧。人異而歌之。

何道深。靈石人。貴州提標遊擊，乾隆三十三年在猛域軍營陣亡。又同縣王如玉，以道職試用，乾隆三十八年在四川軍營陣亡。俱賜恤，入昭忠祠。

王夢鵬。靈石諸生。孝義著聞。同縣孝子生員楊士籓，均於乾隆年間旌。

朱調元。本州廩貢。與妻任氏均七十五歲，五世同堂，嘉慶二十一年御賜「盛世康齡」扁額。

列女

元

郭綵雲。霍州人。字程代兒，代兒從父游，未娶，郭先歸夫家，與姑相依。至正十八年兵亂，避山洞中，兵以火索之，郭挽姑衣曰：「妾尚未識夫，倘被辱，他日何顔相見耶？」堅不出，焚死。

明

崔烈女。靈石人，崔拱女。居冷泉，年十五寇亂，父母攜避北山洞中，賊搜出欲辱之，不從，投崖死。

周洪升妻朱氏。霍州人。洪升父爲山東新城縣縣丞，洪升隨之任，流賊陷城將殺之，洪升以身蔽父，遂遇害，時朱年二十餘。守節歷四十年，世稱忠孝節烈萃一門云。

朱毓彝妻郭氏。霍州人。寇至被掠，毓彝奮前擊之，被殺，郭大罵，賊並殺之。事聞旌表。

周崇妻楊氏。霍州人。家貧，崇早死，誓不他適，累日不舉火，以繩束腰，忍饑困極而死，州人憐之。事聞旌表。

王大威妻賈氏。趙城人。正德中爲流賊所掠，繫之行，過母家，紿曰：「此吾家也，入辭老母，永從汝行矣。」賊縱之，遂投井中。同縣喬貫妻師氏、賈秉英妻史氏，俱遇賊不屈被殺。

張熙妻曹氏。靈石冷泉鎮人。正德中寇亂，與尚公信妻段氏、張桓妻白氏、周瑞麟妻崔氏，同匿山谷中被掠，皆罵賊被殺，謂之「冷泉四烈」。時有段氏者，亦以不屈投井死。事聞並賜坊表。

王新命妻翟氏。靈石人。年二十夫亡，舅姑逼嫁，翟仰毒死。事聞旌表。又同縣馮氏，適郭廷相之子，一載夫亡，廷相逼令改嫁，馮聞之，潛至夫冢縊死樹上。

張雪梅。趙城人。年十六未字，崇禎五年遇賊挾之上馬，至大節溝奮投崖下死。

宋之儁妻喬氏。靈石人。崇禎末之儁罵賊遇害，喬亦觸階死。一女殮屍畢，拔簪刺喉死。又張朝明妻李氏，夫被賊火炙，直前撲滅，賊怒殺之。

本朝

邢其恕妾許氏。其恕本州人，客淮安娶之，甫生子其恕歿，柩將歸，父母欲阻其行，許氏曰：「已爲邢氏婦，死亦無辭。」及至家，事嫡甚謹，朝夕哭泣，竟死。

陳三儀妻耿氏。靈石人。歲祲姑病，割股療姑，盜至獨衛姑禦賊，賊感之，戒勿犯。

王小虎妻趙氏。靈石人。年二十一夫亡，母欲嫁之，自縊救免，事姑壽終，葬畢曰：「今可以死矣。」服酖自盡。

李法曾妻朱氏。本州人。守正被戕。與同州烈婦那麟異妻李氏，節婦衛良佐妻薛氏、任邦作妻荀氏、董直書妻李氏、董直陳妻馬氏、薛嶠妻胡氏、劉復基妻何氏、薛俊來妻成氏、靳爾逸妻馬氏、周佺妻朱氏、武存誠妻荀氏、王琯妻劉氏、成商呂妻劉氏、

朱彜成妻張氏、劉嗣瑾妻楊氏、朱彜梅妻趙氏、邢隆妻韋氏、程璞妻安氏，俱乾隆年間旌。

張明遠妻湯氏。趙城人。夫亡守節。同縣節婦楊雄妻高氏、李繼祖妻王氏、王哲妻高氏、申序妻劉氏〔一四〕、張師載妻鄭氏、盧文炳妻王氏、王柏陽妻李氏〔一五〕、劉維禎妻李氏、劉溢妻張氏、李霄志妻楊氏、宋顔妻郭氏、劉滋妻衛氏、李業隆妻張氏、楊生文妻劉氏、閻襄泰妻王氏、張慎行妻閻氏、王畿妻李氏〔一六〕、張廷秀妻牛氏，俱乾隆年間旌。

郝州妻王氏。靈石人。義烈可風。同縣節婦劉勇聲繼妻閻氏、薛毓琳妻景氏、吴良相繼妻梁氏、王之望妻張氏、王之國妻何氏、翟之章妻趙氏、曹永祚繼妻王氏、吴鶴齡繼妻王氏、吴永齡妻梁氏、張廷銈妻田氏、曹元瑭妻趙氏〔一七〕、曹世承妻張氏、陳琚繼妻張氏〔一八〕、王衍璽妻朱氏、陳萬緯妻鄭氏〔一九〕、王璨妻趙氏、房庭階妻曹氏、梁彩藻妻吴氏、楊世模妻梁氏、王夢麟妻楊氏、梁健繼妻曹氏〔二〇〕、梁勝任妻王氏、王中衡妻張氏、梁思忠妻王氏、梁熾妻王氏、王維城妻曹氏、王錫繁妻閻氏、王淮心妻張氏、梁繪辰妻王氏、梁澍妻陳氏，俱乾隆年間旌。

李鎖兒妻韓氏。本州人。守正捐軀。同州節婦翟翻妻朱氏、張桐妻劉氏、靳尚仁妻劉氏、段文良妻郭氏、段希湯妻韓氏、任紹盛妻陳氏、安法閔妻朱氏、李清德妻成氏、韋運達繼妻朱氏、武興宗繼妻賀氏，俱嘉慶年間旌。

樊若柏妻杜氏。趙城人。夫亡守節。同縣節婦任雙明妻秦氏、晉志道妻賈氏、楊鉅任妻趙氏、郭持笏繼妻衛氏，俱嘉慶年間旌。

馬中耀妻張氏。靈石人。守正捐軀。同縣烈婦李友莆繼妻田氏，節婦王宗禹妻宋氏、程步青繼妻王氏、梁繪璿妻吴氏、申作賓妻王氏、張大恩妻李氏、何禹疏妻吴氏、任毓麟妻房氏、陳企賢繼妻曹氏、王學海繼妻田氏、王誠繼妻冀氏、吴德乾繼妻曹氏、何道興妻王氏、王元堂妻李氏、何鴻綬妻王氏、何道凝妻張氏，俱嘉慶年間旌。

仙釋

唐

張惠明〔一一〕。趙城人。結廬中條山，遇混元子授以道術，學行超群。代宗詔入便殿，致醮有感，封妙濟大師。尋至西岳尸解焉。

智興。趙城人。修行終南山，後棲于平陸中條山大通嶺，聚徒説法，聲震長安。開成間，文宗三召不至。

元

姜善信。趙城人。資禀恬默，嘗禮蓮峰真人靳道元爲師，隱居碧雲洞十餘年。中統間世祖南下，駐師驛亭，召善信問行師事，特陳仁義之舉，後屢聘，言事多中。年七十八歲逝，其夜有青虹貫斗。追封靖應真人。

明

尚青山。霍州人。居朝陽洞，有脱形之術，任人所索，瞑目間輒袖中出之，無遠不致。後解脱，祀太清觀。同州弟子任法素，亦解脱後，人每于他處見之。

王沖。霍州人。幼事黄老，學辟穀者六年。游汾，結庵錠金原〔二二〕，汲水以資行人。崇禎中端坐而逝，容色數日如生，逝之日有人遇之團柏澗，擔蒲團南行，始知爲羽化云。

土産

黑瓷。本州及趙城出，俱有窑。

石炭。明統志：趙城出。

蠟嘴。趙城出。省志：其喙如蠟，故名。

石膏。靈石出。

直棘。趙城出。省志：鋭如懸針，剛如直梃。按：爾雅「西方霍山多珠玉」，今未聞，謹附記。

校勘記

〔一〕北至汾西縣界一百五十五里　乾隆志卷一一六霍州（下同卷簡稱乾隆志）同。按，考輿圖，汾西縣在霍州西，不在北，此「汾西縣」當作「汾州府介休縣」。

〔二〕名說法臺　「臺」，原作「堂」，乾隆志同，據雍正山西通志卷一八山川二改。

〔三〕陳太建八年周伐齊　「八」，原作「七」，乾隆志同，據資治通鑑卷一七二改。

〔四〕東去㲋十里避暑　「避暑」，乾隆志同，水經注卷六引無，疑爲衍文。

〔五〕又西流逕永安縣故城南　「南」，原作「西」，據乾隆志、水經注卷六改。

〔六〕吕坂　「坂」，原作「坡」，乾隆志同，據元和郡縣志卷一五河東道二改。

〔七〕地理通釋　「理」下原有「志」字，乾隆志同。按，當指通鑑地理通釋，乾隆志前標王應麟之名可證。今據删。然此處引文見於通鑑注，乾隆志誤標出處。

〔八〕十國春秋北漢紀　「十」下原有「六」字，乾隆志同，據標目及引文乃是十國春秋，今據删。

〔九〕天祐四年冬十月出陰地關　「四」，原作「五」，乾隆志同，據十國春秋卷一〇四北漢一改。

〔一〇〕又索州鎮　「州」，乾隆志同，雍正山西通志卷九關隘一等卷皆作「洲」。

〔一一〕八月己卯霖止　「己」，原作「乙」，乾隆志同，據唐創業起居注卷中改。

〔一二〕唐永徽五年百姓爲羅縣開國燕伯龍立　「龍」，乾隆志同，太平寰宇記卷四三河東道四作「隴」。

〔一三〕順治三年有恒塗遇五倫　「三」，乾隆志同，雍正山西通志卷一四一孝義一作「五」。

〔一四〕申序妻劉氏　「序」，乾隆志作「聚」。

〔一五〕王柏陽妻李氏　「陽」，乾隆志作「楊」。

〔一六〕王畿妻李氏　「畿」，乾隆志作「幾」。

〔一七〕曹元瑭妻趙氏　「瑭」，乾隆志作「塘」。

〔一八〕陳琚繼妻張氏　「繼」，乾隆志無。

〔一九〕陳萬緯妻鄭氏　「緯」，乾隆志作「衛」。

〔二〇〕梁健繼妻曹氏　「繼」，乾隆志無。

〔二一〕張惠明　「惠明」，原作「明惠」，乾隆志同，據雍正山西通志卷一五九仙釋一、明天順志卷二〇平陽府改。乾隆志卷三二趙州亦載作「惠明」，是也。

〔二二〕結庵錠金原　「庵」，原作「繩」，乾隆志同，據雍正山西通志卷一五九仙釋一改。

解州直隸州圖

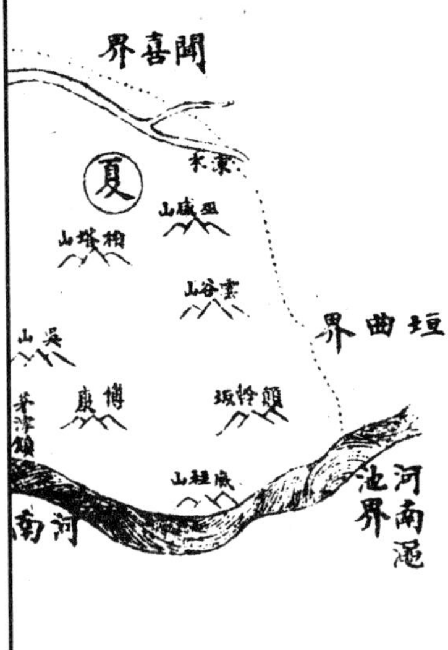
界喜聞
夏
山谷雲
界曲垣
河南澠
池界
南河

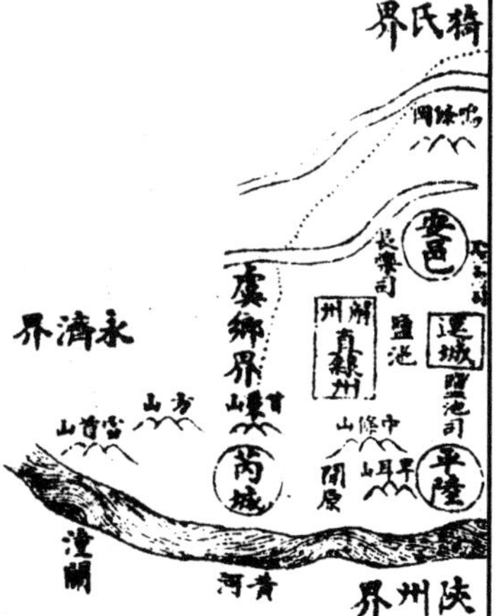
猗氏界
鳴條岡
安邑
長樂司
解州直隸州
鹽池
運城
鹽池司
虞鄉界
永濟界
方山
雷首山
首山
中條山
芮城
閑原
平陸
潼關
黃河
陝州界

解州直隸州表

	解州直隸州	安邑縣
兩漢	河東郡地。 解縣地。	安邑縣地。
三國魏晉		
後魏		南安邑縣太和十一年置，屬河北郡。
齊周		南安邑縣
隋	大業九年移虞鄉縣來治。	安邑縣改名。開皇十六年置虞州，大業初州廢，屬河東郡。義寧元年置安邑郡。
唐	解縣武德初改名。貞觀十七年省，二十二年復置，屬河中府。	安邑縣武德初復置虞州，三年分置興樂縣，貞觀元年省入。十七年州廢，屬蒲州。
五代	解州漢乾祐元年置，屬河東道。 解縣州治。	安邑縣漢乾祐元年割屬解州。
宋	解州屬永興路。 解縣	安邑縣
金	解州初置解梁郡，後廢，屬河東南路。興定四年徙治平陸。 解縣仍爲州治。	安邑縣
元	解州還治解縣，屬晉寧路。 解縣	安邑縣
明	解州屬平陽府。 洪武初省入州。	安邑縣

續表

	夏縣
	河東郡 安邑縣 郡治。
	河東郡 東晉移治蒲坂。 安邑縣
	夏縣 太和十八年改置，屬河北郡。 北安邑縣 改名。太和十一年屬河北郡，十八年省。
	安邑郡 周置。 夏縣 郡治。
	開皇初廢。 夏縣 初屬蒲州，後屬河東郡。
乾元元年改曰虞邑，割屬陝州。大曆四年復曰安邑。元和三年屬河中府。	夏縣 武德初屬虞州，貞觀十七年屬絳州，大足元年改屬陝州。
	夏縣
	夏縣
	夏縣 屬解州。
	夏縣
	夏縣

續表

平陸縣	芮城縣
大陽縣 屬河東郡。	河北縣 屬河東郡。
大陽縣	河北縣 東晉時姚秦置河北郡。
河北郡 大陽縣 太和十一年徙郡來治。	西魏置安戎縣。 河北縣 太和十一年郡徙，縣仍屬。
河北郡 河北縣 周天和二年改名。	芮城縣 周明帝二年移治，改名。 徙。
開皇初郡廢。 河北縣 仍屬河東郡。	芮城縣 屬河東郡。
平陸縣 初屬蒲州，貞觀元年改屬陝州。天寶元年改名。	芮城縣 武德二年置芮州，貞觀元年州廢，屬陝州。
平陸縣	芮城縣
平陸縣	芮城縣
平陸縣 改屬解州，興定四年移州來治。	芮城縣 改屬解州。
平陸縣 仍屬解州。	芮城縣
平陸縣	芮城縣

大清一統志卷一百五十四

解州直隸州

在山西省治西南九百五十里。東西距二百二十五里，南北距九十里。東至絳州垣曲縣界二百五里，西至蒲州府虞鄉縣界二十里，南至河南陝州靈寶縣界六十里，北至蒲州府猗氏縣界三十里。東南至陝州界一百里，西南至陝州閿鄉縣界一百二十里，東北至絳州聞喜縣界一百二十里，西北至蒲州府臨晉縣界三十里。本州境東西距五十里，南北距五十里。東至安邑縣界三十里，西至虞鄉縣界二十里，南至芮城縣界二十里，北至猗氏縣界三十里。東南至平陸縣界四十五里，西南至芮城縣界十里，東北至安邑縣界五十五里，西北至臨晉縣界三十里。自州治至京師一千四百五十里。

分野

天文觜、參分野，實沈之次。

建置沿革

漢河東郡猗氏及解縣地。後魏南解縣地。隋大業九年移置虞鄉縣。唐武德元年改爲解縣，

屬虞州。貞觀十七年省，二十二年復置，屬蒲州。開元八年屬河中府。五代漢乾祐元年於縣置解州，屬河東道。宋改屬永興路。金初置解梁郡，後廢。貞祐三年升爲寶昌軍節度，屬河東南路，興定四年徙治平陸。元仍治解縣，屬晉寧路。明洪武初以州治解縣省入，屬平陽府。本朝因之。雍正二年升爲直隸州，屬山西省。領縣四。

安邑縣。在州東北五十五里。東西距四十三里，南北距七十五里。東至夏縣界二十里，西至本州界二十三里，南至平陸縣界三十二里，北至蒲州府萬泉縣界四十三里。東南至夏縣界五十里，西南至本州界五十五里，東北至夏縣界二十七里，西北至蒲州府猗氏縣界五十五里。漢安邑縣地。後魏太和十一年始分置南安邑縣，屬河北郡。隋曰安邑。開皇十六年於縣置虞州，大業初州廢，屬河東郡。義寧元年置安邑郡。唐武德元年復曰虞州，三年析置興樂縣，貞觀元年省。十七年州廢，屬蒲州。乾元元年改曰虞邑，割屬陝州。大曆四年復曰安邑，元和三年屬河中府。五代漢乾祐元年改屬解州，宋、金、元、明不改。本朝因之。

夏縣。在州東北一百里。東西距一百四十里，南北距六十五里。東至絳州垣曲縣界七十里，西至絳州稷山縣界七十里，南至安邑縣界二十五里，北至絳州聞喜縣界四十里。東南至平陸縣界二十里，西南至安邑縣界二十七里，東北至垣曲縣界五十五里，西北至聞喜縣界四十里。夏都安邑，戰國魏都。漢置安邑縣，爲河東郡治。後漢及晉因之。東晉移郡治蒲坂。後魏改縣曰北安邑，太和十一年屬河北郡，十八年改曰夏縣。周置安邑郡。隋開皇初郡廢，屬蒲州，大業三年屬河東郡。唐武德初屬虞州，貞觀十七年屬絳州，大足元年屬陝州，尋還屬絳州，乾元三年又屬陝州。五代及宋因之。金貞祐三年改屬解州，元、明不改。本朝因之。

平陸縣。在州東南九十里。東西距二百三十里，南北距七十三里。東至絳州垣曲縣界一百八十里，西至芮城縣界五十里，南至河南陝州界三里，北至安邑縣界七十里。東南至陝州界二十里，西南至陝州靈寶縣界四十里，東北至夏縣界八十里，西北

至本州界四十里。周初虞國，春秋晉大陽邑。漢置大陽縣，屬河東郡。後漢及晉因之。後魏太和十一年移河北郡治此。周天和二年改縣曰河北。隋開皇初郡廢，仍屬河東郡。唐初屬蒲州，貞觀元年改屬陝州。天寶元年改名平陸。五代及宋因之。金改屬解州，興定四年移州來治。元仍屬解州，明不改。本朝因之。

芮城縣。在州西南七十里。東西距七十里，南北距五十里。東至平陸縣界五十里，西至蒲州府永濟縣界二十里，南至河南陝州閿鄉縣界二十里，北至蒲州府虞鄉縣界三十里。東南至陝州靈寶縣界三十五里，西南至永濟縣界三十里，東北至本州界六十里，西北至永濟縣界三十五里。周初魏國，春秋晉畢萬邑。漢置河北縣，屬河東郡。後漢及晉因之。後魏改屬河北郡。西魏改置安戎縣，後周明帝二年改曰芮城。隋仍屬河東郡。唐武德二年於縣置芮州，貞觀元年州廢，屬陝州。五代及宋因之。金改屬解州，元、明不改。本朝因之。

形勢

被山帶河，天下要地。三國魏志杜畿傳。鳴條亘其北，大河縈其南。左翼太行，右據雷首。州志。

風俗

魏地狹隘，詩集傳。沃少瘠多，是以傷於儉嗇，其俗剛强。隋書地理志。直樸務本，力於耕織。州志。

城池

解州城。周九里有奇，門四，池廣十丈。元至正間因隋故址築，明嘉靖末甃甎。本朝乾隆十二年修，二十七年、嘉慶二十五年重修。

安邑縣城。周六里有奇，門四，池深一丈。明景泰初因後魏故址築，隆慶中修。本朝嘉慶二十一年重修。

夏縣城。周五里有奇，門四，池深五尺。明景泰初因後魏故址築。本朝康熙四年增修，乾隆十九年、二十七年重修。

平陸縣城。周二里有奇，門二，池廣一丈。金興定間築，明景泰初增築。本朝康熙四十三年修，乾隆二十年、嘉慶二十五年重修。

芮城縣城。周三里有奇，門四，池深七尺。明洪武初因後周故址築，崇禎中甃甎。本朝康熙四十六年修，乾隆二十八年重修。

學校

解州學。在州治東。金大定中建，明嘉靖初遷於廟西隙地。本朝順治十三年修，康熙三十九年、乾隆十四年、二十八年重修。入學額數二十名。

安邑縣學。在縣治東。宋建，元至正間重建，明天順中修。本朝康熙二十六年修，乾隆二十八年重修。入學額數二十名。又運司學，在縣西南運城内東南隅，元大德初建，明洪武初運學廢，正統中復。本朝順治、康熙中繼修。入學原額十二名，乾隆四十三年減二名。

夏縣學。在縣治東南。元至元中建，明時屢修。本朝順治十四年修，康熙二十二年、乾隆二十二年重修。入學額數十五名。

平陸縣學。在縣治東南。宋大中祥符間建，元圮，明洪武中復建。本朝順治十三年修，康熙十八年、乾隆十九年、二十一年重修。入學額數十二名。

芮城縣學。在縣治東北。舊在治東南，金天會中改建今所。本朝順治初修，康熙三十四年、乾隆二十七年重修。入學額數十二名。

解梁書院。在州治西北崇安坊。明嘉靖初建於州治北，本朝乾隆十七年改建今所。

條山書院。在安邑縣城北。舊在東門外，本朝乾隆十一年改建今所。

河東書院。在安邑縣運城。明正德中建。本朝康熙中重修。

宏啓書院。在安邑縣運城。明天啓初建。本朝康熙中重修。

涑水書院。在夏縣。舊名温公書院，元至正中建。本朝乾隆十七年重建，改今名。

養正書院。在夏縣。本朝乾隆二十四年建。

傅巖書院。在平陸縣。本朝乾隆二十七年建。

文學書院。在芮城縣。舊名子夏書院，明萬曆中改今名。本朝康熙中重修。

附記。

西河書院。在芮城縣。本朝乾隆二十七年建。按：舊志載裕齋書院，在州城内；虞城書院，在平陸縣。今並廢，謹

户口

原額人丁六萬九千七百四十一，今滋生男婦共七十九萬九千五百二十一名口，計一十一萬六千四百二十八户。

田賦

田地二萬三千三百七十二頃一十七畝九分有奇，額徵地丁正、雜銀二十一萬五百六兩三錢五分，糧二百七十三石四斗五升有奇。

山川

中條山。在州南。元和志：山在解縣南二十里，在安邑縣南二十里，在芮城縣北十五里，高八里。寰宇記：山東西一百

二十里。州志：在州南二十里，跨安邑、夏、平陸、芮城四縣界。山之北自蒲州府虞鄉縣王官谷東二十里接州界，又東二十六里爲五龍谷，當州正南五里，又東二十七里爲分雲嶺，接安邑縣界，又東北爲虞坂，南達平陸，北通安邑，東入夏縣界，阪東爲巫咸頂，在夏縣東南五里，又東北三十五里，接絳州聞喜縣界。山之南自虞鄉縣方山東接州界，芮城縣北十五里，山陰石磴名百二十盤，東接平陸縣界四十五里。山狹而長，西華嶽，東太行，此山居中，故曰中條。

石錐山。在州西南二十五里，中條之支山也，接蒲州府虞鄉縣界。詳見蒲州府。

吴山。在安邑縣東南三十二里，跨夏縣、平陸縣界。一名虞山，一名吴坂，一名虞坂，一名鹽坂。後漢書州郡志：大陽縣有吴山。博物記：吴坂在鹽池東、吴城北。水經注：虞城北對長坂二十里許，謂之虞坂，戴延之曰：「自上及下，七山相重。」隋書地理志：夏縣有虞坂。元和志：吴山，即虞坂也，伯樂遇騏驥駕鹽車之地。寰宇記：太行山有路名曰虞坂，周武王封吴泰伯之弟仲雍之後虞仲於夏墟，因虞爲稱，謂之虞坂。春秋僖公二年晉假道于虞以伐虢，即此路也。州志：俗謂之青石槽，石崖險峻，亦中條山支阜也，今爲孔道。按：平陸縣北五里别有吴山，以上有吴泰伯廟故名。

玉鉤山〔一〕。在安邑縣東北二十里。其山東西十里，勢如玉鉤，故名。

柏王山。在安邑縣東北，接夏縣界。山多古柏，故名。

稷山。在安邑縣東北，接夏縣界。縣志：在夏縣西北七十里，接蒲州府萬泉、絳州聞喜稷山三縣界。詳絳州。

巫咸山。在夏縣東五里。漢書地理志：安邑縣有巫咸山在南。水經注：鹽水西北流經巫咸山北。隋書地理志：夏縣有巫咸山。寰宇記：一名覆奥山。縣志：一名瑶臺山，亦中條之支阜，其左有巫谷，即白沙河水所經，孤峰峭拔，蒼翠摩空，巫咸父子祠、墓並在山麓。

雲谷山。在夏縣東南，接平陸縣界。中有大谷，雲起則雨，因名其北峰曰將軍嶺，亦曰古石陴。上有石洞，洞中有泉。

温泉山。在夏縣東南，接平陸縣界。中有礦洞出銀，明萬曆二十五年開採無驗，三十三年封禁。又有三岔山礦洞，在縣東二十五里。

柏塔山。在夏縣南二十里。有古柏千株，山後石巖有風洞。

翠巖山。在夏縣東北二十餘里，延亘數十里，北入絳州聞喜縣界。

鳳凰山。在夏縣東北四十里，東北接絳州聞喜縣景山。

砥柱山〔二〕。在平陸縣東五十里大河中流，南與河南陝州接界。尚書禹貢：砥柱、析城。孔穎達疏：砥柱在大陽關東。水經：河水又東過砥柱間。注云：山名也，昔禹治洪水，山陵當水者鑿之，故破山以通河，河水分流，包山而過，山見水中若柱然，故曰砥柱也，亦謂之三門。隋書地理志：河北縣有底柱山。趙冬曦三門賦序：砥柱六峰皆在大河中流，其最北有兩柱相對，距岸而立，所謂三門也。次於其南有孤峰突起，峰頂平闊，禹廟在焉。其西有立石數丈，圓如削成。復次其南有三峰，東曰金門、中曰三堆、西曰天柱，大河湍激於群峰間，南折而東出，兩崖夾水，壁立千仞，天下之奇觀也。

卑耳山。在平陸縣西北。國語：齊桓公縣車束馬，踰辟耳山之谿拘夏。史記封禪書：上卑耳之山。韋昭曰：「卑耳即齊語辟耳。」索隱曰：「在河東大陽。」博物記：在夏縣西南。

清涼山。在平陸縣東北六十里，亦中條山一峰。絶頂曠闊，四望無際，登之可以極目蒲、解、絳、陝四州。

箕山。在平陸縣東北，接夏縣界。山形如箕，相傳即許由隱處。下有清澗，澗東有白玉竅，亦名錫窟。

錐子山。在平陸縣東北，接夏縣界。孤聳如錐，即唐書地理志三錐山。其西有晚照臺、曉挹山。

方山。在芮城縣西北三十里，接蒲州府虞鄉縣界。峰巒高峻，與二華争雄。

甘棗山。在芮城縣東北三十五里，朱吕溝出此。山海經：薄山之首曰甘棗之山。

橫嶺。在州東二十里，跨安邑、平陸二縣界，中條山脊。舊自安邑運鹽車，視虞坂較近，但徑險難行。其南通芮城之路曰直岔嶺〔三〕，爲要地，本朝順治十八年設兵防守。

白徑嶺。在州東南十五里，跨安邑、平陸二縣界。中條之別嶺也，一名石門。水經注：鹽澤南面層山，天巖雲秀，池谷泉深，左右壁立，間不容軌，謂之石門。路出其中，名曰白徑，南通上陽。隋書地理志：虞鄉縣有白徑山〔四〕。元和志：解縣通路，自縣東南踰中條山，出白徑，趨陝州之道也，名白徑嶺。

分雲嶺。在安邑縣西南四十里，接平陸縣界。中條最高處，亦名分雲山。稍西有風谷洞，上有天井谷，四面陡絶，一徑直上山頂。

峨嵋嶺。在安邑縣北四十五里，東北接絳州聞喜縣界，西北接蒲州猗氏縣界。詳見絳州。

傅巖。在平陸縣東二十五里，一名傅險。尚書說命：說築傅巖之野。孔傳：「傅氏之巖在虞、虢之界。」史記殷本紀：武丁得說于傅險中。博物志：傅巖在大陽縣北。十三州記：大陽縣，傅巖在其界，今住穴尚存。水經注：沙澗水逕傅巖，歷傅說隱室前，俗名聖人窟。縣志：傅巖穴，今名隱賢社，在縣東北二十里兩山之峽，爲傅說版築故處。

聖女崖。在州東南。寰宇記：在解縣東南八里。故老傳昔有村女在中條山得道，今名其處曰聖女崖，亦曰玉女溪。後有劉明於此學道，後人爲明立祠，今其碑尚存。

鳴條岡。在安邑縣北，與夏縣接界，一名高侯原。尚書伊訓：造攻自鳴條。書序：湯伐桀，升自陑，戰於鳴條之野。孔傳：「安邑縣西有鳴條陌。」括地志：高涯原，在蒲州安邑縣北三十里，其南坂口即古鳴條陌也。元和志：高侯原，在縣北三十里。寰宇記：鳴條陌，在縣東北十五里。

閒原。在平陸縣西四十里。詩大雅：虞芮質厥成。毛傳：「虞、芮之君相與爭田，久而不平〔五〕，乃相謂曰：『西伯，仁人

也，盍往質焉？』入其境，則耕者讓畔，行者讓路；入其朝，士讓爲大夫，大夫讓爲卿。二國之君感而相讓，以其所争田爲閒田。」水經注：河水又有左、右一水，三源疏引，其三水之内，世謂之閒原。元和志：閒原，在縣西六十五里。寰宇記：其原東西七里，南北十三里。縣志：在縣西南侯凋、儀家溝之間，俗名讓畔城。

五龍谷。在州南四里。又東有噴雪巖。

車輞谷。在安邑縣南二十里。兩山夾路。又東爲二郎谷。

柳谷。在夏縣東南十五里中條山中。唐貞觀十一年幸柳谷觀鹽池，即此。又貞元中陽城隱居柳谷之北。按：綱目集覽云城隱處在張掖郡之柳谷，非也。韓愈争臣論「居於晉之鄙」，又本傳「第進士去，隱中條山」，當是此柳谷無疑。

水谷。在芮城縣西北二十五里。

顛軨坂。在平陸縣東北七十里。左傳僖公二年：冀爲不道，入自顛軨。杜預注：「河東大陽縣東北有顛軨坂。」水經注：傅巖東北十餘里即顛軨坂也，有東西絶澗，左右幽空〔六〕，窮深地壑，中則築以成道，指南北之路，謂之軨橋也。元和志：顛軨坂，在縣東北四十五里。

桃花洞。在州西南紅臉溝東十五里。昔人於冬月見水泛桃花出，故名。

鹽風洞。在安邑縣南二十里。每仲夏月應候風出，池井得此一宿鹽成。舊有風神祠，今廢。

玉溪洞。在夏縣東南七里中條山中。俯瞰溪流，清澈可愛，相傳司馬温公嘗隱此讀書。

鑼鼓洞。在平陸縣東北六十里，一名將軍洑。石壁千仞。

青龍洞。在芮城縣北中條山内。有泉名青龍泉。

石鐘洞。在芮城縣東北三十里。頂懸一石如鐘，水注其中，旱禱有應。又縣西北十八里有觀音洞。

瑟瑟窟。在平陸縣西北四十里。按：唐書地理志作「瑟瑟穴」〔七〕。

堡子谷水。在州東南。源出中條山堡子谷，北流入鹽池南溝。又金盆水，一名小聖溝，亦出中條山，流入南溝。又東有小五龍澗、二郎三郎谷諸水，皆出中條山，北流趨鹽池禁墻，俱置堰以防水。

鹽水。在州北十五里。源出夏縣南中條山，一名白沙河，又名姚暹渠，又名巫咸河，逕縣南會永豐渠，入安邑縣，經鹽池北，又西逕州城北，又西入蒲州府五姓湖。水經注：鹽水出東南薄山，西北流逕巫咸山北，又逕安邑故城南，又西注於鹽池。宋史河渠志：後魏正始二年都水校尉元清引平坑水西入黃河以運鹽，號永豐渠，周、齊間廢。隋大業中都水監姚暹浚渠，自陝郊西入解縣〔八〕，唐末堙没。至宋天聖四年陝西轉運司王博文等開濬，自解州安邑至蒲州白家場，通舟運鹽，經久不至勞民。按：此水舊自解縣滙衆渠之水入安邑縣，注苦池灘，由楊家莊入縣城内。明隆慶四年濬渠，改由縣北入州界。水經注本云「西注鹽池」，今鹽池最忌此水，溢入則鹽不成，故俗名爲無鹽河。

涑水。自絳州聞喜縣西南流入夏縣北，經縣西三十里，又西流入蒲州府猗氏縣界。水經注：涑水逕左邑故城南，又西逕王官城北，又西南過安邑縣西，又西南逕鹽縣故城，又南過解縣東，又西逕猗氏縣故城北。元和志：涑川，在夏縣北四十里，川東西三十里、南北七里。地理通釋：涑川，俗謂之陽安澗水。舊志：涑水舊自蒲州府猗氏縣西流，經州城北三十里，時决而南爲鹽池害，明弘治十六年御史曾大有别開渠導水北流，不經州城。

薄水。在平陸縣西四十里。水經注：河水又有左、右一水，其水三源疏引，俱導薄水南流會成一川，又南注於河。縣志：一名南侯澗。

古焦水。在平陸縣東北五里。武王封神農後於焦，即此。

沮水。在芮城縣東五十里。源出中條山麓，一名儀家溝，南流入河。水經注：河北縣有沮水，南入於河，竹書穆天子傳

曰：「天子自寘軨，乃次於洹水之陽，丁亥入於南鄭。」考其沿歷所鍾，路直斯津，俗或謂之偃鄉澗水也。

開元新河。在平陸縣東南三門山北。縣志：唐開元末，陝郡太守李齊物鑿砥柱爲門以通漕，開其山巔爲挽路，燒石沃醯而鑿之，棄石入河，激水益湍怒，舟不能入新門，候水長以人挽舟而上。貞元二年李泌爲陝虢轉運使，自集津至三門，鑿山開道十八里，以避砥柱之險，即此。俗名公主河。

黄河。自蒲州東流入芮城縣南，又東流逕平陸縣南，又東流入絳州垣曲縣界。水經注：河水又東過河北縣南，又東永樂澗水注之，自河北城南，東逕芮城，又東過大陽縣南，又東逕大陽縣故城南，又東沙澗水注之，又東過砥柱間。元和志：黄河在芮城縣南二十里，又在平陸縣南二百步。金史地理志：平陸、芮城有黄河。

黑龍潭。在安邑縣東南十五里。與鹽池鄰，深不可測。唐開元中嘗於此置龍池宫。寰宇記：龍池宫旁有龍池水，流入鹽池。

大水澗。在州南。源出五龍谷，石崖瀑流，北至城南分爲二支，一會小水澗入女鹽池，一入通濟渠。

静林澗。在州西南二十里。源出中條山頂，北流入紅臉溝，可引灌田。

胡村澗。在州西南二十八里。源出中條山陰。又東五里爲桃花澗，源出中條山頂；又東二里爲小水澗，源出白龍谷；又東一里爲荻子谷水，皆北入女鹽池。

路澗。在平陸縣東十里，即盤南澗。水經注：路澗水亦出吴山，東經大陽縣西，西南流入於河。縣志：盤南澗，源出中條山，由石槽溝南流，至盤南入於河。

沙澗。在平陸縣東二十里傅巖前。水經注：沙澗水出虞山，東南逕傅巖，東北山溪中有小水，西南流入沙澗，亂流逕大陽城東，南流注於河。縣志：發源中條山東南谷，南流入河，以澗口多沙石，故名。又有聖人澗，在縣東二十五里，源出東北三十里

傅説冢下馬跑泉，稍下復有二泉，三派合流，繞傅巖南入河，即水經注所云東北山溪中小水也。

清澗。在平陸縣東六十里箕山西南麓。縣志：相傳爲巢父洗耳處，一名洗耳河，有許由墓。

張谷澗。在平陸縣西二十里。又圪塔澗，在縣西二十五里。

咸陽澗。在平陸縣北。水經注：河水東則咸陽澗水注之，水北出虞山，南至陝津注河。

交澗。在平陸縣北三里。水經注：交澗水出吴山，東南流入河。縣志：一名三汊澗，發源中條山，二溝合流，至此崖斷支分，東南入河，即交澗水也。

蒲萄澗。在芮城縣西二十里。澗下有泉五，俗名五股泉。

積石、土柱二溪。在平陸縣東，即馬頭澗。水經注：積石、土柱二溪並北發大陽山，南流入河。縣志：馬頭澗，在縣東北四十里中條山麓，兩谷二源，環麓合流，南入於河。

皇川。在夏縣東南中條山内。

鹽池。在州東三里，安邑縣西五里。左傳成公六年：晉諸大夫曰「郇瑕氏之地，沃饒而近鹽」。杜預注：「猗氏縣鹽池是。」説文：鹽，鹽池也。漢書地理志：安邑縣，鹽池在西南。水經注：鹽池長五十一里，周一百一十四里，紫色澄渟，渾而不流，水出石鹽，自然印成，朝取夕復，終無減損。惟水暴雨澍，甘潦奔軼，則鹽池用耗，故公私共堨水徑，防其淫濫，故謂之鹽水，亦爲堨水也。山海經謂之鹽販之澤。唐書地理志：解縣有鹽池，安邑縣有鹽池，大曆十二年生乳鹽，賜名寶應慶靈池。宋史食貨志：解州解縣、安邑兩池，墾地爲畦，引池水沃之，謂之種鹽，水耗則鹽成。安邑池每歲種鹽千席，解池減二十席。鹽池圖考：今池東西長五十五里，周一百四十四里，深可數仞。宋分爲東、西兩池，各置鹽場二。明初併爲東、西二場，成化二十一年增置中場。安邑南者爲東池，安邑西南村者爲中池，解州東三里者爲西池。環池舊築攔馬墻，成化間又於墻外築墻二千五百餘堵。又鹽主水以

生，緣客水而敗，南、北二隅無患，東、西則皆築禁堰以防之。按：明呂柟論：鹽池之成，以大河北自蒲州折而東向，轉曲之間，漸漬匯此奥衍，今陝西花馬池鹽亦近黄河折流之處，理或然也。故唐博士崔敖曰：「鹽池乃黄河陰潛之功，浸淫中條，融爲巨津。」蓋有所見矣。州志云：築東禁以及黑龍，築西禁以及硝池，治其標也。濬姚暹以導苦也，濬涑水而歸五姓，治其本也。嚴防障於東、西近堰，而於姚暹、涑水源流歸宿之處，循故道而加濬焉，則客水不侵，主水無恙矣。

女鹽池。在州西北半里許。水經注：鹽池西又有一池，謂之女鹽澤，東西二十五里，南北二十里，在猗氏故城南。元和志：女鹽池，在解縣西北三里，鹽味小苦，不及縣東大池。俗言此池亢旱，鹽即凝結，如逢霖雨，鹽則不生。州志：在大池西北七里，據地高阜，唐開元中嘗置女鹽監。時或生鹽，其味淡苦，又生硝，亦名硝池。北受姚暹渠潰決之水，南受中條山谷之水，水漲多侵民田，東趨禁墻爲鹽池害，故築硝池堰以防之。

六小池。在州西北十五里，女鹽池西北四里。一曰蘇老，二曰賈瓦，三曰金井，四曰熨斗，五曰永小，六曰夾凹。多淤萊，水溢女鹽池爲害。明隆慶中以正課不登，並括六池鹽利，尋罷。本朝康熙中以大池水患，暫開小池澆曬，水退封禁。乾隆二十三年因大池被淹，又覆准開曬。

蓮花池。在夏縣城中，有二，一在西北隅，周一頃八十畝；一在東北隅，差小。盈涸皆不常，居民常穴城以殺水勢。

共池。在平陸縣西四十里，與閒原相距百步。左傳虞公奔共池，即此。

大安池。在芮城縣南十五里。居民引以灌田，下流入於河。

濁澤。在州西二十五里，一名涿澤。史記魏世家：惠王元年韓、趙合伐魏，戰於濁澤。又趙世家：成侯六年伐魏，敗濁澤〔九〕。括地志：濁水，源出解縣東北平地。

張公泉。在州西南静林澗東三里。發源山谷中，旱禱輒應。

湧金泉。在安邑縣東南十餘里。源出夏縣西南十里，西入黑龍潭。相傳此水潛行地中，入鹽池始生鹽花，故名。

青石泉。在安邑縣東南三十里。源出中條山青石槽，流入黑龍潭。

車輞泉。在安邑縣南二十里中條山麓車輞谷中。

澮泉。在安邑縣西南十六里鹽池北岸。池水皆鹹，此獨澮，故名。世傳池鹽得此水方成。

野狐泉。在安邑縣西南十八里鹽池北岸。味極甘冽。

玉鉤泉。在安邑縣北二十里玉鉤山下。南入姚暹渠，一名玉女泉。

五股泉。在平陸縣北一里。其水寒冽。

響泉。在平陸縣北四十里中條山東。

白龍泉。在芮城縣南十里。又有小水泉，在大安村。

地皇泉。在芮城縣西北十三里山麓地皇廟前。又有賈公泉，在縣西北五里；觀音泉，在縣西北十里。

龍泉。在芮城縣北七里。水經注：河北城内有龍泉，南流出城，又南斷而不流。寰宇記：源闊五尺，深一丈。

通澤泉。在芮城縣北八里。舊引流入城，本朝康熙初涸，乾隆十八年復溢。

鹿跑泉。在芮城縣東北八里，一名静深泉。

奥祝泉。在芮城縣東北二十二里。自石巖下流出。

紅臉溝。在州西二十五里。上承静林澗水，北入蒲州府臨晉縣。

朱吕溝。在芮城縣東北三十里，即古共水。源出甘棗山，南流入河。山海經：甘棗之山，共水出焉。

洗馬灘。在州西北。東北爲南扶灘，西北爲衛諸灘，又西北十里爲三婁灘，東二十里爲羅又灘〔一〇〕，北十五里爲小張塢灘，諸灘荒𪉧，水漲則溢入鹽池。

高腴灘。在州北五里許，爲東高腴灘，其西爲西高腴灘。又西北十五里爲西辛莊灘，西接蒲州府臨晉縣界。諸灘並北受姚暹渠水，南入女鹽池，或入城北灘。

城北灘。在州北。受女鹽池之水。又城東灘，在州東里許，內有數泉，受城北灘以上諸水。

長樂灘。在州東北，周二十餘里。北受姚暹渠水。

苦池灘。在安邑縣東十三里，即巫咸諸水所匯也。寰宇記：苦池，在縣東十八里，其水鹹苦，牛羊不食，因名，亦名紅花池。

東郭灘。在安邑縣東南十里餘。有大堰，禁人開種。

熨斗陂。在州城西北。元和志：熨斗陂，在解縣東北二十五里〔一一〕。寰宇記：在縣西二十里，後魏正始三年穿以停船，今廢。按：元和志、寰宇記東、西不同，今六小池中有熨㪷池，在州城西北爲是。

古蹟

解縣故城。今州治。後魏分漢解縣置北解縣，在今臨晉縣界；分置南解縣，在今虞鄉縣界。隋大業九年自綏化故城移虞鄉縣於此，唐改爲解縣，隸河中府，在府東北四十五里。五代漢於縣置解州，明初省縣入州。

南安邑故城。在安邑縣西一里。古禹都，及漢置安邑縣，在今夏縣界。北魏分置南安邑縣，隋曰安邑。元和志：縣南至陝州一百一十里。寰宇記：在解州西南四十五里。縣東三里即廢虞州之地。按：元和志以安邑縣爲本夏舊都，後皆因之，不知此後魏所分之南安邑也。書傳「鳴條在安邑縣西」，今鳴條岡實在夏縣之西、安邑之北，則故安邑在夏縣可知。水經注「鹽水逕安邑故城南」，今縣在水南。魏書地形志：「北安邑，二漢、晉曰安邑，屬河東；南安邑，太和十一年置」，今縣乃在夏縣之南，則爲南安邑可知。括地志云「安邑故城在夏縣」，故特改正。

安邑故城。在夏縣北。帝王世紀：禹都安邑。春秋時魏絳自魏徙此，戰國爲魏都，史記魏武侯二年城安邑是也。至惠王九年徙都大梁，秦孝公十年衛鞅將兵圍安邑降之，蓋在徙都之後。其後嘗還屬魏，至昭襄王二十一年左更錯攻魏河内，魏獻安邑，始定屬秦。漢置安邑縣，爲河東郡治。後魏改爲夏縣，括地志云「安邑故城在夏縣西」，蓋後魏移治也。元和志：古安邑城，在縣西北十五里。縣志謂之夏王城，據鳴條岡，周三十里，西南遺址尚存。

大陽故城。在平陸縣東北十五里。春秋公羊傳：晉敗茅戎於大陽。漢置大陽縣，屬河東郡。應劭曰：「在大河之陽。」後漢鄧禹圍安邑，更始大將軍樊參度大陽，禹擊破之。晉永嘉二年以劉淵據蒲子，遣將軍曹武屯大陽以備之。後魏徙河北郡於此，水經注「大陽城，河北郡治」是也。後周併改縣曰河北。唐屬陝州，貞觀十一年河水溢，壞陝州河北縣。括地志：河北縣，漢大陽也。天寶初陝州刺史李齊物開砥柱，得古鐵戟若鏵然，銘曰「平陸」，上之，詔改爲平陸縣。元和志：縣西北至陝州十七里。寰宇記：縣在陝州北五十里。蓋五代時遷今治也。

河北故城。在芮城縣東北里許。一名魏城，即周初魏國。詩有魏風，鄭康成詩譜：魏國在冀州雷首之北、析城之西，其封域南枕河曲，北涉汾水。春秋左傳：晉女叔侯曰霍、揚〔一二〕、韓、魏皆姬姓。又閔公元年晉侯滅魏，賜畢萬，卜偃曰：「魏，大名也。」漢置河北縣，屬河東郡。後魏縣廢。水經注：縣在河之北，故曰河北。今城南、西二面並去大河可二十餘里，北去首山一十里許，處河、山之間，土地迫隘，故魏風著十畝之詩也。元和志：古魏城，在芮城縣北五里。寰宇記：魏城，即漢河北縣，姚秦於此

置河北郡，後魏太和十一年移郡於大陽。周天和二年并移河北縣於郡治，故城廢。按：周魏國即河北故城，明統志乃云在平陸縣北五里，於芮曰魏之附庸，胥失之。

興樂廢縣。在安邑縣西北。唐書地理志：武德三年析安邑置興樂縣，貞觀元年省。

安戎廢縣。在芮城縣東十里張村。隋書地理志：河東郡芮城縣，舊置曰安戎，後周改焉。

臼城。在州西北二十五里。春秋晉大夫臼季邑，亦謂之臼衰，左傳僖公二十四年：秦伯納晉公子重耳，濟河取臼衰。杜預注：「解縣東南有臼城。」又鹽池東北有苦城，亦晉大夫郤犨采邑。

羅索城。在安邑縣東十八里。相傳金羅索所築，遺址尚存。「羅索」舊作「婁室」，今改正。

張良城。在安邑縣東南十三里。南爲牧馬場，西南爲飲馬川。

韓信城。在安邑縣南五里。其北有韓信溝。

蚩尤城。在安邑縣南十八里。見寰宇記。縣志：蚩尤村，在鹽池東南二里許。

司鹽城。在安邑縣西南十五里，今名運城。史記秦本紀：昭襄王十一年，齊、韓、魏、趙、宋、中山五國共攻秦，至鹽氏而還。水經注：涑水又經鹽縣故城，本司鹽都尉治，後罷尉司，分猗氏、安邑置縣以守之。括地志：鹽氏故城，一名司鹽城，在安邑縣。寰宇記：在縣西二十里。縣志：運城，元至元二十二年置運司於州界，二十九年徙此。城爲運司那海德俊創築，本名鳳凰城，明嘉靖中甃以甎，有運司遞運所。

古城。在安邑縣西一里。魏文侯所築，東西對壘。又韓信虜魏豹於此，亦名魏豹城。按：芮城縣東南二十五里亦有魏豹城。

茅城。在平陸縣西南二里。左傳文公三年：秦伯伐晉，自茅津濟。杜預注：「茅津在河東大陽縣西。」後漢書郡國志：大

陽縣有茅津。水經注：河水經陝城北，河北對茅城，故茅亭，茅戎邑也，津亦取名焉。縣志：今縣西南二里有巖城，昔名十二連城，延七里，南臨大河，蓋即古茅城。或謂之上陽城，又謂下陽城，俱誤。

將軍城。在平陸縣北三十里西祁村。漢邑人周倉嘗屯兵於此，有廟。

鄍城。在平陸縣東北二十里。左傳僖公二年：晉荀息曰「冀爲不道，伐鄍三門」。杜預注：「鄍，虞邑。」括地志：故鄍城，在縣東十里。寰宇記：在縣東北二十里，其城周迴四里。

虞城。在平陸縣東北。一名吴城。史記吴世家：武王克殷，求太伯、仲雍之後，封虞仲於周之北故夏墟。漢書地理志：大陽縣吴山，上有吴城。武王封周章弟仲於河北，是爲北吴，後世謂之虞，十二世爲晉所滅。水經注：軨橋東北有虞原〔一三〕，上道東有虞城〔一四〕，堯妻舜以嬪於虞者也，亦周封虞仲處。括地志：故虞城，在縣東北五十里虞山上。寰宇記：在縣東北六十里。

下陽城。在平陸縣東北。春秋僖公二年：虞師、晉師滅下陽。杜預注：「下陽，虢邑，在河東大陽縣。」後漢書郡國志大陽縣有下陽城，劉昭曰：「在縣東北三十里。」元和志：在縣東北二十里。按：縣舊志誤作「上陽」，且云在縣西南二里條山之麓，不知此即古茅城也。新志改曰「下陽」而仍襲其誤，亦非。

項羽城。在芮城縣東四十里，一名霸王城。

立城。在芮城縣。後魏河北縣有立城〔一五〕。

芮伯城。在芮城縣西二十里鄭村，即古芮國。周初虞、芮質成，康王時有芮伯，厲王時有芮良夫。水經注：晉武公七年芮伯萬之母芮姜，惡芮伯之多寵人，故逐之出居於魏。八年，周師、虢師圍魏，取芮伯萬而東之。後魏地形志：河北縣有芮城。元和志：故芮城，在縣西二十里，古芮伯國也。

龍池宮。在安邑縣東南十八里。唐書地理志：安邑縣有龍池宮，開元八年置。

風后故里。在州東解池西南隅。相傳黃帝得風后於海隅，即此。

紫泉監。在州治西南，一名女鹽監。唐書地理志：解縣有紫泉監〔一六〕，乾元元年置。

夏臺。在夏縣西北十五里。水經注：安邑，禹都也。禹取塗山氏女，思戀本國，築臺以望之，今城南門臺基猶存。寰宇記：在夏縣西北安邑故城中，今俗謂之青臺，上有禹祠。

海光樓。在安邑縣西門外。縣志：在池神廟南，淩空架構，四望可觀。又有歌薰樓，在鹽池上，亦稱佳構。

潺湲亭。在州治内。宋時有史氏父子相繼刺史，其子建亭，引通濟渠灌圃，水聲潺湲，故名。

昆吾亭。在安邑縣西南一里。宋永初山川記：安邑縣有昆吾亭，古昆吾國也。寰宇記：舊圖經云在縣西南十里。

石榴園。在芮城縣南十里。産石榴絶佳，舊貢，元時裁。

關聖故居。在州東南十八里常平村。其先塋即在村南，屬安邑縣。

曲環故居。在安邑縣西報國寺北，俗名寺北曲里。

段干木故居。有三，一在安邑縣東南曰下段里，一在安邑縣西南曰上段里，一在芮城縣西北二十七里山麓段村。

托都故宅。即今夏縣署。「托都」舊作「脱脱」，今改正。

司馬温公故宅。在夏縣西司馬村。又有獨樂園，在縣西三十里。

張孝始故宅。在芮城縣城中街。又縣西二十五里李叫村有潛龍宅，唐高祖微時寓居，今廢。

集津倉。在平陸縣東五十里三門山東。唐書地理志：平陸縣西有鹽倉，東有集津倉。

關隘

留莊隘。在平陸縣東北四十五里中條山中，通絳州垣曲縣。

鹽池鎮巡司。在州東南二十里。明洪武八年置後移中村，本朝因之。

長樂鎮巡司。在州城東北十里鹽池北姚家莊。明洪武八年置，後移中村，本朝因之。

聖惠鎮巡司。在安邑縣南五里。明洪武四年置。本朝因之。

東郭鎮。在安邑縣東南三十里。

曹張鎮。在夏縣西四十里。九域志：夏縣有曹張鎮。又水頭鎮，在縣西三十五里；裴介鎮，在縣西南四十里，皆有堡。

胡張鎮。在夏縣北三十里。有堡，駐防兵弁。

茅津鎮。在平陸縣東二十里傅巖前。明洪武初置巡司，本朝嘉慶四年改設縣丞。按：茅津鎮地最扼要，順治元年並設遊擊防守。

沙澗鎮。在平陸縣東南二十里黃河北岸。舊有驛丞，本朝雍正十三年裁。

張店鎮。在平陸縣東北六十里。九域志：平陸縣有張店、集津、三門三鎮。縣志：即古虞城，外郭南扼顛軨，北控鹽坂，向爲南、北孔道，有堡。又張谷鎮，在縣西十五里，又五里有常樂鎮，又二十里有葛趙鎮，又洪池鎮，在縣西北四十里。

陌底鎮。在芮城縣東南四十里。明洪武四年置巡司於此，本朝移縣治東，乾隆五十八年裁。

運城。在安邑縣東南。元至正間建，本朝初設鹽政及運司以下等官。乾隆五十七年裁，嘉慶十二年移河東道駐此，兼管鹽務。按：運城鎮鹽務紛繁，四方輻輳，最爲扼要之地，雍正十年設都司防守，十三年並設糧捕、州判。

陽關寨。在州東南大虎谷中。由將軍堡後鳳凰嘴西，過連雲棧至横嶺，即陽關寨。寨後有膽礬窟，旁有百藥草。

霍趙堡。在安邑縣東北三十八里。又北相堡，在縣西北；陶村堡，在縣東南。

喜安莊堡。在夏縣西三十里。本名牛家凹，地僻多盜，明萬曆元年建堡，城廣十丈，袤六十丈，更今名。

金雞堡。在平陸縣南二里店頭鎮。西有古茅城遺址，在崇岡之上，丹壁屹立，前臨大河，爲昔人戍守處。又張店堡，在縣東六十里；又八政堡，在縣東北三十里。

朱吕堡。在芮城縣東三十里。又坑南堡，在縣東三十五里。

太尉堡。在芮城縣東南十五里，瀕河。本名鳳川，唐武德二年行軍總管劉世讓討吕崇茂屯兵於此，故名。

泓芝驛。在安邑縣西北四十五里，西接猗氏縣界。舊有驛丞，今裁。

津梁

通利橋。在州城西二里，跨大水澗。

金井橋。在州西北十六里，通蒲州府臨晉縣界。又州北十五里有郇瑕橋，路通蒲州府猗氏縣；近古郇城迤東有祥鸞橋、麻村橋，以上四橋皆跨姚暹渠。又州西北三十里有涑水橋，接虞鄉坑頭鎮。

通惠橋。在安邑縣東門外。

北路村橋。在安邑縣西南運城北門外。又弘濟橋，在縣北門外。

禹城東石橋。在夏縣西十五里禹廟前，跨横洛渠。又西二十五里有涑水橋。

八政橋。在平陸縣東北三十里八政鎮。

沙澗渡。在平陸縣東二十里黄河北岸。唐時造浮橋於此，西南去河南陜州十五里。通志謂之茅津渡，非。按：水經注云澗水南流注河，此特山溪亂流之水，非秦伐晉所取之道，茅津蓋今大陽渡也。

白浪渡。在平陸縣東一百八十里，接絳州垣曲縣界。

大陽渡。在平陸縣南二里。府志：晉假道於虞圍上陽，即古巖城，在渡北。通志：下陽與上陽相望，由下陽至上陽必由大陽渡。按：古巖城即春秋成公元年所書之茅戎，非上陽城也，水經注作「茅城」，其下即茅津，左傳文公二年杜預注「茅津在河東大陽縣西」者是。

洪陽渡。在平陸縣西四十里，與河南靈寶縣分界。

陌底渡。在芮城縣東南。一名竇津，又名洰津渡，土人又呼王村曲裏渡，通河南靈寶縣。三國魏志杜畿傳：衛固等使兵數千人絶陜津，畿詭道從洰津渡。宋史司馬池傳：議者以蒲坂、竇津、大陽路官運鹽回遠，乃開峪口道〔一七〕。通志：故芮城令邵伯温築待濟亭於河干，以憩賓旅。

堤堰

涑水堤。在安邑縣北三十四里，障涑水西流。

姚暹堤。在安邑縣東北。起楊家莊西，至臨晉縣五姓湖，防夏縣巫咸谷諸水入池。

西禁堰。在州城東鹽池西岸禁墻之西。又有卓刀堰，相近禁墻，障城東灘水。

蠶房堰。在州城東南。相近又有常平、西姚二堰，障小五龍澗、二郎谷、三郎谷諸水。

底張堰。在州城西南二十里，障静林澗及張公泉水。又有五龍堰，障大、小澗水，俾不得入女鹽池。

硝池堰。在州城西北。又州北七里有長樂堰，障長樂灘水；又永安堰，在州城東北，少東爲七郎堰，俱障城北灘水。

黑龍堰。在安邑縣東南，防中條山諸水衝決鹽池。又縣南有壁水堰，防黑龍堰潰決，又縣東南有雷鳴堰、白家堰。

東禁堰。在安邑縣南聖惠鎮南禁墻下，與壁水堰鄰。長一千六百二十丈，廣二丈五尺，防東灘諸水。

李村堰。在安邑縣南，有大小二堰。相近又有西姚、龍王、金盆〔一八〕、桑園〔一九〕、渠村〔二〇〕、趙家灣等堰，皆在鹽池南，防南山暴發之水。

白沙堰。在夏縣南，東接巫咸山，西抵安邑苦池灘，障巫咸谷諸水，俾由苦池灘西北出，爲鹽池東第一堰，極長且險。本朝乾隆二十七年改建南、北兩岸土堰，甃以甎石。

李綽堰。在夏縣南八里，南起王谷口，西北抵安邑縣苦池灘，障永豐渠水，俾入灘，跨渠有卓義橋，爲鹽池東第二堰。堰

旁有弘遠橋，舊有五堰，今存其三。

蓮花堰。有二，皆在夏縣西南十里，南防湧金泉水流入鹽池。又有匙尾、中花、軒轅等堰，皆防姚暹渠水入池。

高德鐵堰。在夏縣北，與絳州聞喜縣接界。中條山谷水北注聞喜縣美陽川大澤中，北溢爲小澤，復南溢入縣界青龍河，近山古有石堰覆土障水，相傳築堰時督工名高德，且因其堅固，故名。

通濟渠。在州城南隅，分大水澗入城，溉官民園圃。

司馬渠。在夏縣西三十里，引涑水灌田。相傳司馬氏所開。

橫洛渠。在夏縣北十里。源出縣東北方山諸谷，流至縣西，合縣北諸河入白沙河。又有青龍河，在縣北三十里，南流合橫洛渠。

興文渠。在平陸縣北二里。由北關入城，民資灌溉。

陵墓

帝舜陵。在安邑縣西北三十里鳴條岡南。高三丈，廣四十餘步，有祠。按：禮記舜葬蒼梧，史記舜葬九疑，元結、司馬光皆辨其非，孟子明云「卒於鳴條」，當以爲斷。

夏后氏陵。在夏縣西池下王村里。按：夏后氏一代陵寢，惟禹陵在浙江會稽山，少康陵在河南太康縣西，蓋啓以下諸王之陵俱在於此。金大定五年建朝元觀奉祀。

夏

關龍逢墓。在安邑縣東北二里玉鉤山。有雙冢，明呂柟有碑記。

殷

巫咸、巫賢墓。在夏縣東五里巫咸山下。通志云：史記正義咸及子賢冢皆在蘇州常熟縣西海虞山，越絶書云「虞山者，巫咸所出也」，當互考。

傅説墓。在平陸縣東北三十里中條山南馬跑泉上。東、西兩山環拱若屏，即説故居也。

周

宫之奇墓。在平陸縣東四十里。其地舊名辛宫里，或云百里奚墓。

虞芮二君墓。在平陸縣西五十里閒田東南隅，有祠。

郤芮墓。在芮城縣西三里。

畢萬墓。在芮城縣東北十三里。

段干木墓。在芮城縣東北十五里。唐貞觀十五年禁樵採。水經注：河北、芮二城之中有段干木冢。

漢

闞氏祖墓。在州東南十八里常平村南。本朝雍正五年加封闞聖曾祖光昭公、祖裕昌公、父成忠公，春、秋致祭。

晉

王卓墓。在州西門外路南。卓，晉司空、河東太守。又漢有王卓，河東解人，代孔扶爲司空，未知孰是。

衛瓘墓。在安邑縣東十七里高侯原。見寰宇記。舊傳云瓘葬高堠，今墓前有高堠故道。縣志：在縣東北三十里，衛玠墓在其前。按：晉書衛玠傳玠卒於建業，葬於南昌，縣志訛。

唐

衛大經墓。在州城西北十五里。説郛：唐開元中姜師度奉詔鑿無鹽河以溉鹽田，至大經墓前，發地得石刻，志曰：「姜師度，更移南向三五步。」師度異之，命工夫遷其河，遠墓數十步焉。

陽城墓。在夏縣南十餘里柳谷北。明季爲白沙河水所没。

薛嵩墓。在夏縣西四十里。

宋

司馬光墓。在夏縣西北三十里鳴條岡，其祖父十餘冢胥存。舊志：哲宗篆碑首曰「忠清粹德」，起樓墓東，命蘇軾撰文。

紹聖元年奪官，毁樓仆碑，斷碑之陷，有杏生於龜趺側，蟉枝蟠繞。金皇統中夏縣令王廷直得舊斷石，摹勒碑文。元平章察罕家與墓鄰，作老杏圖詩，程鉅夫記。明嘉靖初再修其碑。

元

察罕墓。在州城北十五里。

歸暘墓。在夏縣西北温公墓北，餘慶禪院左二十餘步。

明

曹于汴墓。在安邑縣西南運城西北五里。

趙烈女墓。在夏縣西李莊村西北二里。

王紀墓。在芮城縣東北五里南磑村。城東門内有敕建祠。

祠廟

表忠祠。在安邑縣西南運城内，祀夏臣關龍逢。唐乾元中張謂書碑陰文。

分雲神祠。在安邑縣西中條山陰。縣志：安邑縣西分雲嶺，中條最高處，舊有分雲祠，亦稱成寶公廟，今廢。

萃賢祠。在夏縣學左，祀商相巫咸、唐諫議大夫陽城、宋温國公司馬光。

司馬温公祠。夏縣有二，一在縣西墓旁，一在儒學左，内有知足齋、布衾銘、柳氏訓言三石刻，俱温公手書。明時因舊祠隘陋，改建於縣治東北。

巫咸祠。在夏縣東五里。水經注：巫咸山上有巫咸祠。又縣東門外有巫相祠，亦曰昭潤侯廟。

傅説祠。在平陸縣東二十五里。唐建，明嘉靖中重建。寰宇記：在縣東北傅巖隱窟，即沙澗水西懸崖，去水一丈立祠焉。

張巡祠。在芮城縣南門内。相傳巡遷葬芮城，子孫家焉。明季建廟，以南霽雲、雷萬春配。

讓畔神祠。一名芮王廟，舊在芮城縣西二十里芮伯故城，後徙縣西十五里枕崇岡。梁開平初敕建，芮民世祀之。九域志有芮君祠，即此。

虞公祠。在芮城縣東北吴山。水經注：虞城東有山，世謂之五家冢，上有虞公廟。

風后廟。在州城東關外街北。

關帝廟。在州城西門外百步，南面條山，北背硝池。創自陳、隋，宋大中祥符時重建，金、元屢修。明萬曆中敕廟名英烈。本朝順治九年敕封忠義神武關聖大帝，康熙三十七年御書「義炳乾坤」扁額。雍正四年授聖裔世襲五經博士，五年加封聖祖父三代公爵，建前後殿，以春、秋兩仲月及五月十三日致祭。乾隆二十五年以原謚壯繆與功德未符，得旨更謚神勇，三十三年加封忠義神武靈佑關聖大帝。嘉慶十九年加封仁勇。按：關聖忠義大節彪炳寰區，神功顯佑，前代疊加褒美，本朝以來靈應屢著，尊崇之典視古加隆。原本載入人物志内，轉不足以昭崇敬，故謹附識於此。其祖墓、故居均在州城東南十八里常平村，敬并系焉。

帝舜廟。在州東北三十里趙村。

三聖廟。在州東北三十里趙村辛化里，祀堯、舜、禹三聖。又安邑縣運城西北有三聖廟，即今河東書院。

鹽宗廟。在安邑縣東南十里。見寰宇記。吕忱云：宿沙氏煮海爲鹽，滋潤生人，人尊崇之，故立廟。

文王廟。在安邑縣南市北村。

池神廟。在安邑縣南十里鹽池北卧龍岡。唐大曆十二年建，十三年韓滉奏解州産瑞鹽，賜池神號曰靈慶公，宋、元時屢加封號。明初正號爲鹽池之神，萬曆中合祀東、西池神，以條山、風洞二神配享。本朝順治八年重修。雍正五年冬鹽花不種自生，多至七百餘萬斤，加封昭惠裕阜鹽池之神〔二二〕，每歲春、秋致祭。

后稷廟。有二，一在安邑縣西北原王莊，一在夏縣西六十里稷王山下。

陽公廟。在夏縣南十里中條山下柳谷。唐陽城嘗隱於此，故祀之。

大禹廟。有三，一在夏縣西安邑故城中，魏太和中建，隋、唐以伯益、伯夷配。元致和初重修，歐陽原功記。明以啓、少康配享。本朝康熙中重修。寰宇記云：縣西禹王城中青臺上有禹祠，臺南築一土阜爲案，後有寢殿，祀塗山氏。一在平陸縣東五十里三門山上，唐建。一在芮城縣東南四十里陌底渡，宋建。

伯益廟。在夏縣西十里。

泰伯廟。在平陸縣北五里吴山之麓。宋建，元、明屢修。

段干木廟。在芮城縣東十里。又縣西北二十三里下段村亦有廟，村多段氏。

太公廟。在芮城縣東二十里。寰宇記：在縣東二十五里吕坡〔二三〕，姚秦弘始十六年創立，有二碑見存。

寺觀

興福寺。在州治西北崇寧坊。宋乾興元年建。明洪武初併廣慈、石牛二寺入焉，後圮，移建城隍廟街西，更名新寺。

天寧寺。在州城西二十里中條山陰，一名静林寺。紅臉溝水自寺南流繞而北，四圍皆古柏。

歸起寺。在州西北三十里。後魏時建。

太平興國寺。在安邑縣治東北。唐貞觀中建。寺後塔十三級，高二百六十尺，明嘉靖乙卯地震，塔裂尺餘，後震復合，亦神物也。

觀音寺。在安邑縣西王曲村。金泰和四年建。縣志：初，鄉人掘地得石人騎羊，創寺奉之，故又名羊駝寺。

法輪寺。在夏縣治東。宋崇寧中建，明洪武中修。

柏塔寺。在夏縣南吴村柏塔山。

餘慶寺。在夏縣西鳴條岡。府志：此司馬温公守墳院，宋元豐八年賜額，有碑。

竹林寺。在平陸縣西北四十里中條山。唐大曆中建。

壽聖寺。在芮城縣東北一里。宋元豐元年建。

集仙觀。在安邑縣陳壁村。唐景雲中建，名景雲宫，元改今名。

朝元觀。在夏縣西池下王村。爲夏陵建。

澤清觀。在芮城縣東北七里，一名真常宫。唐開元二年建。明洪武初併太清、紫清、延生、岱嶽、碧虚五觀入焉。

崇寧宫。在州城西門外。元建。

天聖宫。在夏縣東五里瑶臺山，商相巫咸、巫賢墳、祠右。

名宦

漢

季布。楚人。爲河東太守。孝文時人有言其賢，召欲以爲御史大夫，人又言其使酒難近，留邸一月罷。布曰：「陛下以一人譽召臣，一人毁去臣，臣恐天下有識者聞之，有以窺陛下。」上慙曰：「河東吾股肱郡，故特召君耳。」

田延年。先齊諸田也，徙陽陵。爲河東太守。選拔尹翁歸等以爲牙爪，誅鉏豪强，姦邪不敢發。

尹翁歸。平陽人。田延年爲河東太守，除補卒史，案事發姦，窮竟事情，延年大重之，自以能不及翁歸，徙署督郵。河東二十八縣分爲兩部，閎孺部汾北，翁歸部汾南，所舉應法，得其罪辜，屬縣長吏雖中傷，莫有怨者。

黄霸。陽夏人。以左馮翊卒史察廉補河東均輸長。

周堪。齊人。元帝時以光禄勳左遷河東太守。帝下詔曰：「堪治未期年，而三老、官屬、有識之士詠頌其美，使者過郡，靡人不稱。其徵詣行在所，拜光禄大夫，領尚書事。」

蕭咸。杜陵人，望之子。爲河東太守，有治迹。

杜詩。汲人。建武元年爲侍御史，使之河東誅降逆賊楊異等，詩到大陽，聞賊規欲北渡，乃與長史急焚其船，部勒郡兵擊斬異等，賊遂滅。

樊曄。新野人。建武初遷河東太守。至郡，誅討大姓馬適匡等，盗賊清，吏人畏之。

劉祐。安國人。爲河東太守。時屬縣令長率多中官子弟，百姓患之，祐到黜其權强，平理冤結，政爲三河表。

史弼。考城人。靈帝時遷河東太守。當舉孝廉，預敕斷絶書屬。中常侍侯覽遣諸生齎書請之，并求假鹽税，積日不得通，生以它事謁弼，因達覽書。弼大怒曰：「太守當選士報國，爾何人，而僞詐無狀。」命引出楚捶數百，遂付安邑獄考殺之。

李孚。鉅鹿人。建安中守解長。名爲嚴能精斷。

三國　魏

杜畿。杜陵人。爲河東太守。時郡縣皆殘破，畿崇寬惠，與民無爲。民有相告者，畿親見，爲陳大義，遣令歸諦思之，若意有不盡，更來詣府。鄉邑父老曰：「有君如此，奈何不從其教？」自是少有辭訟。班下屬縣，舉孝子貞婦順孫，復其繇役，隨時慰勉之。課民畜牸牛草馬，下逮雞豚犬豕，皆有章程，百姓勸農，家家豐實。畿乃曰：「民富矣，不可以不教也。」於是冬月修戎講武，又開學宫，親執經教授，郡中化之。太祖征漢中，遣五千人運，運者自率勉曰：「人生有一死，不可負我府君。」終無一人逃亡。其得人心如此。畿在河東十六年，政績爲天下最。

杜恕。畿之子。爲河東太守，務存大體。

晉

王濬。弘農人。州郡辟河東從事，守令有不廉潔者，皆望風自引去。

劉原。渤海人。爲河東太守，以旌才爲務。

路述。永興初爲河東太守。劉淵寇河東，述力拒死之。

南北朝　魏

薛胤。汾陰人。太和中除河北太守。郡多盜賊，有韓、馬兩姓各合二千餘家，最爲狡害，劫掠道路，侵暴鄉閭。胤至郡即收其魁二十餘人戮之，群盜懾氣，郡中清肅。

裴夙。聞喜人。任河北太守。以忠恕接下，百姓感而懷之。

裴俠。解人。大統中除河北郡守。躬履儉素，愛人如子，所食惟菽麥鹽菜而已。郡舊制有漁獵夫三十人供郡守，俠悉罷之，又有丁三十人供郡守役，俠亦不以入私，並收庸直爲市官馬，歲時既積，馬遂成群。去職之日一無所取，人歌曰：「肥鮮不食，丁庸不取。裴公貞惠，爲世規矩。」

王世弼。霸陵人。爲河北太守，有清稱。

張軌。臨邑人。大統間爲河北郡守。在郡三年，聲績甚著。

隋

姚暹。大業中爲都水監。先是，鹽苦客水爲患，暹乃濬永豐渠兼築堤堰，自安邑楊家莊西至臨晉五姓湖以入於河，客水有所歸乃不爲害，後人德之，因更名爲姚暹渠。

唐

姜師度。魏人。開元中拜河中尹，管解縣鹽池。先是，兩池漸涸，師度發卒開拓，疏決水道，置爲鹽屯，大收其利，公私賴之。

劉晏。南華人。天寶中調夏令。未嘗督賦而輸無逋期。

司空輿。虞鄉人。大中時，盧弘正管鹽鐵，表爲兩池榷鹽使。先是，法疏闊，吏輕觸禁，輿爲立約數十條，莫不以爲宜。

五代　周

張崇詁。廣順初爲解州刺史、兩池榷鹽使，多規畫鹽池利害。

宋

王禹偁。淳化四年知解州，多善政。

趙瞻。永城人。仁宗時知夏縣。作八監堂，書古賢令長治迹以自監。

張戩。長安人，載之弟。熙寧中知夏縣。縣素多訟，戩待以至誠，反覆教諭，不數月而訟衰。去之日民遮道送，不得行，無不泣下者。

李綽。元祐初爲解縣令兼鹽池事。嘗修堤堰以防衛鹽池，後人遂名爲李綽堰。

邵伯温。洛陽人，雍之子。政和時知芮城。政尚公平，民間無事，幾於禮樂之化。

金

耶律德元。大定間知解州軍州事。時歲苦旱，盜嘯聚梗路，德元曰：「先除民害，後祈雨澤，神必不違。」密與數騎造賊穴，追捕悉平，遂祈雨於五龍祠，雨隨車而至，民歌頌之。

元

靳用古。大德間知解州。嚴而不苛，境内清肅。嘗引山泉入城，以便汲飲，民永賴之。

辛邦彦。汾西人。爲夏縣令。廉明精察，建司馬温公祠堂、書院，及修黑龍、李綽諸堰，設常平倉，事集而民不擾。

王仲文。祥符人。至正間知夏縣。政尚寬簡，嘗出勸農，自齎米煮粥以食，民私增棗數枚，食畢遺棗於民。夫人素氏，躬紡織以助其廉。

布顔布哈。至正間爲平陸尹。親勞畎畝，民多蓋藏，家聞絃誦。「布顔布哈」舊作「普賢不花」，今改正。

明

吴惠。浮梁人。正統中知解州。時聽民間紡織聲，勸懲勤惰，遇貧不能婚者，給以貲俾成禮，修葺廟學無所擾。嘗欲開鹽場利百姓，爲當道所沮，欲因入覲面奏，會卒京邸不果，民聞巷哭，圖像祀之。

雷縉。同州人。正統七年知夏縣。墾荒田，濬水利，均徭役，凡有興作，不勞而事集。暇時召父老子弟，以孝弟勤儉勸之。

姜洪。廣德人。弘治二年知夏縣。躬節儉，政治嚴明。士驕悍，導之以禮。民當甲者，不費一錢。夏人立祠，與雷縉合祀，謂縉爲慈母、洪爲嚴父云。

吕柟。高陵人。嘉靖初由翰林修撰謫解州判官，攝州事。興利剔弊，不遺餘力。建解梁書院，擇民間子弟講習其中，文教大興。

陳世寶。鉅鹿人。隆慶中知夏縣。縣西三十里牛家凹爲萑苻藪，世寶築城堡，招集流移，給以牛種，半年成聚，盜賊屏息。

魏學徵。咸陽人。萬曆中知平陸縣。扶弱抑强，嘗開興文渠以資灌漑，人懷其德。

袁棻。東明人。崇禎中知夏縣。廉敏有治才，流賊猝至城下，棻設奇擊却之。

房之屏。宛平人。崇禎末由舉人知安邑縣。流寇陷城，之屏北面拜，入署與母訣，命妻子各自盡，遂投井。未死，賊曳出之，不屈被害。

本朝

李因之。長山人。順治五年任河東鹽運司副使。清正率屬，不私一錢。值姜瓖之變，殉運城，贈布政司參議。又運同鄭

弘圖，奉天人，甫莅任值亂，亦死之，贈布政司參政。知事王存鼇，丘縣人，亦同殉難，贈布政司照磨。時稱三烈，並祀忠烈祠。

鄒蘊賢。奉天人。順治十年知解州。輕傜緩徵，以安凋瘵，閭里漸蘇。既去，州人建祠祀之。

劉之屏。萬全衛人。順治四年以進士知夏縣。善撫字，人稱劉父。姜瓖之亂，登陴督守，手刃二賊，力竭死城上，贈按察司僉事，入祀忠烈祠。

遲日巽。廣寧人。順治七年以貢生知夏縣。時姜瓖餘孽猶潛伏，日巽練鄉勇，躬督往殄之，脅從者赦之，俾得復業，又力請蠲積逋，減省傜役，夏人始蘇。

鄭四端。陳留人。順治十三年以進士知夏縣。嚴明正直，每咨訪民疾苦，勤懇不懈。解去，士民閉城門留之，累日乃得出境。

江闓。貴陽人。康熙三十年以舉人知解州。爲政安静，若不知有官。先是，民多宿逋，闓請分年帶徵以紓之，民懷其德。

人物

漢

郅都。大陽人。以郎事孝文帝。孝景時都爲中郎將，敢直諫面折大臣於朝。拜濟南太守。爲人公廉，問遺無所受，請寄無所聽，嘗自稱曰：「已倍親而仕身，固當奉職死節官下，終不顧妻子矣。」遷中尉，行法不避貴戚。拜鴈門太守，匈奴患之。竇太后乃竟中都以危法，斬之。

張次公。河東人。以校尉從大將軍衛青擊匈奴有功，封岸頭侯。後位至尚書。

裴瑜。字雉璜，河東人。聰明敏達，觀物無滯。史弼爲河東太守，以舉孝廉，忤中常侍侯覽，被檻車徵，瑜以前孝廉送至崤、澠之間，大言於道旁曰：「明府摧折虐臣，選德報國，如其獲罪，足以垂名竹帛，願不憂不懼。」弼曰：「昔人刎頸，九死不恨。」瑜後位至尚書。

三國　魏

衛覬。字伯儒，安邑人。少以才學稱。漢末爲司空掾，累遷尚書。魏國既建，拜侍中，與王粲並典制度。明帝即位，進封閿鄉侯，受詔典著作，又爲魏官儀。覬以文章顯，好古文、鳥篆、隸草，無所不善。歷仕漢、魏，時獻忠言。卒，謚曰敬侯。

焦先。字孝然，大陽人。見漢室衰，乃絶口不言。及魏受禪，常結草爲廬於河之湄，獨止其中，冬、夏恒不著衣，卧則以身親土，欲食則爲人賃作，飽輒去，亦有數日不食時。行不由邪徑，目不與女子逆視。河東太守杜恕、安定太守董經皆過視之，終不肯語。其後野火燒其廬，先因露寢，遭冬雪大至，先袒卧不移。年百餘歲，卒。

杜摯。字德魯，河東人。初上笳賦，署司徒軍謀吏，後舉孝廉，除郎中，轉補校書，卒。所著文賦頗傳。

董尋。河東人。爲司徒軍議掾。景初元年大發銅鑄作銅人，又鑄黃龍、鳳凰，起土山，使公卿群僚負土，尋上書極諫，帝曰：「董尋不畏死耶？」主者奏收尋，有詔勿問。後爲貝丘令，清省得民心。

晉

衛瓘。字伯玉，覬之子。十歲喪父，至孝過人。襲父爵閿鄉侯，弱冠爲魏尚書郎。累遷廷尉卿，明法理，聽訟必以情。鄧

艾、鍾會伐蜀，瓘持節監軍事。蜀平議封，固辭不受，除使持節、都督關中諸軍事。歷青、徐、幽、并四州，皆有功績，累封菑陽公。餘爵悉讓二弟，六男無爵，遠近稱之。咸寧初徵拜尚書令，加侍中。瓘學問深博，嫺習文藝，與尚書郎索靖俱善草書，時號「一臺二妙」。遷司空，爲政清簡，甚得聲譽。惠帝初輔政，爲楚王瑋所害。追謚曰成。

衛恒。字巨山，瓘之子。少辟司空齊王府，累遷黄門郎。善草隸書，爲四體書勢。與瓘同遇害，後贈長水校尉。

衛玠。字叔寶，恒之子。年五歲風神秀異，及長好談名理，名士莫不推服，拜太子洗馬。爲門户大計，奉母南行，山簡、謝鯤等皆欽重之。玠終身不見喜愠之色。卒於建業，年二十七。於時中興名士，惟王承及玠爲第一云。

南北朝　魏

閻元明。安邑人。太和五年除北隨郡太守。母念元明泣喪明，元明悲訴，許歸養，一見母，母目復明。詔表孝行，復其家。母亡服終，心喪不輟，每忌日悲動旁鄰。昆弟雍和，百口同居。

張元。字孝始，芮城人。祖成，假平陽郡守；父延儁，仕州郡，累爲功曹主簿；並以純至爲鄉里所推。元年十六祖喪明，三年元恒憂泣，誦經祈祐，見盲者得視之言，遂延七僧然七燈，願以燈光明祖目而己代暗，如此七日，忽夢老翁以金鎞療其祖目，三日果明。祖殁號躍，絶而復蘇，隨其父水漿不入口三日。博士楊軌等二百餘人上其狀，詔表其閭。

周

紐回〔二三〕。字孝政〔二四〕，安邑人。性至孝，父母喪廬墓側，負土成墳。廬前生麻一株高丈許，圍之合拱，枝葉鬱茂，冬、夏恒青，有烏棲其上，回舉聲哭，烏亦悲鳴。時人異之，武帝表其門閭，擢授甘棠令〔二五〕。

隋

紐士雄。回之子。少質直孝友，喪父廬墓，負土成墳。庭前一槐先甚鬱茂，及士雄居喪遂枯死，服闋還宅，槐復榮。高祖聞之，歎其父子至孝，下詔褒揚，號所居爲累德里。

郭絢。安邑人。初爲尚書令史，後以軍功拜儀同，歷數州司馬長史，皆有能聲。大業初宇文弢巡河北，引絢爲副，拜涿郡贊務，遷通守兼領留守，捕獲山東群盜，一郡獲全。與柳儉、敬肅俱以清名聞天下，帝賜絢帛百疋以旌之。後將兵擊竇建德於河間，戰死。

唐

張志寬。安邑人。居父喪哀毁，州里稱之。王君廓兵略地，不暴其閭，倚全者百餘姓。後爲里正，忽詣縣稱母病求假，令問狀，對曰：「母有疾，志寬輒病，是以知之。」令謂其妄，繫於獄，馳驗如言，乃慰遣之。母終，負土成墳，手蒔松柏。高祖遣使者就弔，拜員外散騎常侍，賜物四十段，表其閭。

柳範。解人。貞觀中爲侍御史。時吴王恪好田獵，範彈治之，太宗曰：「權萬紀不能輔導，罪當死。」範進曰：「房玄齡事陛下，猶不能諫止田獵，豈宜獨罪萬紀？」帝怒，範謝曰：「主聖則臣直。」乃解。高宗時歷尚書右丞、揚州大都督府長史。

柳奭。字子邵，解人。父以隋時使高麗卒，奭往迎喪，號踴盡哀，爲夷人所慕。貞觀中累進中書令，得罪武后死，神龍初復官。

柳澤。解人，範、奭從孫。風度方嚴，景雲中爲右率府鎧曹參軍。先是，姚元崇、宋璟輔政，白罷斜封官，太平公主奏復之，

子，卒。

澤詣闕上疏，不報。會入調言事，睿宗善之，拜監察御史。開元中周慶立造奇器以進，澤復上書諫，明皇稱善。歷遷太子右庶子，卒。

衛大經。解人。卓然高行，口無二言。武后召之，固辭以疾。開元時畢構爲刺史，使縣令就謁，辭不見。大經邃於易，人謂之易聖。

張琇。解人。父審素，以嶲州都督被誣，爲監察御史楊汪所誅。琇與兄瑝流嶺表，逃還殺汪，吏捕之。明皇謂：「孝子不顧命，殺之可以成志，赦之則虧律。」乃殺之。臨刑，琇色獨自如，曰：「死見父，復何恨？」人莫不閔之，爲誄揭於道，斂錢葬北邙，恐仇人發之，作疑冢云。

張守珪。河北人。慷慨尚節義，善騎射，由平樂府別駕歷幽州長史、河北節度副大使，累立邊功。開元中入見帝，帝賦詩寵之，加右羽林大將軍。從子獻甫，以軍功至檢校尚書左僕射。卒，贈司空。

曲環。安邑人。從哥舒翰討吐蕃，拔堡取城，授果毅別將。安祿山反，破賊鋭將。與諸將討史朝義，平河北。大曆中數破走吐蕃，威名大振。累遷開府儀同三司，封晉昌郡王，邠隴兵馬使，擢邠隴行營節度使，皆有戰功。改陳許節度，不三歲，民之客他縣者皆歸焉。轉檢校尚書左僕射。卒，贈司空。

宋

董孝章。解州人。十世同居。咸平中旌表，蠲其課調。

司馬池。字和中，夏人。少喪父，家貲數十萬悉推諸父，而自力讀書。舉進士，當試殿廷，母亡，友匿其報書，池心動，行至宮門徘徊不能入，友告以母病，遂號慟而歸。後中第，歷任州縣，皆有政聲，擢知鳳翔府。召知諫院，上表懇辭，仁宗謂宰相曰：

「池獨嗜退，亦難能也。」累遷天章閣待制，知晉州，卒。

司馬旦。字伯康，池之子。清直敏强，雖小事必審思，度不中不釋。以父任爲秘書省校書郎，歷知梁山軍、安州，治郡有大體，所施設取於適理便事。累遷至太中大夫，卒年八十二。性與弟光友愛，光平時所與論天下事，旦有助焉。嘗有以罪廢貧不能自存者，月分俸以濟之，其人願以女爲妾，旦驚謝，出妻奩中物使嫁之。

司馬光。字君實，池次子。寶元初中進士甲科，除奉禮郎，歷同知諫院。仁宗國嗣未定，力陳利害，帝大感動。英宗立，議濮王典禮，光言：「爲人後者爲之子，不得顧私親，宜稱爲皇伯，高官大國以尊榮之。」神宗即位，爲御史中丞，上疏論修身之要曰仁、曰明、曰武，治國之要曰官人、曰信賞、曰必罰，皆生平力學所得者。常患歷代史繁，人主不能遍覽，爲通志八卷以獻，英宗悦之，命續其書，神宗名之曰資治通鑑，俾日進讀。王安石得政，行新法，光疏其利害。拜樞密副使，辭，請罷制置條例司，追還提舉官，革青苗、助役等法，抗章至七八，遂求去。居洛十五年，天下日夕引領，望其爲相。哲宗初起爲門下侍郎，尋拜尚書左僕射。開言路，立十科薦士法，凡新法之爲民害者，不數月間鏟革略盡，一變爲嘉祐、治平之治。以勤政致疾，卒年六十八，贈太師、温國公，謚文正。光孝友忠直，不妄言，動作必以禮，自言平生所爲無不可對人言者，誠心自然，天下敬信。建炎中配享哲宗廟廷。

司馬里。字昭遠，池從子。進士釋褐，通判鄜州。性廉静質直，所至有惠政。每罷官至京師，未嘗有所謁。官太常少卿，卒。

司馬康。字公休，光之子。幼端謹至孝，敏學，博通群書。丁母憂，毁幾滅性。以明經上第，歷校書郎。光薨，治喪皆用禮經家法。得遺恩，悉以與族人。累拜右正言，數進言哲宗及太皇太后，多切至。以腹疾卒，朝野痛之，贈右諫議大夫。

劉永一。夏人。孝友廉謹。熙寧初巫咸水溢入城，民多溺，永一持竿立門前，見他人物流入者輒爲擿出之。有僧寓錢數萬於其室，僧死，永一詣縣自言，請歸其弟子。行事多類此。兄大爲，醫助教，居親喪不飲酒食肉，終三年，司馬光稱之。

蘇慶文。夏人。事父母以孝聞，母少寡，慶文懼其妻不能敬事，每戒之曰：「汝事吾母少不謹，必逐汝。」妻奉教，母得安其

室終身。又同縣臺亨，工畫，元豐中待詔翰林，亨名第一，以父老固辭歸養，閭里賢之。

呂圓登。夏人。以良家子應募，捍金兵殽、澠間。李彥仙保三觜，圓登歸之，功最多。陝州城垂破，以兵來援，被重創方卧，聞城陷，遽起戰死。

司馬朴。字文季，旦之孫。少育於外祖范純仁，以純仁遺恩爲官，累遷兵部侍郎。二帝將北遷，朴遺書金人，請存立趙氏，金兵挾以北去。徽宗崩，服斬衰，朝夕哭，金主義而不問。嘗授朴行臺左丞，朴辭而止。後卒於真定，訃聞，贈兵部尚書，謚忠潔。

金

劉祖謙。字光甫，安邑人。承安中進士，歷州縣有政績。拜監察御史，以鯁直稱，一時名士如雷淵、李獻能、王渥皆游其門。官至翰林修撰。

明

王翰。字時舉，父仲文知夏縣以廉稱，既致仕，貧不能歸，遂爲夏縣人。受業歸暘，學成結廬中條山。洪武初以經明行修辟爲本學訓導，改平陸，遷鄢陵教諭，所至皆有教法。永樂初周王聞其才，乞爲教授，王素驕縱，多不法，翰數諫不聽，因佯狂去。久之薦爲翰林編修，已復以周邸事調廉州教授。倭寇數千人破城入。率諸生巷戰死之。

藺芳。字仲文，夏人。洪武中舉孝廉，累遷刑部郎。永樂中出爲吉安知府，有惠政。已從宋禮開會通河，又治陽武決河，並有功，擢工部右侍郎。治德州良店黄河故道，所經郡邑有不便民者輒疏以聞。卒於官。

史誠祖。解州人。洪武末詣闕陳鹽法利弊，太祖納之，授汶上知縣。永樂七年考覈郡縣長吏，誠祖治居第一，特擢濟寧知州，仍視汶上縣事，益勤於治。屢當遷職，輒爲民奏留，閱二十九年竟卒於任。

張芮。安邑人。成化進士。歷官翰林學士。值閹瑾用事，公卿咸違禮庭謁，芮獨長揖不拜，瑾銜之，誣他事，謫鎮江府同知。瑾誅，復起爲太常寺卿。

薛賓。夏人。洪武間貢士，累官刑部右侍郎。建文嗣位，改北平布政司參政。燕邸有異謀，賓與左布政使張昺密奏，上命先發制之。事洩，賓等入見被執，賓抗辨不服，令武士以金瓜擊之，落其齒，俱見殺。

相世芳。安邑人。性沈毅質直，不苟言笑。正德進士。歷官刑部郎中。嘉靖初議大禮，抗疏直諫忤旨，廷杖幾斃，謫戍延安凡十三年，終無怨言。隆慶中追贈太常寺少卿。

劉翀。字文翔，平陸人。正德辛未進士〔一二六〕。累官監察御史，發宸濠逆謀，武宗北巡力請迴鑾。嘉靖初大禮議起，抗疏争之，尋條陳時宜十二事，多見采納。後卒以直言忤時，引疾歸。

李錦。字尚絅，芮城人。母喪廬墓，及父喪亦如之，竟卒於墓所。錦子澤、澤子柄皆以廬墓被旌。

劉敏寬。安邑人。萬曆進士。歷官兵部尚書，總制三邊，所至簡兵蒐乘，儲糈繕堡，奏捷三十有奇，進階少保，榆林人立祠祀之。

王國訓。字振之，解州人。天啓進士。歷知金鄉、壽張、滋陽、武清諸縣事，崇禎中調扶風。國訓性剛嚴，恥干進，故官久不遷。八年秋賊來犯，偕同城官固守閱兩月，外援不至，城陷罵賊死。贈光禄少卿。又同州人趙躋昌，天啓舉人，初授介休縣教諭，陞知咸陽縣。闖賊破城，罵賊不屈死。本朝乾隆四十一年同賜謚節愍。

王紀。字惟理，芮城人。萬曆進士。歷僉都御史巡撫保定。歲屢凶，累請蠲賑，涖任四年，部内大治。擢漕督並撫鳳陽，

歲又大祲，賑救如畿輔。天啓初遷刑部尚書，主事徐大化附魏璫，紀劾罷之。尋劾閣臣沈漼交結婦寺，爲客、魏所忌，斥歸。崇禎初復官，贈少保，謚莊毅。

曹于汴。字自梁，安邑人。萬曆中鄉試第一，成進士。以推官徵授吏科給事中，遇事敢言，掌京察，斥逐群小殆盡。熹宗立，遷左僉都御史，佐趙南星主京察，力扶善類，爲魏忠賢所斥。崇禎初拜左都御史，振舉憲規，臺中肅然，群小交惡之，謝事歸。卒，贈太子太保。于汴篤志正學，操履粹白，立朝不阿，有古大臣風。

李貞佐。字無欲，安邑人。受業曹于汴之門，以學行著。天啓舉人，崇禎中除郟縣知縣。土寇楊同錦爲李自成所殺，餘黨猶聚焦家寨。貞佐練鄉兵固守，城陷被執，大罵，賊割其舌，支解死。友人王昱相隨不去，賊義之，昱收葬貞佐於南郊。贈河南僉事。本朝乾隆四十一年賜謚節愍〔二七〕。

姚汝明。夏人。天啓元年舉於鄉。性孝友，崇禎中歲大歉，傾廩賑濟。爲蠡縣知縣，有惠政，懲姦勸善，盜多復爲良民。後爲河間同知，殉難，妻任氏亦死。本朝乾隆四十一年賜謚節愍。

本朝

李旹。字元仲，本州人。雄偉有岸略。明末舉人。順治初任濟寧道，時李自成餘孽猶未平，旹勵將士擒獲，輒盡法治之，賊忿甚，一日伺旹出，伏數十人執之，旹遂被害。贈光禄寺卿。

蕭熙載。本州諸生。順治初避闖賊難，父被執投井，號泣從之，並死。

侯佐。本州人。知建平、合肥二縣，有循良聲，擢刑部主事，調吏部。姜瓖之變，遇賊拷掠不屈，與父嗣晉俱被害。

劉曰晏。本州諸生。姜瓖之亂，寇至，依父不去，賊歎其孝，釋之。比父歿，哀毁甚，八載不入内。

李忱。字恂九，安邑貢生。順治中知西安縣，以卓異遷鞏昌同知，擢知金華府。會閩變，陷金華六屬邑，忱獨嚴守禦，請兵復六邑，克之。以勞卒於官。

馬迪吉。夏人。明崇禎舉人。順治初知鄧州，有惠政。賊劉二虎率衆數萬犯境，迪吉誓死守，殺牛畜爲食，撤屋爲薪，人無異志，賊計窮遁去。以功陞治中，卒。

秦章。夏人。年四十無子，兄文亦無子，弟錦有二子。順治十一年，姜瓖餘孽夜肆掠，章與妻馮棄其女，各負一姪踰墻走，質明歸，女故無恙。文先爲賊殺，至是錦亦被烙死，文妻與其女皆被掠，章鬻産贖歸婚嫁之，章後亦有子。

薛佩玉。芮城人。順治辛丑進士，知貴州都匀縣。時初改衛爲縣，吳三桂反，駐防兵數千譁譟焚掠，佩玉登城呼首領諭令解甲，不應，擁還署以健卒守之，授僞印，抗節不屈，北向再拜，登樓縊死。

王尹方。字鶴汀，安邑人。康熙癸丑進士，改庶吉士。累官内閣學士、兼禮部侍郎，有清望。庚午主試江南，多搜落卷中之，校閱率至丁夜，盡文之變，得士最盛。事訖，以疾乞歸，卒。性至孝，生母歿，以適母年高，請終養，生母故不慊於嫡母者也，鄉黨咸稱其厚。

葛鳳翔。安邑生員。性孝友，甘貧力學。康熙三十年邑大祲，鬻田宅及家人簪珥等物，以周同族，使不至離散。族人無食者與之田以耕，不能娶者代爲娶，又設教義塾，造就多成立，邑人德之。乾隆十一年入祀鄉賢。

張潤民。字膏之，夏人。性醇謹有守，以孝友聞。康熙丁未進士。由中書舍人累遷河南督學僉事，克舉其職。嘗拆童子號，提調某潛請易，潤民大怒，再三謝罪乃解。人謂公而明，爲學政最。

馬祚錫。安邑人。孝行著聞。同縣孝子郭夢龍、楊沖雲，俱乾隆年間旌。

郭丕蘭。芮城人。孝義著稱。同縣孝子郭含章、李天仁，俱乾隆年間旌。

流寓

漢

樂恢。長陵人。事博士焦永，永爲河東太守，恢隨之官，閉廬精誦，不交人物。後永以事被劾，諸弟子皆以通關被繫，恢獨皦然不污於法。

張宗。魯陽人。更始以爲偏將軍，見更始政亂，因將家屬客安邑。及大司徒鄧禹西征，定河東，宗詣禹自歸。

第五倫。長陵人。久宦不達，遂將家屬客安邑。變姓名，自稱王伯齊，載鹽往來太原、上黨，所過輒爲糞除而去，陌上號爲「道士」，親友故人莫知其處。

閔貢。字仲叔，太原人。客居安邑，老病家貧，不能得肉，日買猪肝一片，屠者或不肯與，安邑令聞，敕吏常給焉。仲叔知之，乃歎曰：「閔仲叔豈以口腹累安邑耶？」遂去客沛。

唐

陽城。北平人，徙陜州夏縣。及進士第，去隱中條山，遠近慕其行來學者接於道。閭里有争訟，不詣官而詣城決之，有奴亦化其德，方介自約。李泌薦城於德宗，召拜諫議大夫。

王龜。其先太原人，家揚州。穆宗時侍父起至河中，廬中條山，朔望一歸省，州人號郎君谷，未始以人事自嬰。武宗雅知

之，以左拾遺召，入謝，自陳病不任職，詔許焉。

元

察罕。其先西域板勒紇城人，徙解州。皇慶元年以中書省平章政事乞歸解州，立碑先塋，許之。暮年隱居德安白雲山別墅，以白雲自號。嘗入見，帝望見曰：「白雲先生來也。」其見寵遇如此。

歸暘。汴梁人。至元末以集賢學士致仕，間關避兵至解之夏縣，慕司馬光爲人，居其墓側，讀書以終。

列女

晉

衛瓘女。瓘爲楚王瑋所害，及瑋誅，瓘女與國臣書曰：「先公名謚未顯，無異凡人，每怪一國蔑然無言。春秋之失，其咎安在？悲憤感慨，故以示意。」於是主簿劉繇等上言訟之，乃追封瓘蘭陵郡公，謚曰成，贈假黄鉞。

南北朝　魏

孫神妻陳氏。河北郡人。神當遠戍，欲以孤兄子自代，陳曰：「爲國征戍，因道遠而代以孤姪，天下誰其相許？」神感其言乃自行，在戍未幾便喪，櫘柩至，陳望見哀甚，一慟而卒。文帝詔表其閭。

唐

衛孝女。夏人，字無忌。父爲鄉人衛長則所殺，無忌甫六歲，無兄弟，母改嫁，逮長志報父仇。會從父大延客，長則在坐，無忌抵以甓殺之，詣吏稱父冤已報，請就刑。巡察使褚遂良以聞，太宗免其罪，給驛徙雍州，賜田宅，令州縣以禮嫁之。

宋

司馬沂妻李氏。夏人。年二十八沂殁，父母欲奪其志，翁姑亦遣焉。李不可，惡衣蔬食，躬執勤勞，教二子詠、里。詠早卒，里登進士第，累官太常少卿，李封永壽太君。

元

孫某妻吴氏。平陸人。夫第進士亡，無子，所親欲奪其志，令再醮巨室王氏子，吴堅拒不從，後遇亂投崖死。

明

劉達妻李氏。安邑人。夫亡守節，有富民求爲室，姑諾之，李引刀截其左耳，遂不櫛沐。年七十五卒。

任明妻樊氏。夏人。夫亡無子，守志不嫁，事舅姑盡婦道。夫從子迪幼失母，繼母逐之，樊養撫如子，迪亦事樊如母。弘治末大疫，夫弟峻舉家俱病，人爭避之，樊獨爲餽湯藥、勤省視，卒得全活，樊亦無染。壽九十三卒。

尉時常妻田氏。夏人。事姑盡孝，姑病割股食之。生五子，壽百歲，曾孫百人。

耿四目妻張氏。解州人。夫亡，姑憐其少，令他適。張佯順姑意，曰：「母老且病，婦當代子養，俟母百年後嫁未晚也。」後年餘姑卒，紡織自給，堅守以終。

李貞佐母喬氏。安邑人。貞佐知郟縣，李自成來寇，城陷，貞佐罵賊被殺，母喬亦死之。又楊時和妻劉氏，安邑城陷，亦罵賊遇害。

孫貞妻柴氏。夏人。崇禎五年避賊山谷〔二八〕，賊搜獲，引其手，柴嚙其肉而棄之，曰：「賊污吾手。」執其臂，又嚙其肉而棄之，曰：「賊污吾臂。」賊義其節而去，柴罵不絕聲，賊怒，返殺之。

本朝

柳星妻丘氏。本州人。姜瓌之亂，賊入室索金帛，夫婦並被拷掠，丘紿賊釋其夫去，攜幼女投井死。

周光祚妻櫝氏。安邑人。姜瓌之亂被掠，時幼子在抱，善言誘賊，以子授夫令竄，既遠，櫝乃挺身大罵，賊怒殺之。同縣張鳳鳴妻馬氏，亦罵賊被殺。又李肇元妻曹氏，明都憲于汴女；李禧引妻王氏〔二九〕，皆遇盜不屈，投井死。

馮景運妻董氏。夏人。姜瓌之亂，避兵尉郭堡，堡破，棄子女投井死。

楊燦妻張氏。夏人。順治中燦赴省，張歸母家，夜半土賊發，突入寢擁執上馬，張倒投於地，罵不休，賊攢刃刺殺之。又周廷旦妻張氏，遇盜奪其襁褓兒，厲聲大罵，賊斫死之。

鄧進龍妻張氏。平陸人。姜瓌之亂，張隨衆避賊，行至絕崖，張坐地不行，寇俄至，投身崖下死。又陳惟謙妻仝氏，避賊

被掠，抱兒玉平投深谷死，三日收其屍，面如生，兒竟無恙。

姚玉鏡。芮城人，姚鳳翀之次女。姜瓖之亂，偕母、妹走避，賊突至，鏡謂母率妹東奔，既遠，鏡以石自擊其額，伏地大駡，冒白刃死。同被難者，巡檢董其宇妻王氏自刎死，王之輿妻張氏、孫萬正妻王氏、張茂遠妻韓氏、王希望妻趙氏、蕭禹妻李氏、董建都妻楊氏俱投井死。

李順妻任氏。本州人。順貧無寸土，會歲凶，姑恐其餓死，欲嫁之，不聽，爲富室傭女紅，與之食不食，必懷以遺姑。姑八旬患癱瘓，任哺飲食，手溲溺，晨夜無間。姑殁將葬，雨連旬，任與夫哭告鄉里，衆感其孝，爲發喪築土，頃刻而成。

邢烈女。安邑人。許字王侃，上元節舉家出遊，有强暴踰墻挑之，女堅拒不從，遂遇害。

晉思忠妻盧氏。夏人。夫亡，守節事姑，一日姑攜孫出，盧獨居，族無賴犯之，盧不從遇害。事聞被旌。

藺國秀妻房氏。夏人。國秀薙豆田間，房往助之，遇强暴堅拒不從，遂爲所害。康熙四十九年旌。

鄭玹妻張氏〔三〇〕。夏人。姑久病，卧不安席，張以股承之，雖至腫弗恤。後遇盗，與女生姐俱自縊。

馬淑援妻韓氏。夏人。年十九夫亡無子，守節奉姑，姑殁鬻産營葬。值歲祲，人咸逃竄就食，韓獨處，餓死於室。

楊烈女。平陸人。父業農與妻偕往田間，惡少踰墻逼女，詈駡不屈，被勒死。

吴發龍妻令狐氏〔三一〕。平陸人。美而賢，夫以役赴省，令狐往田中，遇强暴不從被害。

張迎吉繼妻劉氏〔三二〕。芮城人。撫前妻子如己出，遇盗逼之投井，掠其子去，劉溺兩日不濡，遇救出，哭求子，卒知其所在，傾貲贖回。

李鵬翺妻介氏。本州人。夫亡守節。同州節婦王培槐妻許氏，俱乾隆年間旌。

張三統妻樊氏。安邑人。夫亡守節，事親盡孝。同縣節婦劉日巖妻郭氏、丁三仁妻馬氏、郭步林妻丁氏、周邵繼妻景氏、呂坪妻弋氏、相于藩妻張氏、文道源妻丁氏、周自修妻張氏、張西雝妻李氏、相元品妻景氏、張昌妻任氏、景作棟妻李氏、任光紳妻晉氏、柴世榮妻閻氏、張其烈妻徐氏、劉肅誥未婚妻張氏、王澤妻張氏、曹瑨繼妻張氏，俱乾隆年間旌。

樊鎖娃妻劉氏。夏人。守正捐軀。同縣烈婦王維翰妻張氏，貞女閻秉隨女，節婦王如章妻周氏、張慎習妻姚氏、張世瓊妻賈氏、李紳妻王氏、毛宏道妻金氏、張世瑋妻帥氏、高學仁妻申氏、蘇芬妻張氏、張肇基妻景氏、孫日省妻張氏、張世珛妻陳氏、姚帝徵妻裴氏、蔡瑜妻馬氏、蔡都傑妻張氏、張好義妻裴氏、崔陵妻陳氏，俱乾隆年間旌。

姜恂饒妻車氏。平陸人。守正捐軀。同縣節婦暄升之妻杜氏、張不伐妻李氏、伊素寬妻楊氏、趙仁術妻楊氏，俱乾隆年間旌。

李爲楷妻劉氏。芮城人。夫亡守節。同縣節婦薛步雲妻呂氏、薛步元妻姚氏、陰根立妻杜氏，俱乾隆年間旌。

高毓密妻李氏。本州人。夫亡守節。同州節婦雷慶繼妻上官氏、許汝臘妻呂氏、介雲衢妻李氏、介雲翼妻董氏、范祈桂妻張氏，俱嘉慶年間旌。

葛元陽妻宋氏。安邑人。夫亡守節。同縣節婦吳恂妻王氏、闞振都繼妻呂氏、文檜妻陳氏、孫玉藴妻張氏、李毓騉妻郭氏、胡景曾妻郭氏、李延忠繼妻劉氏、郭磐繼妻南氏、孫錢妻李氏、黃趙氏，俱嘉慶年間旌。

孫允潘妻田氏。夏人。守正捐軀。同縣烈婦崔九長妻張氏、武振蒼妻裴氏、蘇滿金妻吳氏，節婦郭景儀妻侯氏、蘇台妻仝氏、柴聯召妻吳氏、陰璠妻常氏、陰興禄妻李氏、嘉承恩繼妻耿氏、嘉承詔妻張氏、李常年妻趙氏、李宗正妻曹氏、張維妻高氏、王禄妻歐陽氏，俱嘉慶年間旌。

史奉陽妻王氏。平陸人。夫亡守節。嘉慶年間旌。

薛長源妻張氏。芮城人。夫亡守節。同縣節婦薛繼文妻王氏、薛大業妻吉氏、宋全綱妻王氏、張温恭妻陳氏、党超祥妻蔡氏、王璇繼妻陳氏，俱嘉慶年間旌。

仙釋

漢

王喬。河東人。顯宗時爲葉令。喬有神術，每朔望自縣詣臺朝，帝怪其來數而不見車騎，密令太史伺之，言臨至有雙鳧從東南來，舉羅張之得一舄，乃所賜尚書官屬履也。

孫博。河東人。讀書能屬文，晚學道，能使草木皆爲火光，照耀數十里，行大水中身不霑濡。後入林慮山合神丹仙去。

唐

侯道華。芮城人。初，河中永樂道浄院有道士鄧太玄，鍊藥貯院内。道華在院供給使，常好子史，手不釋卷，或問要此何爲，答曰：「天下無愚懵仙人。」咸大笑之。一日入市醉歸，悉斫其院前松枝，曰：「無礙我上升處也。」後七日松上有雲鶴笙歌，道華飛坐松頂，揮手謝去。

金

李寶。安邑人。冬、夏披中衣，寒暑不侵。談笑游廛市，見者輒獲利，人圖其像，以爲利市神。大定二十年詔賜方外衣，不受，朝退失履而去。自燕至安邑二千餘里，不二日還。

土産

鐵。漢書地理志：安邑縣有鐵官。

錫。平陸縣箕山出。

鹽。安邑縣鹽池出。漢書地理志：安邑縣有鹽官。唐書地理志：安邑縣有鹽池。

朴硝。出州硝池。

礬。州有膽礬窟。

葡萄。安邑縣出。

棗。安邑縣出，名曰御棗，明初曾充歲貢。

海榴。通志：出安邑者佳。

藥。寰宇記：解州産升麻、黄芩、瓜蔞根。按：隋書地理志：安邑縣有銀冶，唐書地理志：解縣有銅穴十二〔三三〕，平陸

縣有銀穴三十四、銅穴四十八，今並無聞。

校勘記

〔一〕玉鉤山　此與下文「勢如玉鉤」之「玉」，原作「王」，據乾隆志卷一一七解州山川（下同卷簡稱乾隆志）、雍正山西通志卷二七山川一一改。

〔二〕砥柱山　「砥」，乾隆志作「底」，下引禹貢經注亦同。按，二字相通。

〔三〕其南通芮城之路曰直岔嶺　「直」，原作「耳」，據乾隆志、雍正山西通志卷一六關隘八改。

〔四〕虞鄉縣有白徑山　「白」，乾隆志同，隋書卷二五地理中作「百」。

〔五〕久而不平　「平」，原作「下」，據乾隆志、毛詩注疏卷二三改。

〔六〕左右幽空　「空」，原作「室」，乾隆志同，據雍正山西通志卷一六關隘八、水經注卷四改。

〔七〕唐書地理志作瑟瑟穴　「瑟瑟」，原作「琴瑟」，乾隆志同，據新唐書卷二八地理二改。

〔八〕自陝郊西入解縣　「解」，原作「夏」，據乾隆志及宋史卷九五河渠五改。

〔九〕敗濁澤　「濁」，乾隆志同，史記卷四三趙世家作「涿」。蓋修志館臣以涿澤即濁澤也。

〔一〇〕東二十里爲羅乂灘　「乂」，原作「權」，據乾隆志及雍正山西通志卷二七山川一一改。

〔一一〕在解縣東北二十五里　「五」，原作「二」，乾隆志同，據元和郡縣志卷一四河東道一改。

〔一二〕揚　原作「陽」，據左傳閔公元年改。乾隆志作「楊」，蓋「揚」之訛。

〔一三〕軨橋東北有虞原　「橋」，原作「轎」，據乾隆志及水經注卷四河水改。

〔一四〕上道東有虞城　乾隆志同。按「上」上當有「原」字，殿本水經注校語云「近刻脱一原字」是也。

〔一五〕後魏河北縣有立城　按，依例「後魏」下脱「地形志」三字。

〔一六〕解縣有紫泉監　「縣」，原作「州」，乾隆志同，據新唐書卷三九地理三改。

〔一七〕乃開峪口道　「口」，原作「山」，乾隆志同，據宋史卷二九八司馬池傳改。

〔一八〕金盆　「盆」，原作「盤」，據乾隆志、雍正山西通志卷二七山川一一改。

〔一九〕桑園　「園」，原作「圍」，據乾隆志、雍正山西通志卷四五鹽法改。

〔二〇〕渠村　乾隆志作「賀家灣」。按，雍正山西通志卷四五鹽法述池南堰亦有賀家灣而無此名，疑此誤。

〔二一〕加封昭惠裕阜鹽池之神　「昭」，原作「貽」，乾隆志同，據雍正山西通志卷一六七祠廟四、清世宗實録卷七〇雍正六年六月戊子紀事改。

〔二二〕在縣東二十五里呂坡　「呂」，原作「足」，乾隆志同，據太平寰宇記卷六河南道六改。

〔二三〕紐回　乾隆志同，北史卷八四孝行作「紐因」。按，此蓋從隋書卷七二孝義。

〔二四〕字孝政　「政」，原作「正」，乾隆志同，據雍正山西通志卷一四五孝義五、隋書卷七二孝義改。

〔二五〕擢授甘棠令　「棠」，原作「泉」，乾隆志同，據北史卷八四孝行、隋書卷七二孝義改。按隋書卷三〇地理中河南郡壽安縣下云「後魏置縣曰甘棠，仁壽四年改焉」，則作「棠」是也。

〔二六〕正德辛未進士　「辛未」，原作「末」，乾隆志同。按，考劉翀爲正德六年辛未進士，乾隆志誤脱「辛」字，又訛「未」作「末」，本志沿訛未察。因據補改。

〔二七〕本朝乾隆四十一年賜謚節愍　「節愍」，乾隆志同，勝朝殉節諸臣録作「忠烈」。

〔二八〕崇禎五年避賊山谷　「五」，乾隆志同，明史卷三〇三列女三作「四」。

〔二九〕李禧引妻王氏　「引」，乾隆志同，雍正山西通志卷一五七列女九作「印」。

〔三〇〕鄭玹妻張氏　「玹」，原作「某」，據乾隆志、雍正山西通志卷一五七列女九改。

〔三一〕吴發龍妻令狐氏　「龍」，乾隆志、雍正山西通志卷一五七列女九作「隆」。

〔三二〕張迎吉繼妻劉氏　「張」，乾隆志同，雍正山西通志卷一五七列女九作「孫」。

〔三三〕唐書地理志解縣有銅穴十二　「縣」，原作「州」，乾隆志同，據新唐書卷三九地理三改。

絳州直隸州圖

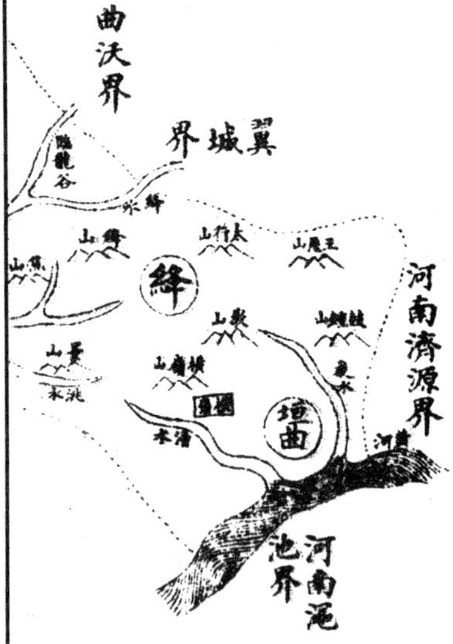
曲沃界
翼城界
絳水
絳山
太行山
王屋山
絳
河南濟源界
横嶺山
清水
垣曲
黄河
河南澠池界

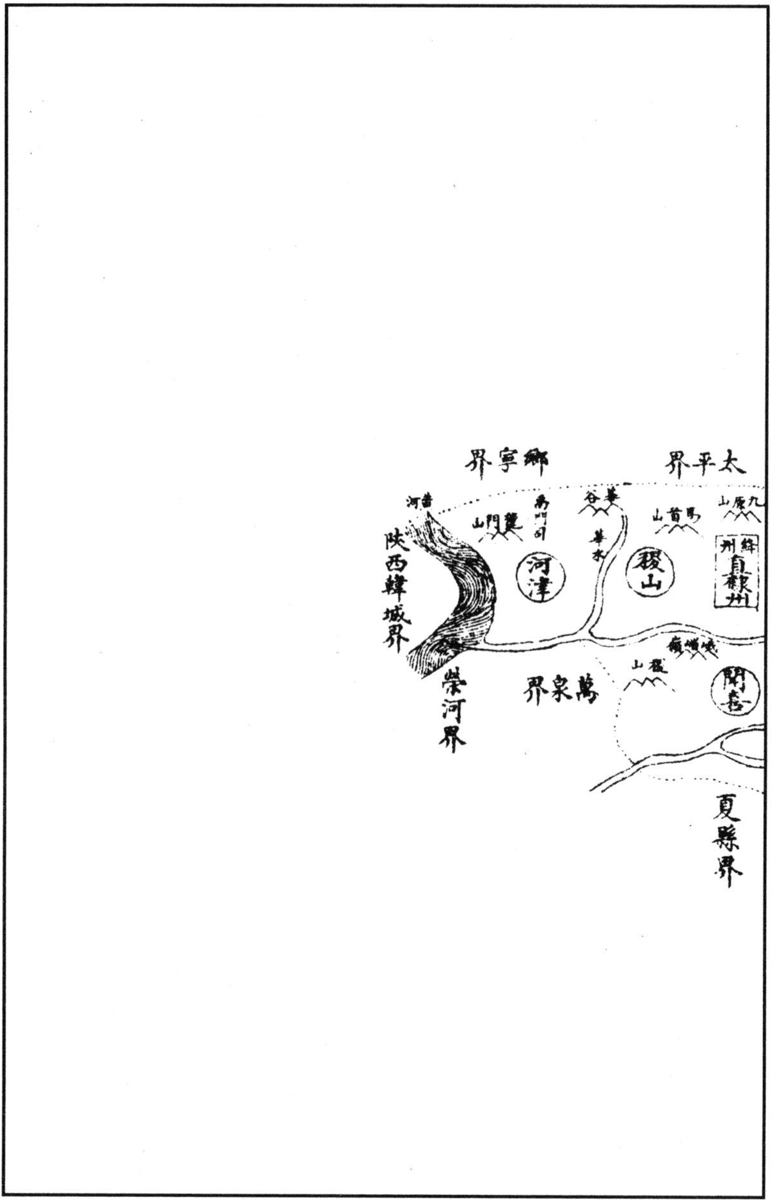
鄉寧界
太平界
黃河
龍門山
禹門口
華谷
華水
馬首山
九原山
陝西韓城界
河津
稷山
絳州直隸州
峨嵋嶺
稷山
聞喜
滎河界
萬泉界
夏縣界

絳州直隸州表

	絳州直隸州	
兩漢	河東郡地。	臨汾縣 屬河東郡。
三國魏晉	平陽郡地。	臨汾縣 屬平陽郡。
後魏	東雍州 正平郡 初置東雍州南太平郡，神䴥元年改郡曰征平。太和十八年州廢，改郡曰正平。天平初復置州。	臨汾縣 太平真君七年併入泰平。太和十一年復置。
齊周	絳州 正平郡 周武成二年改州名。	齊省入泰平。
隋	絳郡 開皇初郡廢，大業初復爲郡，改名。	正平縣 開皇十八年復置，改名，爲郡治。
唐	絳州 絳郡 武德元年復置州，屬河東道。	正平縣 州治。
五代	絳州 絳郡	正平縣
宋	絳州 絳郡	正平縣
金	晉安府 興定二年升爲府，屬河東南路。	正平縣 府治。
元	絳州 復故名，屬平陽路。	正平縣 州治。
明	絳州 屬平陽府。	洪武初省入州。

續表

	垣曲縣
長修縣 初屬河東郡，後漢省。	垣縣 屬河東郡。
	垣縣
	邵郡 皇興四年置邵上郡，太和中廢，孝昌中復置改名。 白水縣 皇興四年改置，爲郡治。 清廉縣 分置屬邵郡。
	邵州邵郡 周世宗元年置州。 亳城縣 周武成元年改名。 清廉縣
	開皇初郡廢，大業初州廢，義寧元年復置邵原郡。 垣縣 大業初改名，屬絳郡。義寧元年爲郡治。 大業初省，義寧元年復置。
	武德元年復曰邵州，九年廢。 垣縣 武德初爲州治，九年屬絳州。 武德九年省。
	垣縣
	垣曲縣 改名。
	垣曲縣 興定四年割屬翼州。
	垣曲縣 還屬絳州，至元二年省入絳縣，十六年復置。
	垣曲縣

	聞喜縣	絳縣
	左邑縣 古曲沃邑。秦改名。漢屬河東郡，後漢省，徙聞喜來治。 聞喜縣 元鼎六年分置，屬河東郡。後漢徙廢。	聞喜縣地。
	聞喜縣	
	聞喜縣 屬正平郡。	南絳郡 建義初置。西魏大統中又僑置建州。恭帝去「南」字。
	聞喜縣 周武帝移治正平柏壁。	絳郡 周初置晉州。建德五年廢。
亳城縣 義寧元年置。	桐鄉縣 開皇十年移治甘泉谷，屬絳郡。大業末改名。	開皇初廢。
武德五年省。	聞喜縣 武德元年復名，屬絳州。元和十年又移治桐鄉城，屬河中府。	
	聞喜縣 還治故左邑城。漢乾祐元年割屬解州。	
	聞喜縣	
	聞喜縣	
	聞喜縣	
	聞喜縣	

續表

	稷山縣
	聞喜縣地。
南絳縣 太和十八年置，治會交川，後治車箱城，屬正平郡。建義初爲南絳郡治。恭帝去「南」字。	高涼郡 太和十一年置，西魏改龍門郡。 高涼縣 太和十一年置，爲郡治。
絳縣	勳州 龍門郡 周保定初置勳州，後改絳州。 高涼縣 州郡治。
絳縣 屬絳州。義寧元年改屬翼城郡。	開皇初州移郡廢。 稷山縣 開皇十八年移治，改名，屬絳郡。
絳縣 武德元年移今治，屬澮州，四年屬絳州。	稷山縣 初屬絳州，光化初改屬河中府。
絳縣	稷山縣 後唐同光二年還屬絳州。
絳縣	稷山縣
絳縣 興定四年割屬翼州。	稷山縣 屬晉安府。
絳縣 仍屬絳州。	稷山縣 屬絳州。
絳縣	稷山縣

河津縣
皮氏縣屬河東郡。
皮氏縣晉屬平陽郡。
龍門縣太平真君七年改名，屬高涼郡。後置龍門郡。
龍門縣
龍門縣開皇初郡廢，屬蒲州。大業初屬河東郡。
龍門縣武德元年屬泰州，二年爲州治，五年析置萬春縣。貞觀十七年州廢，省萬春入，屬絳州。大順二年改屬河中府。
龍門縣
河津縣宣和二年改名。
河津縣
河津縣皇慶元年移今治。
河津縣屬蒲州。

大清一統志卷一百五十五

絳州直隸州一

在山西省治西南七百十里。東西距一百三十五里，南北距一百里。東至平陽府曲沃縣界十里，西至陝西同州府韓城縣界一百二十五里，南至解州夏縣界八十里，北至平陽府太平縣界二十里。東南至河南澠池縣界二百十五里，西南至蒲州府榮河縣界一百四十里，東北至太平縣界四十五里，西北至平陽府鄉寧縣界五十里。本州境東西距四十里，南北距五十里。東至曲沃縣界十里，西至稷山縣界三十里，南至聞喜縣界三十里，北至太平縣界二十里。東南至絳縣界十五里，西南至稷山縣界四十里，東北至太平縣界三十里，西北至稷山縣界五十里。自州治至京師一千八百里。

分野

天文觜、參分野，實沈之次。

建置沿革

禹貢冀州之域。春秋屬晉，戰國屬魏。秦爲河東郡地。漢置臨汾縣，屬河東郡。後漢因之。

晉改屬平陽郡。後魏世祖於縣置東雍州及南太平郡，神䴥元年改郡曰征平。太和十八年州廢，改郡曰正平。東魏天平初復置東雍州，後周武成二年改曰絳州。隋開皇初郡廢，寰宇記：開皇三年罷郡，自玉壁移絳州於東雍州城，即今之州治。十八年改臨汾縣曰正平，大業初州廢。改曰絳郡。唐武德元年罷郡，置絳州總管府。三年府罷，爲絳州，天寶初復曰絳郡，乾元元年復爲絳州，屬河東道。五代因之。宋曰絳州、絳郡。金天會六年置絳陽軍節度使，興定二年升爲晉安府，屬河東南路。金史地理志：總管河東南路兵馬，三年置河東南路轉運司。元復曰絳州，元史地理志：初爲絳州行元帥府，河、解二州諸縣皆隸，後罷元帥府，仍爲絳州。屬平陽路。明洪武初省州治正平縣入州，屬平陽府。本朝初因之。雍正二年升爲直隸州，屬山西省。領縣五。

垣曲縣。在州東南二百十里。東西距九十五里，南北距一百十五里。東至河南懷慶府濟源縣界十五里，西至解州夏縣界八十里，南至河南河南府澠池縣界五里，北至平陽府翼城縣界一百十里。東南至澠池縣界五里，西南至解州平陸縣界五十里，東北至澤州府陽城縣界一百二十里，西北至絳縣界八十里。戰國魏王垣邑。漢置垣縣，屬河東郡。後漢、魏、晉因之。後魏皇興四年改置白水縣，兼置邵上郡。太和中郡廢，屬河内郡。孝昌中復置邵郡。後周世宗元年於郡置邵州，武成元年改白水縣曰亳城。隋開皇初郡廢，大業初州廢，改亳城曰垣縣，屬絳郡。義寧元年於縣置邵原郡。唐武德元年復曰邵州，九年州廢，屬絳州。龍朔二年改屬洛州，乾封二年還屬絳州，天授三年又屬洛州，長安二年還屬絳州，貞元三年改屬陜州，元和三年還屬絳州。五代因之。宋改垣曲縣。金興定四年割屬翼州。元初仍屬絳州，至元二年省入絳縣，十六年復置。明因之。本朝雍正二年割屬解州，八年屬絳州。

聞喜縣。在州南七十里。東西距六十五里，南北距四十五里。東至絳縣界四十五里，西至解州夏縣界二十里，南至夏縣

界十里，北至本州界三十五里。東南至絳縣界七十里，西南至夏縣界二十里，東北至平陽府曲沃縣界五十五里，西北至稷山縣界三十五里。春秋晉曲沃邑。秦改曰左邑。漢元鼎六年分置聞喜縣，皆屬河東郡。後漢省左邑，移聞喜治之。晉因之。後魏改屬正平郡。隋屬絳郡，大業末改爲桐鄉。唐武德元年復爲聞喜，屬絳州。元和中屬河中府。五代漢乾祐元年割屬解州，宋、金、元、明因之。本朝初屬平陽府，雍正七年改屬絳州。

絳縣。在州東南八十里。東西距八十五里，南北距七十里。東至垣曲縣界六十里，西至聞喜縣界二十五里，南至垣曲縣界五十里，北至平陽府曲沃縣界二十里。東南至垣曲縣界五十里，西南至聞喜縣界三十里，東北至平陽府翼城縣界四十里，西北至曲沃縣界三十五里。漢聞喜縣地。後魏太和十八年置南絳縣，建義初又置南絳郡，西魏恭帝郡、縣皆去「南」字。後周初置晉州，建德五年州廢。隋開皇初郡廢，屬絳州。大業初屬絳郡，義寧元年屬翼城郡。唐武德初屬澮州，四年屬絳州。五代及宋因之。金興定四年割屬翼州。元仍屬絳州，明因之。本朝初屬平陽府，雍正七年改屬絳州。

稷山縣。在州西五十里。東西距五十里，南北距八十五里。東至本州界二十五里，西至河津縣界二十五里，南至解州夏縣界五十五里，北至平陽府鄉寧縣界三十里。東南至聞喜縣界四十五里，西南至蒲州府萬泉縣界三十五里，東北至平陽府太平縣界三十里，西北至河津縣界三十里。漢聞喜縣地。後魏太和十一年分置高涼縣，兼置高涼郡，西魏改龍門郡。後周保定初置勳州總管府，後改曰絳州。隋開皇初州移郡廢，十八年改縣曰稷山，屬絳州，大業初屬絳郡。唐屬絳州，光化初改屬河中府。五代唐同光二年還屬絳州，宋因之。金屬晉安府。元、明俱屬絳州。本朝初屬平陽府，雍正二年改屬絳州。

河津縣。在州西一百里。東西距四十里，南北距七十里。東至稷山縣界二十五里，西至黄河、陝西同州府韓城界十五里，南至蒲州府榮河縣界三十五里，北至平陽府鄉寧縣界三十五里。東南至蒲州府萬泉縣界四十里，西南至榮河縣界三十五里，東北至鄉寧縣界四十里，西北至韓城縣界二十五里。商時耿邑，後爲耿國。春秋晉大夫趙夙采邑，戰國魏皮氏邑。秦置皮氏縣。漢屬河東郡，後漢因之。晉屬平陽郡。後魏太平真君七年改曰龍門，屬高涼郡，後置龍門郡。隋開皇初郡廢，十六年割屬蒲州，大

業三年屬河東郡。唐武德元年屬泰州，二年自汾陰徙泰州來治。貞觀十七年州廢，屬絳州。大順二年改屬河中府，五代及宋初因之。宣和二年改曰河津，金、元因之。明屬蒲州。本朝初屬平陽府，雍正二年改屬絳州。

形勢

北枕九原，南襟峨嶺，姑射傑峙於西北，汾、澮環繞於東南，介在兩河，雄視三晉。州志。

風俗

人性剛悍，多勇敢，然勤稼穡，好蓄積。明統志。民奉上急公，士尚廉恥，淳厚易治。州志。

城池

絳州城。周九里，門二，池廣二丈。隋開皇初土築，明嘉靖間甃甎。本朝順治六年修，康熙二年、三十九年重修。

垣曲縣城。周四里，門三，池廣一丈五尺。西魏大統中土築，金季展築，明隆慶間甃甎。本朝康熙七年修，四十四年重修。

聞喜縣城。周五里，門四，池廣三丈。唐元和中土築，明嘉靖中甃甎。本朝順治十六年修，康熙四十年重修。

絳縣城。周五里，門三，池深一丈。唐武德初土築，明隆慶中增築。本朝順治、康熙中屢修。

稷山縣城。周五里，門五，池廣一丈五尺。隋開皇中土築，明嘉靖中甃甎。本朝康熙四十六年修。

河津縣城。周三里，門三，池深淺有差。元皇慶中土築，明崇禎中甃甎。本朝順治、康熙中屢修。

學校

絳州學。在州治東北。宋景祐間建，明時屢修。本朝順治間修，康熙六年、十九年重修。入學額數二十名。

垣曲縣學。在縣治北。舊在城外東北，元至元中移建今址。本朝順治元年毁，十三年重修。入學額數十二名。

聞喜縣學。在縣治東北。宋咸平中建，元、明屢修。本朝康熙二十年修，乾隆二年重修。入學額數二十名。

絳縣學。在縣治東南。後唐長興中建，明正德中拓址增修。本朝順治六年毁，八年重建，康熙十六年、四十年重修。入學額數十五名。

稷山縣學。在縣治東南。唐貞元中建，金貞祐中毁，元初復建。本朝康熙十九年修，三十八年重修。入學額數十五名。

河津縣學。在縣治東。元皇慶初建，明正德中重建。本朝康熙九年修。入學額數十二名。

啓光書院。在州城。舊名啓光樓，明宗人肄業地，本朝康熙中改建。

東雍書院。在州城。本朝雍正二年建。

桂林書院。在州城。本朝乾隆十年建。
絃歌書院。在垣曲縣。本朝乾隆十七年建。
涑水書院。在聞喜縣。本朝康熙中建。
香山書院。在聞喜縣。本朝乾隆二十九年建。
涑陽書院。在絳縣城内。元泰定中建，在縣西，本朝乾隆二十一年遷建。
思文書院。在稷山縣。本朝乾隆二十八年建。
文清書院。在河津縣。本薛瑄故宅，明弘治中建以祀瑄，本朝乾隆二十九年重建。
龍門書院。在河津縣。本朝康熙中建。　按：舊志載崇禮書院，在州城，明弘治中敕建；勉庸書院，在垣曲縣學西，明天啓初由西門内移建；董澤書院，在聞喜縣，宋相趙鼎世居董澤，其後六世孫篔仕元爲國子博士，請作書院於其鄉。今並廢，謹附記。

户口

原額人丁九萬八千三百九十二，今滋生男婦共一百一萬七千三百一十二名口，計一十五萬六千四百一十六户。

田賦

田地三萬四千二百八十七頃九十三畝二分有奇，額徵地丁正、雜銀二十六萬八千六百四十五兩三錢六分六釐，糧三百三十三石五斗五升有奇。

山川

鼓山。在州西北二十五里。唐温大雅創業起居注：義寧元年帝宿於絳郡西北之鼓山，去郡二十餘里。元和郡縣志謂之古堆。州志：鼓山即鼓堆，周四里，高五丈，穹窿而圓，狀如覆釜，人馬踐履有聲，故名。下有泉池。

馬首山。在州西北四十里，俗名馬頭山。州志：左傳趙盾田於首山，即此。上有龍祠，禱雨輒應。與稷山縣及平陽府鄉寧縣接界。

定境山。在州西北五十里。寰宇記：唐長安中郡人與慈州人争界〔一〕，因以青山爲界，天寶六載敕改爲定境山。金史地理志：正平縣有定境山。

九原山。在州北二十里。寰宇記：九原，一名九京，晉大夫趙盾葬所，禮記謂趙文子觀處。有古水出此原西，蓋即水經注所謂黄阜也。

鳳凰山。在垣曲縣東里許。狀如飛鳳。

鷹嘴山。在垣曲縣西南五十里，黃河繞其下。

虎兒山。在垣曲縣西四十里，高九十丈，周十里。上有風洞。

墨山。在垣曲縣西五十里，一名黑山，高一百七十丈，周十三里。山經雨，水流皆黑。隋書地理志：垣縣有黑山。

轉山。在垣曲縣西七十里，與横嶺山遥相接。其山坡多迴曲轉折。又縣西七十里有椅山。

中條山。在垣曲縣西，接夏縣界，下臨黃河，迤邐至縣南里許，爲條山之尾。

懸泉山。在垣曲縣西北六十里。山腰有懸泉。又北有麻姑山〔二〕。

折腰山。在垣曲縣西北七十里。中低而兩頭皆昂，相傳舊有銅礦，鑿久脊摧。一名礦谷，水經注：倚亳川水出北山礦谷。

寨子山。在垣曲縣北三十里。相傳金時十八村人避兵於此。又縣北三十里有佛山，四十里有牛心山。

三錐山。在垣曲縣北八十里。三峰如錐，方廣五十里。多産藥，舊嘗産銅。

濟源山。在垣曲縣東北十餘里。俗傳濟水發源於此。

諸馮山。在垣曲縣東北五十里。

鼓鍾山。在垣曲縣東北六十里。山有金牛洞。山海經：鼓鍾之山，帝臺之所以觴百神也。水經注：教水逕鼓鍾山峽。縣志訛爲瞽冢山，以爲瞽瞍葬此，誤。

王屋山。在垣曲縣東北一百里，與澤州府陽城縣及河南懷慶府濟源縣接界。山海經：王屋之山，是多石，𣸣水出焉。注云：「今在河東垣縣北。𣸣、沇聲相近，一水耳，即濟也。」漢書地理志：垣縣，禹貢王屋山在東北，沇水所出。後漢書郡國志垣縣

有王屋山，注引博物記曰：「山在東，狀如垣。」

焦山。在聞喜縣東，接絳縣界，中條支峰。司馬相如上林賦：「凌三嵕之危。」郭璞三蒼注：「三嵕在聞喜。」按：焦山與湯寨山爲邑巨鎮，三嵕或指此。

香山。在聞喜縣東南三里，高一百八十丈，周八里。平陽府志：上有裴晉公祠，三塔鼎峙。

景山。在聞喜縣東南三十里，即中條最高峰，一名湯寨山，又名湯王山。上有湯廟，下有葛寨村。山海經：景山，南望鹽坂之澤，北望少澤，其陰多赭，其陽多玉。隋書地理志：聞喜縣有景山。元和志：在縣東南十八里。縣志：舊産銅，唐置冶於此。

横嶺山。在聞喜縣東南。山脊横亘，故名。跨絳及垣曲二縣界，在聞喜縣者名小横嶺，在絳縣南四十里者名大横嶺，在垣曲縣西北八十里者名清廉山。其入口處多風，俗名風山。水經注：洮水源出清野山，世以爲清襄山。又清水出清廉山之西嶺，世亦謂清營山。按：清廉、清營、清野、清襄雖四名，其實皆横嶺山也。

華池山。在絳縣東十五里。上有龍王祠。又縣南十五里有湫池、龍王廟。

太行山。在絳縣東二十里，縣人謂之南山。其西南有白雲洞。又在垣曲縣北八十里，縣人名之曰鋸齒山，北抵陽城，延袤八十餘里。

太陰山。在絳縣東南十五里。寰宇記：在絳縣東南十里，崖壁峭絶，陽景不到，因名。

教山。在絳縣東南，一名歷山，接垣曲縣界。山海經：教山，教水出焉。水經注：教山高三十里〔三〕，上有泉，不測其深，山周圍五六里，少草木。寰宇記：教山，今名效山，亦名罩山，在縣東南八十五里。垣曲縣志：歷山在諸馮山後，山頭平廣，相傳舜耕處，上有石碌碡數百，下有舜井。

絳山。在絳縣西北二十里，與曲沃縣接界。寰宇記：在絳縣西十八里，西入聞喜縣界，東距白馬山。

備窮山。在絳縣東北二十五里，見元和志。山出鐵鑛，穴五所。

稷山。在稷山縣南五十里。左傳宣公十五年：晉侯治兵於稷。杜預注：「河東聞喜縣西有稷山。」後漢書郡國志聞喜邑有稷山亭，劉昭注：「在縣西五十里。」水經注：稷山在汾水南四十里許，山東西二十里，南北三十里，高十三里〔四〕，上有稷祠，下有稷亭。元和志：在稷山縣南五十五里，縣以此名。縣志：一名稷神山，后稷始教稼穡地也。俗呼稷王山，跨聞喜、萬泉、安邑、夏縣界，下有漉漉泉。

紫金山。在稷山縣西北三十里。上有仙掌峰。

聖王山。在稷山縣北三十里。危峰峭聳，迥出群山。

姑射山。在河津縣東，接本州界。

疏屬山。在河津縣東，接本州界。高一千九百丈，周三十里。文中子云：疏屬之南，汾水之曲，有先人敝廬。

仙掌山。在河津縣南汾河之陰。

龍門山。在河津縣西北二十五里，西與陝西韓城縣龍門山對峙，中通河流，形如門闕。尚書禹貢「雍州浮於龍門西河」，又「導河積石，至於龍門」，孔傳：「龍門山在河東之西界。」魏土地記：梁山北有龍門山，大禹所鑿，通孟津河口，廣八十步，巖際鐫跡尚存。薛瑄龍門記：河津縣西門西北三十里龍門，大河自西北山峽中來，至是山斷河出，兩壁相望，東南麓穴巖構木爲棧道，盤曲而上，瀕河有寬平地二三畝，多石少土，上有禹廟。

雲中山。在河津縣西北。高出雲漢，故名。

黄頰山。在河津縣東北四十里。上有文中子洞，唐王績有望黄頰山詩。

峨嵋嶺。在州南二十里，稷山縣南四十里，聞喜縣北三里。形如峨嵋，亦曰峨嵋山，亦曰峨嵋坡，亦曰峨嵋原，迤邐安邑、

猗氏、萬泉、臨晉、榮河諸縣。亦曰晉原，亦曰清原，長五十餘里。州志：四圍丘壟，中爲平原，晉城在焉，土厚宜五穀。東自曲沃紫金山，西至黄河，高下險夷，土間有石。

趙家嶺。在垣曲縣西南十里。居民甚衆。

風化嶺。在垣曲縣西五里小趙村。稍北有風翻嶺。

皐落嶺。在垣曲縣西北四十里。又西一里有鞍子嶺，又西北三十里有柏廟嶺。

聖人嶺。在垣曲縣西北七十里。又二十里有火石嶺。

存雲嶺。在絳縣南三十里煙莊村。有姜嫄廟。

沙峪。在絳縣東二十里。壁峰峭絶。稍北爲河王峪。又續魯峪在縣東五十里，皆通澤州府沁水縣界。

陳村峪。在絳縣東南十五里。帶溪水出此。稍西有紫家峪。

冷口峪。在絳縣南十五里。峪中四時多風，盛暑猶寒。

上敵原。在垣曲縣東北三十里，有堡。宋岳忠武別將梁興敗敵處。

鳳凰原。在聞喜縣東，接絳縣界。其西爲鷄鳴山，多裴氏墓。

伏龍原。在河津縣西南十八里。見元和志。

臨龍谷。在州東南。寰宇記：在正平縣東南，後周與齊交聘，路經谷側，使人多於此諷詩。

哺饑坂。在州北五里。相傳趙盾食翳桑饑人處，有靈輒墓及廟。

金牛洞。在垣曲縣北五十里。歲旱，投石即雨。

白雲洞。在絳縣東，太行山西南。深二丈餘，出石鍾乳。洞中有聲，三日内即雨。

澮水。在州南七里，自平陽府翼城縣流經絳縣東北，又西經曲沃縣，流至州南入汾水。水經：澮水又西南過虒祁宫南，又西至王橋，注於汾水。寰宇記：澮水，在正平縣南七里。

馬壁谷水。在州西，自稷山縣流入。宋史河渠志：熙寧八年，程師孟言絳州正平縣南董村旁有馬壁谷水〔五〕，嘗誘民置地開渠，溉田五百餘頃。州志：馬首山峪中有水，自稷山界分爲二渠，即馬壁水。稷山縣志：馬壁谷澗，亦名猛水，分三道溉田。又小杜、東曲二渠皆引猛水溉田。

古水。在州西北古山下，亦名鼓堆泉，南流入汾。水經注：古水出臨汾縣故城西黄阜下，其大若輪，西南流經正平郡北，又西逕荀城東，又西南入汾。寰宇記：古水，出九原西。宋薛宗孺梁令祠記：隋開皇十六年臨汾令梁軌跡故道，開渠十二，灌田五百頃，貫入牙城，蓄爲池沼。州志：古堆泉，發源九原山西北，水源數十，環山竇發，滙於山南。有二穴，北清南濁，清者名清泉，濁者名灰泉，合流而南。今自清泉下建木閘，激水灌溉，東分三支溉田。唐樊宗師〔六〕、宋司馬光皆有記。

龍谷水。在州東北十八里龍香村。寰宇記：在正平縣東北十八里。左傳昭公二十九年龍見於絳郊，即此。

教水。在垣曲縣東。山海經：教山，教水出焉，西流注於河，是水冬乾而夏流，實惟乾河。注云：「今聞喜縣東北有乾河口，因名乾河里。」水經注：教水出垣縣北教山，南逕輔山，南歷鼓鍾上峽，懸洪五丈，飛流注壑，廣十許步。南流歷鼓鍾川，分爲二澗，一西北出一百六十里，今聞喜縣東北谷口故溝存焉；一水歷冶官城西阜下，有大泉西流注澗，與教水合伏石下，南至下峽，重源雙發，南至西馬頭山坡下，又伏流南十餘里復出，謂之伏流水〔七〕，入於河。縣志有沇水河，舊名舜清河，在縣東半里許，南流入河，伏現不常。本朝康熙元年知縣董爾性開，引水溉田，名城東渠。

清水。在垣曲縣西，今名亳清河，源出横嶺山下。水經注：清水出清廉山之西嶺，東南流出峽，峽左有城，古關防也。又

逕皋落城北，世謂之倚亳城，與倚亳水合。又東逕清廉城南，又東會南谿，又東合橐澗水，又東南逕陽壺城東，又東南注於河。縣志：清水東南流，合關店等河，又東逕縣南。每雨潦泛漲，侵城爲害，明萬曆二十年知縣趙文炳築石堤以捍之。

倚亳水。在垣曲縣西六十里，即今沙金河也。水經注：倚亳水出北山礦谷，東南流注於清水。按：縣志又有關店河，在縣西五十里；園子河，在縣西北二十五里，皆入於清水。

橐澗水。在垣曲縣西北，即白水澗。水經注：橐澗水出左人嶺下南流，俗謂之扶蘇水，又南歷姦苗北馬頭山，亦曰白水原，又西南逕垣縣故城北，又西南入清水。色白濁，初會清流，乃有玄素之異。寰宇記：故垣縣東有白水，西南流合清水。縣志：白水澗，在縣西下亳村東。

涑水。在聞喜縣東南。源出絳縣陳村峪，伏流至柳莊復出，西入縣界，逕南門外，又西南入夏縣界。左傳成公十三年：晉呂相絶秦曰「伐我涑川」。杜預注：「涑水出河東聞喜縣西南。」後漢書郡國志：聞喜邑有涑水。水經注：涑水出河東聞喜縣東山黍葭谷，俗謂之華谷，又西過周陽邑南，又西逕董澤陂南，又與景水合，又西逕仲郵鄓北，又西逕桐鄉城北，又西與沙渠水合，又西南逕左邑縣故城南，自城西注，水流急濬，故詩人以爲揚之水，又西逕王官城北。

洮水。在聞喜縣東南。源出絳縣横嶺山煙莊谷，出谷即入縣界，與陳村峪水合。左傳昭公元年：子産曰：「臺駘能業其官，宣汾、洮。」後漢書郡國志：聞喜邑有洮水〔八〕。水經注：洮水源出清野山，東大嶺下，西流出山，謂之峪口，西合涑水，涑水亦洮水之兼稱。

景水。在聞喜縣東南。水經注：源出景山北谷，西北流注於涑水。

沙渠水。在聞喜縣東南白石村，俗名呂莊河。水經注：沙渠水出東南近川，西北流注於涑水。唐書地理志：聞喜縣，東南三十五里有沙渠，儀鳳二年詔引中條山水於南陂下，西流經十六里，溉涑陰田。縣志：寺頭渠，在縣東南寺頭村，東北溉本村

田，即古沙渠。

逆溝水。在絳縣東八里，北流入曲沃縣界。

帶溪水。在絳縣東二十里。源出縣東南陳村峪，繞村若帶，西北流至縣東。宋、元時嘗導流入城，明洪武元年因故渠重濬，由磴槽穴城而入，今堙。

聖水。在絳縣西十里楊村。寰宇記：疾者飲輒愈。耆老相傳，後魏太和六年土人楊斛因耕忽有三泉，黯然不流，汲一泉，二泉輒動。

絳水。在絳縣西北，又西北入曲沃縣界。水經注：絳水出絳山東，至寒泉北注，懸流奔壑十許丈，西北注於澮。元和志：絳水，一名沸泉水，在縣北十四里。

女家水。在絳縣東北大交鎮東，西流至鎮西與故郡水合，又西北入澮水。縣志：故郡水，在縣東北四十里，源方二畝，其深莫測，分爲故郡、陳景、大交三渠入澮。其地有范壁里，又名范壁水。

華水。在稷山縣北，亦曰清水，亦曰黄華谷澗，有東、西二澗。水經注：水出北山華谷，西南流注於汾。縣志：雨則混入猛水。又有晉家谷澗，亦在縣北，雨潦亦通猛水。

汾河。在州城南門外。自平陽府太平縣南流入，逕州東與曲沃縣分境，折而西入稷山縣界，又西至河津縣南入河。水經注：汾水南過臨汾縣東，又屈從縣南西流，經絳縣故城北，西逕虒祁宫北，又西逕魏正平郡南，又西逕王橋，澮水入焉，又西與古水合，又西逕荀城東，又西南逕長修縣故城南，又西逕清原城北，又逕冀亭南，又西與華水合，又逕稷山北，又西逕鄧丘北，又西逕耿鄉城北，又西逕皮氏縣南，又西至汾陰縣北，西注於河。元和志：汾水，去龍門縣五里，漢武帝行幸河東作秋風辭，即此水。州志：水自州東折而西流，即詩所謂汾曲也。唐德宗時州守韋武嘗鑿汾水，溉田一萬三千餘頃。河津縣志：汾水舊西南流，至滎河

縣入河，明隆慶四年東徙，在縣西南胡盧灘入河。

黄河。在河津縣西十五里。自平陽府鄉寧縣南流入縣西，河之西岸爲陝西韓城縣，又南入蒲州府永濟縣，折而東，歷解州芮城縣，又東流入垣曲縣南五里，河之東岸爲河南澠池縣，又東入河南懷慶府濟源縣界。水經：河水又南出龍門口，汾水從東來注之。河水又東過砥柱間，又東至鄧，清水從西北來注之，又東與教水合。元和志：黄河北去龍門縣二十五里，即龍門口也。寰宇記：黄河，在垣曲縣南門五步，從平陸縣東雍州谷口，經王屋山至縣界。

黑龍潭。在垣曲縣。有二，一在縣西十五里柳莊村，一在西三十里南莊村。

五虎澗。在垣曲縣西南五十里。又板澗，亦在縣西南五十里，流經縣西南三十里，入清水。又縣西三十里有蘇家澗，四十里有火星澗，西北五十里有華露澗，北十里有連莊澗。

美陽川。在聞喜縣南，接解州夏縣界，一名美良川，亦名秦王澗。唐書劉武周傳：武周將尉遲敬德襲破永安王孝基，軍還澮州，秦王世民破之於美良川。縣志：上流爲勝水溝，自湯寨山西至杜家莊，瀑流而下，高三丈許，水出厓間，附草下滴，聲如鈴，沿溪而上有郭璞洞。

王澤。在州西南七里，上有王橋。史記趙世家：趙襄子奔保晉陽，原過從後，至於王澤見三人，自帶以上可見，自帶以下不可見，與原過竹二節，曰：「以是遺趙無卹。」襄子剖竹有朱書。水經：澮水西至王橋，注於汾水。括地志：王澤，在絳州正平縣西南。

董澤。在聞喜縣東北四十里。古豢龍氏董父居此，故名董池，亦曰董泊。左傳宣公十二年：廚武子曰：「董澤之蒲，可勝既乎？」杜預注：「河東聞喜縣東北有董池陂。」水經注：涑水經董澤陂南，即古池，東西四里，南北三里，春秋文公六年蒐於董澤，即斯澤也。後漢書郡國志：聞喜邑有董池陂，古董澤。元和志：董澤，一名董池陂，在縣東北十四里。

蘭村泉。在州西南蘭村西北山半。每日卯、午、酉三時其水湧出，若潮汐然，俗呼溢水，溉田無算。

薛郭泉。在州西薛郭里。又丁村泉，在州西二十里丁村。

澤掌泉。在州西北澤掌里。州志：澤掌鎮西北二里有眠窩泉、漻泉、永和泉，東北一里有龍頭泉，合流灌田，其水性寒，不甚發苗。

泉掌泉。在州西北三十里泉掌鎮，即古修水。水經注：汾水西南流逕長修縣故城南，修水入之，水出縣南，西南入汾。州志：泉在泉掌鎮，分支灌鎮南、西之田各三四頃。又鎮東有水溝，溝左一泉名大渠，右一泉名小渠，分灌大溝旁地，又有活潑泉、春口泉、王馬庫泉、蛇泉，各灌地不等。

西泉。在垣曲縣城内西南隅。水甚甘。

滴水泉。在垣曲縣西十里下亳村。懸崖丈餘，滴水如雨。又王公泉，在縣西二十里王茅鎮；又五龍泉，在縣西二十五里。

白馬泉。在垣曲縣西北六十里上王村。

凝碧泉。在垣曲縣北十里峪子村，俗名消瘿泉。又金潤泉，在縣北四十里鼓鍾村，相近有帝鄉泉。

甘泉。在聞喜縣東三十里東鎮北。其流爲黑龍溝，南入涑水溉田。

黃蘆泉。在聞喜縣東黃蘆莊。其地多黃蘆。又東四十五里有冷泉，夏冷；東南三十里有暖泉，東南四十里有温泉，皆冬暖宜稻。

野狐泉。在聞喜縣北二十里山半。其流爲白土溝，南流合户頭、杜村二泉，至縣西北三里姚村出溝行平地。前代嘗引入城，明萬曆三十四年知縣雷復豫引之溉田，俗名雷公渠。

拔劍泉。在絳縣東四十里晉峪〔九〕。又玉龍泉，在縣東五十里，東、西賀水村引以溉田。

馬跑泉。在絳縣西十里楊村。

葫蘆泉。在稷山縣北三里。縣志：以形似名，溉田數頃。又碧水泉，在縣西賈家莊，本朝康熙六年知縣孟孔脈開渠，導葫蘆泉南流，繞文星臺西折與碧水泉合，其碧水泉由城西后土廟右，南至老盆東折，合葫蘆泉入汾。

白楊泉。在稷山縣東北二十里小杜村。溉州東等村田。

瓜峪泉。在河津縣北三十里。唐書地理志：龍門縣，北三十里有瓜峪山堰，貞觀十年築。縣志：瓜峪泉，在姑射山西，有二渠，其東流名天澗，又名神峪泉，合流入汾。

乳泉。在河津縣東北三十里姑射山半篩兒崖。

遮馬峪泉。在河津縣東北四十里瓜峪之北一原坡下。縣志：唐貞觀中縣尹長孫恕鑿山修爲二渠溉田，元大德中上渠壞，明隆慶五年知縣張汝乾復修。

古蹟

正平故城。在州西南。魏書地形志：正平郡，故南太平，神䴥元年改爲征平，太和十八年復。水經注：汾水經正平郡南，故東雍州治，太和中皇都徙洛，罷州立郡。隋書地理志：絳郡正平縣，舊曰臨汾，置正平郡，開皇初郡廢，十八年縣改名焉。元和志：正平縣，本漢臨汾縣地，隋改爲正平縣，因正平故郡城爲名。

長修故城。在州西北三十里。漢爲侯國，漢書功臣表長修平侯杜恬，高祖十一年封，即此。後爲縣，屬河東郡。後漢省。水經注：汾水又西南經長修縣故城南。寰宇記：長修故城，在絳州西北三十里。後周天和五年韋孝寬請於長秋築城，以杜齊人争汾北之路，長秋即長修之訛也。州志：泉掌鎮，即古長秋鎮。

臨汾故城。在州東北。戰國曰汾城。史記秦本紀昭襄王五十年益發卒軍汾城旁，即此。漢置臨汾縣，屬河東郡。後魏太平真君七年併入泰平，太和十一年復置，屬平陽郡。北齊省。隋書地理志：絳郡太平縣，齊省臨汾縣入焉。括地志：臨汾故城，在絳州正平縣東北二十五里。新志：一名晉城，與太平縣接界。

邵郡故城。今垣曲縣治。魏書地形志：邵郡，皇興四年置邵上郡，太和中併入河内，孝昌中改復。隋書地理志：垣縣，後魏置邵郡及白水縣，後周置邵州，改白水爲亳城。開皇初郡廢，大業初州廢，縣改爲垣縣。舊唐書地理志：絳州垣縣，隋義寧元年置邵原郡，武德元年改爲邵州，九年省。

垣縣故城。在垣曲縣西。戰國魏王垣邑。漢置垣縣，一曰東垣。史記魏世家：武侯二年城安邑、王垣。徐廣云：「垣縣有王屋山，故曰王垣。」又秦本紀：昭襄王十五年大良造白起攻魏取垣。漢書曹參傳：參擊魏王於曲陽，追至東垣，生得之。又地理志：河東郡領垣縣。元和志：故垣縣城，在垣縣西二十里。寰宇記：垣縣以地近故垣城，因以名縣，故垣縣在今縣西北。

清廉故城。在垣曲縣西。後魏置縣，魏書地形志：邵郡清廉縣有清廉山。隋書地理志：垣縣，大業初省後魏所置清廉縣入焉。舊唐書地理志：義寧元年置清廉縣，武德九年省入垣縣。寰宇記：古清廉縣，在垣縣西北六十里，後魏割聞喜、安邑東界之人於清廉山北置縣，隸邵郡。隋大業二年廢。唐武德元年復置，九年廢。州志：在縣西四十里。又周置蒲原縣，隋大業初省入垣縣，亦在縣西。

左邑故城。今聞喜縣治。春秋晉曲沃邑，戰國魏邑。秦置左邑縣。漢因之，後漢始改曰聞喜。左傳莊公二十八年：晉

使太子居曲沃。又僖公十年：狐突適下國遇太子。杜預注：「下國，曲沃新城。」戰國策：周赧王元年秦伐魏，取曲沃而歸其人。應劭曰：「故曲沃，秦改曰左邑縣。」漢書地理志：河東郡領左邑縣。後漢書郡國志：河東郡聞喜邑，本曲沃。注云：「曲沃在縣東北數里。」

聞喜故城。在聞喜縣西南。本古桐鄉，漢置聞喜縣，屬河東郡。後漢徙治左邑。竹書紀年：翼侯伐曲沃大捷，武侯請成於翼，至桐而還。漢書武帝紀：元鼎六年將幸緱氏，至左邑桐鄉，聞南越破，以爲聞喜縣。元和志：桐鄉故城，漢聞喜縣也，在今聞喜縣西南八里。俗以此城爲伊尹放太甲於桐宫之所，孔注尚書曰「桐，湯葬地也」，今在偃師縣界。非此也。又漢大司農朱邑屬其子葬桐鄉者，又在今舒州界，亦非也。寰宇記：聞喜縣治，周武帝移於柏壁，在今正平縣南二十里。隋開皇十年自柏壁移於甘泉谷，唐武德以來不改。元和三年河東節度使杜黄裳移神策軍於縣宇，官吏權止桐鄉佛寺，至十年刺史李憲奏復置縣於桐鄉。縣志：甘泉谷，在縣東二十里，桐鄉城在谷之西南，今縣東涑水南岸。按：五代時縣治又移還左邑故城，而寰宇記不載，後人遂疑今治即故桐鄉城，誤。

南絳故城。在絳縣東南十里，一名車箱城，即晉聚邑。後魏置南絳縣。魏書地形志：南絳郡，建義初置，治會交川。領縣南絳，太和十八年置，屬正平郡，建義初屬。隋書地理志：翼城縣，後齊并南絳入焉。元和志：絳縣，西北至絳州八十里，本漢聞喜縣也，後魏孝文帝置南絳縣，因縣北絳山爲名也，屬正平郡。恭帝去「南」字，直爲絳縣。寰宇記：南絳郡縣理車箱城，去絳縣東南十里，在太陰山北，四面懸絶。西魏大統五年修，其城東西長，形如車箱，因名〔一〇〕。通鑑：梁中大同元年魏建州刺史楊檦鎮車箱。注云：「車箱在絳州垣縣界。」明統志：絳州絳縣，唐武德初自車箱城移今治。按：此即晉侯城聚邑處群公子之地，晉之故絳在今翼城，漢之絳縣今曲沃，皆非此。

高涼故城。在稷山縣東南。北魏置縣，爲高涼郡治。後周時移置玉壁。元和志：稷山縣，東至絳州四十九里。本漢聞喜縣地，後魏孝文帝於今縣東南三十里置高涼縣，隋開皇十八年改爲稷山縣。寰宇記：周文帝移高涼縣於玉壁。按：隋時始

移治汾北，即今稷山縣也。

皮氏故城。在河津縣西二里。戰國時魏邑，史記秦本紀：惠文君九年渡河取汾陰、皮氏。括地志：皮氏，在絳州龍門縣西。元和志：秦置皮氏縣，漢屬河東郡，後魏太武帝改皮氏爲龍門縣，因龍門山爲名。元王思誠圖記：河津縣，宋宣和二年改名。舊縣圮於汾水，元皇慶初移於縣西北一里姑射山麓，即今縣治。皮氏縣在城西二里陽村，二城相對，遺址猶在。

萬春故城。在河津縣東北四十里。南北朝周、齊分界處，周書韋孝寬傳：武帝志在平齊，孝寬陳三策，宜於三鵶以北、萬春以南，屯田積貯。唐書地理志：武德五年析龍門置萬春縣，貞觀十七年省入龍門。

亳城故縣。在垣曲縣西十里。舊唐書地理志：隋義寧元年置亳城縣，武德五年廢。寰宇記：古亳城，在垣縣西北十五里。縣志：城周百四十步，今謂之下亳里。按：此非湯所居之亳，湯所居亳在河南歸德府。縣志又有葛城，稱葛伯寨，亦屬附會，皆因垣曲縣有亳水而誤。

柏壁城。在州西南二十里。元和志：柏壁，後魏明元帝置柏壁鎮，太武帝廢鎮，置東雍州及正平郡。周武帝於此改置絳州，建德六年又自此移絳州於稷山縣西南二十里玉壁。陳瓛柏壁記：正平西南二十里有巨坂，尤高峻，古柏壁關也。上有秦王堡，絶崖陡險，截然千仞。其巔實古關門遺址，廣僅一軌。邑人李思敬修築，遂成坦途。

荀城。在州西十五里。水經注：古水又西逕荀城東，古荀國也，汲郡古文「晉武公滅荀，以賜大夫原氏」。文獻通考：荀，姬姓，侯爵，國在絳州荀城。

陽壺城。在垣曲縣南一里。春秋晉瓠丘邑，亦名陽胡。左傳襄公元年：晉人以宋五大夫在彭城者歸，寘諸瓠丘。杜預注：「河東垣縣東南有壺丘亭。」水經注：清水又東南逕陽壺城東，即垣縣之壺丘亭也。魏書裴慶孫傳：正光末汾州群胡聚黨作逆，詔慶孫討之，深入至陽胡城。以此地被山帶河，襟要之所，肅宗末遂立邵郡。寰宇記：古陽壺城，南臨大河。

皋落城。在垣曲縣西北五十里，今爲皋落堡。左傳閔公二年：晉侯使太子申生伐東山皋落氏。水經注：清水經皋落城北，世謂之倚亳城。元和志：皋落城，在垣縣西北六十里。金史地理志：垣曲縣有皋落鎮。按：皋落山又見平定州故樂平縣，未詳孰是。

梁王城。在垣曲縣北六十里。縣志：山澤幽深，世傳梁王避兵於此。

蒀城。在聞喜縣東裴氏村。唐書宰相世系表：非子之支孫封蒀鄉，因爲氏，今聞喜縣蒀城是也。六世孫陵，去邑從衣爲裴氏。

周陽城。在聞喜縣東。漢書文帝紀：元年，封淮南王舅趙兼爲周陽侯。又田蚡傳：武帝初即位，封田蚡弟勝爲周陽侯。魏書地形志：聞喜縣有周陽城〔一一〕。水經：涑水又西過周陽邑南。注云：「其城南臨涑水，北倚山原。」括地志：城在聞喜縣東三十九里。

王官城。在聞喜縣南十五里。水經注：涑水西逕王官城北，城在南原上，左傳晉侯使呂相絶秦曰「伐我涑川，俘我王官」，今世人猶謂其城曰王城也。

燕熙城。在聞喜縣北。通鑑：太元十一年，西燕慕容永立慕容忠爲帝，至聞喜，聞燕主慕容垂已稱尊號，不敢進，築燕熙城居之。

避暑城。在聞喜縣東北三十五里。相傳晉獻公築以避暑，周九里十三步。其近有梨園故址，唐太平樂府教坊也。

龍頭城。在聞喜縣東北五十里。亦曰龍頭壁。寰宇記：龍頭壁，在縣東北二十八里，後周絳州及正平郡所理也，武帝又移於柏壁。縣志作「龍頭堡」。又有黑山廢縣，在縣南二十里吳村，建置未詳。

清原城。在稷山縣東南。左傳僖公三十一年：晉蒐於清原，作五軍以禦狄。成公十八年：荀罃、士魴逆周子於京師而

立之，大夫逆於清原。杜預注：「聞喜縣北有清原。」水經注：汾水又西逕清原城北，故清陽亭也，城北有清原。

玉壁城。在稷山縣西南。元和志：玉壁故城，在縣南十二里，後魏大統四年東道行臺王思政表築玉壁城，自鎮之。八年高歡寇玉壁，思政有備，攻不克。周初於此置玉壁總管，武帝建德六年廢。城周圍八里，四面並臨深谷。地理通釋：玉壁城爲周氏重鎮，高歡再攻圍皆不克。初王思政守，後韋孝寬守，東師攻不拔，遂置勳州。縣志又名勳州故城，周保定初於玉壁置勳州，建德中移絳州於此，隋復舊。

平隴城。在稷山縣西。北齊書斛律光傳：武平二年，光率衆築平隴等鎮戍十有三所，周步騎萬餘來逼平隴，光與戰於汾水之北，大破之。縣志：平隴鎮，在縣西五里，有城曰高歡城。又稷王城，在縣西二十里，故址尚存。廉城，在縣東北十里，今名廉城村。皆周、齊時戍守處。

華谷城。在稷山縣西北二十里。水經注：華水出華谷西，南流逕一故城，漢上谷長史侯相碑云「侯氏出倉頡之後，晉卿士蔿其裔也，食於華陽」，即是城也。北齊書斛律光傳：武平元年光於玉壁築華谷、龍門二城。縣志：華谷城，在縣西北二十里，今爲華谷鎮，亦名華谷村。又有一城在縣北里許，故址猶存，俗呼爲古城，即光所築龍門城也。

蜚廉城。在河津縣南七里。元和志：蜚廉故城，在龍門縣南七里。

耿城。在河津縣南，一名耿鄉城。尚書序：殷祖乙圮於耿。左傳閔公元年：晉侯滅耿，賜趙夙。杜預注：「平陽皮氏縣東南有耿鄉。」漢書地理志：皮氏縣有耿鄉，故耿國。水經注：汾水西逕耿鄉城北，故殷都也，帝祖乙自相徙此，爲河所毁，盤庚乃自耿遷亳。括地志：故耿城，今名耿倉城，在縣東南十二里。

雲中城。在河津縣西北雲中山上。文中子：登雲中之城，望龍門之關。縣志：今名雲中堡。

賈鄉。在州境。博物記〔一二〕：臨汾縣有賈鄉，賈伯邑。

虒祁宮。在州南。左傳昭公八年：晉侯築虒祁之宮。杜預注：「在絳縣西四十里，臨汾水上。」水經：澮水又西南過虒祁宮南。注云：「宮在新田絳縣故城西四十里，其宮地背汾面澮，西則兩川之交會也。」元和志：在正平縣南六里，宮南有澮水，北有汾水，俱西流至宮西而合。隋末依宮餘址築堡，今名修義堡。

趙文子故里。在州北三十里蘇村里。又韓獻子故里，在城内省元坊。

薛仁貴故里。在河津縣東十里。元王思誠圖記：在大黄村。縣志：村西有紅蓼灘，一名射雁灘，相傳仁貴射雁處。

王通故里。在河津縣南三十里。縣志：元王思誠圖記云：「通化村集賢里即王通故隱處。」又通弟王績隱處在今縣東東皋村，唐書本傳「有田十六頃在河渚間」是也。

汾陽監。在州北，有汾陽、銅源等鑄錢監。又有垣曲監，在垣曲縣治北。唐書食貨志：天下鑪九十九而絳州三十。宋史地理志：龍門縣，元祐二年置鑄錢監二。垣曲縣，有銅錢監一。文獻通考：垣曲監歲鑄錢二十六萬貫。

晉靈公臺。在州西北三十里泉掌鎮。元和志：在正平縣西北三十里，左傳曰「晉靈公從臺上彈人，觀其避丸」，即此臺也。

洄漣亭。在州治北。引鼓堆泉爲大池，中建亭，唐樊宗師有記。州志：元至治中知州劉明安重構，明宣德中重修。

嵩巫亭。在州治北園池内。宋富弼知絳州時建，歐陽修有詩，今廢。

岸頭亭。在河津縣南，即古岸門。史記秦本紀：惠文王後十一年敗韓岸門。又魏世家：哀王五年秦使樗里子伐取我曲沃，走犀首岸門。索隱：「劉氏曰：河東皮氏縣有岸頭亭。」漢書衛青傳：封校尉張次公爲岸頭侯。

冀亭。在河津縣北十五里。左傳僖公二年：荀息曰「冀爲不道」。杜預注：「冀，國名，平陽皮氏縣東北有冀亭。」水經注：汾水又逕冀亭南，昔臼季使過冀野，見郤缺耨，其妻饁之，相敬如賓，言之文公，命之爲卿，復與之冀，京相璠曰：「今河東皮氏

縣有冀亭，古之冀國所都也。」縣志：今俗謂之上亭、下亭，或謂之輿亭，又有如賓鄉。

郭璞書堂。在聞喜縣湯寨山北秦王寨東南三磵中。懸崖石室，縱横丈餘，中有石硯，懸泉時注滴之，相傳璞著書處。

臨思閣。在河津縣龍門山禹王廟前，俗名看河樓。明薛瑄記：龍門禹廟西南石峰絶頂有臨思閣，以風高不可木構，甃甓爲之。俯視大河，奔湍三面，觸激石峰，疑若摇盪。

龍門倉。在河津縣西黄河濱。唐書地理志龍門縣有龍門倉，開元二年置。

醉經庵。在河津縣城東北隅。宋縣令安公建，取王通「心若醉六經」之句，袁幾有記。

關隘

故家雀關。在州南。通典：正平縣有高齊故家雀關。寰宇記：在縣南七里。州志：州舊有南關，比歲爲汾水所嚙，明萬曆八年知州田子堅謀建新關，北距舊關，南距澮水，皆不及二里，如舊關制，名曰重興。

武平故關。在州西三十里。唐書地理志：正平縣，西有武平故關。元和志：在縣西三十里，高齊時置，周平齊廢。

横嶺關。在垣曲縣西八十里絳縣東南界，中條山之要隘也，今曰横嶺背。舊有巡司，今裁。

行臺關。在垣曲縣。見金史地理志。

留莊隘。在聞喜縣東南七十里中條山，南通垣曲縣，北接絳縣冷口谷。東、西二山之間斷壁千仞，激湍横流。金史地理志：聞喜縣有劉莊鎮，即此，俗呼劉莊野。

禹門渡巡司。在河津縣西北二十五里。唐書地理志：龍門縣有龍門關。縣志：後周時置關，後曰禹門渡，明洪武初置巡司，本朝因之。

鼓鍾鎮。在垣曲縣北。水經注：教水南歷治官西〔一三〕，世謂之鼓鍾城，城之左右猶有遺銅及錢。周書武帝紀：建德五年遣尹昇守鼓鍾鎮。新志謂之瞽冢鎮，在縣北五十里，有上、下二堡。

下東鎮。在聞喜縣東三十里，其東有上東鎮。又橫水鎮，在縣東四十五里，跨絳縣界；裴社鎮，在縣南二十里；宋店鎮，在縣西十里；小郭店鎮，在縣西二十里；栗村鎮，在縣北二十五里；蘭德鎮，在縣東北十里，皆有堡。

澮交鎮。在絳縣東北。水經注：澮水又西南與諸水合，謂之澮交。金史地理志：絳縣有澮交鎮。州志有大交鎮，在縣東北四十里，即澮交鎮。

小河鎮。在稷山縣南十五里。又翟店鎮，在縣南三十里。又下迪鎮，在縣西二十里，大杜鎮，在縣東北二十里，二鎮皆有堡。

方平鎮。在河津縣北二十里。又東張鎮，在縣北二十五里；僧樓鎮，在縣東北。

迎駕寨。在垣曲縣西四十里。相傳宋太祖征太原時屯兵處。又韓擒虎寨，在縣西清廉村。

六郎寨。在垣曲縣西七十里。孤峰峭立，四面巉巖，相傳宋將楊延昭屯兵於此。又謝安寨，在縣西北皋落村東北二里。

范村寨。在絳縣東十五里，今築爲堡。又郇王寨，在縣東二十五里；南樊寨，在縣東三十五里，周二十餘畝，地甚寬敞。

魔軍寨。在稷山縣南峨嵋嶺。又斛律光寨，在縣西北二十里峪口村；袁達寨，在縣東北馬頭山；李牧寨，在縣東北二十里李老莊，有廟祀李牧。

楊莊堡。在州東南二十里。又州南二十里有曲村堡，三十里有蘭村堡，西南二十里有樊村堡，西三十里有周村堡，西北三

十里有泉掌堡，又北十餘里有平原堡，三十里有蘇村堡。

胡村堡。在垣曲縣東十里。又灣里堡，在縣南三里；辛莊堡，在縣西南三里；保頭堡，在縣北五里。縣界凡有四十九堡，皆明崇禎間修築。

管村堡。在稷山縣東十里。又縣西十里有吴城堡，二十里有下迪堡，縣東北二十里有大杜堡，皆明嘉靖中築。

薛戍堡。在河津縣西北小亭村東。金皇統中築。縣志：明末保聚縣界，凡有堡八十所。

含口。在聞喜縣東南，亦曰峪口，亦曰含山路。水經注：洮水西流出山，謂之峪口。通鑑：唐天復元年，梁主遣張存敬出含山路。注〔一四〕：「含山在絳州東，張濬之敗，出含口至河陽，即此路。」宋史司馬池傳：蒲坂、竇津、大陽路，運鹽回遠，乃議開峪口道，自聞喜逾横嶺山抵垣曲。

沙峪口。在絳縣東三十里。壁峰峭絶。

西磑口。在河津縣北三十五里，入平陽府鄉寧縣路。有鎮磑堡、永安堡。

涑川驛。在聞喜縣西關北。宋、元舊驛，至今不改，東至曲沃縣、西至夏縣，俱通驛大路，餘小路無驛。

津梁

故梁。在州城北。水經注：汾水又經絳縣故城北，西逕虒祁宫北，横水有故梁截汾水中，凡三十柱，柱徑五尺，裁與水平，晉平公之故梁也。

南門浮橋。在州南門外汾河上。明萬曆中建，本朝康熙中修。

澮水浮橋。在州南五里西横橋莊。明萬曆中建，本朝康熙中增修。

隱身橋。在州城北關閣下。舊志：俗傳宋太祖微時隱此。

通津橋。在州東北二十里龍香里。明正德中建。

葛寨橋。在垣曲縣南五里。又湯王橋，在西十里；臯落橋，在西北五十里。

通濟橋。在聞喜縣東横水鎮，接絳縣界。

南橋。在聞喜縣南門外，跨涑水。明嘉靖中建，本朝順治中重修。又有東、西二橋，俱跨涑水。

逆溝橋。在絳縣東十里。又通遠橋，在東二十里；雙濟橋，在西北；保障橋，在東北三十五里。

義橋。在稷山縣南汾水上。絳州孝子，三十喪父母，五十猶衰麻，成橋於稷山南，鄉黨義之，因名。崔祐甫有記。

成夫橋。在稷山縣南二十五里修善莊西，當山水之衝。邑人文世興搆造未畢，妻賀氏繼成之，因名。

汾河浮橋。有四，一在稷山縣南二里，一在西十里，又苑曲有東、西二橋。

濟民渡。在垣曲縣南黄河南岸，至澠池縣界。

苑曲渡。在稷山縣東南五里。又十里有費村渡，二十里有崔莊渡〔一五〕，南三里有荊平渡，西南十里有楊村渡，二十里有薛村渡。

黄河渡。在河津縣西十里黄河東岸。西南五里爲雙營渡，十五里爲夾甸渡、新莊渡，三十里爲陶家營渡，俱通陝西郃陽、韓城二縣界。

堤堰

絳州護堤。在州城南，自禹廟起至城西角，長三百餘丈。明隆慶初知州宋應昌築以捍汾水。

垣曲護堤。在垣曲縣南。先是，清水侵城爲患，明嘉靖中創築沙堤，後爲水圮。萬曆中，知縣趙文炳改築石堤，長二百七十丈〔一六〕，濶一丈，高倍之，半在土中，民賴以安。本朝康熙中重修。

聞喜護堤。在聞喜縣南，臨涑水。明萬曆元年，知縣王象乾創築石堤，長一百六十丈有奇，高二丈有奇，濶一丈有奇。二十六年，知縣徐明於廣濟橋西創建石堤，長五十丈有奇，高一丈有奇，城無水患。

薛村堤。在稷山縣西二十五里薛村。明萬曆中知縣吴峻創築，滙澗水溉田二百餘畝。

鋪頭堰。在稷山縣東北三十里沙溝廟前。障馬壁谷水，延袤三四里。

小趙渠。在垣曲縣西六里。明萬曆二十六年知縣仝梧創開，後塞，三十一年知縣趙乾清重開。又堡頭渠，在縣北五里，亦乾清開。

店頭渠。在垣曲縣北十里。又鼓鍾渠，在縣北四十里，皆萬曆三十五年知縣吕恒開。

羅公渠。在聞喜縣東，引洮水溉田。其堰有五，開於宋熙寧中者三，開於明洪武中者二，中第二堰正德中知縣王琳修濬，名王公渠；餘四堰嘉靖中知縣羅田爲置渠長，禁盗决渠水，民感之，故名。

北河渠。在聞喜縣東南。水自横嶺關來，沿河開渠，輪流灌溉。

董村渠。在聞喜縣東南秦王澗下。又西張渠，在縣南蘇村，皆明萬曆初知縣王象乾修，名新城王公渠。又有蘇村、南陽、陽社、坡神、下莊、南姚、小市頭等渠，皆在縣南，引山水溉田。

十石壚渠。在河津縣東南。唐書地理志：龍門縣東南二十三里有十石壚渠〔一七〕，貞觀二十三年縣令長孫恕鑿，溉田良沃，畝收十石。西二十一里有馬鞍塢渠，亦恕所鑿。縣志：高鞍塢渠，即今瓜峪。

陵墓

古

姜嫄墓。有二，一在聞喜縣西北四十五里稷王山下冰池村，俗傳稷棄於此，墓旁有祠，祠下有蛇虎澗，上有后稷陵；一在絳縣南三十里存雲嶺，上有金泰和中進士王藻碑記。

羲和墓。在稷山縣東北十五里，二冢，元和、寰宇二志俱載。縣志：在東莊村，又有廟在墓前中舍村。

周

靈輒墓。在州城東五里侯莊古道口。

晉齊姜墓。在州城南四里。元和志：晉齊姜墓，在正平縣南九里，申生之母也。

祁奚墓。在聞喜縣東二十二里。元和志：今太原祁縣又有墓，未知孰是。又祁午墓，在縣東六十里。

晉獻公墓。在絳縣東槐泉村。

晉文公墓。在絳縣東南二十里下村，有廟。左傳：文公卒，將殯於曲沃，出絳，柩有聲如牛。元和志：在縣東二十里，貞觀十一年詔致祭，五十步禁樵蘇。

晉靈公墓。在絳縣東南磨裏村，地名景冢。

卜子夏墓。在河津縣西北五里辛封村，墓北有祠。

漢

司馬遷墓。在河津縣西十五里。或曰圮於河，或曰在河西岸。水經注：司馬子長墓前有廟有碑，永嘉四年漢陽太守殷濟建石室，立碑樹柏。按：陝西韓城亦有墓。

晉

裴楷墓。在絳縣西南，有碑。

南北朝　魏

侯莫陳相墓。在稷山縣西北平隴村。北史本傳：代人，從齊神武起兵，封白水郡王。

北齊

斛律光墓。在州城子城東北隅。

隋

韓擒虎墓。在垣曲縣東北十里。

唐

李靖墓。在垣曲縣鼓鍾村東半里，山下有石識墓。通志：靖，韓擒虎甥，擒虎以兵法授之，則東垣有墓不爲無稽。

裴光廷墓〔一八〕。在聞喜縣東三十里。河汾燕間録：聞喜之裴，自後漢裴輯而下，葬北倉村數里間凡五十二人，皆尚書、侍郎、國公、將相。縣志：東至鳳凰原，西至雞鳴山，北至紫金山，南至涑水，中凡大冢一百五十餘所，皆裴氏先塋。

裴守貞墓。在稷山縣西八里。

裴耀卿墓。在稷山縣北仁義村，許孟容誌。

高秀巖墓。在稷山縣東北廉城。

盧虔墓。在河津縣東北三十五里張吴村南。有敕撰碑，鄭餘慶書。

宋

薛奎墓。在州西周村。州志：薛簡肅公墓冢已平，歐陽修志碑尚存。

金

段克己墓。在稷山縣西北平隴村。

元

姚天福墓。在稷山縣西北路村，虞集書墓記。按：元史載天福絳州人，後徙雁門，疑其徙居後歸葬稷山也。

明

陶廷信墓。在州北三里。

薛瑄墓。在河津縣西十里平遠村西南。李賢撰碑，有祠。按：通志，瑄父貞墓在平遠村東南，瑄撰汾陰阡表。

祠廟

富弼祠。在州治内。通志：富公以將作監丞通判絳州，士民懷之，故立祠。

梁公祠。有二，一在州北十里鼓堆北隅，宋治平初建，郎中薛宗孺有記；一在州西三林里，俱祀隋令梁軌。

忠烈祠。在垣曲縣西關廂，祀明崇禎中剿賊陣亡典史秦宗文及諸鄉勇。

召原祠。在垣曲縣東北六十里。寰宇記：置於古棠樹下。通志：後魏高允至邵郡，見召公廟廢，曰：「召公之德，闕而不禮，爲善者何勸？」乃表聞葺之。

趙鼎祠。在聞喜縣東五十里。又裴、趙二公祠在聞喜縣東門外，明嘉靖中改金塔寺爲之，祀唐裴晉公度、宋趙豐公鼎。

裴度祠。在聞喜縣北五十里裴村。金石文字記：明皇御書裴忠獻公墓碑、賜張説敕，並在祠前，一碑兩面。

后稷祠。在稷山縣。有二，一在縣治西南，元至正中建，後有聖母姜嫄祠；一在縣南五十里稷山上。水經注：稷山上有稷祠。

薛仁貴祠。在河津縣東十五里大黄村。

薛文清公祠。在河津縣治南。明弘治中敕建，嘉靖初重修，呂柟記。

黄帝廟。在州城東北二十里木贊村。元建。

堯廟。在垣曲縣北鼓鍾鎮下堡。

三皇廟。在聞喜縣東董村。

湯廟。在聞喜縣。有二，一在南關外，宋元祐間建；一在中條山中峰，前有湫池，禱雨輒應。又垣曲縣湯廟有三，一在縣西下亳村，一在縣北墱坂村，一在縣東北峪子村。

舜廟。有三，一在聞喜縣西北姚村，一在垣曲縣北鼓鍾鎮上堡，一在皐落鎮。

姜嫄廟。在聞喜縣西北冰池村。元至元初建，本朝順治中重修。

董父廟。在聞喜縣倉底村。五代時建。

伯益廟。在聞喜縣宋家莊。

晉文公廟。在絳縣東二十里下村。

泰伯廟。在稷山縣東十五里高渠村。

漢文帝廟。在稷山縣西南三十五里小甯里寺莊村。

禹廟。有六，一在河津縣西北二十五里龍門山上，明末毀，本朝順治中修復。魏土地記云：龍門山禹廟前有石碑二，一碑文字紊滅，不可復識，一碑是太和中立。又元和志云：龍門縣大禹祠，隋末摧毀，貞觀九年奉敕更令修理。一在絳縣，見寰宇記。一在稷山縣華峪村，元時建。一在西舍村，一在聞喜縣東吴村，一在垣曲縣西南二十五里，金建。

唐高祖廟。在河津縣，見唐書地理志。貞觀中置。元和志：神堯皇帝廟，在禹廟南絶頂之上，廟中畫行幸儀衛之像，蓋義寧初義旗至此也。

校勘記

〔一〕唐長安中郡人與慈州人争界　「郡」，原作「部」，乾隆志卷一一八絳州山川（下同卷簡稱乾隆志）同，據太平寰宇記卷四七河東道八改。

〔二〕又北有麻姑山　「麻姑」，乾隆志同，雍正山西通志卷二八山川一二作「蘑菇」。

〔三〕教山高三十里　乾隆志同。按，水經注卷四謂教水「出垣縣北教山，南逕輔山，山高三十許里，上有泉源」云云，則高三十里者乃輔山，似非教山。

〔四〕高十三里　「三」，原作「二」，據乾隆志、水經注卷六改。

〔五〕程師孟言絳州正平縣南董村旁有馬壁谷水　「南」，原作「西」，乾隆志同，據雍正山西通志卷三三水利五、宋史卷九五河渠五改。

〔六〕唐樊宗師　「宗」，原闕，據乾隆志補。

〔七〕謂之伏流水　「伏」，原作「復」，據乾隆志、水經注卷四改。

〔八〕聞喜邑有洮水　「邑」，原闕，據乾隆志補。

〔九〕在絳縣東四十里晉峪　乾隆志同，雍正山西通志卷二八山川一二「峪」下有「莊」字。

〔一〇〕因名　原作「注云」，據乾隆志、太平寰宇記卷四七河東道八改。按，此涉下文而誤也。

〔一一〕聞喜縣有周陽城　「城」上原有「故」字，據乾隆志、魏書卷一〇六上地形上刪。

〔一二〕博物記　「記」，原作「志」，據雍正山西通志卷五七古蹟一、後漢書郡國一改。

〔一三〕教水南歷冶官西　「教水」，乾隆志同。按，本卷山川及水經注卷四作無水名之「一水」，疑此處删節史文致誤。

〔一四〕注　原闕，乾隆志同，據資治通鑑卷二六二補。

〔一五〕二十里有崔莊渡　「莊」，乾隆志同，雍正山西通志卷一六關隘八作「村」。

〔一六〕長二百七十丈　「十」，原闕，據乾隆志、雍正山西通志卷八城池補。

〔一七〕龍門縣東南二十三里有十石壚渠　「縣」，原闕，據新唐書卷三九地理三補。

〔一八〕裴光廷墓　「廷」，乾隆志及新舊唐書本傳皆作「庭」。

大清一統志卷一百五十六

絳州直隸州二

寺觀

甘露寺。在州北二十五里九原山。梁天監二年，帝遣臣朱明月詣寺求甘露，果得之，因賜額。元延祐間重建。

石磬寺。在垣曲縣西南莊村。內有石磬，扣之聲聞里許。

雲川寺。在垣曲縣西北七十里曹家山。峰巒叠翠，崖壁峭絶，地境絶勝。

太子寺。在聞喜縣東關。唐貞觀六年建。

香山寺。在聞喜縣東南五里官莊嶺。通志云：唐裴度還帶處，明建，內有晉公祠〔一〕。

聖水寺。在絳縣西南十里。元泰定中建，有聖水三泉。

興國寺。有二，一在絳縣治西南隅，明嘉靖中建；一在垣曲縣治西，金建。

雨化寺。在稷山縣城西北隅。本朝順治間建。府志：舊有斛律光祠，今入雨化寺，碑尚存。

佛閣寺。在稷山縣東北三里。一名清涼院，金建。樓閣高敞，崖洞幽遠，頗稱勝境。本朝順治中重修。又廣教寺，在縣治

東，未詳創始，周聖曆間名辨知寺〔二〕，唐開元間名感義寺〔三〕，金皇統元年改名，明昌中造塔十三級，高三十餘丈，今寺廢塔存。

大善寺。在稷山縣東北十五里高渠村。元敕建。中有古柏大七圍，蔭畝許，欲伐之輒有風雷之異。

覺成寺。在河津縣城東里許。宋天聖中建，内有浮圖，隋仁壽中造，本朝康熙中重建。

豐巖寺。在河津縣治南。隋開皇中建。又鐵佛寺，唐麟德中建。

雲中寺。在河津縣西北雲中山上。有塔高出雲表。

興化寺。有三，一在河津縣樊村，元至正間修；一在稷山縣南五十里，唐咸亨間建，有開元時碑；一在縣西南三十里小寧村，隋開皇中建。

玉清觀。在州城内西北隅。舊名玉虛觀，宋崇慶間賜額，元至元間修。

重陽觀。在州西北四十里北董村。内有讀書堂，王通曾隱此觀，麓有清廉洞。又清溪觀，在州西南五里，有萬壽閣，本朝康熙初建。

洪慶觀。在垣曲縣南一里中條山。舊名金闕院，金大定間道士呂道章修，觀成仙去。觀中規模壯麗，山水環拱。元延祐間賜今額，本朝順治、康熙間屢修。

凝真觀。在聞喜縣西關。宋大中祥符間建，亦名凝真萬壽宮，今改東嶽廟。

保真觀。在稷山縣治東北隅。元建。中有石刻禹跡圖，共五千七百五十一方，每方二尺餘，折地百里，志禹貢山川、古今州郡山水地名。今壞。

道清觀。在稷山縣廉城村。元建，明洪武間併三靈、靈虛、重陽三觀入焉。

天慶觀。在河津縣治東。宋景德中建。

興真宮。在聞喜縣蘭德鎮。又景雲宮，在縣之觀底村，俱唐貞觀中建。

名宦

漢

陳寔。許人。司空黄瓊辟選理劇，補聞喜長。

趙岐。長陵人。永壽中舉理劇爲皮氏長。抑强討姦，大興學校。會河東太守劉祐去郡，中常侍左悺兄勝代之，岐恥事宦官，即日西歸。

葛龔。寧陵人。安帝時爲臨汾令，有稱績。

三國　魏

吉茂。池陽人。除臨汾令。居官清静，吏民不忍欺。

晉

摯虞。長安人。武帝時爲聞喜令。

裴慶孫。聞喜人。正光末汾州群胡聚衆數萬，詔慶孫爲募人别將，率鄉豪討之，慶孫每摧其鋒，進軍至雲臺郊大戰，賊潰。復徵赴都，賊轉盛，復以慶孫爲别將，從軹關入討，深入二百餘里，至陽胡城。肅宗末遂立邵郡〔四〕，以慶孫爲太守。民經亂後，率多逃竄，慶孫務安輯之，咸來歸業。在郡之日，值歲饑凶，四方遊客常有百餘，慶孫自以家糧贍之。

王思政。祁人。大統中除侍中、東道行臺。以玉壁地險要，請築城，即移鎮之。遷汾晋并三州諸軍事、并州刺史。八年，東魏來寇，卒不能克，以全城功授驃騎大將軍、開府儀同三司。

梁禦。其先安定人，後家武川。大統時爲東雍州刺史。爲政專舉大綱，民庶稱焉。四年，卒於州。

韋孝寬。杜陵人。大統中由晋州刺史移鎮玉壁，兼攝南汾州事。先是，山胡負險，屢爲劫盜，孝寬示以威信，州境肅然，進授大都督。十二年，齊神武傾山東之衆，志圖西入，以玉壁衝要，先攻之，連營數十里至於城下，盡攻擊之術，孝寬咸拒破之。神武苦戰六旬，智力俱困，發疾遁去。文帝嘉孝寬功，遣使勞問。

劉亮。中山人。大統十年爲東雍州刺史。爲政清静，百姓安之。

楊檦。高凉人。從魏孝武入關，時河北猶附東魏，檦父猛先爲邵郡白水令，檦與其豪右相知，微行詣邵郡，舉兵遂拔邵郡，更遣人誘説東魏城堡，正平、河北、南汾、絳、建等州並有内應，因攻拔之。以檦行正平郡事，移據東雍州。周文表行建州事，威名大振。轉正平郡守，進儀同三司，加開府，鎮邵郡，又爲邵州刺史，並有戰功。

周

郭賢。陽州人〔五〕。有謀略，世宗初爲勳州刺史，鎮玉壁，以廉平稱。

裴文舉。聞喜人。父邃，正平郡守，廉約自守，每行春省俗，單車而已。保定三年，文舉爲絳州刺史，一遵其法，百姓美而化之。

隋

韋世康。杜陵人。高祖時授絳州刺史。以雅望鎮之，闔境清肅，視事數年，有惠政，奏課屢爲諸州最。

梁軌。開皇中爲臨汾令。縣西鼓堆有二泉，合流東下，溝深而岸高，軌乃相地之宜，開十二渠，建閘激水，灌田甚多。

按：樊宗師絳守居園池記云「水本於正平軌」者，即其人也。

唐

李元禮。高祖子。始王鄭，徙王徐，爲絳州刺史有治名，璽書勞勉。

李元懿。高祖子。始王滕，徙王鄭，歷絳州刺史，數斷大獄，務寬平，高宗嘉之，璽詔褒錫。

楊大寶。鳳翔人。武德初爲龍門令。劉武周陷晉、絳，力攻之，城破被殺，贈全節侯。

長孫恕。貞觀十年龍門令。鑿十石壚渠，溉田良沃，畝收十石。又鑿馬鞍隖渠，民永賴之。

江彥。永徽中聞喜令。有遺愛。

孔禎。高宗時爲絳州刺史。政教兼舉，及卒，民有遺思。

韋武。萬年人。德宗時爲絳州刺史。鑿汾水溉田萬三千餘頃，璽書勞勉。

李憲。洮州人，晟次子。憲宗時徙絳州刺史。有幻人怵民以亂，憲執誅之。河中兵本仰食於絳，而汾可輸河渭歲租與糴常數十萬石，故敖保山爲固，民之輸者十牛不勝一車。憲濱汾相地治倉，當費二百萬，請留垣縣粟糴河南，以錢還糴絳粟，既免負戴勞，又權其贏以完新倉，絳人賴其力。

樊宗師。河中人。憲宗時爲絳州刺史。有治績。

王鑾。龍門令。有能名。

狄惟謙。仁傑後。會昌中爲絳州刺史。有名稱。

宋

錢惟濟。臨安人。真宗時知絳州。民有盜桑者不得，自創臂，誣桑主殺人，久繫不能辨。惟濟出盜與之食，盜左手舉匕箸，惟濟曰：「以右手創人者上重下輕，今汝創特下重，汝以左手創右臂爾。」盜遂服。

文彦博。介休人。仁宗時爲絳州通判。

富弼。河南人。仁宗時通判絳州。

金

范承吉。天眷五年知絳州。先是，兵興，民有爲將士所掠而逃歸者，承吉遍諭俾自首，凡數千人，具白帥府，皆贖爲民，貧者以公儲代輸焉。

梁肅。奉聖人。天眷中遷絳縣令。以廉入爲尚書省令史。

王宗儒。大定間爲聞喜丞，署縣事。能決獄弭盜，興學愛民。

張升。大同人。爲絳州録事。趙偉反，城陷，赴水死。

元

達蘭。至元時授絳州達魯噶齊。平陽李二謀亂，達蘭捕問，盡得其狀。中書奏進其秩，帝曰：「達蘭豈惟能辨此耶？」「達蘭」舊作「鐵連」，「達魯噶齊」舊作「達魯花赤」，今並改。

彭仲德。東明人。至元中絳縣尹。善訊獄，時稱神明。

左霍克齊。東光人。大德中垣曲尹。性廉介，好讀書，法令嚴明，吏民畏服。「左霍克齊」舊作「左潤潤出」，今改正。

劉尚質。曲沃人。泰定間任稷山尹。爲政清廉平易。

李榮祖。雲中人。至正初知絳州。修學校，興壇祀。復隋令梁軌所開鼓堆泉十二渠故道，溉田五百餘頃。聽訟明敏，滯案數十事立決，民愛戴之如父母。

巴爾布哈。偃師人。至正中聞喜縣尹。政治有聲，部使者舉爲守令最，詔賜宮幣旌之。「巴爾布哈」舊作「拔思溥化」，今改正。

宋克篤。長白人。至正間知絳州。文章、政事有聲，時方諸文潞公之知翼城。

岳索。至正中稷山達魯噶齊。時流寇入境，岳索與縣尹張名昭、主簿商顯祖協謀備禦，民賴以安。「岳索」舊作「藥僧」，今改正。「達魯噶齊」已見前。

明

顧登。洪武十年知絳州。精强有心計，凡廟社祠壇，踵前牧經理者，或修或建，規制悉備。

朱凱。肅寧人。景泰初知垣曲縣。興學校，勸農桑，政績甚著。

王汝績。金谿人。正統中知絳州。土陋賦重，人鮮知學而健於訟。汝績勸民耕桑，盡墾不食之土，後乃大修學宫，廣延師儒，以訓民間子弟，自是獄訟衰息，田里晏然。

劉智。長清人。正統十四年知絳縣。政尚公平，滿九載當代，民詣闕乞留，進秩六品，仍知縣事，政績益著。又九載致仕，民遮道泣送。

賈定。通許人。成化十八年知絳州。絳有積欠官薪，逋者破家弗克完，定通一州丁户足其數，自是絳薪歲無逋患。立善、惡二籍，歲終覈其實，賞罰有差。會大饑疫，絳人獨全活，因上救荒八事，其他平盜、決疑獄，俱以吏材著。

吴璇。高唐人。弘治九年知垣曲縣。建倉庾，廣儲蓄，以備凶歲。增拓學舍，俾弟子誦習其中，親爲講解。後調繁聞喜，政聲尤著。

羅田。光山人。嘉靖中知聞喜縣。修治堤堰，民感頌之，名曰羅公渠。

高文學。寶坻人。嘉靖中知河津縣。縣有瓜峪泉，自唐長孫恕鑿渠，爲山水衝壞，文學興工修之，三月告成，高一百尺、厚六丈，上爲橋，疏支渠，溉田甚多。

宋應昌。仁和人。隆慶元年知絳州。州城濱汾患水嚙，應昌築石堤護之。民間地糧多飛詭，爲之清丈，弊永絶，凡供具一不以煩民，民懷其德。

王象乾。新城人。隆慶中知聞喜縣。大興水利，萬曆元年創建護城石堤。

張汝乾。洛南人。隆慶中知河津縣。遮馬峪渠上、下二渠，唐長孫恕所鑿，上渠溉乾澗等田，元大德中雨壞，民供賦甚苦。自是汝乾捐資鑿山通渠，水利復興。

申田。靈壽人。萬曆初知聞喜縣。胥吏或進羨餘，指戒石語以矢之。布袍蔬食，妻子皆儉約自甘。

喬允升。孟津人。萬曆中知聞喜縣。時錢糧合户催徵，奸民每多牽累，乃設門簿，民以爲便，至今行之。

雷復豫。高陵人。萬曆中知聞喜縣。引白土溝溉姚村等田，民德之，號雷公渠。

趙文炳。任人。萬曆中知垣曲縣。創築護城石堤，未成行取入京，後巡按山西，發金檄縣修築，自是城無水患。

王豫立。涇陽人。萬曆二十四年知稷山縣。時礦使四出，大璫將臨稷，妄云鳳凰山銀可採，民洶洶不安，豫立走使説止之。會大吏檄用條鞭法起徵，士民皆不便，又力爲申請，得不行。去任之日，囊無一錢。

吴峻。萬曆中知稷山縣〔六〕。嘗立大社，集諸生論文。創建薛村堤，滙澗水溉田二百餘頃。

白鯤。南和人。萬曆中知河津縣。修遮馬峪故渠，引灌民田，至今賴之。

張耀。三原人。天啓中知聞喜縣。慈惠撫民，民爲立祠。

秦宗文。武陽人。崇禎五年垣曲典史。流寇入犯，宗文督鄉勇隨大兵進勦，與賊遇，力戰死。事聞，祀忠烈祠。

本朝

張文德。奉天人。順治三年知垣曲縣。潔己愛民，刑獄一清。卒於官，士民垂涕，建祠祀之。

李榮宗。費人。順治四年以進士任垣曲縣。姜瓖之亂，城陷被執，駡賊死，贈按察司僉事，祀忠烈祠。又典史周茂覺，浙江人，亦死於城守。

鄒起鳳〔七〕。正藍旗漢軍。順治七年知垣曲縣〔八〕。時姜瓖賊黨踞縣城一年，大兵至，議屠戮，起鳳將之任，適在軍，亟請於主曰：「脅從無辜，宜開釋與之更始，且有土無人，亦安用此曠土爲？」遂獲免。

董爾性。洛陽人。順治十六年知垣曲縣。明決果斷，志在利民，嘗鑿城東渠，引水溉田，民號董公渠，其餘興復甚多。

許穀。常熟人。康熙四十二年，以庶吉士改知垣曲縣。噢咻疾苦，有古循吏風。勤於課士，雋異者輒加禮，由是窮鄉後進皆勸，文風日盛。

許自俊。嘉定人。康熙十九年，以進士知聞喜縣。攜一子一僕之任，食脱粟飯、菜羹，往來會城策蹇而已。用法平，民多勸輸。乞休去，行李蕭然，一時稱清白吏。

孟孔脈。富平人。康熙元年，以舉人知稷山縣。聽斷明決，訟者心服。歲饑，民多鬻子女，捐俸贖還之。

朱天爵。正紅旗漢軍。康熙十八年知稷山縣。甘澹泊，御胥吏極嚴。舊馬草豆出自民，天爵給價購買，客兵過境上銜勒有方，不爲民累。

崔鳴鷟。内丘人。康熙八年，以進士知河津縣。革弊均利，事集而民不擾。父喪，民冒風雪走上官請留，鳴鷟乃以中夜去。後數年有同姓宦過縣，民傳是鳴鷟，争出郊迎，既知其訛，皆嘆息而返。

人物

漢

裴茂。聞喜人。靈帝時歷縣令、郡守、尚書。建安初，以奉使率導關中諸將討李傕有功，封列侯。

三國　魏

裴潛。字文行，茂之子。武帝定荆州，參丞相軍事，遷倉曹屬。武帝問劉備才略，潛曰：「使居中國，能亂人而不能爲治也，若乘間守險，足爲一方主。」出爲代郡守，有功。明帝時累官尚書令，奏正分職，料簡名實，出事使斷官府者百五十餘條。正始五年薨，謚曰貞侯。其家教上下相奉，事有似於石奮，其履檢校度，自魏興少能及焉。

裴徽。字文季，潛弟。有高材遠度，善言玄妙。仕魏爲冀州刺史，封蘭陵子。

毌丘儉。字仲恭，聞喜人。父興，黄初中爲武威太守，討伐叛逆有功，封高陽鄉侯。儉襲父爵，明帝即位爲尚書郎，累遷荆州刺史。帝圖討遼東，以儉有幹策，徙幽州，遼東平，進封安邑侯。正始中數討高句驪，破走句驪王宫，追奔至肅慎氏南界，刻石紀功。齊王廢，儉感明帝顧命，舉兵討司馬師，不克被殺，論者以忠臣目之。子甸，字子邦，爲治書侍御史，有名京邑。儉之討師，甸與謀焉。

裴秀。字秀彦，潛之子。八歲能屬文，時人語曰：「後進領袖有裴秀。」襲父爵清陽亭侯，累官尚書僕射。魏咸熙初官制，秀所改也〔九〕。武帝即王位，拜尚書令。既受禪，封鉅鹿郡公，進司空。作禹貢地域圖十八篇，精審可依據，藏於秘府。秀創制朝儀，廣陳刑政，朝廷多遵用之。薨，謚曰元。

裴楷。字叔則，徽之子。弱冠知名，尤精老、易。以清通選爲吏部郎，累遷侍中。平吴之後，爲帝陳三五之風，敘漢魏盛衰之迹，帝稱善。與楊駿婚親，不阿附，封臨海侯。性寬厚，與物無忤。不持儉素，亦澹退，不樂處勢。卒，謚曰元。二兄黎、康，子瓚及憲，並知名。

裴頠。字逸民，秀少子。弘雅有遠識。惠帝時爲國子祭酒〔一〇〕，兼右軍將軍，以誅楊駿功封武昌侯。奏修國學，刻石寫經。累遷尚書，每授一職殷勤固讓，博引古今成敗以爲言。進尚書左僕射，專任門下事。頠患時俗浮虚，著崇有論以釋其蔽。後爲趙王倫所害，惠帝反正，復其官，謚曰成。

郭瑗。聞喜人。爲尚書都令史。時尚書杜預有所增損，瑗多駁正之，以公方稱。終建平太守。

郭璞。字景純，瑗之子。博學有高才，詞賦爲中興之冠。妙陰陽占算，有郭公者客居河東，精卜筮，以青囊中書九卷授之，由是洞五行卜筮之術，能禳災轉禍。過江爲著作佐郎，屢上疏論時事。遷尚書郎，數言便宜，多有匡益。後爲王敦所害，追贈弘農太守。子鶩，官至臨賀太守。

裴嶷。字文冀，聞喜人。清方有幹略。爲昌黎太守，被徵達遼西，道梗，乃投慕容廆爲長史。遣使建鄴，帝試留嶷以觀之，嶷以廆萬里表誠，宜還反命，帝乃遣還。廆後謂群臣曰：「裴長史名重中朝而降屈於此，豈非天以授孤也？」官至樂浪太守。

南北朝　魏

裴駿。聞喜人。幼聰慧，親表稱爲神駒，因以爲字。弱冠通涉經史，方檢有禮度，鄉里宗敬焉。蓋吳作亂關中，來襲聞喜，駿率厲鄉豪奔赴之，賊退。太祖親討蓋吳，引見駿，大悦，謂崔浩曰：「駿有當世才，忠義可嘉。」補中書博士。浩亦深器駿，目爲三河領袖。轉中書侍郎，卒，贈秦州刺史〔一一〕、聞喜侯，謚曰康。子修、宣，皆博學清辯，以孝友聞。

吳悉達。聞喜人。兄弟三人並幼，父母爲人殺，號慕感人。及長報仇，避地永安，昆弟同居四十餘載，閨門和睦，讓逸競勞。雖儉年糊饘不繼，客過必傾所有。鄰人孤貧者，莫不解衣輟糧，以相賑恤。刺史以悉達兄弟行著鄉里，表贈其父渤海太守。悉達後欲改葬，亡失墳墓。號哭晝夜，忽足下地陷，得父銘記，因遷葬曾祖以下三世九喪，傾盡資業，不假於人，哀感毁悴，有過初喪。有司奏聞，標閭復役，以彰孝義。

裴延儁。字平子，聞喜人，徽八世孫。父山崧，以平蜀賊丁蟲功贈東雍州刺史。延儁少孤，事後母以孝聞。涉獵墳史，頗有才筆，舉秀才高第。明帝時累官幽州刺史，考績爲天下最，拜太常卿。莊帝初，於河陰遇害，贈儀同三司、都督、雍州刺史。子元直、敬猷，並有學尚，與父同時遇害，俱贈官。

裴敬憲。字孝虞，駿之孫。少有志行，學博才清，澹於榮利。舉秀才高第，除太學博士。工隸草，解音律，以五言之作擅名，後進共宗之。世有德於鄉，孝昌中賊過其廬輒不犯。年三十三卒，永興三年贈中書侍郎，謚曰文。弟莊伯，文章與敬憲相亞，爲臨淮王彧記室參軍。聞兄疾徑歸，以侍疾憔悴病卒，贈通直散騎侍郎，謚曰獻。

裴邃。聞喜人。性方嚴，爲州里所推挹。大統三年東魏來寇，邃乃糾合鄉人，分據險要以自固。及李弼略地東境，邃爲之鄉導，多所降下。周文嘉之，封澄城縣子。卒於正平郡守，贈儀同三司、定州刺史。

北齊

裴景鸞。延儁從子。與弟景鴻並有逸才，河東呼景鸞爲驥子、景鴻爲龍文。景鸞位華州刺史，景鴻和夷郡守。鴻子叔卿，博涉有孝行，時號裴曾子。

周

裴果。字戎昭，聞喜人。少慷慨有志略，從文帝戰河橋及芒山，勇冠當時。補帳内都督〔一二〕，屢著戰功，累官隆州刺史，加持節驃騎大將軍、開府儀同三司，封冠軍縣公。果性嚴猛，能決斷，抑挫豪右，申理屈滯，歷牧數州，號爲稱職。卒，謚曰質。子孝仁，涉獵經史，爲長寧鎮將，扞禦齊人，甚有威邊之略。

裴寬。字長寬，聞喜人。博涉群書。親殁，撫諸弟以篤友聞。魏孝明時，釋褐員外散騎侍郎。孝武西遷，寬將家屬避難於大石嶺。大統中授都督同軌防長史，與東魏戰被擒，齊文襄厚遇之，卒遁歸。授持節帥都督，封夏陽縣男。天和二年爲汾州刺史，陳將程靈洗率衆攻城，寬募驍兵頻挫其鋭，苦戰三十餘日，會雨水暴長，城陷被執，卒於江左。

裴漢。字仲霄，寬之弟。操尚弘雅，聰敏好學。魏大統五年除大丞相府士曹行參軍，轉墨曹，理識明贍，斷割如流。天和中加車騎大將軍、儀同三司，時晉公護擅權，搢紳諂附，漢直道自守，故八年不徙職。雅好賓游，留連宴賞，自寬殁後絶游從，不聽琴瑟，撫養兄弟子情甚篤至。卒，贈晉州刺史。

裴文舉。字道裕，邃之子。少忠謹，涉獵經史。孝閔踐阼，襲爵澄城縣子。齊公憲鎮劍南，以爲總管府中郎。遷絳州刺史，所在廉約，入爲司憲中大夫，進爵爲伯。文舉早喪父，其兄在山東，唯與弟璣幼相訓養，友愛甚篤。璣早亡，文舉撫視遺孤逾於

己子，時人以此稱之。

隋

王隆。字伯高，龍門人。開皇初國子博士，精易、春秋，教授生徒，時稱王氏學。著興廢要論七篇，文帝比之陸賈。從弟仲華，邃於易，亦爲當時宗。

裴子通。聞喜人。以大中大夫居母喪，哭喪明，有白烏巢冢樾〔一三〕，兄弟八人皆以孝聞，詔表閭，世謂「義門裴氏」。

王通。字仲淹，隆之子。幼篤學，慨然有濟蒼生之志。仁壽中詣長安，奏太平十二策，不見用，退居河汾，著書講學。依春秋例，自獲麟後歷秦漢至後魏，著紀年之書，曰元經；又依孔子家語、揚雄法言，爲客主對答之説，曰中説。皆爲儒士所稱。義寧元年卒，門人薛收等相與議謚曰文中子。

唐

王績。字無功，通之弟。性簡放。隋大業中舉孝弟廉潔，授秘書正字。因亂還鄉，種黍釀酒，蒔藥草自供。著書東皐，自號東皐子。武德初，待詔門下省。故事，官給酒日三升，或問官何樂，曰：「良醖可戀耳。」侍中陳叔達聞之，日給一斗，時稱「斗酒學士」。貞觀初棄官去。著醉鄉記，以次劉伶酒德頌。其飲至五斗不亂，著五斗先生傳。豫知終日，命薄葬，自誌其墓。

敬君弘。絳人。累功歷驃騎將軍，封黔昌侯。以屯營兵守玄武門，死隱太子之難。

薛仁貴。龍門人。貞觀中天子自征遼東，仁貴應募，遼兵二十萬拒戰，仁貴著白衣持戟，腰兩弓，呼而馳，所向披靡，遼遂奔潰。帝召見歎異，遷右領軍中郎將。高宗幸萬年宫，山水暴至，仁貴登門大呼，帝遽出乘高獲免，嘉其忠，賜以御馬。顯慶中屢

破高麗及契丹，拜左武衛將軍。擊鐵勒於天山，時九姓衆十餘萬，仁貴以三箭定之。乾封初以降扶餘等四十城，拜本衛大將軍，封平陽郡公。

裴行儉。字守約，聞喜人。貞觀中舉明經，爲長安令。高宗將立武昭儀，行儉以爲國家憂從此始，與長孫無忌、褚遂良秘議，語洩，左除西州都督府長史〔一四〕。麟德中遷吏部侍郎，典選有能名。吐蕃叛，出爲洮州道，討平之，拜禮部尚書兼檢校右衛大將軍〔一五〕，封聞喜縣公。行儉通兵法，善知人，兼工草隸，論士先器識而後文藝，所引偏裨類爲世名將。卒，謚曰獻。

王勃。字子安，通之孫。父福時，雍州司户參軍。勃六歲善文辭，九歲得顔師古注漢書，作指瑕以擿其失。麟德初對策高第，後爲虢州參軍。勃屬文先磨墨數升，酣飲引被卧，及寤援筆成篇，不易一字，時謂「腹稿」。兄勔涇州刺史，兄勮、弟助皆第進士，勮弘文館學士兼知天官侍郎。助七歲喪母哀號，鄰里爲泣，居父喪哀毁骨立。官監察御史裏行。初，勔、勮、勃皆著才名，杜易簡稱爲「三珠樹」，其後助、劼又以文顯，劼早卒。少弟勸亦有文。

裴敬彝。聞喜人，子通曾孫。七歲能文，年十四詣巡察使唐臨，直其父臨黄令智周枉，臨奇之，試命作賦，賦工。父罪已釋，表敬彝於朝，補陳王府典籤。一日忽泣涕謂左右曰：「大人病吾輒痛，今心悸而痛，事叵測。」乃請急倍道歸，而父已卒，羸毁踰禮。歷太子左庶子，武后時爲酷吏所陷，死嶺南。

裴守真。稷山人。早孤，母喪哀毁癯盡。舉進士六科連中，養寡姊甚謹，世推其禮法。累授太常博士，善容典，時謂才稱其官。天授中爲司府丞，推覈詔獄，全免數十姓。不合武后旨，出外。終寧州刺史。子子餘，事繼母孝，居官清，終岐王府長史。

裴炎。字子隆，聞喜人。寬厚有奇節，舉明經及第，累遷黄門侍郎。調露中拜中書令，武后廢中宗，炎固争請歸政，后大怒，繫獄坐死。睿宗立，贈太尉，謚曰忠。從子伷，先以太僕丞坐流嶺南，上變陳得失，謂宜還太子東宮，罷諸武權，不然豪傑乘時而動，后怒，杖之朝，流瀼州。中宗復位，召授太子詹事丞，終東京留守。

薛季昶。龍門人。武后時上書，自布衣擢監察御史。後爲洛州長史，與桓彦範等誅張易之等，功進户部侍郎。季昶請收諸武，不見聽，五王失柄，貶儋州司馬〔一六〕，即仰藥死。睿宗立，贈御史大夫。

敬暉。字仲曄，絳州平陽人。弱冠舉明經。聖曆初爲衛州刺史，武后幸長安，爲東都副留守，皆有治聲。長安二年授中臺右丞，以誅二張功爲侍中，累封平陽郡王。初，易之已誅，薛季昶請收諸武，暉亦苦諫不從，尋請降諸武王爵爲公，三思憤，誣以罪，遂放瓊州，爲周利貞所害。睿宗時追復官爵，謚肅愍。按：唐有平陽郡無平陽縣，而絳州則有正平、太平二縣，唐書以爲平陽人，傳寫誤也。

薛訥。字慎言，仁貴子。突厥擾河北，武后以訥世將，詔爲安東經略使，對同明殿，具言：「突厥以廬陵王藉口，今雖還東宫，議不堅信，若太子無動，賊不討而解。」后納其言。屢處邊任，皆有戰功。開元初，召爲左軍節度。吐蕃寇臨洮，詔訥擊破之，拜左羽林大將軍，復封平陽郡公。訥性沉勇寡言，其用兵臨大敵益壯。卒，贈太常卿，謚昭定。孫平，年十二爲磁州刺史，累授右衛將軍，宿衛三十年〔一七〕，歷汝州刺史、鄭滑平盧節度使〔一八〕，皆有功績，以司徒致仕，卒年八十。

裴漼。聞喜人。父琰之，爲同州司户參軍、永年令，皆有能名，後病廢。漼侍疾，父殁始擢明經。累官監察御史。時崔湜、鄭愔坐姦贓，詔漼按訊，而安樂公主、上官昭容爲阿右，漼執正其罪，天下稱之。累進中書舍人。睿宗造金仙、玉真二觀，時旱甚，役不止，漼上奏極諫。開元中爲吏部侍郎，甄拔士爲多。終太子賓客，謚曰懿。

裴寬。漼從祖弟。性友愛通敏，不受苞苴。舉拔萃，爲河南丞。累改太常博士。禮部言忌日享廟應用樂，寬議廟尊忌卑則作樂，廟卑忌尊則備而不奏。中書令張説善之，請如寬議。遷刑部員外郎，執法不阿，累歷藩鎮，爲政清簡，人皆愛之。爲禮部尚書，卒。天寶間稱舊德，以寬爲首。子諝，居東都。

裴光廷。字連城，行儉子。静默寡交，歷臺省皆稱職。明皇有事岱宗，中書令張説恐諸蕃乘隙竊發，議加兵守邊，用光廷

策，遣使突厥，召其大臣赴行在，邊塞晏然。累拜侍中兼吏部尚書，因行儉設長名榜銓注爲循資格，遷弘文館學士。撰搖山往則、維城前軌二篇獻之，手制褒美，後封正平縣男。初，知星者言上象變不利大臣，請禳之，光廷曰：「使禍可禳而去，則福亦祝而來也。」論者以爲知命。卒，謚忠獻。子稹，開元末起居郎，壽王瑁以母寵欲立爲太子，稹諫，明皇改容謝之，授給事中，辭不拜，俄授祠部員外郎，卒。

裴耀卿。字焕之，守真次子。擢童子舉，稍遷秘書省正字，累歷州縣，皆有德於民。開元中遷京兆尹，請廣漕運以實關輔，并陳置倉納租、水陸易道、運徐疾諸便宜，上然其計，拜黄門侍郎、同中書門下平章事，充轉運使。三年積七百萬石，省運費三十萬緡。或勸以此緡納上，答曰：「以國財求寵，可乎？」敕吏爲和市費。天寶初進尚書左僕射。卒，謚文獻。子佶，第進士，補校書郎，累官工部尚書。爲人清勁明鋭，篤於義，所與友皆第一流，居官有守，當時重之。

高秀岩。稷山人。開元中從擊吐蕃，以功授萬福府別將，累遷户部尚書，兼河東節度使。安史之亂，秀岩奔行在獻謀，刻日期復兩京，隨郭子儀舉兵，預有勞績。後封渤海郡王。

裴遵慶。字少良，聞喜人。幼而博學，外晦内明。始爲大理丞，全救役夫誤被論逆者數十族。頻擢吏部員外郎，判南曹、視簿牒〔一九〕，詳而不苛，世稱吏事第一。肅宗時拜黄門侍郎、同平章事，累遷尚書右僕射。性惇正，老而彌謹，每薦賢，有來謝者以爲恥，諫而見從，即内益畏，雖親近但記其削藁疏數，而莫知所言。卒年九十餘。子向，能以學行持門户，有孝睦稱，歷仕州縣，俱著名蹟，官至吏部尚書。向子寅，御史大夫。寅子樞，昭宗時爲門下侍郎、平章事，進右僕射，後爲朱全忠所殺。

裴垍。字弘中，聞喜人。擢進士第，以賢良方正對策第一，補美原尉，累遷中書舍人。李吉甫相，求人物於垍，即疏三十許人，吉甫籍薦之，天下翕然稱得人。吉甫罷，拜中書侍郎、同中書門下平章事，課吏治，分淑慝，憲宗順納，常呼其官而不名。垍器局峻整，持法度，雖宿貴前望不敢干以私，諫官言得失，執政多忌之，惟垍獎勵使盡言，所引擢選任罔不精明，故元和之治，百度咸修舉云。

裴潾。聞喜人。少篤學，善隸書。元和初，爲左補闕。會伐蔡，以中人領使，潾諫以爲内人及外事，職分亂矣，帝雖不用而嘉其忠，擢起居舍人。憲宗喜方士，柳泌爲治丹劑，潾極諫，貶江陵令。穆宗立，泌誅，召還，累官兵部侍郎。潾以道自任，悉心事上，疾黨附，不爲權近所持。卒，謚曰敬。

裴度。字中立，聞喜人。貞元初擢進士第，舉賢良方正異等，調河陰尉，累遷司封員外郎。田弘正效魏博六州於朝，憲宗遣度宣諭，魏人歡服。淮、蔡作亂，中外惴恐，度誓不與賊偕存，即拜門下侍郎、平章事。督諸軍力戰，擒元濟，撫定其人，册勳封晉國公。後屢爲纖人所構，旋罷旋相，開成三年真拜中書令〔二〇〕。薨，贈太師，謚文忠，配享憲宗廟廷。度神觀邁爽，操守堅正，名震四夷，其威譽德業比郭汾陽，而用不用常爲天下重輕，事四朝以全德始終。及殁，天下莫不思其風烈。子識，官檢校尚書、右僕射，歷六節度，皆有可述，卒，謚曰昭。識弟諗，累官工部尚書〔二一〕、太子少師，封河東郡公。黄巢盜國，迫以僞官不從，遇害。

王質。字華卿，龍門人，通五世孫。舉進士中甲科，由秘書省正字累遷諫議大夫。宋申錫爲鄭注所構，與諫官伏閤争，申錫得不死。終宣歙觀察使，卒，謚曰定。質清白畏慎，爲政必先究風俗，所至有惠愛，與李德裕善厚而中立不爲黨云。

盧陵。龍門人。舉進士，官至工部尚書。讀書龍門山，注春秋、孝經。時有大議，陵每以經義決之。

宋

裴濟。字仲溥〔二二〕，聞喜人，唐相耀卿八世孫，後徙居河中。由太康鎮將歷知鎮、定二州〔二三〕，威績甚著。咸平初領順州團練使，知靈州。夏人大集，斷饟道，孤軍無援，城陷死之。贈鎮江軍節度使。濟在諸使中甚有聲望，及殁，夏人惜之。

薛奎。字宿藝，正平人。父化光，善術數，嘗以平晉策干太宗。奎進士及第，由隰州推官累歷中外，咸著政績，仁宗朝遂參知政事。卒，謚簡肅。奎性剛不苟合，遇事敢言，及參政事，謀議無所避。能知人，范仲淹、龐籍、明鎬自爲吏部選人，皆以公輔

許之。

張觀。字思正〔二四〕，絳人。中服勤辭學科，擢爲第一。仁宗時以給事中權御史中丞，詔求直言，上四事；河北大雨水，又條七事。累拜左丞。丁父憂，哀毁過人，既練而卒，謚文孝。觀趣向恬曠，持廉少欲，仁宗飛白書「清」字賜之。

韓退。稷山人。母死，負土成墳，徒跣終喪。隱嵩山，詔賜粟帛，號安逸處士。

趙鼎。字元鎮，聞喜人。崇寧五年進士第。隨高宗南渡，累官右司諫，陳四十事，施行三十有六。遷殿中侍御史，拜御史中丞，上言：「吴越介在一隅，非進取中原之地，宜以公安爲行闕，而屯重兵於襄陽，運江浙之粟，以資川陝之兵，經營大業，計無出此。」尋以言事忤旨出外，召拜參知政事，進尚書右僕射、同中書門下平章事。上嘗語張浚曰：「趙鼎真宰相，天使佐朕中興，宗社之幸也。」後以張浚不悦，出知紹興府。浚去位，鼎復入相，專事固本，以圖復仇，不主和議。秦檜忌之，再出知紹興，歷數州，移吉陽軍，爲檜所逼，不食死，天下聞而悲之。孝宗即位，謚忠簡，贈太傅，追封豐國公，配享高宗廟廷。中興賢相，以鼎爲稱首云。

邵雲。龍門人。金兵陷蒲城，雲集少年數百，壁山谷，時出撓之，李彦仙遣客説以義，遂來歸。累有功，官武翼郎。陝州破被執，羅索欲命以千户長，大駡不屈，羅索怒，釘木架上置解州城外，五日磔之，駡不絶。「羅索」舊作「婁宿」，今改正。

金

李愈。字景韓，正平人。中正隆五年詞賦進士第，授曹王傅。從王宴賜北部還，上表言事，章宗嘉其忠，納用焉。累擢河南路提刑使，憲臺廉察九路提刑，以愈爲最。泰和二年，上將幸長樂川，愈初諫不從，復諫曰：「北部侵我舊疆，不謀雪恥，復欲北幸，一旦不警，恐丞相、樞密不足恃，且皇嗣未定，豈可遠事逸游？」上異其言。未幾，授河平軍節度使，改知河中府。卒，謚清獻。

梁襄。字公贊，絳州人。登大定進士第，累官薛王府掾。世宗將幸金蓮川，襄上疏極諫，爲罷行，由是以直聲聞。遷監察

御史，終保大軍節度使。襄學問該博，練習典故，膳服常澹泊云。

陳規。字正叔，稷山人。明昌五年詞賦進士，南渡爲監察御史，劾參政侯摯、警巡使馮祥，宣宗嘉其敢言。又上章陳八事，皆救時切務，宰執惡之。正大元年召爲右司諫，改充補闕，數言事得失，劾姦佞，多見嘉納。後出爲中京副留守〔二五〕，卒。規博學能詩文，爲人剛毅質直，言事不少假借，朝望甚重。凡宮中舉事〔二六〕，上必曰：「恐陳規有言。」渾源劉從益見其所上八事，歎曰：「宰相材也。」南渡後諫官稱許古、陳規，而規不以訐直自名，尤見重云。死之日，家無一金，知友爲葬焉。

李革。字君美，河津人。讀書一再誦，輒記不忘。大定中進士，由真定主簿累歷大興府治中。知府圖克坦納木布貴幸用事，遣所親以進取誘革，革拒之。興定元年，知平陽府事，權參知政事。時興兵伐宋，革上書論諫，不納。平陽被圍，裨將出降，元兵入城，乃自殺，贈尚書右丞。

「圖克坦納木布」舊作「徒單南平」，今改正。

段鐸。字文仲，稷山人。少孤，以孝謹聞，與兄鈞同登詞賦進士，人稱「河東二段」。鈞以文行著，未仕卒。鐸由長安簿歷官華州防禦使，所至有異績，封武威郡開國侯。鈞曾孫克己、成己同登進士，趙秉文深器之，目爲「二妙」。成己授宜陽簿，金亡不仕。

元

尉遲德誠。字信甫，絳州人。歷官太子率更丞，至大二年遷家令司丞。仁宗以爲謹恪，常賜酒帛，侍左右數薦士，出未嘗語人。選河東山西道宣慰司同知，有治績。延祐初拜遼東廉訪使，卒。

張仲儀。字伯威，絳人。元末爲杭州路總管府判官，稱能吏。海寧潮溢没民田廬，仲儀禱於海神，水隨退。轉江西行中書省左右司都使。歲饑，民將爲變，仲儀單騎出撫之，皆感泣散去，復請於省臣，發粟賑濟，民遂大定。擢撫州路總管，告歸。

明

高鐸。字鳴道，絳州人。洪武中鄉試第一，登進士，歷官刑部侍郎、僉都御史。嘗築留都城，開三山街，奏遷金臺驛爲侯馬驛，才識通敏，朝野倚以爲重。卒，贈尚書。

石堅。絳人。永樂中官行人司行人。會高麗不庭，抗疏請往平之，上問計，對曰：「兵難遥度，陛下第命臣，臣必有以報陛下。」上奇其言，許之。堅單騎往見高麗王，宣布朝廷威德，王笑曰：「子未知死所，敢大言乎？」堅曰：「吾知汝必殺我，中朝問罪興師，汝亡無日矣。」王屈服，遂修朝貢。以功擢按察僉事〔二七〕。

薛瑄。字德温，河津人。父楨，由鄉貢累任鄢陵教諭，有師範。瑄永樂進士，授御史。時相三楊欲見之，謝不往。正統初遷山東提學僉事，王振以同鄉故，擢大理寺少卿，欲一見不可。遇之東閣，振趨揖之，亦不加禮，振大怒，因事下獄論死，振蒼頭忽泣爨下，振爲感動，得釋。景泰中擢大理寺卿。英宗復辟，拜禮部右侍郎兼翰林學士，入閣預機務，所陳皆關君德事。已見石亨、曹吉祥亂政，遂乞歸。瑄學一本程、朱，以復性爲主，充養邃密，言動皆可法。著讀書録二十卷，學者宗之。卒，贈禮部尚書，謚文清，隆慶中從祀兩廡。

陳璽。絳州諸生。父恕爲貴州參議，卒於官，璽扶櫬歸葬廬墓，有雙鵲來巢之異。天順中被旌。

王衡。字宗銓，稷山人。天順進士。知淳安縣，屏豪强、裁浮冗。擢監察御史，出按遼東，清理北畿軍政，屢條奏事務，及劾鎮撫不職，侃侃有奇節。出守松江、廣平二府，升浙江參政，轉陝西布政使。所至修實政，不以權貴少挫，竟被誣歸。

韓重。字淳夫，絳州人。成化進士。官給事中，劾方士李孜省交結中官梁芳等，左道要寵，詔謫芳南京御用監，逮孜省錦衣獄。累遷右副都御史，巡撫遼陽，復論罷鎮守太監梁玘貪横。尋移撫湖廣，會平黔中都匀之亂，重以運餉功褒賞，擢兵部侍郎，

晉南京工部尚書。憤劉瑾亂政致仕，瑾矯旨羈留揚州，疽發背卒。瑾誅，賜祭葬。

陶廷信。絳州人。成化十七年由鄉試第一成進士。弘治中歷固原兵備副使，執法不撓。正德初遷刑部侍郎，忤劉瑾，下獄革職。瑾誅，起左副都御史總管漕運，已進右都御史巡視浙江，賑災、禦賊、築隄，多著功績。世宗初凡三督漕，軍民習其政，不嚴而肅。尋拜工部尚書，改南京兵部，乞休歸。廷信清儉質樸，直道而行，時稱名德。卒，贈少保，謚恭介。

陶滋。廷信子。以進士授行人。諫武宗南巡，杖闕下，謫國子學正。著石鼓正誤一書。嘉靖初歷兵部郎中，率同官争大禮，再受杖，謫戍榆林。赦還卒，隆慶中贈太常少卿〔二八〕。

文皓。垣曲人。弘治進士。歷知平原、衡水二縣，有惠政，擢御史。時劉瑾扇毒，皓奉命雪冤獄，善類多所全活。升河南按察副使，誅魯山盜王昭等。嘉靖中，進階正議大夫。

張守中。字大石，聞喜人。嘉靖中舉人，授保定通判，遷通州知州，多異政。擢雲南兵備僉事，大治亭障戎器，墾荒萊，歲增課萬石。萬曆初累擢右僉都御史，巡撫延綏，斥貪殘，摧豪右，將吏趨職惟謹。録功進右副都御史。卒官，贈兵部左侍郎。

翟繡裳。聞喜人。嘉靖進士。知雄縣，歷陝西僉事，兵備關西。時回賊叛，繡裳單騎入穴，諭以朝廷恩義，賊衆輸服。遷山東參議，分守遼海，轉參政，陞僉都御史巡撫順天，咸著功績。尋致仕歸，以名檢自勵，家居二十餘年卒。

李俸。聞喜人。萬曆進士。知嵩縣，歷刑部主事。梃擊事起，張差已承逆謀，同官相顧不敢録，俸力争，乃得入獄詞，遂爲鄭氏黨所惡，以京察奪官。天啓中贈光禄少卿。

辛全。字復元，絳州人。幼稱神童，家貧廢學，年十五復讀書，見程、朱語，歎曰：「吾固謂天地間當有此等人也。」父歿，哀毁盡禮。事母兄以孝友聞，師安邑曹于汴、長安馮從吾。崇禎八年以歲貢入都，尚書賀逢聖、祭酒倪元璐等交章論薦。及卒，私謚文敬先生。

魯世任。字媿尹，垣曲人。性端方，事親孝。從安邑曹于汴學，又交絳州辛全，學日有聞。天啓舉人。崇禎中爲鄭州知州，建天中書院，集士子講肄其中，遠近樂從者千人。十三年秋，給事中范士髦薦於朝，稱爲德行醇儒，堪繼薛瑄、陳獻章之後。十五年，流賊來犯，親勒民兵禦之，戰敗自刭死。本朝乾隆四十一年，賜謚忠節。

趙輝。字黄如，河津人。崇禎中進士，授户部主事，兩督倉儲，力祛姦蠹，累遷霸州兵備副使〔二九〕。十五年十一月城破，輝整衣冠自盡，季子琬同死。贈光禄卿。本朝乾隆四十一年，賜謚烈愍〔三〇〕。

暢一鵬〔三一〕。字圖南，河津人。天性孝友。崇禎中舉人，知尉氏縣甫數月，政聲四起。城破，罵賊死。本朝乾隆四十一年，賜謚節愍。

本朝

李翀霄。字息六。本州貢生，官中書。大兵征湖南，參贊軍前，尋遷上荆南道副使，爲將軍築營房八千有奇，民兵胥賴。遷江寧兵備，海寇來犯，督兵擊之，踐殺殆盡。遷四川按察使，平反脅從株連繫獄者三百人，殲其渠首三人，餘悉赦之。終江西布政使。

張其郁。垣曲貢生。順治初知餘干縣，時土寇就撫，奸民多告訐，其郁懲之，置不問。援兵多桀驁，繩以法，子女繫營内者立還之。前令屢爲賊害，其郁出入賊巢至再，賊感其誠，胥投戈爲良民。歲饑，曲賑之，全活甚衆。

翟鳳翥〔三二〕。字象陸，聞喜人。順治丙戌進士。遷饒州知府，有盗踞山中，時出爲民害，鳳翥遣老卒持書諭之，賊感泣解散。以卓異擢屯田道，上屯務十事，著爲令。卒福建驛鹽道。子貞儀，拔貢生，營葬事甫訖，嘔血死。

董復真。聞喜人。父嘉德，爲族人承公毆殺，訟冤抵死在獄。闖賊破縣，囚胥逸，承公出入自如。順治八年復真遇之田

畔，徑撲殺之，詣縣請罪，縣覆前案，獲免。

郭自修。絳人。知安遠縣，攜二僕之任。尋以石城失守，調知石城。甫至，山賊張自聖來攻，自修督兵守禦，久之城破被執，誘降，大罵不少屈，自聖怒手刃之，邑人斂葬。後六十年孫惟屏往迎櫬歸，石城人郊祭者猶數十里不絶。

任弘祚〔三三〕。字昌祉，河津人。順治辛卯舉人。事母以孝聞，累官漢川知縣。武昌裁兵煽變，夜駕小舟赴彝陵乞師，身任轉餉，并請署兵爲前鋒，賊望見披靡，縛僞官至轅門斬之，不妄殺一人。總兵嚴某辟參帷幄，浹旬江漢悉平，士民立石頌之。

党成。字憲公，本州人。自幼事濂洛之學，家甚貧，取與一介不苟，與人語率本經術。魏象樞聞其名，致書講學，三返卒不答，象樞益高之。弟子李毓秀，字子潛，克宗其學。毓秀弟子柴平富，性端方，好小學、内則諸書，祖父母亡，寢苫枕塊，不入内者六年。

崔爾仰。字子高，聞喜人。順治戊戌進士。授晉州知州，勸學墾荒，治行著聞。入爲吏部員外郎。時懸賞格，招閩越降人，至者相屬，爾仰嚴核符牒、印劄得無濫。遷户部郎中，開復諸生逋糧者五百四十餘人。出爲浙江提學僉事，以勞遘疾，卒。

張克嶷。聞喜人。康熙己未進士。以庶吉士累遷刑部郎中，執法堅確，無所畏避。出知潮州府，清廉慈惠。屬邑奸民斬竿起，邑令閉門治守具，克嶷曰：「第登白葉岐山，竪旗鳴鼓，聲言大兵且至，彼將自潰，何用張皇爲？」如其言，賊黨果斬渠魁以獻，其決事如此。

吴伯宗。稷山人。幼喪父母，弟伯祧、伯樂爲人掠賣，不知處，伯宗歷秦、蜀、楚、豫、越，偏求之不得。入京師遇人輒泣問，聞高翰林者知弟所在，因宛轉以情告，高哀之，爲馳書江西召伯樂來。而伯祧書至，謂以尋弟故，亦被人掠賣闗外閻氏，伯宗立至闗外，見閻索其弟。閻匿伯祧不出，訴之官，棰幾死。卧月餘訴如前，又棰幾死，伯宗卒不懼，越三年號訴如初。閻知不可奪，縱伯

祧出，伯宗與偕入京，而伯樂亦自江西來，兄弟獲全，喜且泣，一時縉紳盛稱之。

董攔門。垣曲農家子，不識字，日傭數錢奉父母。年十四父病，無錢營醫藥，禱祠廟，請斷指以代父病，語訖遂斷三指，觀者感歎，父尋愈，攔門亦無恙。

王錫。絳人。父聘士爲陝西同心驛丞，錫從往，未半載父殁，錫典衣裝以斂即歸里，盡棄産以迎櫬。時沍寒，守備緩之，且爲乞賻贈，錫力辭即日就途，晝以繩繫棺自挽，夜露宿棺側而號，抵家墮指裂頸，無復人形。母喬卧病二載，奉事尤力，殁祔父墓，慟幾絶。弟瑆、瑧幼，錫字之，俾皆有室。雍正八年旌。

陳佐周。絳人。十五歲父所性卒，毁甚。事母李氏尤畏謹，母病延醫徒步百里外，遇盜將殺之，林中虎突出，盜驚散，虎逡巡去。母殁，寢柩側，三年不入内。雍正八年旌。

黄以静。本州人。父殁哀毁逾禮，事母尤孝，撫弱弟友愛備至。乾隆十一年旌。

李養亨。本州監生。孝行著聞。嘉慶十五年旌。

流寓

唐

韋況。京兆人。少隱王屋山，薦爲右拾遺，不拜。未幾，以起居郎召，半載棄官去〔三四〕，徙家龍門，累徵不起。元和初就拜諫議大夫，數月致仕。況雖世貴而志沖遠，不爲名利所遷，當世重其風標。

宋

趙延。京兆人。爲學修潔端己，不恥菲薄，後定居於絳之稷邑。

列女

唐

薛仁貴妻柳氏。龍門人。仁貴少貧賤，將改葬其先，柳曰：「夫有高世之材，要須遇時乃發，今天子自征遼東，求猛將，盍圖功名以自顯，富貴還鄉，葬未晚。」仁貴乃往應募，果立奇功，爲名將。

李德武妻裴氏。字淑英，聞喜人，安邑公矩之女。以孝聞。嫁李甫踰歲，德武坐罪徙嶺南，矩欲離婚，德武曰：「吾方貶，無還理，子必儷他族，於此長訣矣。」答曰：「夫，天也，可背乎？」以死自誓。讀列女傳，見述不更嫁者曰：「不踐二庭，婦人之常，何異而載之書？」歷十年德武未還，矩決嫁之，淑英斷髮不食，竟不可奪。後德武赦還，爲夫婦如初。

裴光廷母庫狄氏。聞喜人。有婦德，武后召入宮爲御正，甚見親寵。

裴仲將妻李楚媛。太宗孫紀王慎之女，封東光縣主。八歲父王慎有疾，不食，内外稱之。適太子司儀郎裴仲將，克修婦道，侍姑疾親嘗湯藥，娣姒皆得其歡心。時妃主以奢侈相矜，主獨儉素，姊弟曰：「人生富貴在得志。」答曰：「我幼好禮，今行之不違，非得志而何？榮貴儻來物，可恃以陵人乎？」及父王慎死，號泣嘔血數升。免喪，絶膏沐二十年。

宋

趙鼎母樊氏。聞喜人。鼎四歲而孤，樊教之，通經史百家之書，卒爲南渡名相。

元

姚天福母趙氏。絳州人。天福拜御史時母戒之曰：「古稱公而忘私〔三五〕，委質爲臣，當罄所衷以塞其職，勿以吾爲恤，俾吾追蹤陵母，死之日猶生之年也。」天福亦請於憲府曰：「監察職當言路，倘獲罪，幸不爲親累。」世祖聞而歎曰：「母子義烈之言，當於古人中求之。」

明

張勛妻賈氏。聞喜人。通經史，善詩，能左手書，工行草。事舅姑盡道，處妯娌、宗姻恩禮兼至，與夫處終身相敬如賓。勛勤學，貧不能購書，賈乃寫録其講論，有經生不能及者。勛歿，孫守中方五歲，後中進士，爲名臣，賈之教也。

郭永固妻焦氏。絳人。永固爲甘泉知縣，死難，焦亦罵賊殉夫，並獲贈恤。

王承廕妻譚氏。絳人。避亂柴家山，寇至，義不辱，攜女暨劉承祚妻某氏同墜千尺深崖，屍完無損，人驚異之。又靳毓奇妻劉氏，聞寇警，攜女投井；李時元妻王氏，罵賊被殺。

高應命妻梁氏。稷山人。年十七無子，應命病篤，訣於母曰：「兒亡，新婦當嫁。」梁泣曰：「此言胡爲及我？」比應命

卒，誓不改適，事舅姑盡禮。守節六十五年，壽八十二卒。

周誦妻侯氏。河津人。年二十一夫亡，守節八十餘年，足不踰户庭，壽一百有三歲。

張平妻許氏。絳州人。平父被賊縛，平求代脱父，平見殺，許縊死。又趙芊妻閻氏，夫爲賊所執，閻尋夫被殺〔三六〕。

譚汝蘭妻石氏。垣曲人。崇禎六年避亂東石家堡，堡破，被執至村西，强之行。石大罵，引刀自刎。

趙應命妻張氏。垣曲人。年二十，闖賊破寨，張與姪女三進將死之，賊易其幼，誘之曰：「我能庇汝。」張攜女疾投千尺崖下，屍裂腦破，賊驚散而去。

薛宗善妻張氏。聞喜人。年二十七始歸宗善，未幾流賊起，被掠，罵不絶聲，賊怒，以三矢穿口而死，鄉人私謚貞娥。又楊貴川妻張氏，爲流寇所掠，大罵，賊刺殺之。

王曰廷妻李氏。聞喜人。崇禎末翻山鷂兵傍河南下，家被掠，殺其夫，執之上馬，李痛哭大罵，投地數四，兵怒斫死。

盧養蒙妻高氏。絳人。崇禎中盜起，攜女避難至翼城南，道逢一嬰孩啼泣，熟視之乃姪高榜也。問其父於途人，咸謂遇賊死，高流涕，並負姪行。行里許力不能支，私自忖曰：「吾兄止此一子，棄之便絶高嗣，我自可無女，不可父母無後。」於是棄女攜姪去。暨賊退，高與姪歸，其兄竟未死，先在途得遇高氏女而負歸矣。後一年高亦生子。

張荆璞妻馬氏。絳人。流賊破堡，馬墜堡幾斃，賊迫之溺於池，罵不輟，被刃而死。

暢家傳妻薛氏〔三七〕。河津人。年二十二夫故，守節三十年，子一鵬爲尉氏知縣，隨之任，流賊破城，一鵬殉難，薛閉門自焚死。又程簡妻程氏、李胎子妻李氏，俱少寡，流賊入境，程投井死，李罵賊被殺。

本朝

王槐三妻傅氏。本州人。遭亂爲賊所執，紿之曰：「有瘞金於汾湄，偕往取之。」賊信且喜，至則投水死，賊相視愕然。

文曲瑩妻趙氏。垣曲人。姑卧病三載，貧不能繼醫藥，祝天求代，病危，割股獻神以進，姑病頓愈。

馮養宅妻王氏。聞喜人。姜瓖之亂，寇至丘村掠，王氏匿空室，寇牽之，王曰：「毋牽，我自行。」抱子出門，從容投井死。

又楊玉泰妻孫花鈴〔三八〕、李貴美女銀鈴〔三九〕，俱被執，駡賊死。

石含玘妻吉氏。絳人。暮遇寇，與家人五六避屋上，爲賊所窺，問乘屋者幾人，吉曰：「我一而已。」遂自投而下，駡不絶口，賊殺之，餘皆得免。

李邦輔妻邵氏。絳人。遇賊逼之，瞑目曰：「有死而已，肯從賊耶？」賊怒，揪其髮殆盡，哭駡不已，賊碎其屍去。姑王氏，明季死難，時稱嗣烈〔四〇〕。又王之鳳妻陳氏，遇賊奮駡不屈，死之。

張茂信妻方氏。茂信河津人，父三俊僑居儀真，爲娶方氏，翁將歸里，遘疾危甚，方氏割肉和羹以進，病遂愈。既歸，翁與夫繼歿，宗人分其産，方年二十，紡績以養繼姑劉氏，姑盛夏患痢，方晝夜侍姑側，目不交睫者五旬餘。教子孫皆有成，守節四十一年。

薛起妻張氏。河津人。少寡，撫三女守志，姪悉奪其産。舅耄，聽諸孫計，潛許婚於張三清，並以其女即字三清子，薄暮劫之行。張氏至，披髮跣足，搶地大駡，奪刀自刎，垂斃，衆驚舁歸。明日控縣，令受賄，反以不從舅命撈指刑訊，張氏起立觸柱，血被面，事乃寢。越七年，三清執前議，求子婦于張氏，不許。復控之縣，新令爲置諸姪於法，張氏節克全。

馬應龍妻王氏。本州人。守正被戕。康熙年間旌。

焦三娃妻趙氏。絳人。守正被戕。康熙年間旌。

朱福全妻蘇氏。稷山人。夫亡苦節。守正被戕。康熙年間旌。

郭洪春妻李氏。聞喜人。守正被戕。雍正八年旌。

薛高嵩妻張氏。本州人。夫亡殉節。同州烈婦郝成儀妻張氏，節婦周宗凱妻樊氏、黄萬體妻崔氏、段煒然妻韓氏、席麟徑妻鄭氏、宗萬方繼妻張氏、董公勣妻薛氏、席世俊繼妻侯氏、陳薄妻梁氏、馮宜家妻陳氏、席畚徑妻朱氏、梁太儀妻陶氏、李養祖妻王氏、李自新妻張氏、柴俊儀妻李氏、常有康妻趙氏、彭鍹妻崔氏、楊印章妻郝氏、閻錫妻李氏、吴克恭妻王氏、吉夢麟妻王氏、蔡從周妻衛氏、南宫廷翼繼妻薛氏〔四一〕、李上芾妻家氏、趙忠孝妻閻氏、張鐸妻梁氏、靳士武妻李氏、常潤民妻甯氏〔四二〕、甯維寧妻周氏、楊紹佐妻甯氏、李洪禎繼妻陳氏、李春澤妻薛氏、崔俊妻王氏、黄錫齡妻李氏、李覲秀妻孫氏、廣西新寧州知州梁思熹妻李氏、衛廷獻妻吕氏、徐正元妻陳氏，俱乾隆年間旌。

常世緒妻馬氏。垣曲人。夫亡守節，訓子成立。同縣節婦李成景妻嚴氏、劉澤洽妻馬氏、魯企參妻文氏，俱乾隆年間旌。

趙企恒媳常氏。聞喜人。守正捐軀。同縣烈婦楊顯顧妻王氏、八适妻王氏、楊成章妻王氏，節婦張喬齡妻任氏，俱乾隆年間旌。

姚莢妻崔氏。絳人。守正捐軀。同縣節婦賈永馨妻王氏、楊學書妻李氏、佐皇妻裴氏、陳秉鐸妻徐氏、賈瑞盛妻柴氏〔四三〕、賈明遠妻郭氏、范又淹妻賈氏、王運妻裴氏、喬永年妻王氏、喬永芳妻王氏、賈九齡妻王氏、張永泰妻王氏、裴煒妻張氏，俱乾隆年間旌。

李銀山妻劉氏。稷山人。守正捐軀。同縣烈婦喬三斌妻王氏，節婦陳維繼妻王氏、杜縝妻李氏、胡光榮妻張氏，俱乾隆年間旌。

趙金柱妻胡氏。河津人。守正捐軀。同縣節婦陳繼治妻柴氏、譚璞妻趙氏、李維原妻甯氏、趙玉鏡妻柴氏、楊孝妻丁氏、許克恭妻高氏、許琯妻楊氏、李守蒓妻薛氏〔四四〕、許德妻柴氏、任士淳妻王氏、王締珍妻任氏、高一統妻杜氏、岳聳翌妻暢氏、

張爾德妻陳氏、張翽妻聶氏，俱乾隆年間旌。

周起秀妻王氏。本州人。守正捐軀。同州烈婦張挨盛妻趙氏，節婦賈志道妻杜氏，俱嘉慶年間旌。

王丕靈媳陳氏。垣曲人。守正捐軀。同縣烈婦王計娃妻陳氏，節婦文佩禮妻馬氏、趙光寵妻文氏、趙迎蛟妻崔氏、李仙採妻石氏、文翊鏊妻魯氏、馮天秀妻張氏、張謦三妻魯氏，俱嘉慶年間旌。

温起江妻李氏。聞喜人。與女藕姐均守正捐軀。同縣烈婦温六科妻孫氏，節婦趙開偉妻常氏、喬尚徵繼妻趙氏，俱嘉慶年間旌。

邵全妻李氏。絳人。守正捐軀。同縣節婦賈凝端繼妻李氏、賈繪龍妻王氏、劉從聖繼妻續氏、賈守謙妻陳氏、郭企聖妻李氏、劉天申妻王氏、劉兆麟妻譚氏，俱嘉慶年間旌。

張連妻鄧氏。稷山人。守正被戕。同縣節婦李熼妻張氏，壽婦馬金聲妻張氏，俱嘉慶年間旌。

原付城妻衛氏。河津人。守正捐軀。同縣節婦柴成棟妻張氏、原鵬振妻賀氏、温峻業妻張氏、衛淑俗妻楊氏、喬德恒妻齊氏、吴世耀妻原氏、薛萬倉妻董氏、謝敬宗妻丁氏，俱嘉慶年間旌。

仙釋

漢

張鐵腳。漢末游寓聞喜，善服氣，冬不鑪，夏不扇，能一足立數日，人稱鐵腳先生，立長春觀居之。

晉

王烈。絳人。之太行山中，忽聞山東北如雷聲，往視之，見石破山裂，青泥流出如髓，烈曰：「聞神山五百年一開，中有石髓，服之壽等天地。」遂服之。以半與嵇康，凝而爲石，烈歎曰：「叔夜志趣非常而輒不遇，命也。」

南北朝　魏

吴劭。聞喜人。道引養氣，積年百餘歲，神氣不衰。

唐

智福〔四五〕。聞喜人，牛峪寺僧。唐太宗屯兵，軍乏糧，請以沙鍋爲食餉三軍，無不飽者。太宗異之，後敕建廣教寺以報云。

慧涉。絳州人，俗姓楊。幼出家，日誦數千言。嘗入秦，寓麥積山石室，造百法論鈔十六卷，涸井生泉。至蜀，以法殪術士妖猴。還憩中條山竹林精舍，造維摩搜微記略科、般若心經鈔、無常經真釋、四分律科共二十六卷。晚歸絳，及荼毘，獲舍利百餘。

宋

岸濱。稷山人，邢姓。初治儒術博贍，舉進士不第，遂祝髮受具，寓錫淮、泗之間。常衣鹿皮，又號鹿皮道者，後終姑射山。

金

呂道章。垣曲人。大定中爲縣吏，夜夢神告以修養術，寤即避役居洪慶觀，治疾有奇驗。尋修觀宇，買木管州山放筏，遠近不一，皆有道章身董之。既訖工，乃解衲置黄河水面，坐其上順流而去，莫知所終。

丁善淵。字湛然，垣曲人。幼聰敏，通經術，居洪慶觀，賜紫衣，號通玄，尋授法籙。真祐末，紀邦瑞鎮葛伯城，好殺，善淵諷諭，全活甚衆。年五十八飛昇，門人奉遺衣葬觀北。

元

張志朴。稷山人。煉形苦性，衲衣露膝，行丐汾、晉間，脅不沾席者三十餘年，一鉢之外無所奉。城北創建洞神宫，賜號淳德大師。至元十四年羽化。

廣裕。稷山人，郝姓。性敏慧，日記三千言，得法於雲素和尚〔四六〕，通經、律、論藏，蔚爲四衆宗。世祖設資戒大會，説法大内，默契上心，賜袈裟。大德十一年，示寂於金山寺，七日顔色如生。

明

可良。徽州人。嘉靖間住錫聞喜神柏村大雲寺，有禪行，覆眉過目，面壁瞑坐。嘗早起，遇盜於途，呵之，盜終日立不能去。旱禱雨輒應。

土產

貲布。元和志：絳州賦。

縠。唐書地理志：絳州土貢白縠。寰宇記：絳州産交梭紗縠子。

氈毯。舊志：氈片、毛毯俱出絳州。

粱米。唐書地理志：絳州貢。

鉛。舊志：垣曲北山有。

靛。出絳州者良。

鐵。漢書地理志：皮氏縣有鐵官。唐書地理志：絳縣有鐵。明統志：絳山出。

膽礬。明統志：垣曲縣有窟。

蟾酥。出垣曲縣者良。

蠟燭。唐書地理志：絳州貢。

胡桃。寰宇記：絳州産。

棗。寰宇記：絳州産乾棗。

梨。唐書地理志：絳州貢。

芫花。明統志：出絳州九原山。

藥。元和志：絳州貢防風。本草：蓼麥、芍藥、茵陳、酸棗、桔梗、茵芋、兔絲、續斷，出絳州者良。

羊、馬。寰宇記：絳州産。按：唐書地理志聞喜縣有銅冶，當時錢監惟絳最多，至宋猶然。明統志載聞喜縣湯山、垣曲縣三錐山舊嘗出銅。今並無聞，蓋因前代竭山採鑄之故，附見於此。

校勘記

〔一〕内有晉公祠　乾隆志卷二八絳州寺觀（下同卷簡稱乾隆志）同，雍正山西通志卷一七一寺觀四「公」上有「文」字。

〔二〕周聖曆間名辨知寺　「辨」，乾隆志同，似當作「遍」。

〔三〕唐開元間名感義寺　「義」，乾隆志同，雍正山西通志卷一七一寺觀四作「孝」。

〔四〕肅宗末遂立邵郡　「立」，原作「入」，乾隆志卷一一九絳州名宦（下同卷簡稱乾隆志）同，據雍正山西通志卷一三二人物三二、魏書卷六九裴延儁傳改。

〔五〕陽州人　「陽」，原作「揚」，乾隆志同，據周書卷二八郭賢傳改。

〔六〕萬曆中知稷山縣　依本卷述例，此句上當據雍正山西通志卷一〇〇名宦一八補「鳳翔人」三字。

〔七〕鄒起鳳　「鄒」，乾隆志同，雍正山西通志卷一〇〇名宦一八作「邵」。

〔八〕順治七年知垣曲縣　「知」，原作「授」，據乾隆志、雍正山西通志卷一〇〇名宦一八改。

〔九〕魏咸熙初官制秀所改也　「咸」，原作「延」，乾隆志同，據晉書卷三五裴秀傳改。

〔一〇〕惠帝時爲國子祭酒　「惠」，原作「武」，乾隆志同，據晉書卷三五裴秀傳改。

〔一一〕贈秦州刺史　「秦」，原作「泰」，乾隆志同，據雍正山西通志卷一三二人物二二、魏書卷四五裴駿傳改。

〔一二〕補帳内都督　「内」，原作「前」，乾隆志同，據周書卷三六、北史卷三八裴寬傳改。

〔一三〕有白烏巢冢樾　「冢」，原作「家」，乾隆志同，據新唐書卷一九五孝友改。

〔一四〕左除西州都督府長史　「都督府」，原作「府都督」，乾隆志同，據雍正山西通志卷一三三人物二三、新唐書卷一〇八裴行儉傳乙正。

〔一五〕拜禮部尚書兼檢校右衛大將軍　「尚書兼」，原作「侍郎爲」，乾隆志同，據雍正山西通志卷一三三人物二三、新唐書卷一〇八裴行儉傳改。

〔一六〕貶儋州司馬　「儋」，原作「澹」，據乾隆志、新唐書卷一二〇桓彦範傳改。

〔一七〕宿衛三十年　「宿」，原作「在」，乾隆志同，據雍正山西通志卷一三三人物二三、新唐書卷一一一薛仁貴傳改。

〔一八〕鄭滑平盧節度使　「盧」，原作「廬」，乾隆志同，據雍正山西通志卷一三三人物二三、新唐書卷一一一薛仁貴傳改。

〔一九〕視簿牒　「牒」，原作「諜」，乾隆志同，據雍正山西通志卷一三三人物二三、新唐書卷一四〇裴遵慶傳改。

〔二〇〕開成三年真拜中書令　「真」，原作「徵」，乾隆志同，據雍正山西通志卷一三三人物二三、新唐書卷一七三裴度傳改。

〔二一〕累官工部尚書　「尚書」，乾隆志同，雍正山西通志卷一三三人物二三、新唐書卷一七三裴度傳作「侍郎」。

〔二二〕字仲溥　「溥」，原作「浦」，乾隆志同，據雍正山西通志卷一二四人物二四、宋史卷三〇八裴濟傳改。

〔二三〕由太康鎮將歷知鎮定二州　「康」，原作「原」，乾隆志同，據雍正山西通志卷一二四人物二四、宋史卷三〇八裴濟傳改。

〔二四〕字思正　「正」，原作「政」，乾隆志同，據雍正山西通志卷一三四人物三四、宋史卷二九二張觀傳改。

〔二五〕後出爲中京副留守　「副」，原闕，乾隆志同，據金史卷一〇九陳規傳補。

〔二六〕凡宮中舉事　「事」，原作「士」，乾隆志同，據金史卷一〇九陳規傳改。

〔二七〕以功擢按察僉事　「僉事」，乾隆志同，雍正山西通志卷一三四人物三四作「副使」。

〔二八〕隆慶中贈太常少卿　「中」，乾隆志同，雍正山西通志卷一三五人物三五作「初」。按，考明穆宗實録，陶滋贈職事載卷二隆慶元年正月壬戌條，則作「初」是。

〔二九〕累遷霸州兵備副使　「備」，原作「防」，乾隆志同，據雍正山西通志卷一三五人物三五、明史卷二九一忠義三改。

〔三〇〕賜謚烈愍　「烈愍」，乾隆志同，勝朝殉節諸臣録卷六作「節愍」。

〔三一〕暢一鵬　「暢」，乾隆志同，明史卷二九三忠義五、勝朝殉節諸臣録卷七作「楊」。

〔三二〕翟鳳翥　「翟」，原作「瞿」，乾隆志同，據雍正山西通志卷一四〇人物四〇、清世祖實録卷七三順治十年三月乙未紀事改。

〔三三〕任弘祚　「祚」，原作「祥」，乾隆志同，據雍正山西通志卷一三五人物三五改。

〔三四〕半載棄官去　「棄」，原作「奪」，乾隆志同，據雍正山西通志卷一四六隱逸、新唐書卷一二三韋安石傳改。

〔三五〕古稱公而忘私　「公而忘私」，原作「私而忘公」，今據乾隆志卷一一九絳州二、元史卷一六八姚天福傳改。

〔三六〕閻尋夫被殺　「尋」，乾隆志同，雍正山西通志卷一五八列女一〇作「護」。

〔三七〕暢家傳妻薛氏　「傳」，原作「傅」，據乾隆志、雍正山西通志卷一五八列女一〇改。

〔三八〕又楊玉泰妻孫花鈴　「妻」，原作「女」，據乾隆志、雍正山西通志卷一五八列女一〇改。

〔三九〕李貴美女銀鈴　「女」，原作「妻」，乾隆志同，據雍正山西通志卷一五八列女一〇改。

〔四〇〕時稱嗣烈　「嗣」，乾隆志同，雍正山西通志卷一五八列女一〇作「雙」。

〔四一〕南宮廷翼繼妻薛氏　乾隆志無「繼」字。

〔四二〕常潤民妻甯氏　「常」，原作「長」，據乾隆志改。

〔四三〕賈瑞盛妻柴氏　「瑞」，乾隆志作「睿」。

〔四四〕李守蒓妻薛氏　「蒓」，乾隆志作「純」。

〔四五〕智福　「福」，乾隆志、雍正山西通志卷一六〇仙釋二作「富」。

〔四六〕得法於雲素和尚　「雲」，原作「靈」，據乾隆志、雍正山西通志卷一六〇仙釋二改。

隰州直隸州圖

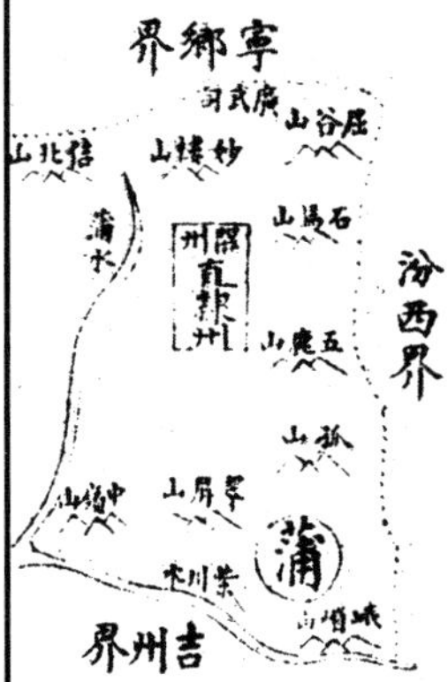
寧鄉界
屈谷山
妙樓山
五鹿山
孤山
汾西界
隰州直隸州
蒲水
翠屏山
紫川水
蒲
吉州界

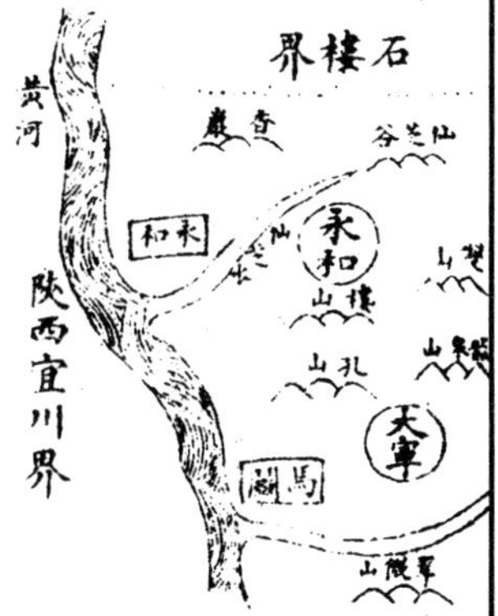
石樓界
黃河
陝西宜川界
永和
大寧

隰州直隸州表

	隰州直隸州		
兩漢	河東郡地。	蒲子縣屬河東郡。	
三國魏晉	晉永嘉元年劉淵都此，後改置大昌郡。	蒲子縣改屬平陽郡。	
後魏	汾州延和三年置鎮，太和十二年置州，孝昌中陷。	汾州治，不置縣。	新城縣初置嶺東縣，太和二十一年改曰新城，屬吐京郡。
齊周	汾州龍泉郡周復置州，大象元年置郡。	長壽縣大象元年置爲郡治。	新城縣
隋	龍泉郡開皇初郡廢，四年置西汾州，五年改隰州。大業初復爲郡。	隰川縣開皇十八年改名，大業初爲郡治。	省。
唐	隰州大寧郡武德初復置州，屬河東道。天寶元年改郡名。	隰川縣武德初爲州治，二年置白龍縣，屬中州。貞觀元年省。	武德初復置新城縣，屬北温州。貞觀元年省。
五代	隰州大寧郡	隰川縣	
宋	隰州大寧郡	隰川縣	
金	隰州天會六年曰南隰州，天德三年去「南」字，屬河東南路。	隰川縣	
元	隰州屬晉寧路。	隰川縣	
明	隰州屬平陽府。	洪武二年省入州。	

續表

大寧縣	蒲縣
北屈縣地。	蒲子縣地。
五城縣地。	石城縣初置定陽縣，太和二十一年改名，屬五城郡。
大寧縣周武帝置，屬汾州。	蒲子縣周改置，又有五城、石城二郡並廢入。
開皇二十年移治浮圖鎮，大業初省入五城。	蒲縣開皇元年移治故箕城，五年屬隰州。大業二年改名，又移治今縣西南，屬龍泉郡。 蒲川縣開皇中分平昌縣置，屬龍泉郡。大業初省。
大寧縣武德二年復置，兼置中州，又分置大義縣。貞觀元年州廢，省大義縣入，屬隰州。	蒲縣武德二年移治今所，置昌州，又置仵城、常安、昌原三縣。貞觀元年州廢，省三縣入之，屬隰州。
大寧縣	蒲縣
大寧縣	蒲縣
大寧縣興定五年改屬蒲州。	蒲州興定五年升州。
大寧縣至元三年省入隰州，後復置，屬隰州。	蒲縣仍爲縣，至元三年省入隰川，尋復置，屬隰州。
大寧縣	蒲縣洪武二年改屬平陽府。

永和縣

狐譎縣屬河東郡。後漢省。

狐譎縣魏復置。晉屬平陽郡。

太延二年省。

齊置永和鎮。周廢鎮，置臨河縣，兼置臨河郡。周置歸化縣。

永和縣開皇初郡廢，十八年改名，屬龍泉郡。樓山縣開皇十八年改名，屬龍泉郡。大業末廢。

永和縣武德二年置東和州，貞觀元年州廢，屬隰州。武德六年復置，屬東和州。貞觀元年省。

永和縣

永和縣

永和縣

永和縣

永和縣

大清一統志卷一百五十七

隰州直隸州

在山西省治西南五百五十里。東西距二百四十里，南北距二百九十五里。東至平陽府汾西縣界九十里，西至陝西延安府宜川縣界一百五十里，南至平陽府吉州界一百三十里，北至汾州府寧鄉縣界一百六十五里。東南至平陽府臨汾縣界一百三十里，西南至宜川縣界一百五十里，東北至汾州府孝義縣界一百十里，西北至汾州府石樓縣界五十里。本州境東西距一百四十里，南北距二百二十里。東至汾西縣界九十里，西至永和縣界五十里，南至大寧縣界六十里，北至寧鄉縣界一百六十里。東南至蒲縣界七十里，西南至永和縣界四十五里，東北至孝義縣界八十里，西北至石樓縣界五十里。自州治至京師一千七百里。

分野

天文觜、參分野，實沈之次。

建置沿革

春秋晉蒲邑。漢置蒲子縣，屬河東郡。後漢因之。三國魏改屬平陽郡，元和郡縣志：魏少帝分河

東置平陽郡，蒲子縣屬焉。晉因之。永嘉元年，劉淵都此。三年，淵徙平陽，於此置大昌郡，後廢。後魏延和三年置鎮，太和十二年置汾州，領西河、吐京、五城、定陽四郡，孝昌中陷。後周復置汾州，大象元年兼置龍泉郡及長壽縣。隋開皇初郡廢，改縣曰隰川，四年置西汾州總管府，五年改隰州。大業初府廢，尋復爲龍泉郡。

唐武德元年復曰隰州，二年復置總管府，貞觀三年府罷。天寶元年改大寧郡，乾元元年復曰隰州，屬河東道。五代因之。宋仍曰隰州、大寧郡。金初曰隰州，天會六年曰南隰州，金史地理志以北京有隰州。天德三年仍去「南」字，屬河東南路。元屬晉寧路。

明洪武二年省州治隰川縣入州，屬平陽府。本朝雍正二年升爲直隸州，屬山西省。領縣三。

大寧縣。在州西南九十里。東西距一百里，南北距七十五里。東至本州界三十里，西至陝西延安府宜川縣界七十里，南至平陽府吉州界四十五里，北至永和縣界三十里。東南至蒲縣界二十五里，西南至吉州界三十五里，東北至本州界三十里，西北至永和縣界三十五里。漢北屈縣地。後魏五城縣地。後周武帝分置大寧縣，屬汾州。隋大業初省入五城。唐武德二年復置，兼置中州。貞觀元年州廢，屬隰州。五代及宋因之。金興定五年改屬蒲州。元至元三年省入隰州〔二〕，二十三年復置，仍屬隰州。明不改，本朝因之。

蒲縣。在州東南一百十里。東西距一百十五里，南北距一百四十五里。東至平陽府洪洞縣界七十里，西至大寧縣界四十五里，南至平陽府吉州界六十五里，北至平陽府汾西縣界八十里。東南至平陽府臨汾縣界六十里，西南至吉州界一百二十里，東北至霍州趙城縣界八十里，西北至本州界二百十里。漢爲蒲子縣地。後魏世祖分置定陽縣，太和二十一年改曰石城，屬五城郡，

後兼置石城郡。後周郡廢，宣帝改置蒲子縣，因漢蒲子縣爲名，屬定陽郡。隋開皇五年改屬隰州，大業二年改曰蒲縣，屬龍泉郡。唐武德二年於縣置昌州，貞觀元年州廢，屬隰州。五代及宋因之。金興定五年升爲蒲州。元仍曰蒲縣，至元三年省入隰州，後復置，屬隰州。明洪武二年改屬平陽府。本朝雍正二年改屬吉州，九年改屬隰州。

永和縣。在州西九十里。東西距一百十里，南北距一百十里。東至本州界四十里，西至陜西延安府延川縣界七十里，南至大寧縣界六十里，北至汾州府石樓縣界五十里。東南至大寧縣界七十里，西南至延安府宜川縣界十五里，東北至石樓縣界四十五里，西北至延川縣界九十里。漢置狐讘縣，屬河東郡。後漢省，三國魏復置。晉屬平陽郡，後魏太延二年省。北齊後主置永和鎮。後周宣帝廢鎮，置臨河縣及臨河郡，屬汾州。隋開皇初郡廢，十八年改縣曰永和，屬龍泉郡。唐武德二年於縣置東和州，貞觀元年州廢，屬隰州。五代、宋、金、元、明不改，本朝因之。

形勢

堆金奠其脈，紫水衍其流，左帶蒲山，右控黄河，城因地利，險自天成。州志。

風俗

民性質直勁勇，能守而鮮亂，鄉多龐眉之老。州志。不事商賈，勤於耕牧。通志。

城池

隰州城。周七里有奇，門三，池深一丈。唐武德初土築，明嘉靖間甃甎。本朝順治六年修，康熙四十七年重修。

大寧縣城。周三里有奇，門三，池深七尺。元時因舊址修築，明隆慶間築北寨城并東西關城，又築南門外石堤以障河水。本朝順治十一年修，康熙四十六年、乾隆三十二年重修。

蒲縣城。周一里有奇，門三，北依山，東、西、南三面池深一丈、廣八尺。唐武德初土築，明崇禎間甃甎。本朝康熙二十年修。

永和縣城。周三里有奇，門四，芝水三面環繞。唐貞觀中土築，元至元中重築。本朝康熙中重修。

學校

隰州學。在州城西南隅。元至元中建，明嘉靖中改安國寺爲學，後復徙舊址。本朝順治十三年修，康熙四十一年重修。入學額數十二名。

大寧縣學。在縣治西。舊在治西北崗下，金正隆間建，元大德初移建東北隅，後徙今址。本朝順治十三年修，康熙三十三年重修。入學額數八名。

八名。

蒲縣學。在城中。舊在縣治西，元大德初建，明天啓間遷建今址。本朝康熙十一年修，乾隆十八年重修。入學額數八名。

永和縣學。在縣治東南。舊在東門外，唐貞觀初建，元至正間改建今址。本朝順治、康熙中屢修。入學額數八名。

紫川書院。在州城内。本朝康熙四十七年建，乾隆十四年修。

崇文書院。在蒲縣。本朝乾隆九年建。

樓山書院。在永和縣。本朝康熙四十六年建。按：舊志載北寨書院，在大寧縣，明知縣邵蕙建；圖南書院，在大寧縣翠屏山麓，本朝康熙中知縣王維藩建。今並廢，謹附記。

户口

原額人丁一萬一千八百六十九，今滋生男婦共一十三萬四千四十五名口，計二萬六千四百九十九户。

田賦

田地五千九百二十三頃五十五畝四分有奇，額徵地丁正、雜銀三萬九千九百三十二兩四錢六

分四釐。

山川

堆金山。在州東一里。形如「金」字，故名。

白衣山。在州東三十五里，盤亘二十里。

暖水窊山。在州東六十里。山半有泉，泉旁有寺。

紫荆山。在州東七十里。山極高峻，其巔可望五百餘里，東有寨。

飲馬山。在州東九十里。生草如韭，可食。

五鹿山。在州東南七十里，接蒲縣界。有五鹿大夫廟。

昇仙山。在州西北六十里。上有洞。

妙樓山。在州西北七十里，盤亘二十里。石巖高廣，内有石室，前有龍池，後有泉窟，旱禱輒應。

遠望山。在州北。元和志：一名可寒堆，在温泉縣西七十里，高五里，周迴七十五里。

海架山。在州北十五里。

神峪山。在州北五十里。山西有千佛石洞。

暖占山。在州北五十五里。

石馬山。在州東北六十里。寰宇記：在隰川縣東北五十里，山下有石馬，因名。

下垛山。在州東北六十里。出木炭。相近有石秀才山。

屈谷山。在州東北。寰宇記：在温泉縣南高嶺，爲煎煉緑礬之處。按：縣志有百花山，在故温泉縣南，在州東北一百三十里，當即「屈谷」之訛。

中嶺山。在大寧縣東南，接蒲縣界，迤邐與汾西縣姑射山相接，亦名姑射山。

翠微山。在大寧縣南數百步。高千仞，昕川繞其北麓。寰宇記：二龍窠，在縣南三里，唐大曆十一年黄龍養子於此山，今半崖上有枯龍形。其小龍窠在大龍窠南三百步。縣志：二龍窠，在翠微山南，高可百尺，石壁有龕，深、廣各丈餘。

屈山。在大寧縣西南一里。形勢屈曲，昕水至此屈而西北流，故名。

筆架山。在大寧縣西南三里。五峰聳起，若筆架然。

石子山。在大寧縣西南，接吉州界，又名小石山。山勢嵯峨，草木蒙密。

孟門山。在大寧縣西南馬鬬關南三十里，接吉州界。詳見吉州。

鎮關山。在大寧縣西七十里。以西臨馬鬬關而名。

孔山。在大寧縣西。水經注：谿口水出孔山，山上有穴，如車輪三所，東西相當，相去各二丈許，南北直通，故謂之孔山，在蒲城西南三十餘里。元和志：在縣西北二十五里，上有穴，其深不測，故名。縣志：舊亦名風山，山麓有禪峰洞，其東有聖水泉，清流懸注，匯爲碧池，常盈不涸，禱雨輒應。

捕狐山。在大寧縣北三十里，接永和縣界，即孔山東支也。

龍泉山。在大寧縣東北。舊名東山，本朝順治間改名。

東神山。在蒲縣東五里，迤邐數十里。下有飲馬池。

峨嵋山。在蒲縣南一里，一名南屏山。下有聖水泉。

翠屏山。在蒲縣西南一里。縣志：山勢聳秀，松柏鬱然，山半巖下有晉文公祠，祠前有泉，從石竇湧出，有疾者禱而飲之，汗出即愈，因名曰汗泉。

孤山。在蒲縣北三十里。寰宇記：在黑兒嶺下，其山不廣，因號孤山。

五禿山。在蒲縣東北五十里。元和志：山上少草木，故名五禿，周迴七十七里。

蒲子山。在蒲縣東北五十里，即五禿之支山。

雙山。在永和縣東南二十五里。寰宇記：在永和縣東二十里，二山各高千餘丈，峰巒秀異，因名雙山。縣志：兩峰對峙，路最險隘，有寨。

樓山。在永和縣南。隋書地理志：樓山縣有北石樓山。元和志：在永和縣西南二十二里。縣志：北樓山在縣南三十五里，南樓山在縣南六十里，兩山相對，其形如樓。

烏龍山。在永和縣西南，接陝西宜川縣界，盤亘七里。相傳北齊河清間有烏龍見此。

烈鳳山。在永和縣西十五里。

馬脊山。在永和縣西四十里，亦名馬頭山。

佶北山。在永和縣東北三十五里，盤踞十二里。近改名爲翔鳳山。

高回嶺。在州東南五十里。

龍頭嶺。在蒲縣東三里。上有龍頭印痕。

黑兒嶺。在蒲縣東北。寰宇記：在蒲縣東北五十五里，從五鹿山至此長五十里，昔有劉黑兒居此。

大寨嶺。在永和縣西三十里。

香巖。在永和縣西北七十里。頂有清泉。

常安原。在蒲縣西南。元和志：在蒲縣西南四十里，東西廣四十里，南北長二十里。

退過谷。在大寧縣東北。寰宇記：在大寧縣東北二十五里。耆老云：其谷中草牛馬食之常瘦，故名。有水流入日斤川。

長命谷。在蒲縣東北。寰宇記：在蒲縣東北一里恩多原，其谷長十里，無水。

仙芝谷。在永和縣東北五里。舊唐書地理志：永和縣，武德二年移治仙芝谷西。縣志：舊產仙芝草，故名。仙芝水出此。

水簾洞。在州西北，接石樓縣界。懸崖瀑布，望若垂簾，洞内石穴穿開，有石燕時飛出。

冰玉洞。在大寧縣屈山。縣志：澗水冬結爲冰，光瑩似玉，夏月猶有存者。

龍母洞。在蒲縣北四十里。居群山中，有泉甚甘洌，旁產五花花乳石〔二〕。又白衣洞，在縣東五十里，產乳石，俱爲禱雨之所。

石峽。在蒲縣東五十里。巉石峭立，東有石洞。

紫川水。在州東南。源出州東山谷中，合義泉河，至州西南入蒲水。水經注：紫川水出紫川谷，西南合江水，江水出江

谷，西北入紫水，紫水又西北入蒲水。寰宇記：原出隰川縣東，與黄櫨相近。州志：紫川岸不生草木，水不産鱗介，以川側巖石色紫，故名。

黄盧水。在州北，一名黄櫨谷水。水經注：黄盧水歷蒲子城南入蒲水。元和志：黄櫨谷水，出隰川縣東北黄櫨谷。

蒲水。源出永和縣佶北山，亦名蒲川，東南流至州西，南合紫川河及蒲峪河，又西南流過仵城入大寧縣界，名昕川，又名曰斤川，西流至馬鬬關入黄河。水經注：蒲川水出石樓山，南逕蒲城東，又南歷蒲子縣故城西，南出黄河盧水口，又南合紫川水，又西南入於河。元和志：蒲水源出隰川縣東北石樓山，一名曰斤水，去大寧縣六十步。寰宇記〔三〕：曰斤川在大寧縣，從隰川縣及蒲縣兩界來，並呼曰斤川，其水屈曲入黄河。縣志：昕川至大寧縣翠微山麓合義亭川，石峽巉巖，水勢湍激，西入黄河。按：水經注及元和志皆以州北者爲蒲水，而縣志則以自隰州來者爲紫川河、自蒲縣來者爲蒲河，蓋以州南有紫川入蒲水，遂並上流亦稱紫川，而蒲縣之蒲峪河獨擅蒲水之名矣。

仙芝水。在永和縣西，即古域谷水也。水經注：域谷水東啓荒源，西歷長谿，西南入於河。金史地理志：永和縣有仙芝水。縣志：仙芝河，源出仙芝谷，西南流經縣西，又西南入黄河。

第一河。在蒲縣南。源出霍州趙城縣七佛山，西南流入縣界，亦名東大河，至縣西合平陽府鄉寧縣之縣底河，又西北流入大寧縣界，合義亭河入昕川。又東小河，源出縣北，南流至南山下入東大河。又南川河，在縣南三里，北流入東大河。

甘露河。在永和縣西二十里。源出烈鳳山，南流入仙芝水。

黄河。自汾州府石樓縣南流入永和縣西七十里，河西岸屬陝西延安府延川縣，又南流至大寧縣西七十五里，河西岸屬延安府宜川縣，又南流入平陽府吉州界。水經注：河水又南左合信支水，又南會石羊水，又南合域谷水，又南合谿口水，又南合蒲川。元和志：黄河東去大寧縣六十里，東去永和縣六十里。州志：黄河自石樓縣界六十里流至永和關，又六十里至大寧縣界，又

三十里至馬鬪關，又南三十里達孟門壺口，接吉州界。

義亭川。在大寧縣東南。源出縣南，東北流入昕川，又名羊求川。

蒲谷川。在蒲縣東北，西流入東大河。寰宇記：在縣東北五十里，從黑兒嶺流入洛陽川。按：縣志又有喬家灣川，發源縣東北杏兒嶺，西流至喬家灣而伏，至洛陽村再見，復西流入東大河，蓋即蒲谷川水，隨所在而名之也。

索陀川。在永和縣東北三十五里。寰宇記：索陀谷水，在永和縣西北，去縣三十里，西注仙芝谷。文獻通考：永和縣有索陀谷。縣志又有榆林川，在縣西北三十里；坌口川，在縣東北二十里，皆昔人開以灌田，俱南入仙芝水。

蓮池。在永和縣城東隅。縣志：本朝康熙四十六年重濬。

明月泉。在州北十里。石壁蒼黑，壁間有圓光，色白，照水如月，故名。

温泉。在州北。唐置温泉縣於此。

南澗泉。在蒲縣東南一里。

隱龍泉。在蒲縣東南八里侯家莊。

古寶泉。在蒲縣北五里。

靈液泉。在永和縣東城下。寰宇通志：泉上常産並蒂蓮，建瑞蓮亭。縣志：舊有碑云「河清二年有龍躍自泉中，因立龍王祠於池上，遂名靈液」，今碑無存，其水甘美清洌，一城飲此。

五花泉。在永和縣西門外。流入仙芝水。

龍洞泉。在永和縣北五里。流入榆林川。

麻東溝。在大寧縣東。源出捕狐山，南流入昕川。又有小道溝，在縣東，亦入昕川。

東峪溝。在永和縣東五里。又西峪溝，在縣西二里；又上曲村渠，在縣北五里，皆開以溉田。

龍子湫。在州南十里，一名瀑布泉。出山谷間，西南入大寧縣界昕川。按：元和志隰川縣南有龍泉，疑即此。

古蹟

龍泉故城。在州北二里。元和志：後周宣帝大象元年於今州東百步置龍泉郡。隋開皇五年改爲隰州，大業三年又改爲龍泉郡，唐武德元年又爲隰州。

長壽故城。在州北。隋書地理志：後周置縣曰長壽，開皇初改曰隰川。元和志：隰川縣南有龍泉下濕，因以爲名。寰宇記：長壽故城，在隰川縣北四十里。蓋隋改隰川縣時又移治也。

蒲子故城。在州東北。漢書地理志河東郡蒲子縣，應劭曰：「武帝置。」十六國春秋：劉淵僭號稱漢，初治於蒲子，後徙平陽，又於此置大昌郡，以蒲子屬焉。魏書地形志：汾州，太和十二年治蒲子城。寰宇記：漢蒲子故城，在隰川縣東北一里。州志：在州東北八十里，今爲蒲子村。蓋後周改長壽縣時已移治也。

新城故城。在州東北，與汾州府孝義縣接界。後魏世祖置嶺東縣，太和二十一年改曰新城，屬吐京郡。隋省，唐初復置，屬北溫州，後省入溫泉。唐書地理志：溫泉縣，武德三年置新城縣，貞觀元年省。寰宇記：新城故城，在溫泉縣西南七十里。

大寧舊城。在今大寧縣南。寰宇記：大寧縣，在隰州西南六十八里，漢北屈縣之地也，屬河東郡。後魏太武帝於今縣東南六十里置仵城縣，尋廢。周武帝保定元年於廢仵城縣西三里置大寧縣，屬汾州。隋開皇二十年移治廢浮圖鎮，即今縣治。

蒲縣舊城。在今蒲縣西十五里。寰宇記：周大象元年置蒲子縣，隋開皇元年移於今縣東北三十里故箕城，大業二年又移於今縣西南二里，改爲蒲縣，唐武德元年移於今治。縣志：在今略東村，古名無意村。

狐讘舊城。在永和縣西南。元和志：永和縣，本漢狐讘縣，故縣城在縣西南三十五里。寰宇記：曹魏初别置狐讘縣，後魏太延二年省。高齊武平元年於曹魏狐讘城置臨河郡并臨河縣，隋開皇三年廢郡，十八年改臨河爲永和縣，以縣西永和關爲名。舊唐書地理志：永和縣，武德二年移治於仙芝谷西。按：北齊後主於故狐讘城置永和鎮，後周宣帝改置臨河縣及臨河郡，備載元和志，與隋書地理志合。寰宇記謂郡縣亦置自高齊，存以備考。今縣治即唐武德初移治仙芝谷者是也。

五城廢郡。在蒲縣東南。「五」或作「伍」，亦作「仵」。魏書地形志：晉州五城郡，天平中置。隋書地理志：蒲縣有伍城郡及石城郡〔四〕，周末廢。元和志：仵城故城，在縣南六十三里，後魏仵城郡是也。

隰川廢縣。今州治。舊唐書地理志：隰川，隰州所治，漢爲蒲子縣地，隋爲隰川縣。明史地理志：隰州，洪武初以州治隰川縣省入。州志：隰川縣治，今爲守備公署。

仵城廢縣。在州南。金史地理志：隰州仵城縣，興定五年升隰州之仵城鎮置。州志：仵城鎮，在州南六十里，有堡。蓋金末又廢爲鎮也。按：此即後魏之晉州北五城。

白龍廢縣。在州西南，今爲白龍里。唐書地理志：大寧縣，武德二年置白龍縣，貞觀元年省。

大義廢縣。在大寧縣南。唐書地理志：大寧縣，武德二年置大義縣，貞觀元年省。縣志：大義故縣，以縣南義亭川爲名。

石城廢縣。在蒲縣東南，後魏置。魏書地形志：五城郡石城縣，世祖爲定陽，太和二十一年改。寰宇記：後魏孝文帝於蒲縣東南五十里置石城縣，尋廢，後周大象元年於石城故縣置蒲子縣。

常安廢縣。在蒲縣西南四十里。唐書地理志：武德二年置常安縣，貞觀元年省入蒲縣。

蒲川廢縣。在蒲縣西北四十里古縣村。隋書地理志：蒲縣有後魏平昌縣，開皇中改曰蒲川，大業初省入蒲縣。

樓山廢縣。在永和縣南。隋書地理志：龍泉郡樓山縣，後周置，曰歸化，開皇十八年改名焉，大業末廢。舊唐書地理志：武德六年置樓山縣，屬東和州，貞觀元年省入永和。寰宇記：樓山故縣，在縣南十五里，因縣東樓山爲名。

横城。在州南三十里。元和志：故横城，在隰川縣南三十五里，隋仁壽四年楊諒作逆，遣僞將吴子通屯兵築城，横絶蒲川道，因以爲名。

蒲城。在州西北。春秋晉蒲邑。左傳僖公四年：重耳奔蒲。五年：公使寺人披伐之，踰垣而走，披斬其袪，遂出奔翟。史記魏世家：襄王七年，秦降我蒲陽。括地志：蒲邑城，在隰川縣北四十五里蒲水之北，亦曰蒲陽。州志：在州西北五十里，俗名斬袪垣。

石阿城。在州北。史記趙世家：成侯十一年，秦攻魏，趙救之石阿。正義：「蓋在石、隰等州界。」

姚岳城。在州北。舊志：後周保定初，州刺史韋孝寬以離石以南數爲生胡抄掠，欲築城於險要以拒之，而患齊兵來擾，使開府姚岳監築，曰：「計此城十日可畢，此距晉州四百里，敵軍至，我之城辦矣。」果城之而還，後人因謂之姚岳城。

長守城。在州北。寰宇記：古長守城，在隰州北三十五里，唐貞元二年襲逐北冀谷山上部落，於此置寨，下有仙洞直至代州。

穀城。在州東北四十里。九域志：隰州有穀城，神農氏嘗五穀於此。州志：州東北四十五里合桑村別有嘗穀臺故址，臺有元碑。

石羊城。在永和縣西南。寰宇記：後魏太武築，置石羊軍，孝文移軍於漢狐讘城，其城遂廢。

吴王城。在永和縣西北十里。縣志：有冢高三十丈，其頂有穴極深，風吼其中，其城遺址尚存。

夷吾宫。在大寧縣西十里阜城寨。相傳晉公子夷吾所建。

大觀樓。在州城中。明萬曆四十五年知州儲至俊建。

聚景樓。在州東四十里義泉鎮。

青帝樓。在大寧縣南翠微山巔。

高覽樓。在大寧縣北寨之東南隅。明隆慶中知縣邵蕙建，本朝康熙二十八年因舊址重建，種雜樹四百株。

緑礬務。在州東北。九域志：温泉縣有緑礬務。文獻通考：隰州緑礬場，太祖時以地接河東僞境，罷之。太平興國八年本州牙吏卜美請募工造鑊煮礬輸官課，詔從其請。

關隘

馬鬬關。在大寧縣西七十里。唐書地理志：大寧縣西有馬鬬關。縣志：關南臨黄河，明洪武初設爲官渡，通陝西榆林、延綏等路。舊有巡司，今裁。

黑龍關。在蒲縣東六十里，接汾州府臨汾縣界。南北依山，中建土城，闢東、西二門，地勢險隘。明設把總，本朝因之。

鐵羅關。在永和縣西南，臨黄河，有渡，路出陝西延安府宜川縣。

永和關。在永和縣西七十里。隋書地理志：永和縣有關官。元和志：永和縣，以縣西永和關爲名。寰宇記：在縣西南九十五里。縣志：下臨黄河，渡河即陝西延川縣延綏關。本朝初裁巡司，改設把總。

興德關。在永和縣西七十里，臨黄河，有渡，通陝西延安府。

永寧關。在永和縣西北黄河岸，通陝西綏德州。

廣武莊巡司。在州北一百里。本朝初置。

義泉鎮。在州東四十里。又州東九十里有張家川鎮，西五十里有羅真鎮，俱有堡。北七十里有蒿城鎮，一百一十里有康成鎮〔五〕，一百八十里有大麥鎮〔六〕，東北一百里有辛莊鎮，二百里有西曲鎮，相近又有回龍鎮，俱有堡。

安阜鎮。在大寧縣西十里。

化樂鎮。在蒲縣東四十里。又縣東六十里有張村鎮，七十里有喬家灣鎮，西二十里有薛關鎮，三十五里有古驛鎮，北七十里有松峪鎮。

桑壁鎮。在永和縣東。又縣北四十里有坌口鎮，相近又有劉臺鎮。

紫荆寨。在州東七十里紫荆山。

小馮寨。在大寧縣東五里。又縣南一里有南寨，三十里有南堡寨，相近又有東堡寨，四十里有鳳落寨，西十里有阜城寨，二十里有道教寨，五十里有罩籬寨，相近又有仞梯寨，西北孔山巔有高山寨。

北寨。在大寧縣城北，即舊浮圖鎮。元和志：浮圖鎮，齊河清四年築〔七〕，隋移大寧縣治。縣志作「浮圖結」，在北寨之巔。寨爲元時右丞時權所築，院使李子厚繼而據守。

南孤山堡。在州東但頭里。又諳真堡，在州東諳真里。

水頭鎮堡。在州北九十里，即舊寨也。宋史地理志：温泉縣有水頭、白壁、先鋒三寨。

石口。在州北七十里。元史文宗紀「令隰州烏門關壘石爲固」，州志謂之石口。

津梁

通濟橋。在州西南三十里蒲水上。

横水橋〔八〕。在州東北六十里。諸山之水會聚於此。

上石橋。在大寧縣西關。又下石橋，在縣西通泰門外。

龍泉橋。在大寧縣東北龍泉山下。

南川河橋。在蒲縣東南一里。

駕虹橋。在蒲縣南峨嵋山。

第一河橋。在蒲縣西南翠屏山下。

峪川橋。在蒲縣北十七里。

堤堰

石堤。有三。一在州東南紫水湄，明知州范守己築，長八十丈；一在蒲縣北通會渠，明天啓三年知縣羅永新以渠水逼近

縣治，築堤堰以資捍備，後漸圮，本朝乾隆十五年知縣巫慧重建石堤百餘丈；一在大寧縣南門外，明隆慶元年知縣邵蕙築以障河水。

通會渠〔九〕。在蒲縣北。明隆慶三年知縣韓超然自縣北引東小河入城，由縣治出西城門溉民田，後漸塞，天啓三年知縣羅永新重濬。

陵墓

五代　後唐

劉訓墓。在永和縣東南五十里，周四百四十步，有敕建碑。

元

韓昇墓。在州城北五里東原上，歐陽玄撰碑。

祠廟

龍湫神祠。在州南十里龍子湫。俗傳龍見建祠，宋崇寧三年賜額豐濟，大觀四年敕封順民侯，本朝康熙中重修。

河伯祠。在大寧縣西馬鬭關。

三皇廟。在州城東三十里合桑村，後移城北街口。

伏羲廟。在大寧縣東門外。金大定三年建。

晉文公廟。在蒲縣西南一里翠屏山上。寰宇記：在蒲縣西南坡上，唐武德三年置。縣志：城内亦有廟。

寺觀

安國寺。在州治西。初名龍紀寺，唐武德初建，宋至道初改今額。

天寧寺。在州北一里。舊名天王寺，唐建，明末廢，本朝順治初釋道興重建。

彌陀寺。在大寧縣西關東南隅。元至治間建。明洪武初併福勝寺入焉。

雲峰寺。在蒲縣西南一里翠屏山上。久廢，本朝康熙五十一年重建。

龍興寺。在蒲縣北五里。金泰和二年建。明洪武中併興國、清涼二寺入焉。

興化寺。在永和縣治西南。金明昌五年建。明洪武中併昭陽、丈八佛二寺入焉〔一〇〕。

龍巖寺。在永和縣南六十里龍巖山。宋初敕建。

祈真觀。在州治西。金建，丘長春嘗修煉於此。

龍泉院。在州東七十里紫荊山。舊名普照寺，唐建，久圮。明有僧掘地得甎，上刻宋元祐中重修龍泉院記，因募建。

名宦

南北朝　周

韓褒。潁陽人。汾州刺史。先是，齊兵數入，人廢耕桑。褒至，會齊兵來，不下屬縣，多被抄掠。齊人喜其無備，不能追躡，竟不爲營壘。褒已先勒精鋭伏北山，分據險阻，邀其歸路，乘其怠縱伏擊之，盡獲其衆。復請一切放還，以德報怨，詔許之。自此抄兵大息。

唐

李琛。唐宗室。武德中以襄武郡王鎮隰州。政寬簡，人愛便之。

狄惟謙。仁傑之後。會昌中爲隰州刺史。有治聲。

五代　漢

侯仁矩。隰州刺史。至郡決滯訟，一日釋繫囚百餘，獄爲之空，民皆悦服。

周

李謙溥。盂人。顯德四年，權隰州刺史事。至郡，亟命濬城隍、嚴兵備。八日，敵果來薄，謙溥登城，徐步按視戰具，敵不敢動。旬餘，大發衝車攻城，謙溥夜縋死士百餘出城襲之，敵大擾，衆悉遁去。

宋

薛奎。正平人。爲隰州軍事推官。州民常聚博僧舍，一日盜殺寺奴取財去，博者適至，血偶涴衣，邏卒捕送州，拷訊誣服。奎獨疑之，白州緩其獄，後果得殺人者。

金

劉汲。大定間由進士爲蒲縣令。政簡而清，民俗康阜。

張翰。大定末以進士調補隰州軍事判官。有誣兄弟三人爲劫者，翰廉得狀，白於州釋之。

元

楊思聰。大定人。大德間爲大寧尹。政刑清簡，蝗不入境，邑人立碑頌之。

明

霍毅。蒲城人。永樂間知大寧縣。公平忠厚，剖決詳明。以縣地磽瘠，諭民植桑、棗以治生，興利除害，民安其業。

胡貞。扶風人。正統初知永和縣。修學校，築城郭，常買牛數百頭以給耕者，貧民賴之。

吴智。餘姚人。正德中謫知隰州。值歲歉乃建一倉，名曰禄惠，凡俸有羡餘及訟獄之願輸粟者，悉貯以賑貧乏，由是流移漸歸。又隰士不習戴記，智始講授，咸奉爲經師。

邵蕙。寧州人。隆慶中知大寧縣。增設關城，廣置倉舍，又於南、北門外築石堤一帶以捍河水，民賴以安。

韓超然。臨淄人。隆慶中知蒲縣。剛方清介，民不忍欺。開通會渠以溉民田，至今尚賴其利。

葛蘭。信陽人。嘉靖初知蒲縣。斷獄明允，鄰邑有不決者咸質成之。遇歲歉，倉有餘儲，多所賑救。

范守己。洧川人。萬曆二十九年謫知隰州。城負東山麓，每山泉暴漲輒爲水齧，守己於隍外築堤一百餘丈，以遏水勢，又改築州城，伐石爲基，睥睨皆用瓴甓。

余建隆。開化人。萬曆中知永和縣。操履清貞，及致仕，束裝無具，州守臨餞，忽報地陷得古錢一窖，守曰：「此天爲廉吏賜也。」令充資斧。建隆弗取，徒步而歸。

羅永新。三河人。天啓中知蒲縣。重修石堰以衛民田，人咸感之。

左中道。崇禎中大寧教諭。端嚴有師範。流寇破城，或以無守土責勸之去，中道斥之，卒殉難。

史掌文。良鄉人。崇禎中大寧典史。時盜賊蜂起，掌文至，適築澮城池，因督其事，咸勸趨之，時走山谷捕盜，民以少安。

壬申流寇攻城亟，掌文分地而守，力屈死之。

本朝

王添貴。奉天人。順治六年知隰州。姜瓖之變，土賊蜂起，隰州尤甚，添貴率大兵搗其穴，賊潰走，令遣歸農。將領疑居民從賊，議屠城，添貴力請始獲免。事平，安輯流亡，善政日舉，隰人德之。

吴興祚。奉天清河人。順治十二年知大寧縣。當流寇蹂躪後，四境凋弊，興祚捐逋賦，開荒穢，約束吏胥，俾無擾民，再期民多復業，治行稱最。

徐士鶚。浙江人。順治六年大寧縣典史。姜瓖之變，守城甚力，城破與妻子偕死。

郭瑄。沙河人。順治二年知蒲縣。性通敏，里閈利病無不周知。凡有興舉，吏不敢問，或微詞餂之，輒大聲呵曰：「汝輩第奉行文書，何得與民事？」聞者即咋舌退。

鍾夢豹。宛平人。永和縣典史。姜瓖之變，誓以身殉，城陷不屈死。祀忠烈祠。

錢以塏。嘉善人。康熙四十四年，以進士知隰州。政尚寬簡，遺惠在民。嘗創建紫川書院，以便士子誦讀，其餘興廢舉墜甚多。

梅鋗。宣城人。康熙十四年，以進士知大寧縣。嚴取舍，善聽訟，誡吏胥不得受百姓一錢，吏胥多化之。

朱元祫。嘉定人。康熙十八年，以進士知蒲縣。邑有墾荒虚課七百餘兩，民以輸納爲艱，元祫力請得免，其政治一時稱最。

人物

唐

劉和。永和人。仕至兵部尚書。高誼偉績，推重當時。子訓，官至丹陽等州觀察制置使，封開國侯。

宋

趙友。隰州人。七世同居。咸平中旌表，蠲其課調二百十五。

元

韓昇。隰州人。太祖時爲本州刺史。以策干穆瑚黎，署千夫長。經略有功，授户部尚書，佩金虎符。子奭，相繼爲本州刺史。「穆瑚黎」舊作「木華黎」，今改正。

王克敬。字叔能，大寧人。初任江浙左右司都事，歷監察御史、紹興路總管、兩浙鹽運使，所在務崇寬厚。累遷南臺治書侍御史，以正綱紀自任，不阿宗戚，聲譽益著。元統中以江浙參政請老，時稱名卿。卒，封梁郡公，謚文肅。

明

曹需。永和人。洪武間由歲貢除授山東道御史，秉正持憲，人以「真御史」稱之。家居尤爲清謹。

曹鼎。蒲人。成化間父爲綏德州倉大使，卒於官，貧不能歸，鼎置櫬車中，妻引於前而自後推之。行至河畔糧絶，相向哭，忽大風飄樹葉滿車前，探視之得棗數斗，遂得糊口，扶柩歸里。人以爲誠孝所感。

李善。永和人。弘治中歲貢。流寇至，邑治失守，善拒賊力戰死。子世隆、世奇亦被難，垂死復蘇，追賊至臨汾獲之，寸磔以報父。事聞，特旌義士。

史光代。字射墟，隰州人。萬曆中拔貢，授上蔡主簿，遷鄖陽府通判，所至以勤慎稱。崇禎間流賊陷州城，光代適家居，罵賊死。兄光前，萬曆中捐粟千石賑饑，與光代同日盡節。

安民。字熙寰，大寧人。有至性，事親能養志，親病便溺悉手自浣濯。居鄉醇謹，崇禎初以貢授褒城知縣，號廉平吏。六年寇至，城破被執，不屈死。本朝乾隆四十一年賜謚節愍。

張斗辰〔一一〕。字薇垣〔一二〕，大寧人。歲貢生。崇禎間流賊破縣城，斗辰率衆與賊巷戰，自辰至午，力屈被執罹難。

本朝

李呈祥。字麟埜，本州人。明崇禎舉人，官至兵部郎。順治初年分守大梁道，築河堤數百里，開陳橋舊河直南路，至今便之。再遷武昌及天津道，官至工部侍郎，皆有廉聲。

宋斗星。本州人。順治六年，土賊王登憲糾其黨攻州之曇索堡，斗星率僕及鄉人捍禦，賊衆，不能支。間道走汾州，請兵三百人兼程至，賊退踞老兒山。斗星伏兵山側，縱數人誘賊，賊遽出戰，伏起乘之，賊大亂，斬擒無算，堡獲全。

李允。字寶山，本州人。康熙五年官湖廣參將。賊聚湖南七連坪，統兵援剿，連戰三晝夜，力竭自盡。事聞贈恤。

馮聖真。大寧人。家貧，傭作以養父，每饋食至，不敢先嘗，必疾趨執爨供父食，乃還傭所。或饋少胾，即攜歸以食父。主

者知之，復以食饋其父，聖真不肯，曰：「焉有一人傭而二人食者。」比父卒，負土爲墳，哀毁三年，邑令特旌之。

流寓

張起雲。大寧人。由千總洊升總兵，勤勞王事，素有賢聲。雍正九年調署廣東提督，以病未赴。卒，賜祭葬，謚恪毅，命直省建祠祀之。

明

陳敏。交阯人。宣德中由監生除大寧訓導，有學行，堪爲人師。九年遷教諭，以老乞休，時用兵不得歸，遂占籍於此，仍給原俸終其身。

列女

元

杜氏。大寧人。少寡守志，割肉療姑病。

蕭某妻趙氏。名哇兒，大寧人。年二十夫病劇，謂哇兒曰：「我死，汝年少若何？」哇兒曰：「君幸自寬，脱有不諱，妾不

獨生。」遂命匠制巨棺，夫歿即自經死，家人同棺斂葬焉。

明

王家材妻宋氏。隰州人。明末避流寇甎樓上，樓陷，宋墜下，股折，賊執之，揮指刺賊目，賊怒殺之。

李清秀妻員氏。隰州人。流賊至被掠，罵賊死之。又馮鍾靈妻郭氏、劉兆麟妻馮氏，俱被掠，不屈死。

李呈蘭妻馮氏。隰州人。年十八聞賊至，抱幼女投井死。又牛友月妻宋氏、牛大吉妻蘇氏、史記妻楊氏，俱遇賊赴井死。

張二美妻馬氏。大寧人。崇禎二年寇起被掠，縶馬於野將污之，泣罵不從，賊縛馬上載之，行不數武力躍墮高崖，賊怒，趨崖下碎其尸。又劉鳳翔妻馮氏、安三益妻張氏，俱以罵賊被殺。

張斗星妻李氏。大寧人。崇禎間寇陷城，攜室女禄孩同赴井死。事聞旌表。又馬上乘妻曹氏、張拱北妻劉氏、夫弟拱辰妻賀氏，俱以寇變，義不受辱死。

薛可教妻高氏。永和人。崇禎間流寇破城，投城下死。

馮氏。永和籍，寓蒲縣。崇禎中歲大饑，人相食，夫强其改節，馮乃摘耳環市餅，和毒食之死。

本朝

宋德盛妻王氏。本州人。適德盛未期，遇流寇被掠不屈，遂遇害。

霍顯才繼妻郭氏。永和人。早寡，富家争欲娶之，矢死不從，常佩利刃自防。以節終，年七十餘。

郭世旺妻李氏。永和人。遭歲荒疫，夫將鬻以度日，知不能免，遂投河死。又馮氏，夫將賣與秦人，投繯死。

成仁儒妻王氏。本州人。夫亡守節。同州節婦蘇橿妻曹氏、穆添幅妻鄭氏，俱乾隆年間旌。

武繼周妻段氏。蒲人。守正捐軀。同縣節婦曹孔修妻王氏，俱乾隆年間旌。

曹曹氏。本州人，失其夫名。義烈可風。同州烈女馬看燈兒，節婦景希善妻蘇氏，俱嘉慶年間旌。

仙釋

明

無名僧。嘉靖間住大寧縣西道教村，土人房芝供養之，後火出鼻中焚其軀，芝築龕瘞之。

土産

蜜。元和志：隰州貢白蜜。

蠟。元和志：隰州貢黄蠟。

麝香。元和志：隰州貢。

箕柳。蒲縣出有數種，金絲最佳，秋可任爲簸箕。

龍鬚席。寰宇記：出温泉縣。按：唐書地理志隰州土貢胡女布，元和志及寰宇記亦載之，今州只産青麻一種，木棉亦間有之，意非此二者所成。附記於此。

校勘記

〔一〕元至元三年省入隰州 「州」，原作「川」，乾隆志卷一一三隰州建置沿革（下同卷簡稱乾隆志）同，據雍正山西通志卷五沿革三改。

〔二〕旁産五花花乳石 「五花」，乾隆志同，雍正山西通志卷二八山川一二作「五色」，疑是。

〔三〕寰宇記 「記」，原作「志」，據乾隆志改。

〔四〕蒲縣有伍城郡及石城郡 「伍」，原作「五」，據乾隆志及隋書卷三〇地理中改。

〔五〕一百一十里有康成鎮 「成」，乾隆志同，雍正山西通志卷一六關隘八作「城」。

〔六〕一百八十里有大麥鎮 乾隆志同，雍正山西通志卷一六關隘八「鎮」上有「郊」字。

〔七〕齊河清四年築 「河清」，原作「清河」，乾隆志同，據雍正山西通志卷一六關隘八乙正。

〔八〕横水橋 「水」，乾隆志同，雍正山西通志卷三三水利五作「河」。

〔九〕通會渠　「會」，乾隆志、雍正山西通志卷三三水利五作「惠」。

〔一〇〕明洪武中併昭陽丈八佛二寺入焉　「昭」，乾隆志同，雍正山西通志卷一七一寺觀四作「朝」。

〔一一〕張斗辰　「辰」，乾隆志同，雍正山西通志卷一四五孝義五作「宸」。

〔一二〕字薇垣　「薇」，乾隆志作「微」。

沁州直隸州圖

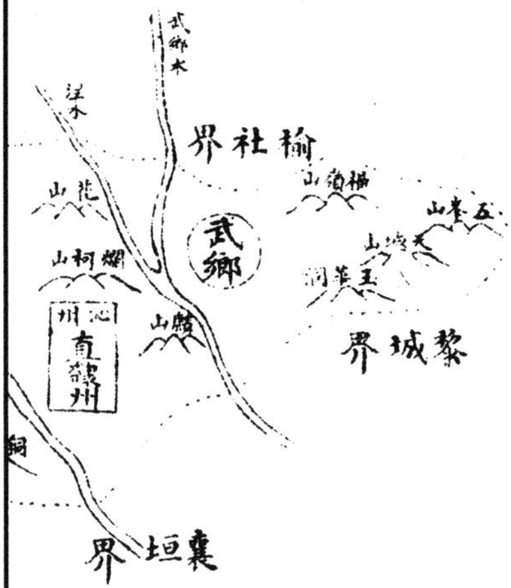
武鄉水
涅水
榆社界
花山
武鄉
爛柯山
沁州
直隸州
五臺山
黎城界
襄垣界

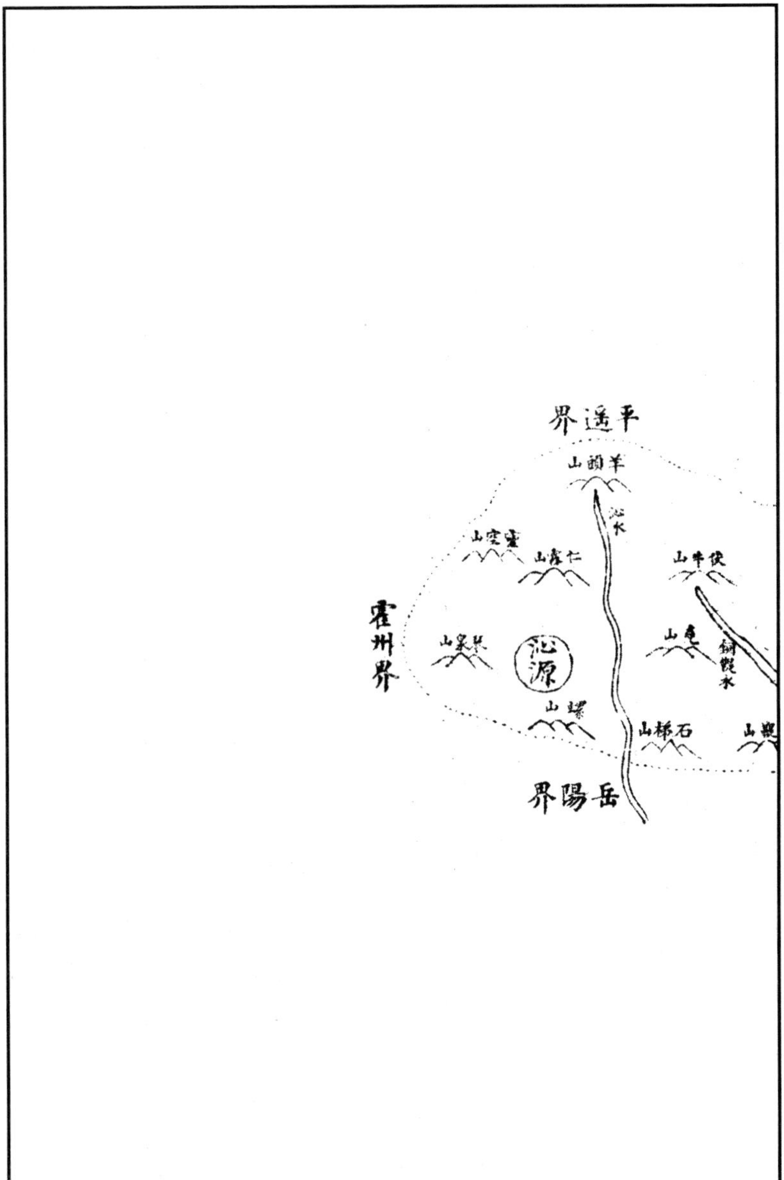
平遥界
羊頭山
沁水
靈空山
仁露山
伏牛山
霍州界
沁源
銅鞮水
螺山
石梯山
岳陽界

沁州直隸州表

	沁州直隸州	
兩漢	上黨郡地。	銅鞮縣屬上黨郡。
三國魏晉		銅鞮縣
後魏	義寧郡建義元年置，治沁源。	銅鞮縣改屬鄉郡。
齊周	義寧郡	銅鞮縣
隋	義寧郡開皇初廢，十六年置沁州。大業初廢。義寧元年復置郡。	銅鞮縣開皇十六年屬沁州，大業初仍屬上黨郡。
唐	沁州陽城郡武德元年置州，天寶元年改郡名。	銅鞮縣武德初屬沁州，六年屬韓州。貞觀十七年屬潞州。
五代	沁州	銅鞮縣
宋	威勝軍太平興國二年徙置，屬河東路。六年省沁州入。	銅鞮縣太平興國二年徙置亂柳寨，爲軍治。
金	沁州天會六年升州，屬河東南路。元光二年又升義勝軍。	銅鞮縣
元	沁州屬晉寧路。	銅鞮縣
明	沁州直隸山西布政司。	洪武初省入州。

續表

沁源縣	武鄉縣
穀遠縣屬上黨郡。	鄉郡延和中置。
晉省。	鄉郡
沁源縣建義元年置，爲義寧郡治。	開皇初郡廢。
沁源縣	
沁源縣開皇十六年爲沁州治。大業初屬上黨郡。義寧初仍爲義寧郡治。 綿上縣開皇十六年置，屬西河郡。	
沁源縣武德初爲沁州治，二年分置招遠縣，三年省入。天寶初爲陽城郡治。 綿上縣屬沁州。	
沁源縣 綿上縣	
沁源縣屬威勝軍。 綿上縣太平興國四年割屬大通監，寶元二年還屬威勝軍。慶曆六年徙治軍西北。	
沁源縣初屬沁州，元光二年於縣置穀州。 綿上縣屬沁州。	
沁源縣州省，仍屬沁州。 至元十年省。	
沁源縣	

		涅氏縣 置屬上黨郡。後漢曰涅縣。
		涅縣
鄉縣 分涅縣置，爲郡治。	東魏置南垣州，尋改豐州。	陽城縣 永安中改置屬鄉郡。
鄉縣	周省。	陽城縣
鄉縣 屬上黨郡。		開皇十八年改曰甲水，大業初省入銅鞮。
武鄉縣 武后時改名。神龍元年復曰鄉縣，後又曰武鄉，屬潞州。		武德三年復置甲水縣，六年省。
武鄉縣		
武鄉縣 改屬威勝軍。		
武鄉縣 屬沁州。		
武鄉縣 至元三年省入銅鞮，後復置。		
武鄉縣 還屬沁州。		

大清一統志卷一百五十八

沁州直隸州

在山西省治東南三百十里。東西距四百二十里，南北距四百里。東至潞安府黎城縣界二百十里，西至霍州界二百十里，南至潞安府襄垣縣界七十里，北至太原府太谷縣界三百三十里。東南至襄垣縣界八十里，西南至平陽府岳陽縣界一百七十里，東北至遼州榆社縣界八十里，西北至汾州府平遥縣界一百五十里。本州境東西距九十里，南北距一百十里。東至武鄉縣界三十里，西至沁源縣界六十里，南至襄垣縣界七十里，北至武鄉縣界四十里。東南至襄垣縣界八十里，西南至沁源縣界六十里，東北至武鄉縣界三十五里，西北至平遥縣界一百五十里。自州治至京師一千七百里。

分野

天文參、井分野，實沈之次。

建置沿革

禹貢冀州之域。春秋晉銅鞮邑。戰國屬韓，後屬趙。漢爲上黨郡銅鞮、穀遠等縣地。後魏

延和二年以銅鞮縣屬鄉郡，建義元年置義寧郡，治沁源縣。隋開皇初郡廢，十六年置沁州，兼領銅鞮縣。大業初州廢，二縣皆屬上黨郡。義寧元年復置義寧郡。唐武德元年復曰沁州，天寶元年改爲陽城郡，乾元元年復爲沁州，屬河東道。宋太平興國二年始於銅鞮縣置威勝軍，屬河東路。六年省沁州入焉。金天會六年復升軍爲沁州，屬河東南路。元光二年又升爲義勝軍節度。元曰沁州，屬晉寧路。

明洪武初省州治銅鞮縣入州，九年直隸山西布政使司，萬曆二十四年改屬汾州府，三十二年復舊。本朝因之，屬山西省。領縣二。

沁源縣。在州西少南一百二十里。東西距一百五十里，南北距二百里。東至本州界五十里，西至霍州界一百里，南至平陽府岳陽縣界五十里，北至汾州府平遥縣界一百五十里。東南至潞安府屯留縣界五十里，西南至岳陽縣界四十五里，東北至本州界六十里，西北至霍州靈石縣界一百三十五里。漢置穀遠縣，屬上黨郡。後漢因之。晉省。後魏建義元年置沁源縣，兼置義寧郡。隋開皇初郡廢，十六年於縣置沁州。大業初州廢，屬上黨郡。義寧元年復爲義寧郡治。唐武德初復置沁州，天寶元年爲陽城郡治，乾元初復爲沁州治。五代因之。宋太平興國六年沁州廢，以縣屬威勝軍。金初屬沁州，元光二年於縣置穀州。元初州廢。明仍屬沁州，本朝因之。

武鄉縣。在州東北六十里。東西距二百五十里，南北距五十里。東至遼州界一百十里，西至汾州府平遥縣界一百四十里，南至潞安府襄垣縣界三十里，北至遼州榆社縣界二十里。東南至襄垣縣界四十里，西南至本州界二十五里，東北至遼州界八十里，西北至太原府祁縣界一百二十里。漢置涅氏縣，屬上黨郡。後漢曰涅縣，晉因之。後魏分置鄉縣，延和二年兼置鄉郡，永安中省涅縣。東魏置南垣州，尋改豐州，後周州廢。隋開皇初郡廢，縣屬上黨郡。唐屬潞州，武后時改曰武鄉縣，神龍元

年復爲鄉縣，後又曰武鄉縣。五代因之。宋太平興國二年改屬威勝軍。金屬沁州。元至元三年省入銅鞮縣，後復置。明屬沁州，本朝因之。

形勢

漳水環其前，綿山鎮其北，太行拱其東，霍太峙其西，峰巒環疊，川澤縈洄。州志。

風俗

其地磽瘠，氣候遲暖而早寒。通志。其俗勤儉樸實，專力耕農，少事商賈。明統志〔一〕。

城池

沁州城。周六里有奇，門三。元末築，明崇禎中甃甎。本朝順治十六年修，康熙三年、六年重修。

沁源縣城。周二里有奇，門三，池廣二丈。元時土築，明萬曆中甃甎。本朝康熙二十八年修，雍正七年重修。

武鄉縣城。周三里，門三。後魏太和中土築，明崇禎間甃甎。本朝順治十六年修。

學校

沁州學。在州治西興文街。明洪武中建，弘治中重修。本朝順治九年修，康熙九年、二十年重修。入學額數十五名。

沁源縣學。在西城高阜處。舊在東關東南，元大德間建，明天啓中移北關外，崇禎中遷建今所。本朝順治十五年修，康熙三年、十七年重修。入學額數八名。

武鄉縣學。在縣北半里石勒寨。舊在縣治西南，明嘉靖中遷建今所。本朝康熙十一年修，二十四年重修。入學額數十二名。

銅鞮書院。在州城内。本朝乾隆十四年建。

琴泉書院。在沁源縣東門外。本朝乾隆十七年建。

户口

原額人丁三萬七千五百三十五，今滋生男婦共二十六萬六千八百一十一名口，計四萬六千七百二十八户。

田賦

田地一萬七百五十四頃六十畝五分有奇，額徵地丁正、雜銀四萬五千二兩四錢七分四釐，糧八百五十三石七升有奇。

山川

檀山。在州東三十里。山有九峰，世傳嘗有鳳棲其上。

萬安山。在州南四十里。其地有文中子洞，屬故銅鞮縣北紫金山畔，蓋隋王通讀書之所。東爲靈泉，有靈泉寺，中有沖惠、沖淑二真人祠，故又稱二神山。山爲沁州諸水總滙之處，自是而東南則襄垣縣界。

筆架山。在州治西南一里。三峰高出，北對學宫。

銅鞮山。在州西南四十里。北史魏彭城王勰傳：勰從孝文幸代都，次於上黨之銅鞮山。文獻通考：銅鞮縣有銅鞮山。明統志：一名紫金山。

后泉山。在州西南四十里。一名皇后山，水經注：皇后水出此。

石梯山。在州西南。魏書地形志：銅鞮縣有石梯水，東行入漳。元和志：石梯山，在沁州西三十里。寰宇記：在銅鞮

縣西南七十里，高一千九百尺。

鼊山。在州西二十里開村之西北。州志：鼊音碧，龜屬，以形似名。土人不識此字，故舊志訛爲「鼈山」，山下有鼊池，東流入於漳水。按：集韻「䵶鼊，水蟲名，似龜，皮有文」。韻會「䵶鼊，龜屬，似龜而曼胡無指爪，其甲有珠，文如瑇瑁」。䵶音衢。州有龜山，舊統志因訛「鼊」爲「鼈」，州志說近是，今從之。

堯山。在州西三十里。寰宇記：在銅鞮縣西二十里，唐天寶六載敕改爲銅鞮山，山高一千五百五十尺。按：州志有帝堯廟，今圮，土人疊石爲堡，名爲堯神寨，此山之所由名也。

伏牛山。在州西三十里。山高十餘里，周圍可四十里，上有古松數百株。縣志：昔人見神牛隱此，故名。山之陽有龍泉神廟，銅鞮水之源出此。山後有雲洞，其北與武鄉縣覆甑山相接。

滑山。在州北三十五里。甲水出焉，亭亭雲表，望之若芙蕖蘸水。明萬曆中改名花山，以山峰似花故也。

聖鼓山。在州東北五里，一名聖鼓嶺。上有大圓石，擊之聲如鼓，故名。小河水經其下，流入漳河。

麟山。在州東北二十里。九域志：威勝軍有麟山。舊志：在檀山之下。

爛柯山。在州東北四十里，接武鄉縣界。小河源出此。按：王質爛柯事出水經注，雲笈七籤「爛柯山在衢州信安縣王質隱處」，不知州境之山何以得此名。據縣志云「山有王仙祠，石上碁局尚存」，傳疑可也。

琴泉山。在沁源縣東六里，盤踞三十餘里。前有靈泉，西流入沁河。

青龍山。在沁源縣東二十里。青龍河出此。

螺山。在沁源縣南二十里北石村，與州西嶺相接。縣志：上有唐時古刹，傍有石井。

紫金山。在沁源縣西門外。高千餘里，縣城跨其半。

霍山。在沁源縣西七十八里，接霍州界。詳見霍州。

碾臺山。在沁源縣西九十里，與霍太山相連。怪石巉巖，其上多韭。

上觀山。在沁源縣西北五十里。林木叢鬱，上有香林寺，亦名香林山。

靈空山。在沁源縣西北六十里，高十餘里，盤踞五十餘里。其勢陡峻，石磴盤折，俗名十八盤。上有五龍潭，半空有仙、戀二橋跨澗而過，其東麓有蓋海洞。

靜草菟山。在沁源縣西北九十里，高三十里，盤踞百餘里，與靈空山相連。山高風猛，六月寒凜，寸草不生，故名。

仁霧山。在沁源縣北五十里，高五里。自綿山分脈，延亘六七十里，湷河出此。

青石山。在沁源縣北八十里。山多青石，望之如黛。

綿山。在沁源縣北一百二十里，盤踞百里，西北接汾州府介休縣，西接霍州靈石縣界。水峪河出焉。

龍居山。在沁源縣東北八里許，延亘甚遠。清水河源出此。

五花山。在沁源縣東北三十里，南與青龍山相接。

青果山。在沁源縣東北五十里。上有寒泉。

羊頭山。在沁源縣東北，即古謁戾山。山海經：謁戾之山，有金玉，沁水出焉。漢書地理志：穀遠縣有羊頭山。元和志：羊頭山，一名謁戾山，在綿上縣東北五十里。按：今縣志無羊頭山，蓋羊頭山在綿上縣境，綿上縣自元時省入沁源縣，縣志或仍舊時圖經，未經詳考故也。

黃崖山。在武鄉縣東六十里。山色皆黃，黃崖水出焉。

天城山。在武鄉縣東九十里。層巒複嶂，邑人曾避兵於此。相近又有小壑頭山。

五峰山。在武鄉縣東一百里。五峰並峙，積雪至夏不消。又東二十里即太行山。

南山。在武鄉縣東南三里。

三原山。在武鄉縣東南二十里。中有平原三處，故名。

時山。在武鄉縣西南三里。

八角山。在武鄉縣西五里。山形八角。

馬鞍山。在武鄉縣西七十里。南北皆昂而中低，以形似名。

西交山。在武鄉縣西一百里。以山勢相交而名。

麓臺山。在武鄉縣西一百二十里，西北接太原府祁縣及汾州府平遥縣界。

石臼山。在武鄉縣西北七十里。元和志：石臼嶺，在武鄉縣北六十五里。縣志：又西二十里爲石盤山。

禿頂山。在武鄉縣西北九十三里。

胡甲山。在武鄉縣西北一百里，一名侯甲山。水經注：胡甲山有長坂，謂之胡甲嶺，即劉歆遂初賦所謂「越侯甲而長驅」者也。寰宇記：武鄉縣侯甲山，今名護甲嶺。

覆甑山。在武鄉縣西北。水經注：涅水西出覆甑山。魏書地形志：陽城縣有覆甑山，涅水出焉。按：縣志有分水嶺，在縣西北一百里，涅水發源於此，蓋即古覆甑山也。

鞞山。在武鄉縣東北一里。寰宇記：在縣東北六十里。晉載記：石勒耕於野，每聞鞞鐸之聲，歸告其母，其母曰：「作勞

耳鳴，非不祥也。」山以此得名。

横嶺山。在武鄉縣東北五十里。

紫巖山。在武鄉縣東北六十里。山色皆紫，故名。

羊徑山。在武鄉縣東北，接遼州界。高險峻狹，路若羊腸，爲入太行之徑。其東相接者有龍巖洞，即太行山麓。

雕巢嶺。在沁源縣東南五十里，高五里，延亘三十里，接潞安府屯留縣界。

州西嶺。在沁源縣南門外百步許，高十里，延亘二十里，南接螺山。隋、唐間置沁州，其嶺在西，故名。

紅祠嶺。在沁源縣西北三十五里。上有清泉。

朱鶴嶺。在沁源縣北四十里。上有風洞，絶頂有天池。又土嶺，在縣北八十里，長二十里。

鐵鑪嶺。在沁源縣東北十五里琴泉山後。相連者爲磨刀嶺，下有馬圈坪。

青龍岡。在州城東。上有龍泉神祠，本朝雍正五年奉旨建先農壇，知州管學宣於祠右卜地築建焉。

蓋海洞。在沁源縣西六十里靈空山東麓。

玉華洞。在武鄉縣東六十里。洞中多產鍾乳石。

龍囤洞。在武鄉縣東九十里。深遠莫測。

陰廾。在武鄉縣西北一百二十里。兩峰對峙，高出雲表，中通一綫，接太原府祁縣界，爲三晉咽喉。

銅鞮水。在州南四十里。源出州西伏牛山，東南入潞安府襄垣縣界，俗謂之漳河。水經注：銅鞮水出銅鞮縣西北石磴山，東流與專池水合，又東南合女諫水，又東逕斷梁城，又東逕銅鞮縣故城北，又東南逕頃城西，又南逕胡邑至襄垣入漳。舊志謂

之西漳河，又名小漳河，有二源，一出伏牛山，一出滑山，至鼊山南合爲一川，南流逕州西二里，又東南入襄垣縣界。

后泉水。在州西南四十里后泉山下，東北流逕州西，入銅鞮水。

小河水。在州北。源出爛柯山，南流逕聖鼓山下，繞州城北，西流入銅鞮水。

甲水。源出州北滑山，東流逕爛柯山北，又東逕武鄉縣西五里，南入涅水。古名白鷄水，水經注：白鷄水出涅縣西山，東逕縣北，東南流入涅水。

沁水。在沁源縣東北。源出縣之羊頭山，西南流合水峪河，又西南流合渚河，又南流逕縣東，又南流合青龍河，又西南流合西川河，又南流合大南川，又南流入平陽府岳陽縣界。即古少水也。左傳襄公二十三年：齊侯伐晉，封少水。漢書地理志：穀遠縣，羊頭山世靡谷，沁水所出，東南至滎陽入河，過郡三，行九百七十里。顔師古注：「今沁水至懷州武陟縣入河，此云至滎陽，疑傳寫錯誤。」水經注：沁水即洎水，出羊頭山世靡谷，三源奇注，逕瀉一隍，又南會三水，又南流逕穀遠縣東，又南至猗氏〔二〕。元和志：沁水，一名少水，出綿上縣東南二十四里覆甑山，南流逕沁源縣東一里。按：寰宇記：沁有二源，一出綿山東谷，一出縣東北馬圈溝，俱南流至交口村而合，逕縣城東而南注。縣志：沁有四源，一出縣東北一百十里滑鳳村石崖下石穴，一出縣東北一百里崖頭村北山麓，俱由縣東北六十餘里琴峪村而南，至縣北五十里陽城村；一出縣正北百里車家嶺底，由綿上鎮至陽城合流轉東；一出縣東北六十里白孤窑馬圈溝，至縣北四十里交口村合流而南，復受諸水入岳陽界。其説較詳，録以備考。

武鄉水。在武鄉縣西。自遼州榆社縣南流入，至縣城西南合涅水。水經注：武鄉水又南得黄水口，又東南注於涅水。寰宇記：武鄉水，在縣西六十餘里。舊志：一名臨水，又名小漳河。

涅水。在武鄉縣西北。源出分水嶺，東南流逕縣南，又東南流入潞安府襄垣縣界。漢書地理志：涅氏縣，涅水出焉，故以名縣〔三〕。水經注：涅水西出覆甑山，東流與西湯溪水合，又東逕涅氏縣故城南，東與白鷄水會，又東南與武鄉水會，又東南注於

漳水。舊志：涅水至縣城西南合武鄉水。

胡甲水。在武鄉縣西北一百二十里。一名侯甲水，又名護甲水，西北入太原府祁縣界。水經注：侯甲水發源平縣胡甲山，又西北歷宜歲郊。元和志：護甲水，在武鄉縣西北八十里。寰宇記：在縣西北八十八里。

清水河。在沁源縣東八里。源出龍居山，西流入沁水。

青龍河。在沁源縣東三十里。源出青龍山，西南流至縣東南十里入沁水。

西川河。在沁源縣西。源出衛村東溝，東南流入沁水。

溎河。在沁源縣西北八十里。源出仁霧山，三穴湧出，東南流至縣北合五龍川，又東南流至縣東北入沁水。

水峪河。在沁源縣北。源出綿山，東南入沁水。

大南川。在沁源縣西南四十五里。又東五里有小南川，皆東南流入沁水。

五龍川。在沁源縣西北七十里。相近又有含弘、苗維二川，俱由東入靈空山峽，逕仙橋下出；又有地峪、水屯二川，俱由西北入靈空山峽，巒橋下出〔四〕，入沁河，謂之五川，今皆涸。

白龍池。在沁源縣北一百二十里。周圍皆石，深不可測。

二龍池。在武鄉縣南二十里。

東泉。在州東南八十里。味極甘冽。

暖泉。在州南關外半里。遇冬不冰。

南泉。在州南十里。

湛泉。在州西半里。地多園林，傍繞數泉，引以灌溉。

柳泉。在州北郭外。從石竇流出，匯爲方池，冬、夏不涸，上覆以亭。

馬跑泉。在沁源縣東十五里白土巖下，西南流至縣南十里入沁水。

珍珠泉。在武鄉縣東北一里。泉水噴出如珠。

鼉灘。在沁源縣南五里沁水中。周數十畝，形如鼉。

古蹟

銅鞮故城。在州南。本春秋晉邑，左傳成公九年：鄭伯如晉，晉人執諸銅鞮。昭公二十八年：晉分羊舌氏之田以爲三縣，樂霄爲銅鞮大夫。漢置銅鞮縣，屬上黨郡。魏、晉因之，後魏改屬鄉郡。魏書地形志：鄉郡銅鞮縣有銅鞮城。水經注：銅鞮故城在銅鞮水南山下〔五〕，晉大夫羊舌赤、銅鞮伯華之邑。是後魏前嘗移治也。元和志：銅鞮縣東南至潞州一百五十里，隋開皇十六年屬沁州，大業二年省沁州，縣屬潞州。唐武德六年屬韓州，貞觀十七年廢韓州，復隸潞州。舊唐書地理志：潞州銅鞮縣，武德元年屬沁州，五年移治舷水堡，六年移於今所，屬韓州。韓州廢，屬潞州。括地志：故城在縣東南十五里。宋史地理志：威勝軍銅鞮縣，太平興國初自潞州來隸。縣志：唐銅鞮故城，在州西南四十里，今爲故縣鎮，有故縣寨。按：銅鞮魏時已經移治，至唐武德間凡再徙，宋太平興國二年又隨威勝軍移於亂柳，是縣治經四遷也。舊志有段柳寨，在州南十五里，疑即「亂柳」之訛。

穀遠故城。在沁源縣南門外。漢置縣，晉省。魏書地形志：義寧郡，治孤遠城。元和志：沁源縣，本漢穀遠縣地，今縣南百五十步孤遠故城是也。語音訛傳，以「穀」爲「孤」。後魏莊帝於今理置沁源縣，因沁水爲名。寰宇記：縣在威勝軍西一百五

里。縣志：故城連州西嶺，舊址猶存。

綿上故城。在沁源縣東北。隋置縣，屬西河郡。唐屬沁州。元和志：縣至沁州七十里，本漢穀遠縣地。隋開皇十六年置綿上縣，以縣西界有故綿上地，因名。寰宇記：太平興國四年割屬大通監。宋史地理志：寶元二年自大通監來隸威勝軍，慶曆六年移治軍西北大覺寺地。元史地理志：至元十年省綿上縣入沁源。舊志：今爲綿上鎮，在縣東北七十里。按：宋以前綿上縣當更在縣西北，與綿山相近，今綿上鎮宋縣治也。

鄉縣故城。即今武鄉縣治。晉武鄉縣在今遼州榆社縣界，北魏移於今治，改曰鄉縣，隋及唐初俱因之。武后時爲武鄉，神龍時爲鄉縣，後復爲武鄉。舊唐書地理志：武鄉縣，本漢涅縣地，後魏移治於南亭川，改爲鄉縣。元和志：鄉縣東南至潞州一百七十里。縣志：南亭川，即今縣西南大南川。

涅氏故城。在武鄉縣西。漢置涅氏縣，屬上黨郡。後漢曰涅縣，後魏省入陽城縣。魏書地形志：陽城縣有涅城。章懷太子曰：「涅縣故城在鄉縣西。」寰宇記：涅城，在縣西六十里。舊志：在縣西五十五里，俗呼故城村。

招遠廢縣。在沁源縣西。舊唐書地理志：武德二年分沁源置招遠縣，三年省。

陽城廢縣。在武鄉縣西。魏書地形志：鄉郡陽城縣，二漢、晉曰涅縣，永安中改。隋書地理志：後魏陽城縣，開皇十八年改爲甲水，大業初省入銅鞮。舊唐書地理志：武德三年復置甲水縣，六年省入銅鞮。寰宇記：故甲水城，在銅鞮縣北七十里。舊志有陽城村，在縣西涅水側，即陽城縣故址。

烏蘇城。在州西南二十里，今名烏蘇村。魏書地形志：銅鞮縣有烏蘇城。

皋狼城。在武鄉縣西北五十里。相傳智伯求皋狼之地於趙襄子，即此。今爲故城鎮。

石勒城。在武鄉縣東北一里，周四百六十步。相傳石勒嘗屯兵於此。

威勝故軍。今州治。本漢銅鞮縣地，五代時地名亂柳，在唐銅鞮縣東北三十里。宋置威勝軍於此，兼移銅鞮縣治焉。金時升爲沁州。通鑑：梁開平元年康懷貞攻潞州，晉以周德威爲行營都指揮使救潞州，二年退屯亂柳。宋史地理志：威勝軍，太平興國二年詔於潞州銅鞮縣亂柳石圍中建。

銅鞮宫。在州南。左傳襄公三十一年：子産曰「今銅鞮之宫數里」。杜預注：「晉離宫名。」元和志：晉銅鞮宫，在銅鞮縣東南十五里。寰宇記謂之銅鞮城，上黨記曰：「銅鞮有晉宫，故闕猶在。」

駐蹕臺。有二，一在州西南二十里烏蘇村，爲漢高帝駐蹕處；一在州東北郊外，爲宋太祖駐蹕處。

上虒亭。在州城東南，一名斷梁城。漢書地理志：銅鞮縣有上虒亭。水經注：銅鞮水又東逕故城北，城在山阜之上，下臨岫壑，東、西、北三面岨袤二里，世謂之斷梁城，即故縣之上虒亭也。元和志：斷梁城，在銅鞮縣東北三十里。

鐵冶。在沁源縣東北。寰宇記：大通監管東、西二冶，東冶在綿上縣。縣志：縣境鐵鑛鑪凡五，一在縣西柏子鎮，其四曰王陶鎮、水峪村、大峪村、柴子坪，俱在縣北百里。

關隘

綿上關。在沁源縣北八十里。又唐書地理志：沁源縣有柴店關，久廢。

昂車關。在武鄉縣西門外。魏書地形志：上黨郡涅縣有昂車關〔六〕。唐書地理志：武鄉縣有昂車關。縣志：縣西關外有下關村，小漳水所經，相近又有上關村，即古昂車關故址。一作卬車關〔七〕，又名芒車關。

南關。在武鄉縣西北一百二十里，西北與太原府祁縣之龍舟北關相接〔八〕，號南北關，一名南關鎮。九域志：武鄉縣有南關鎮。宋史姚古傳：古進軍復隆德府威勝軍，扼南北關。縣志：與祁縣之北關相去十五里。

郭村鎮。在州西少南二十五里，有寨。

西湯鎮。在州西少北，即古西唐店。通鑑：五代唐清泰末趙延壽引兵如潞州，遇其父德鈞於西唐店〔九〕。胡三省注：「西唐店，在亂柳寨之西。」九域志：銅鞮縣有西湯鎮。縣志：鎮在州西北六十里，因西湯水爲名。又漳源鎮，在州西北三十里；交口鎮，在州西北三十五里，有堡；牛侍鎮，在州西五十里。

柏子鎮。在沁源縣西南叢山中，近岳陽縣界。又韓洪鎮，在縣西少北六十里，有寨。

郭道鎮。在沁源縣北少西五十里，有寨。

官軍鎮〔一〇〕。在沁源縣東北四十里，有堡。

盤龍鎮。在武鄉縣東四十里，一名攀龍鎮。

墨鐙鎮。在武鄉縣東北，接遼州界。

良馬寨。在州東南八十里，接襄垣縣界。舊志：其地多美水草，因置馬寨於此。唐會昌四年河中帥石雄拔良馬等三寨一堡，即此也。

道興寨。在州西少南二十里。又州西南三十里有堯神寨，四十里有寺莊寨、上執寨，四十五里有南仁寨，六十里有南泉寨。

段村寨。在州西二十五里。又黄后寨，在州西五十里。又州西北二十五里有喬村寨，四十里有王可寨，六十里有西峪寨，又州南三十五里有新店寨，州東六十三里有花山寨。

唐王寨。在沁源縣西北六十里靈空山。孤峰特起，四面石壁，頂上寬平可十餘畝。

陽城寨。在沁源縣北五十里。又縣北一百八十里有王鳳寨古寨。

侯壁寨。在沁源縣東北四十里。又縣東北六十里有石渠寨、下留寨、安樂館寨，八十里有師莊寨，一百里有定陽寨。

韓壁寨。在武鄉縣東五十里。又有土河寨，在縣東七十里，西、南、北三面有墻，舊爲戍守處。

重城寨。在武鄉縣東北，接遼州界。一名崇城寨，又名重栅寨。石壁萬仞，危橋駕空而入，半崖一逕可陟寨巔，草木陰翳，不知有寨也。

霍登堡。在沁源縣東五十里。

興居堡。在沁源縣西五十里。相近又有王莊堡。

沁陽驛。在州北郭外，今裁。

權店驛。在武鄉縣西北七十里，有丞。山路巀嶭，南通沁陽驛，北接南關，今裁。

津梁

雙水橋。在州城南郭外。又十五里有黄沙橋，又五里有永濟橋。

紅渠橋。在州城西南十里。

環翠橋。在州城北一里，跨小河水。又四里有霧騰橋。

仙橋。在沁源縣西北靈空山澗，廣一丈五尺。又西爲戀橋〔一一〕。

永利橋。在武鄉縣東二十里。

關河橋。在武鄉縣西三里。又通濟橋，在縣西北一百二十里。

隄堰

沁河渠。在沁源縣。發源河底村，距縣一百二十里。諸村設渠共四十三道，水散渠中，順水流上下引溉。

陵墓

周

羊舌赤墓。在州城東南銅鞮故城東。寰宇記：在銅鞮縣南六十里。晉太康地記曰：墓高一丈五尺。縣志：赤父職、弟肸同在一塋，里人呼之爲大夫城，故址尚存，周圍數十畝。

介之推墓。在沁源縣北一百里西山中，有祠。

晋

李陽墓。在武鄉縣。魏書地形志：鄉縣，三臺嶺上有李陽墓。

北魏

王文謨墓。在武鄉縣東原。文謨無考。縣志：崇禎間掘得其母張氏隧道石，知文謨當魏道武時官上柱國、東道行軍總管、善州刺史，封燕國公。

唐

徐蓋墓。在州南四十里。按：統志舊列徐勣，考勣本傳稱陪葬昭陵，無緣墓在州境。據縣志在徐村東佘坡，相傳勣父蓋葬此，或有之。今從縣志去李勣，改列徐蓋。

崔珏墓。在沁源縣南八里。

李師行墓。在武鄉縣磚壁村。縣志：康熙中武鄉磚壁村南，耕者得墓誌，可識者李師行，上黨武鄉人，唐延州司馬，葬箕山南。

宋

潘美墓。在武鄉縣西一百二十里潘家溝。按：宋史美本傳大名人，據縣志相傳爲武鄉人，且有潘家溝可據，姑存之。

元

邢抱璞墓。在沁源縣東琴泉山北坂。

明

宋訥墓。在沁源縣北八十里。

魏光緒墓。在武鄉縣南一里。又有魏令望墓。

祠廟

文中子祠。有二。一在州之銅鞮山麓，久廢；一在州學左，明萬曆中改建，本朝康熙中屢修，春、秋致祭。有唐皮日休斷碑，舊在銅鞮山祠，今移學宫左。

周德威祠。在州城南十里。元元統中建。

龍泉神廟。在州西伏牛山。廟有龍泉神，號嘉澤顯濟王。宋元豐中賜額靈顯，明初載入祀典，嘉靖中嘗遣官詣山致祭。有宋康濟、元岳至二碑記。

介之推廟。在沁源縣西北三里。

湯廟。在武鄉縣東李莊南岡上。

南山神廟。在武鄉縣東南三里南山頂。宋宣和間累封靈潤公，明初稱南山神。

海瀆焦龍神廟。在武鄉縣。有三。一在店子渠；一在南山廟西，内有八角池；一在土河村。宋宣和間累封昭澤王，明初改稱龍神，與南山神廟有司並春、秋致祭。

寺觀

天寧寺。在州城内福壽街。後周建。

靈巖寺。在州東石堠村，土人稱爲靈岡寺。又有靈感院，在州城北郭外，並金大定中賜額。

南泉寺。在州南十五里。一名圓通寺，唐貞觀中建。

靈泉寺。在州南南程村。宋太平興國中建，内有沖惠、沖淑二真人像。本朝世祖章皇帝御書「佛」字賜寺僧，因建聖佛樓。

聖壽寺〔一二〕。在沁源縣西北六十里靈空山。唐懿宗第三子遭黄巢亂，爲僧於此建，宋端拱中賜額。又州城通仙街亦有聖壽寺，宋皇祐間建。

龍華寺。在沁源縣北。隋開皇中建，宋嘉祐中賜額曰龍福，元至正間更今名。

離相寺。在武鄉縣東四十里。内有古柏大十餘圍。

普濟寺。在武鄉縣東南山麓，亦名南山寺。有龍爪槐，最奇古。

太清觀。在沁源縣紫金山上。金大定中賜額太清，有金喬扆碑記。又武鄉縣西關亦有太清觀，宋政和初建。

名宦

南北朝　魏

韋崇。杜陵人。孝文時爲鄉郡太守。更滿應代，吏人詣闕請留，復延三年。

唐

唐漢賓。晉陽人，儉裔孫。武宗時爲武鄉令。劉稹拒命昭義，漢賓固諫歸朝，不聽，舉族見害。大中初贈本縣令。

五代　唐

李存賢。許州人。爲沁州刺史。先時沁州當敵衝，徙其南百餘里，據險立栅而居。存賢至，曰：「徙城避敵，豈勇者所爲？」乃復城故州。梁兵屢攻之，存賢力拒守，卒不能近。

宋

梁迥。聊城人。太宗命蜀州刺史聶章爲沁州兵馬部署，以迥監其軍。并人入寇，迥率兵擊敗之。

金

李完。馬邑人。大定中沁州刺史。爲政一年，姦惡屏跡，璽書褒諭。

元

杜豐。西河人。太祖時爲沁州長官。在沁十餘年，寬徭薄賦，勸課農桑，民以富足。後請老，卒於家，沁人爲立祠，歲時祀焉。

陳思濟。柘城人。至元時知沁州。爲政簡要，不務苛察。

張德鄰〔一三〕。壺關人。至元十三年沁源縣尹。履正奉公，不避權勢，平反獄訟，鄰邑皆服其明。

明

高亮。灤州人。天順初知武鄉縣。常巡阡陌，課農桑，省民疾苦。道遇田婦饁耕者，亮取視之，皆糠粃藜藿，亮流涕曰：「民窮如此，牧民者之罪也。」後入覲，民爭饋贐，亮一無所受。

俞汝爲。字毅夫，華亭人。隆慶進士，知沁州。以招流移、振士習爲先務。術者言漳水直下，沁民不能有蓄藏，汝爲築石俾水東注。時汾州改府，以沁及二縣隸焉，士民差徭多累，汝爲請復舊制，直隸布政司並改沁陽驛募夫之例。在州五年，召入工部，民立生祠祀之。

靳賢。静寧人。萬曆初知沁源縣。嘗遵例丈田定税減三分之一，城垣舊土築，每歲傾圮，易以甎石。民爲之立生祠焉。

范禎。交阯人。沁州判官。征剿有功，陞知州，薄賦緩刑，人懷遺澤。

范廷輔。滋陽人。崇禎四年知沁源縣。以清慎著稱，時流寇猖獗，因於城西紫金山建保安寨，又於城外增重門，嚴啓閉，復勸助芻米，召兵捍禦，一方賴之。

本朝

王國棟。鐵嶺衛人。順治七年知沁州。時姜瓖亂後，國棟勘無主荒地及没水地若干，請題免逋賦七千餘兩，荒地以次墾闢，賦仍無缺，公私便之。

劉璇。永平人。順治元年知沁源縣。縣於明季爲盜藪，民習鬬健訟，璇招逋撫羸，教以禮讓，著循良聲。

張一龍。錦州人。順治六年知沁源縣。姜瓖之亂，太行綿、霍間多爲賊脅，大兵進剿，議縣人從賊罪。一龍泣争，願以百口保其無他，縣人獲全。以遷去，州人遮道送，建祠祀之。

汪宗魯。懷寧人。康熙六年以進士知沁州。薪水悉自給，民有訟，刻木爲皂隸，令自拘到，立剖之。修城及學宫，立義冢、養濟院。沁有劇盗十數輩爲害，設法擒獲。在官六年，人懷其德。

劉民瞻〔一四〕。奉天人。康熙中知沁州。時連歲災，盗賊竊發，民瞻擒斃盗首，借穀捐俸，賑活甚衆。三十七年牛大疫，民無以耕，借牛直於民，秋成後償官，播種不失時，正賦無缺。

王鼎基。河間人。康熙中以進士知沁源縣。縣向不知蠶桑之利，鼎基下車令民栽桑飼蠶，教以紡績，迄今賴之。

李琛。高陽人。康熙十八年知武鄉縣。縣有飛糧爲民病，琛請豁免，不允，趨會城面陳，至痛哭不能止，竟抑鬱而卒。縣人德之，立祠以祀。

人物

晋

李熹。字季和，銅鞮人。少有高行，博學研精，與北海管幼安以賢良徵，不行。宣帝復辟，熹爲太傅屬，固辭疾，郡縣扶輿上道。時熹母疾篤，乃竊而還，遂遭母喪，論者嘉其志節。後爲并州别駕，歷官御史中丞。當官正色，不憚强禦，累遷司隸校尉，泰始初封祁侯。卒，贈太保，謚曰成。

李弘。字世彦，熹孫。少有清節，永熹末歷給事黄門侍郎、散騎常侍。

南北朝　周

宇文顯〔一五〕。武鄉人。容止矜莊，能彎弓挽强，左右馳射。從魏孝武入關，爲太祖所信用，歷官使持節車騎大將軍、儀同三司，加散騎常侍，贈司空〔一六〕。按：周書無顯傳〔一七〕，此從庾信碑節録。

五代　唐

郭延魯。綿上人。父饒，以驍勇事晉王，數立軍功，爲沁州刺史者九年，有惠政，州人思之。延魯以善槊爲將，天成初朱守

殷反，從攻汴州，以先登功爲汴州馬步軍都指揮使。累遷復州刺史，以廉平自勵，民甚賴之。

元

張綱。武鄉人。至正間任本縣尹。政教兼施，威愛並用，嘗謂僚倅曰：「牧民者有恤民心，有恤民言。心恤者民信，言恤者民疑。」時妖氛爲患，綱諭以大義，遠近不惑。

明

龐清。武鄉人。洪武中進士。任監察御史，嘗赴召稍遲，上詰之，對曰：「送父還鄉。」上使追之，至則儲錢數貫、蒜一連而已，上笑曰：「汝可謂不愧厥名矣。」升揚州知府。

宋訥。沁源人。建文末以歲貢知大名府。燕兵起，死之。

魏祥。沁源人。任萬泉都司指揮使，累官京營參將。正統間，北征力戰死。

張鵬。字鳴南，沁州人。嘉靖進士。授河南推官，以廉慎聞。遷御史，上經略九邊封事，上嘉納之。歷按甘肅、山東皆有善政，遷大理寺右丞，卒。

温繼宗。沁州諸生。父卒不能葬，日守柩哀泣。嘉靖中寇入犯，繼宗以父殯不肯避，與叔父淵等力禦，中矢死柩旁，淵等亦死。後被旌。

陳所行。字力如，武鄉人。萬曆進士。知永年縣，有善政，烏鴉爲之捕蝗。遷工部主事，督工作，省帑金十餘萬。出守大名，平反重囚五百餘人。補蘇州太守，大盜葉朗生連三省謀不軌，捕追首惡二十人，餘不問，反側悉安。

霍守典。沁州人。萬曆中進士，官禮科給事中。天啓間魏忠賢以生祠額名請，守典刻之，忠賢恚甚，除太常少卿，實以杜其口，尋罷歸。值流寇之亂，捐貲修攔馬墻爲捍蔽，後州人不及進城者多賴保全。

胡養心。字貞宇，沁源人。其母節婦李氏也，居近狼尾河，一夕大雷雨，水溢，養心負母登高隴，村中大半漂没，母子獲全。人以爲節孝所感。

姚企崇〔一八〕。字仰之，沁源人。由拔貢任渭南縣丞。崇禎末流賊至縣，企崇佐縣令楊暄守城，會舉人王命誥開門迎賊，企崇與暄俱駡賊死。子哲，萬里乞食，得父柩以歸，渭南人士褒忠孝録贈之。哲入本朝爲教諭。

魏雲中。字定遠，武鄉人。萬曆中進士。除項城知縣，擢御史。數月疏劾史繼偕等八九人，以年例出爲甘肅僉事，辭疾不赴。天啓初爲通州兵備，累遷右僉都御史，巡撫寧夏。繕堡鑿渠，興屯練士，魏忠賢惡其爲東林，罷歸。崇禎二年召拜兵部右侍郎，行邊定察漢款議，乃列上八事，訪屬部、厚偵探、謹内外、恤將士、修營舍、復額兵、定功罪、擇守令。帝褒納之，命總督宣大山西軍務。尋被劾罷家居，修城築臺以禦寇，鄉人賴之。「察漢」舊作「插漢」，今改正。

魏光緒。字武韜〔一九〕，雲中從兄弟。萬曆中進士。由行人擢御史，疏論張差梃擊，言甚切。巡按山東，招撫寇孽數十萬。升太僕卿，争本寺牧地十萬餘頃。升湖廣巡撫，殲倡亂渠魁，討平土司彭元景，爲忌者所中罷歸。好義樂施，鄉里咸德之。

魏令望。字于野，武鄉人。崇禎中由進士爲商丘令。轉輸有功，調太康，流賊方熾，人咸危其行，令望曰：「此正吾効命之秋也。」既至練兵攻守，發飛砲打賊數萬。既而賊攻城將潰，令望猶手刃二賊，自投火不死，遂爲賊所執，賊誘以好言，令望駡不止，賊怒殺之。死年五十二。子興及家口二十餘人同日死，士民死者二萬餘人。值末季喪亂，未得恩恤，太康人私謚忠烈。本朝乾隆四十一年，賜謚忠烈。

趙克寬。字得軒。武鄉諸生，工詞賦。崇禎末流賊陷城，率衆巷戰，爲賊所執，脅之跪，克寬詈賊，至死猶噴血賊面。子廷

舉，性至孝，母病，祈藥武當，往返四千餘里，母尋愈。久之母卒，哀毁廬墓。聞父克寬被執將死，廷舉號泣求代不得，已而糾衆復仇，手刃賊首，賊圍之，即投井死。廷舉子夢鯉，謁選都門，夢父血流盈面，心動即歸，中途聞難，哀毁幾絶，終身不仕。

李之沆。武鄉人。崇禎末流賊至境，扶父避匿，道遇賊被執，父善醫，賊强之診視不肯，賊怒欲殺之，沆請身代不許，賊並殺之。

魏以繼。武鄉諸生。應省試，母喪，慟哭奔歸，時寇亂，所親力阻其行不得，曰：「母死不歸，禽獸也，即死賊手，猶得免於禽獸。」至陰辿果被執，大駡不屈死。

本朝

趙天騏〔二〇〕。字平符，武鄉人，克寬孫、廷扑子。廷扑爲諸生，通經術，尤明於禹貢。天騏幼稱神童，明崇禎末進士。甲申闖賊遣其黨來聘，天騏焚冠服，投深崖下，衣挂於樹不得死。順治初以遺佚薦。姜瓖之亂，授僞官不從，劫其家亦不爲動。母卒，廬墓三年，種園織麻以供父。父卒，遂不食死。著有續高士傳等書，行於世。

吴璵。字伯美，沁州人。順治己亥進士〔二一〕。知河南確山縣，以卓異授吏部主事，歷文選司郎中，累擢副都御史。疏言督撫宜巡歷地方，以知守令賢否，又請復巡撫巡道管兵舊制，以備緩急。擢兵部右侍郎，巡撫湖北，清吏治，定人心，活陝西流民在境者四萬人。尋總督湖廣，時值酌裁兵額，璵區畫得宜，人情帖然。升左都御史。聖祖仁皇帝嘉其清廉，升授爲刑部尚書，拜保和殿大學士。卒，謚文端。雍正十年詔入賢良祠。

程乘龍。武鄉人。父死，寇突至，從容殯殮，號哭盡禮。賊異而問之，乘龍指櫬嗚咽曰：「父死不殮，非人也。棄父得生，猶死也。」賊義之，助瘞致奠而去。

趙簡。武鄉諸生。七歲喪母，號泣欲殉，事繼母如所生，侍病衣不解帶。後父卒，哀毀骨立，三年未嘗入私室。雍正十年旌。

李秦。字西聖，沁州人。父星一，爲讎者陷入獄，秦竭力營救，前後凡六年，以父之故，食止粗糲，嚴冬著單布衣，卒以擊登聞鼓得白父冤。親死，廬墓三年。爲諸生四十年，研窮經史，視聲色貨利去之若浼，人咸敬之。卒年六十有五，入鄉賢祠。

劉青藜。字奉若，本州歲貢生，節婦王氏子。值兵亂，負母攜弟，晝伏夜行，卒免於難。母歿，撫幼弟成立。與吳璵爲貧賤交，璵貴，青藜猶弟呼之。同州孝子劉瑞、吳時諫〔二二〕、劉企向、秦珍、秦駿、劉光蔚、王珍、李生稈，俱乾隆年間旌。

劉漢鼎。沁源人。止一子，其弟夫婦俱歿，亦止一子，歲大歉謀諸婦郭，鬻子以全其姪，人比之鄧伯道焉。

李仙標。武鄉諸生。孝行著聞。同縣孝子武習路、武籙長、武光前、李玖，俱乾隆年間旌。

流寓

隋

王通。龍門人。寓居銅鞮紫金山，有石室。

元

杜思敬。豐子。隨父寓沁州，仕至中書左丞。

列女

明

杜氏。襄垣人，爲武鄉墨鐙村民王氏婦。家貧歲饑，有里豪欲以非禮犯，杜嚴肅不可近，豪乃賄其姑以勢迫之，日見笞撻，略無二志。後豪肆强暴，杜疾走投崖死。

魏國才妻程氏。武鄉人。年十九夫亡，子爍甫三月，程日夜寢苫塊，意不測，姑諭之曰：「若死孤亦死，魏不血食矣。」程悟，忍死營葬畢，織麻縷以爲食，伯叔兄弟歲時饋遺概弗受，事姑盡孝，訓子有成。事聞，旌其門。

宋朝妻朱氏。沁源人。年二十夫亡，無子，食貧守志，親黨争勸之嫁，朱注水於甕，埋三尺許，覆以石板，召勸嫁者環左右而誓曰：「待此水乾時，吾當嫁也。」自是衆不敢復言。居六十餘年，卒。

馮烈女。父九金，襄垣人，寄武鄉攀龍鎮。字里民胡棟，因棟貧，議改字富室，女曰：「貧富易操，何顏人世？」遂自縊。

吴明道妻史氏。沁源人。崇禎末爲流賊所獲，賊衆醵飲，脅坐行酒，史涕泣不顧，乘間出投厠。賊挽起爲易衣，頃復投之。賊怒，擊以瓦石死。又張光斗妻吴氏，被執上馬輒自投地，賊斫殺之。

駢應春妻陶氏。沁源人。應春方汲井上，賊驟至被殺，陶聞難奔赴，抱屍痛哭，投井死。又張薦妻張氏〔一三〕，被寇縛馬上，乘間投地，亦赴井死。

史光顯妻劉氏。武鄉人。流寇亂，舉家匿窖中，劉偶出執爨，賊猝至被執，劉紿曰：「樓有金帛可取也。」賊信之，令前

行，甫登樓即闔户，自樓窗投地死。又韓家奇妻李氏，賊至舉家被執，獨悦李不加刃，李怒罵投崖死。

董國章女。武鄉人。流賊至被獲，女投厠，賊曳出之，女大駡，被殺。又李克寧女，僑居攀龍鎮，賊攻寨急，揚言多與我婦女即解去，女聞恐被辱，墜崖死。

本朝

王悦曾妻張氏。本州人。年二十三夫亡，一女五歲，夫弟二皆幼，張善撫之。有求婚者，張色拒之，曰：「俟二叔有室、女有家，吾有以自處也。」越十餘年婚嫁畢，曰：「吾事盡矣。」闔户自縊。

閻尚名妻程氏。本州人。夫亡守節。康熙年間旌。

劉萬祚妻李氏。沁源人。姜瓖之亂，同夫避難，遇賊殺其夫，大駡求死，賊殺之。又王簡妻李氏、王攀龍妻王氏，並爲賊掠，罵不絶口，遇害。

史翼經妻姚氏。沁源人。少寡守節，越數年夫弟衛經又死，翁泣謂衛經婦朱氏曰：「我耄不足恃，媳可自爲計。」朱曰：「姆爲人婦，兒獨非人乎？」與姚同守志，歷四十餘年卒，與同縣節婦李敬忠妻吴氏先後旌〔二四〕。

武一貫妻王氏。本州人。守正捐軀。同州節婦秦繼緒妻葛氏、王龍珠妻程氏、楊培堂妻李氏、楊培模妻王氏、楊秉貞繼妻陳氏、王翼妻陰氏、吴瑛繼妻梁氏、郭營岐妻劉氏、劉青玉妻秦氏、王肅妻楊氏、楊燦妻李氏〔二五〕、楊春肇妻程氏、李現紅妻李氏、吴志妻王氏、宋璐繼妻戴氏、劉汝勵妻吴氏，俱乾隆年間旌。

劉柱女。武鄉人。姜瓖亂，縛劉上馬，行過高崖躍身墮崖下，家人購其屍，見一虎守其旁，體完如生。同縣烈婦王賢妻史氏，節婦魏晉封妻董氏、趙泰晟妻魏氏、李玖妻李氏、程禹臣妻李氏、段恭侯妻程氏、段康侯妻韓氏、閻耀妻李氏、郝芳葉繼妻任氏、

郝人宣妻李氏，俱乾隆年間旌。

牛石柱妻王氏。本州人。守正捐軀。嘉慶二十三年旌。

張炎妻南氏。沁源人。夫亡守節。嘉慶二年旌。

武澍妻魏氏。武鄉人。守節撫孤。同縣節婦蔣來亨妻楊氏，俱嘉慶年間旌。

仙釋

唐

韓湘子。修武人。嘗於沁州南八里修鍊，建塔一，鄉人立祠祀之。

金

閻密。沁源縣吏。棄家學道，結庵於紫金山，居二十餘年尸解。大定中，賜額名其庵曰太清觀。

基公。靈感院僧。性闊達，不留一物。嘗造叢冢，瘞屍四萬五千有奇。

本朝

普汰。號純如，沁州靈泉寺僧。戒律精嚴，兼通文翰。順治間游都城，御書「佛」字賜之。圓寂前十日，手書素扇徧遺知

交，展之胥歸家頌也，比衆至已逝矣。

土産

鐵。寰宇記：綿上縣有鐵冶。州志〔二六〕：沁源、武鄉俱出。

布。元和志：沁州賦。

花氊。州志：州産。

羊羢。州志：州縣俱産。

藥。明統志：石菖蒲，州境出；甘草、柴胡、連翹，州縣俱出；黄耆，沁源縣出。

蜂蜜。州志：沁源、武鄉俱出。按：元和志沁州貢龍鬚席，今無聞，謹附記。

校勘記

〔一〕明統志　「統」，原作「通」，據乾隆志卷一二〇沁州風俗（下同卷簡稱乾隆志）改。

〔二〕又南至猗氏　「至」，乾隆志同，雍正山西通志卷一八山川二、水經注卷九作「過」。

〔三〕涅水出焉故以名縣　乾隆志同。按，此兩句乃顔師古注，非志文。

〔四〕巒橋下出　「巒」，原作「蠻」，乾隆志同，據雍正山西通志卷二五山川九改。

〔五〕銅鞮故城在銅鞮水南山下　「下」，乾隆志同，水經注卷一〇漳水作「中」。

〔六〕上黨郡涅縣有昂車關　乾隆志同。按，魏書地形志「上黨郡」下無涅縣，此説蓋襲自資治通鑑卷二四七會昌三年五月「河東節度使劉沔以步騎二千守芒車關」，注「芒車關即昂車關，魏收地形志上黨郡沾縣有昂車嶺」云云，而誤「沾」爲「涅」。然通鑑注亦非，地形志沾縣在太原郡，有得車嶺，注所稱之郡名、地名皆訛。

〔七〕一作卬車關　「卬」，乾隆志同，資治通鑑卷二四七作「仰」。按，二字同。

〔八〕西北與太原府祁縣之龍舟北關相接　乾隆志同。按，祁縣有龍舟峪關，疑「北」乃「峪」之訛。

〔九〕遇其父德鈞於西唐店　「西唐店」，乾隆志同，資治通鑑卷二八〇作「西湯」，注云：「歐史『西湯』作『西唐』，薛史作『西唐店』。」

本條下文所引亦非胡三省注。

〔一〇〕官軍鎮　「軍」，原作「車」，據乾隆志、雍正山西通志卷一五關隘七改。

〔一一〕又西爲巒橋　「巒」，原作「蠻」，乾隆志同，據雍正山西通志卷三二津梁改。

〔一二〕聖壽寺　「壽」，原作「佛」，據乾隆志、雍正山西通志卷一七〇寺觀三改。

〔一三〕張德鄰　「鄰」，原作「麟」，據乾隆志、雍正山西通志卷九七名宦一五改。

〔一四〕劉民瞻　「瞻」，原作「贍」，據乾隆志、雍正山西通志卷八二職官一〇改。下文同改。

〔一五〕宇文顯　乾隆志同。按，據庾子山集卷一五周車騎大將軍贈小司空宇文顯和墓誌銘，「顯」下脱「和」字。

〔一六〕贈司空　乾隆志同。按，據庾子山集卷一五周車騎大將軍贈小司空宇文顯和墓誌銘，「司」上脱「小」字。

〔一七〕周書無顯傳　乾隆志同。按，宇文顯和傳附於其子宇文神舉，見周書卷四〇。

〔一八〕姚企崇　「企」，乾隆志同，雍正山西通志卷一二六人物二六、明史卷二九四忠義六作「啓」。

〔一九〕字武韜 「武」，乾隆志同，雍正山西通志卷一二六人物二六作「孟」。

〔二〇〕趙天騏 「騏」，乾隆志同，雍正山西通志卷一二六人物二六作「麒」。

〔二一〕順治己亥進士 「己亥」，原作「庚子」，乾隆志同，據雍正山西通志卷七一科目七改。

〔二二〕吴時諫 「諫」，原作「練」，據乾隆志、雍正山西通志卷一四四孝義四改。

〔二三〕又張薦妻張氏 「張薦」，乾隆志同，雍正山西通志一五六列女八作「劉薦」。

〔二四〕與同縣節婦李敬忠妻吴氏先後旌 「忠」，乾隆志作「德」。

〔二五〕楊燦妻李氏 「燦」，乾隆志作「璨」。

〔二六〕州志 「志」，原作「治」，據乾隆志改。

遼州直隸州圖

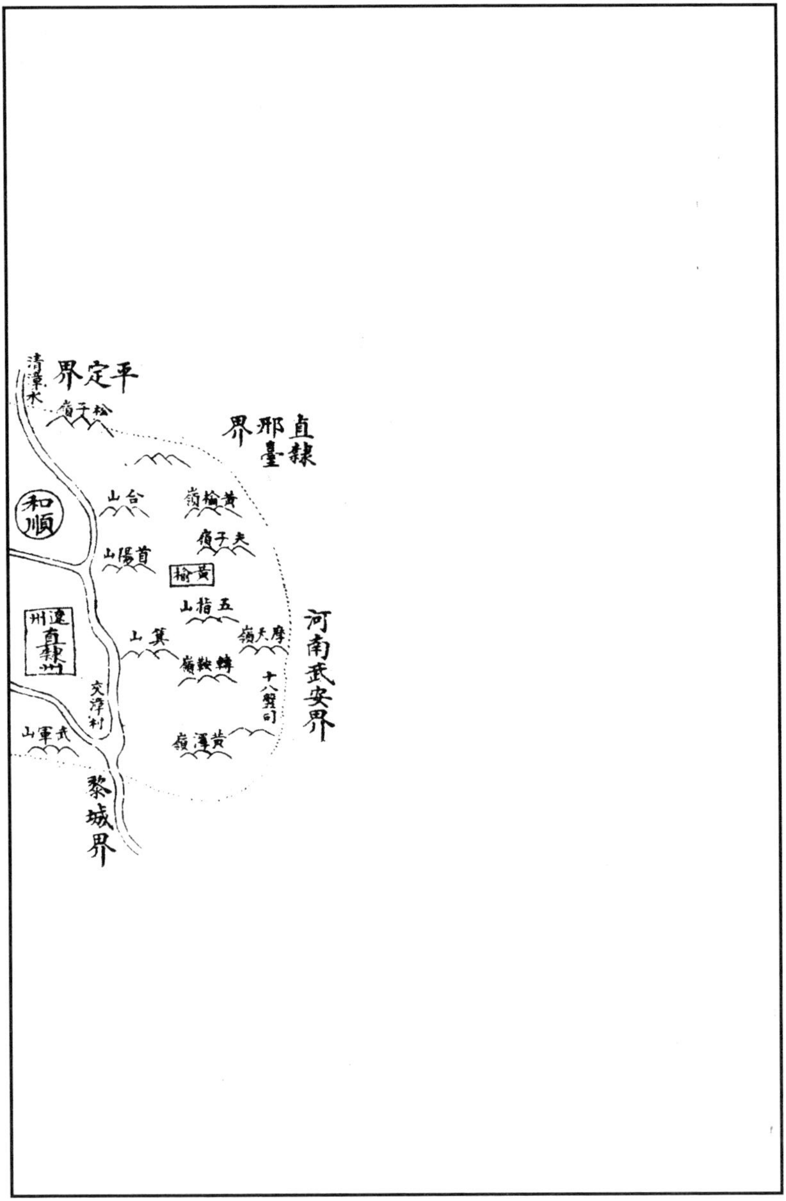
平定界
直隸邢臺界
和順
遼州直隸州
河南武安界
黎城界
清漳水
松子嶺
台山
黃榆嶺
夫子嶺
首陽山
黃榆
五指山
箕山
摩天嶺
十八盤司
交漳村
武軍山
黃澤嶺

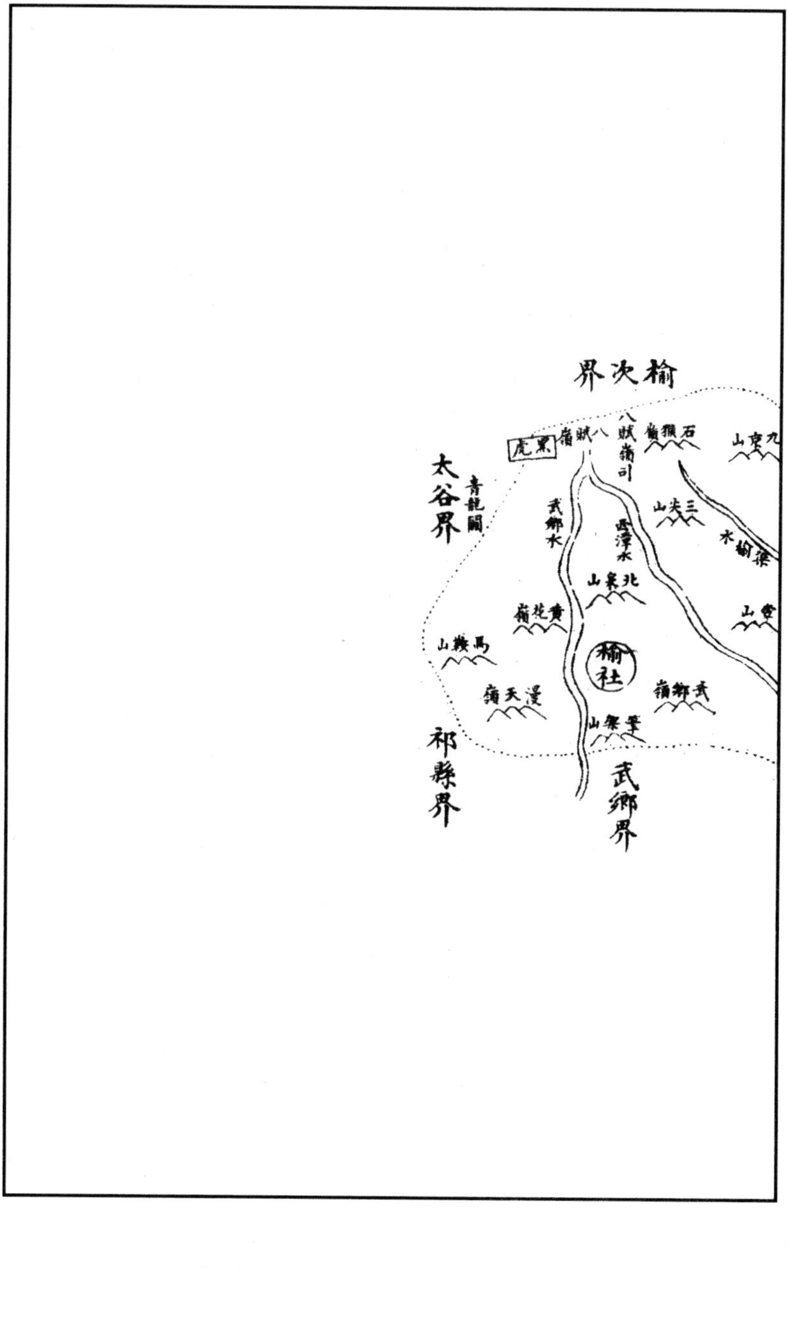

榆次界
黑虎
八賦嶺
八賦嶺司
石猴嶺
九京山
太谷界
青龍關
武鄉水
西漳水
三尖山
梁榆水
北泉山
黄花嶺
馬鞍山
榆社
漫天嶺
武鄉嶺
祁縣界
武鄉界

遼州直隸州表

	遼州直隸州	
兩漢	上黨郡地。	涅氏縣地。後漢末分置轑河縣，屬上黨郡。
三國		轑陽縣 晉改名，屬樂平郡。
晉		遼陽縣 太平真君九年併入鄉縣，孝昌二年復置，改名，仍屬樂平郡。
北魏		齊省。
隋		遼山縣 開皇十年復置，改曰遼山，屬太原郡。十六年屬遼州。
唐	遼州樂平郡 武德六年自樂平移州來治。八年改曰箕州，先天元年又改曰儀州，天寶初改郡。中和三年復曰遼州，屬河東道。	遼山縣 初屬遼州，武德六年爲州治。
五代	遼州	遼山縣
遼	遼州樂平郡 熙寧七年州廢，元豐八年復置，屬河東路。	遼山縣 熙寧七年屬平定軍。後仍屬遼州。
金	遼州 天會六年曰南遼州。天德三年去「南」字，屬河東南路。	遼山縣
元	遼州 屬晉寧路。	遼山縣
明	遼州 洪武九年直隸山西布政使司。	洪武初省入州。

	和順縣	榆社縣
	沾、涅氏二縣地。	涅氏縣地。
	樂平縣地。	武鄉縣 晉置，屬上黨郡。大興二年石勒置武鄉郡，尋廢。
		鄉縣地。
	梁榆縣 齊置，屬太原郡。	
交漳縣 開皇十六年分置，大業初省。	和順縣 開皇十年改名。 平城縣 開皇十六年置，屬遼州。大業初改屬太原郡。	榆社縣 開皇十六年置，屬韓州。大業初省入鄉縣，義寧初復置，屬太原郡。
	和順縣 武德三年改屬遼州，又析置義興縣。六年省。 平城縣 武德三年改屬榆州，六年還屬遼州。	榆社縣 武德三年置榆州，又分置偃武縣，六年州廢，屬遼州，又省偃武入之。
	和順縣 平城縣	榆社縣
	和順縣 熙寧七年省入遼山，元祐元年復置，仍屬遼州。 平城縣 熙寧七年省入遼山，元祐元年復置。	榆社縣 熙寧七年省入武鄉，元祐元年復置，仍屬遼州。
	和順縣 儀城縣 貞元二年省入遼山，貞祐四年復置，改名。	榆社縣
	和順縣 至元三年省。	榆社縣 至元元年省入遼山，六年復置，仍屬遼州。
	和順縣	榆社縣

續表

大清一統志卷一百五十九

遼州直隸州

在山西省治東南三百四十里。東西距三百三十里，南北距二百三十里。東至河南彰德府武安縣界一百四十里，西至太原府太谷縣界一百九十里，南至潞安府黎城縣界一百里，北至平定州界一百三十里。東南至黎城縣界一百里，西南至沁州武鄉縣界一百二十五里，東北至直隸順德府邢臺縣界一百十里，西北至太原府榆次縣界二百里。本州境東西距一百八十五里，南北距一百四十五里。東至武安縣界一百四十里，西至榆社縣界四十五里，南至黎城縣界一百里，北至和順縣界四十五里。東南至黎城縣界一百里，西南至武鄉縣界四十里，東北至邢臺縣界一百里，西北至和順縣界七十里。自州治至京師一千二百里。

分野

天文觜、參分野，實沈之次。

建置沿革

禹貢冀州之域。春秋屬晉。戰國屬韓，後屬趙。漢爲上黨郡涅氏縣地。後漢末分置轑河

縣，屬上黨郡。三國魏因之。晉改名轑陽，屬樂平郡。後魏太平真君九年併入鄉縣，孝昌二年復置，曰遼陽，仍屬樂平郡。北齊省。隋開皇十年復置，改曰遼山，屬太原郡。十六年屬遼州。隋書地理志：開皇十六年，析太原郡樂平縣置遼州。大業初州廢，屬太原郡。唐武德三年仍屬遼州，六年自樂平移州來治。八年改曰箕州，先天元年又改曰儀州，天寶元年爲樂平郡，乾元元年復爲儀州。中和三年仍曰遼州，見唐書地理志，而太平寰宇記作五代梁開平三年。屬河東道。五代因之。宋初曰遼州樂平郡，熙寧七年州廢，以縣隸平定軍。元豐八年復置遼州，屬河東路。金天會六年曰南遼州，金史地理志：以與東京遼州同，加「南」字。天德三年仍曰遼州，屬河東南路。元屬晉寧路。

明洪武初以州治遼山縣省入，九年直隸山西布政使司。本朝因之，屬山西省。領縣二。

和順縣。在州北九十里。東西距一百九十里，南北距九十里。東至直隸順德府邢臺縣界七十里，西至太原府榆次縣界一百二十里，南至本州界四十五里，北至平定州界四十五里。東南至邢臺縣界一百五里，西南至榆社縣界四十五里，東北至邢臺縣界九十里，西北至榆次縣界一百二十里。春秋晉梁餘子養邑，戰國韓閼與邑。漢爲沾、涅氏二縣地。晉爲樂平縣地。北齊置梁榆縣，屬太原郡。隋開皇十年改曰和順，屬并州。大業初屬太原郡。唐武德三年改屬遼州，五代因之。宋熙寧七年省入遼山縣，元祐元年復置，仍屬遼州。金、元、明不改，本朝因之。

榆社縣。在州西九十里。東西距一百五里，南北距八十五里。東至本州界四十五里，西至太原府祁縣界六十里，南至沁州武鄉縣界五十里，北至和順縣界三十五里。東南至武鄉縣界五十里，西南至武鄉縣界四十里，東北至和順縣界四十里，西北至太谷縣界八十里。漢涅氏縣地。晉置武鄉縣，屬上黨郡。大興二年石勒置武鄉郡，永和中廢。後魏爲鄉縣地。隋開皇十六年復

分武鄉故地置榆社縣，屬韓州。大業初省入鄉縣，義寧元年復置，屬太原郡。唐武德元年復屬韓州，三年於縣置榆州。六年州廢，屬遼州。五代因之。宋熙寧七年省入武鄉縣，元祐元年復置，仍屬遼州。金因之。元至元三年省入遼山，六年復置，仍屬遼州。明不改，本朝因之。

形勢

居太行之絶巔，當晉、豫之交會，南帶漳水，北枕松嶺，十八盤峙其左，八賦嶺踞其右。州志。

地少平原，僻而實險。通志。

風俗

其民敦厚樸直，務耕作，鮮織紡。通志。

城池

遼州城。周四里有奇，門三，池廣三丈。元末築，明隆慶初甃甎。本朝康熙十一年修，雍正五年重修。

和順縣城。周二里有奇，門三，池深二丈。元至正中土築，明萬曆初甃甎。本朝順治十六年修，康熙八年、雍正六年、乾隆四十五年重修。

榆社縣城。有二。東曰上城，周二里，門三，明嘉靖中築；西曰下城，周三里，門三，池廣一丈，明隆慶中築。

學校

遼州學。在州城内東北隅。舊在州治西南，元至元初建，明洪武中徙建今址。本朝康熙十二年修。入學額數十五名。

和順縣學。在縣治東北。元至正中建。本朝順治十六年修，康熙八年重修。入學額數八名。

榆社縣學。在縣東門外。元中統中建。本朝順治四年修，十四年重修。入學額數十二名。

崋山書院。在州城貢院前。本朝乾隆十年建。

箕城書院。在榆社縣。本朝乾隆七年建。

户口

原額人丁二萬八千六百八十，今滋生男婦共二十一萬二千七百一十五名口，計三萬五千四十户。

田賦

田地八千八百五十五頃六十一畝六分有奇，額徵地丁正、雜銀三萬三千七百五十七兩二錢九分五釐，糧三十五石九斗一升有奇。

山川

東雲山。在州東十里。峰高林茂，州之巨鎮。上有石岱巖。

甕洪山。在州東十二里。中有棲真洞，有甘泉。

紫陽山。在州東三十里。上有七龍洞。

遼陽山。在州東，高二里，廣三里。寰宇記：在遼山縣東三里，南入潞州黎城縣界。

箕山。在州東。元和志：在遼山縣東四十五里，上有許由冢。武德八年改箕州，因此山爲名。寰宇記：箕山有石室，方四丈，壁中文字篆書，人莫能識。按：史記伯夷列傳曰「余登箕山，上有許由冢」，當在今河南登封縣，元和志誤。

五指山。在州東。元和志：在遼山縣東五十里。寰宇記：李穆叔趙記云「轑陽東北有五指山，巖石孤聳，上有一手一足之蹟，其大如箕，指數俱全」。又郡國志云「北齊文宣王遣人量之，長七尺」。又十六國春秋云「石勒生時，此山草木皆爲鐵騎之

形」。舊志：在州東七十里。

武軍山。在州南七十里。數峰峭立，各高千仞。

崋山。在州西三里。州境諸山唯此鬱然蒼翠。

紫金山。在州西十里。常有紫氣上騰。

首陽山。在和順縣東南四十里。本陽區山，俗號首陽山。

斷孤山。在和順縣西南。寰宇記：在平城縣南十五里，其山高於衆山，四面孤絶，有斷孤水出焉。

雲龍山。在和順縣西三里。又西五里爲鳳凰山。

三尖山。在和順縣西九十里。三峰屹立，形如「山」字。

九京山。在和順縣西北五里。隋書地理志：和順縣有九京山。元和志：在縣西十里。寰宇記：九原山，在縣西十一里，即趙孟與叔向游處。

麻衣山。在和順縣北五里。上有麻衣古寺。

合山。在和順縣東北四十里，周三十六里。盤踞迂迴，上多松柏，下有郎君、娘子二泉。

清涼山。在榆社縣東十五里。廣植松柏，盛夏無暑，故名。

黑山。在榆社縣東二十五里。高峻過諸山，上有黑山神廟。

秀容山。在榆社縣東南三里。縣之鎮山，山勢透迤而西，峰巒秀麗，故名。

五峰山。在榆社縣東南，接武鄉縣界。山有五峰，周三里。

筆架山。在榆社縣南三里。形如筆架，儀川河繞流其下。

帽山。在榆社縣西南，接武鄉縣界。俗名帽盒山，以形似名。

獅子山。在榆社縣西南，接武鄉縣界。

梓荆山。在榆社縣西十里。豐隆陡絶，上有梓樹一株，垂蔭蔽日，旁有梓樹神廟。

禪隱山。在榆社縣西六十里。山境深窈，最爲幽寂，舊傳有高僧隱此，中有道人泉。

馬鞍山。在榆社縣西北五十里。積石嶙峋，高入雲漢。中峰兩歧，形如馬鞍，故名。

頂山。在榆社縣西北七十里。峰巒特起，冠於群山。

北泉山。在榆社縣北八里。下有泉從石中出。

高榆山。在榆社縣北十五里。四面壁立，山巔有田一頃，又有井，深四十餘丈。

儀夷嶺。在州東。唐先天元年以明皇諱與州名同，改箕州曰儀州，因此嶺爲名也。

轉鞍嶺。在州東八十里。嶺勢高險，徑路崎嶇。

摩天嶺。在州東九十里。峰巒峻絶，接河南武安縣界。

黄澤嶺。在州東南。山徑險峻曲折，凡一十八盤，東南與河南武安縣接界。五代梁乾化五年晉王存勗引兵自黄澤嶺東下，即此。

翻轅嶺。在州南三十里。路最陡險。

土門嶺。在州南三十里。兩峰對峙如門。

武鄉嶺。在州西四十五里，跨榆社縣界。儀川河出其下。舊隸沁州武鄉縣，故名。

黃榆嶺。在和順縣東七十里。又南爲夫子嶺，在縣東南一百里，皆接直隸邢臺縣界。

石鼓嶺。在和順縣南四十五里。上有石類鼓，故名。南接本州界。

八賦嶺。有南、北二嶺，南嶺在和順縣西一百二十里，北嶺在縣西北一百二十里，亦名八縛嶺。魏書地形志：樂平縣有八賦嶺，在平城縣西南三十里，武鄉水所出。縣志：南北二嶺，兩山對峙如八字然，接太原府榆次縣界，轑水、武鄉水、大涂水皆出於此。按：南八賦嶺即武山，水經注「武鄉水出武山」、元和志平城縣八賦嶺「武鄉水所出」是也。北八賦嶺即轑山，水經注「轑水出轑河縣西北轑山」、元和志「開皇十年改置遼山縣，因縣西北轑山爲名」、寰宇記「遼陽水出平城縣西北八賦嶺，亦名八賦水」是也。舊志以州東三里遼陽山爲轑山，既與元和志縣西北不合，且非轑水所出，謬矣。

石猴嶺。在和順縣西北四十里，梁榆水出焉。一名大嵰山，水經注：梁榆水出梁榆城西大嵰山。

松子嶺。在和順縣東北四十里，與平定州樂平鄉接界，延亘三十里。嶺路崎嶇，最爲險峻，有關在其上，下有松子水出焉。

赤土嶺。在榆社縣東南四十里。其土獨赤，故名。相近又有車道嶺。

漫天嶺。在榆社縣西六十里。

黃花嶺。在榆社縣西北五十里。

鼓腰嶺。在榆社縣西北。唐會昌三年澤潞叛將康良佺退守鼓腰嶺，即此。又恤張嶺，亦在縣西北。

四縣堖。在榆社縣西六十里。其嶺最高，登之則太原府榆次、太谷、祁縣、徐溝皆見，故名。

清漳水。在和順縣東。源自平定州南，流入縣界，又南逕本州城東，又南至交漳村與轑水合，又南入潞安府黎城縣界。水經注：清漳水又南逕昔陽城，又南逕梁榆水口，又東南合轑水。元和志：清漳水，在和順縣北。

萬泉水〔一〕。在和順縣東。源出合山，東南流入清漳水。又海眼泉，一名清河，在縣南六十里，其水澄清洶湧，冬寒不凍，亦流入清漳水。

武鄉水。源出和順縣西南八賦嶺，南流逕榆社縣西，又南入沁州武鄉縣界，今名小漳河。水經注：武鄉水源出武山西南，逕武鄉縣故城西，南出得清谷口水，又南得黃水。寰宇記：武鄉水，在榆社縣西一里，源從平城縣西南八賦嶺下出，南入武鄉縣。

南萬水。在和順縣西南四十五里，出南萬嶺下。見寰宇記。又有南松嶺水、北松嶺水，俱流入清漳。

轑水。一名遼陽水〔二〕，又名西漳水。源出和順縣西北八賦嶺，東南流逕州城西南，入清漳水。水經注：轑水出轑河縣西北轑山，南流逕轑河縣故城西南，東流至粟城注於清漳。寰宇記：遼陽水，從平城縣西北八賦嶺下出，名八賦水，東南流逕古遼陽城南，謂之遼陽水，又東合清漳水。

梁榆水。源出和順縣西北石猴嶺，東南流至縣西南入清漳水。水經注：梁榆水出梁榆城西大嵰山，有二源，北水東南流，逕其城東，南注南水，南水亦出西山，東逕文當城北，又東北逕梁榆城南，右合北水，又東南入於清漳。

水神水。在和順縣東北。源出縣東北七十里涉河谷，東北流入平定州樂平鄉界，合沾水。

清谷水。源出榆社縣東武鄉嶺，西南流，至縣城西南入武鄉水，今名儀川河。水經注：清谷口水源出長山清谷，西南與轘轅、白壁二水合，南入武鄉水。

龍潭。在州東八十里。其深莫測。

九京川。在和順縣西北。寰宇記：在九京山北，東西二十里。

飲馬池。在和順縣西。水甚清澈，相傳石勒飲馬於此。

漚麻池。在榆社縣北。晉書石勒載記：勒與李陽鄰居，歲常争麻池。魏書地形志：鄉郡鄉縣有古麻池，即石勒與李陽所争池。元和志：石勒漚麻池，在榆社縣北三十里，今枯。

龍泉。在州東。寰宇記：在遼山縣東三十里，山側有穴，闊一丈，去地一百尺，流注不絶，如龍之吐，故曰龍泉。

洗耳泉。在州東六十里箕山。又温泉，在州東七十里，俱西流入清漳水。

千畝泉。在州東南。寰宇記：千畝原，在遼山縣東南三十二里，地方千畝，平原膏腴，人賴其利。州志：州境多山，惟此地高平，廣可千畝，懸崖有泉自石穴懸注，分流灌溉，名曰靈泉。

東滙泉。在榆社縣東五里。從地湧出，其源甚多，可引灌田。

三元泉。在榆社縣東三十五里。水從石出，其源三穴，其味甘美。

藍玉泉。在榆社縣東四十里。乘高下注，可引溉田。

石公泉。在榆社縣東四十里武鄉嶺下。相傳石勒飲馬之泉。

瀑突泉。在榆社縣南五十里。從石中湧出，水瀑五寸許，夏涼冬温，泉旁緑草四時不枯。

古蹟

遼山故城。今州治。戰國趙轑陽邑，史記秦始皇本紀：十一年王翦攻轑陽〔三〕。後漢末置轑河縣。晉曰轑陽。後魏曰

遼陽，魏書地形志：樂平郡遼陽縣有遼陽城，蓋嘗移治也。隋曰遼山縣，復移漢時故城，元和志：隋開皇十年於遼陽故城置遼山縣。按：舊志又有遼陽城，在州北三里，當是後魏孝昌中所置，隋時移治而此城廢。

交漳故城。在州東南。隋書地理志：太原郡遼山縣，開皇十六年置交漳縣，大業初罷入。州志：在州東南七十里，今爲交漳村。

閼與故城。在和順縣西北。戰國韓邑，後屬趙。史記：秦伐韓，軍於閼與，趙王令趙奢救之，卷甲而趨，二日一夜至，大破秦軍，遂解閼與之圍。秦昭襄王三十八年中更胡傷攻趙閼與，不能取。始皇十一年王翦攻閼與。漢高祖二年韓信破代兵，禽夏説閼與。後漢書郡國志：涅縣有閼與聚。北齊置梁榆縣。水經注：梁榆城即閼與故城，趙奢破秦於此。司馬彪、袁松郡國志並言涅縣有閼與聚，盧諶征艱賦曰「訪梁榆之虚郭，弔閼與之舊平」，亦云閼與今梁榆城也。隋書地理志：舊梁榆縣，開皇十年改名和順。按：閼與，孟康、司馬彪、袁松、劉昭並言在涅縣，隋書地理志、史記正義並言在武安，括地志以爲在銅鞮。今考和順西之平城廢縣即漢涅縣地，和順亦兼有涅縣地，趙奢二日一夜至閼與，史言其神速，邯鄲去武安甚近，何爲神速？其不在武安明矣。王翦攻韓閼與，在秦悉拔韓上黨十年之後，銅鞮屬上黨，閼與非上黨邑，漢初閼與屬代，則在上黨東北，近井陘口，其非銅鞮明矣。唯水經注最覈。元和志閼與之地，武安、銅鞮、和順三見，蓋惑於衆説，無所適從，今特爲辨正。

和順故城。在今和順縣東北。元和志：隋置和順縣，因縣東北和順故城爲名。縣志：今與縣城相倚，周四百八十步，垣址尚存，或云石勒時所建。

武鄉故城。在榆社縣西北。晉初置武鄉縣，大興中石勒僭號，勒本武鄉人，嘗曰：「武鄉，吾之豐沛。」因於今榆社縣治置武鄉郡，而名故武鄉爲榆社城，取漢時枌榆社之義。永和中郡廢，後魏延和二年復置鄉郡鄉縣，移治於今沁州之武鄉縣，故城遂廢。魏書地形志：鄉縣有武鄉、榆社二城。元和志：遼州榆社縣東至州一百十里，晉於縣西北三十五里置武鄉縣。隋開皇十六年於此置榆社縣，因縣西北榆社故城爲名。縣城即故武鄉城，石勒時築。縣志：榆社城，今曰社亭鎮，在縣西北三十里，西通太原

府太谷縣，北通省城。　按：元和志所云縣西北榆社縣城，即地形志之榆社城，晉初所置武鄉縣也；所云縣城故武鄉城即地形志之武鄉城，石勒所置武鄉郡，今榆社縣城也。

平城廢縣。在和順縣西，即舊平都城。東魏武定末高洋謀受魏禪，自晉陽擁兵東至平都城，即此。隋置爲縣，隋書地理志：太原郡平城縣，開皇十六年置。元和志：平城縣東南至遼州九十里，本漢涅縣地，晉置武鄉縣，地屬焉。開皇十六年於趙簡子所立平都故城置平城縣，屬遼州。大業三年改屬并州。唐武德三年改屬榆州，六年還屬遼州，貞觀八年改屬箕州，先天元年改屬儀州。宋史地理志：熙寧七年省平城入遼山縣，元祐元年復置。金史地理志：遼州儀城縣，舊爲平城縣，貞元二年廢入遼山爲鎮，貞祐四年復升爲縣，更今名。元史地理志：遼州和順縣，至元三年省儀城縣入焉。舊志：縣西一百里，今有儀城鎮。

義興廢縣。在和順縣西。唐書地理志：武德三年置義興縣，六年省。縣志：在縣西十五里，今名儀村。

偃武廢縣。在榆社縣南，即古魏城。魏書地形志：鄉縣有魏城。舊唐書地理志：武德三年置偃武縣，屬榆州，六年廢。舊志：今爲魏城鎮，在縣南三十里。

栗城。在州東。水經注：轑水東流至栗城。州志：今名栗城里，有栗城鎮。

困悶城。在和順縣西。寰宇記：在平城縣南十五里，舊圖經云，昔趙簡子至此病篤，遂築此城，由此得名。又有困悶川。

箕城。在榆社縣南三十里。春秋僖公三十三年晉人敗狄於箕〔四〕，即此。舊志：今爲箕城鎮。

將相鄉。在榆社縣界。本名進德鄉，唐明宗以王建立賜改今名。

鹿苑。在和順縣西二里。方廣數十畝，俗傳趙襄子養鹿處。

太子蓮池。在州城南羅睺聖母廟前。有泉溢起，甃爲池。縣志：相傳梵王太子浴此，蓮花湧出。今池廢泉存。

趙奢壘。在和順縣東五十里，即趙奢救韓去閼與五十里而軍築壘處。

關隘

黄澤關。在州東南黄澤嶺上。魏書地形志：遼陽縣有黄澤關〔五〕。五代史梁臣劉鄩傳：鄩潛軍出黄澤關襲太原。宋史地理志：遼山縣有黄澤砦。金史地理志：遼州有黄澤關。新志：在州東一百二十里十八盤山，路通河南武安縣，元時舊關也。

黄榆嶺關。在和順縣東七十里黄榆嶺口，東達直隸順德府邢臺縣界。明置巡司，後裁。

松子嶺關。在和順縣北四十五里松子嶺口，北與平定州樂平鄉接界，達直隸正定府井陘縣。明置巡司，後裁。

石會關。在榆社縣西二十五里，又西南即沁州武鄉縣之昂車關。唐會昌三年，河東帥劉沔討澤潞叛帥，守昂車關，壁榆社，取石會關。光化中，梁太祖遣其將氏叔琮拔潞州，進趨晉陽，出石會關。清泰三年，契丹圍唐兵於晉安砦，遊騎至石會關。周顯德五年，潞州帥李筠擊北漢於石會關，拔其六砦。蓋澤、潞北走晉陽之要扼也。

馬陵關。在榆社縣西北八十里，西北與太原府太谷縣接界。舊置巡司於此，後裁。

十八盤巡司。在州東南黄澤關下。明洪武十一年置，本朝因之。

八賦嶺巡司。在和順縣西一百二十里。其嶺有二，懸崖曲磴，設二關於嶺口，西南曰青龍關，赴平汾要路，西北曰黑虎關，赴太原要路，二關之間置巡司守之。

長城鎮。在州西北四十里。又黄漳鎮、芹泉鎮，皆在州東；桐峪鎮、麻田鎮，皆在州南；寒桃鎮，在州北；拐兒鎮，在州東北。

松煙鎮。在和順縣東四十里。又東十里爲馬嶺曲鎮，又東十里爲虎峪鎮。

寒湖鎮。在和順縣西四十五里。又横嶺鎮，在縣西八十里；馬防鎮，在縣西北九十里。

雲簇鎮。在榆社縣西三十五里。市集勝城邑。

古寨。在榆社縣南三十里。高三十丈，東、南二面皆臨溝澗，旁有幽洞。又黑山寨，在縣西北三十五里；寓仙寨，在縣西北七十里。

官寨。在榆社縣北，接和順縣界。四面陡絶，惟一徑可登，山巔平曠，可容數百人。

南關驛。在州西南，接武鄉縣界。明洪武二年設，屬武鄉縣，八年改屬遼州。舊有驛丞，後裁。

津梁

粟城橋。在州城東粟城村。

黄漳橋。在州城東黄漳村。

高歡橋。在州城南四十里。

馬澮橋。在榆社縣西南十五里，曰北馬澮橋；又西南二十里，曰南馬澮橋。

雲簇橋。在榆社縣西三十里。

浴浪橋。在榆社縣北八里北泉。

隄堰

水井溝。在和順縣東北三里，即古玉津泉也。源雖涓細，亦資灌溉。

陵墓

周

先軫墓。在州城南二里。

陽處父墓。在和順縣西北九京山下。

五代　晉

王建立墓。在榆社縣西四十里魚頭村。按：五代史：建立，遼州榆社人，歷事唐明宗、晉高祖。

明

王佐墓。在和順縣東六十里虎峪鎮，子雲鳳祔。

祠廟

先軫祠。在州城南墓前。寰宇記：在遼山縣南二里。

祝融祠。在州城北。元和志：在遼山縣北二里。

三立祠〔六〕。在榆社縣東關，祀明巡撫萬恭，知縣康樸、馮道亨，縣丞冀孟曾，典史胡景化，本朝知縣陳儲賢、王來峰。

按：康樸，長安舉人；馮道亨，寧静貢生。餘詳名宦。

崋山神廟。在州城西二里。寰宇通志：錫號崋山之神〔七〕。

寺觀

洪濟寺。在州城東關。五代晉天福中建。

安福寺。在州東黄漳鎮。五代晉開運間建。

天安寺。在州南。宋太平興國中建。又能仁寺、福勝寺〔八〕、興國寺，俱在州南，元時建。

大同寺。在榆社縣城外東南。漢永平間建，内有阿育王塔，又有鐘，將旦隱隱有聲。縣志云亦名舍利塔，爲天下第十八塔，宋治平四年重修，元至德間改爲毘盧殿〔九〕。又香林寺，在城中央；清涼寺，在縣東六十里。

響堂寺。在榆社縣西十里梓荆山之下。有石室方丈，人入其中，石聲相應，故名。

紫微觀。在州東南坌村。元至元中建。

瑞雲觀。在和順縣西南三里。元時建。

通元觀。在榆社縣南三十七里。通志：舊有唐狄仁傑碑，今不可考。

名宦

宋

臧丙。大名人。太宗時知遼州。有吏幹。

劉涣。保塞人。仁宗時知遼州。夏人叛，朝廷議遣使通河西唃氏。涣請行，間道走青唐，諭以恩信，唃氏大集族帳，誓死捍邊，遣騎護出境，得其誓書與西州地圖以獻。加直昭文館。

李宏。神宗時知遼州。韓絳築囉兀二砦，始調外郡稍遠邊城前後三十萬夫，獨宏能約民力所勝而餽不失期。

金

楊伯元。尉氏人。爲遼州刺史。政績甚著。

馬克禮。中都人。大定中和順縣尹。寬猛兼濟，豪强斂迹。會歲旱蟲災，克禮禱於漳水之濱，雷雨大作，蟲皆滅。既而風暴起，復禱於神，遂息，歲獲有秋。民咸德之。

伊喇子敬。遼五院人。海陵時同知遼州事。舊本廳占民地，歲入租課數百貫，地主不敢辯。伊喇子敬曰：「已有公田，何必更取民田？」竟不取。秩滿，州人詣行臺省留之。「伊喇子敬」舊作「移剌子敬」，今改正。

郭文振。太原人。宣宗時遼州刺史，深得衆心。

元

李僎。絳州人。至元初榆社縣尹。專務德化，夏旱，暴禱日中，期五日不雨則解印綬去，越四日果雨，邑人立石頌之。

許有壬。湯陰人。延祐中授同知遼州事。會關中有警，鄰州聽民出避，棄嬰孩滿道上，有壬獨率兵閉城門以守，卒獲無虞。州有追逮，不許胥吏足迹至村疃，惟給信牌〔一〇〕，令執里役者呼之，民安而事集，右族貪虐者懲之。冤獄雖有成案，皆平反釋其罪，州遂大治。

明

于璧。新城人。弘治初由御史左遷遼州州判，越一年，士民詣闕祈知本州。百廢俱舉，尤加意學校，本州科第之盛自此始。

劉漢。完縣人。嘉靖初知榆社縣。性耿介，門無私謁，風教所被，士皆興起，民雖貧，不甘爲盜。

冀孟曾。上蔡人。萬曆間任榆社縣丞。潔己愛民，嘗力請蠲除逋賦，監司動容從之。

李呈章。信陽人。崇禎中知遼州。五年紫金梁來寇，拒守，力屈城陷，死之。

曾淑尼。江南人。崇禎間遼州吏目。流寇破州城，淑尼死之。

胡景化。南鄭人。崇禎間榆社典史。流寇肆毒，景化守禦不懈，邑賴以全。

本朝

陳儲賢。遼陽人。順治初知榆社縣。時瘡痍初復，撫民慈愛。又有王來峰，蓋州人，任榆社縣在儲賢後，亦稱撫字之最，並祀三立祠。

人物

宋

薛超。平城人。少有勇力，爲虎捷卒，以戰功累加步軍都軍頭。雍熙三年從潘美北征，與契丹遇，敗之。追至寰州，其將趙彦辛以城降，乘勝抵應州，降其節度副使艾正。累遷天武指揮使，領澄州團練使，卒。

明

高巍。遼州人。事母至孝，洪武中旌爲孝子，由國子生授都督府斷事，坐事謫戍貴州。建文時召復官，見朝議削親藩，請

用主父偃推恩策，帝頷之。燕兵起，自請使燕，數上書請王罷兵，皆不報。及京城陷，自縊死。

張旗。榆社人。永樂甲午舉人，任山東安丘縣令。林三妻唐賽兒以妖術倡亂，滅之，以功升參議。後又平水寇，升布政使。

王雲鳳。字應韶，和順人。父佐，户部尚書，以清慎稱。雲鳳成化中進士，授禮部主事。弘治九年擢郎中，屢上疏言事，中官李廣爲左道惑上，請斬之，直聲震一時。爲廣傾陷下獄，謫知陝州。正德時歷僉都御史巡撫宣府，以憂去，起督兩浙鹽課，再疏辭。及卒，妻子不免饑寒。

王鑑。字賜之，遼州人。性至孝，父歿廬墓，慈烏集鳴，甘泉湧出。母亡廬墓，泣血喪明。嘉靖五年旌。

傅明道。本江西人，籍於遼爲諸生。篤孝，祖父客死千里，負骨歸葬。母病祈代，比卒，哀毁廬墓。撫按交旌之，萬曆間命爲儒學官。弟明倫，封股奉母。

張友程。遼州人。萬曆舉人，累官刑部主事。崇禎五年家居，流賊陷城，被執不屈，死之。本朝乾隆四十一年，賜謚節愍。

侯標。遼州人。崇禎舉人。流賊陷城，與父于畿、弟楷樞皆死之〔一一〕。

楊于楷。遼州人。崇禎初進士，授行人。五年奉使藩府，事竣旋里。流賊紫金梁等來寇，散家資率民兵拒守，力屈城陷，被執罵賊死。贈光禄少卿。本朝乾隆四十一年，賜謚節愍。

藥濟衆〔一二〕。和順人。萬曆舉人。崇禎時累官昌平副使。家居，六年流賊紫金梁陷城，濟衆被傷，不屈赴井死，贈太僕少卿。本朝乾隆四十一年，賜謚節愍。

本朝

劉有光。本州人。周急好施，嘗於漳河造橋六十三道，並被兵燹後難婦載途〔一三〕，各給資送歸，掩胔施櫬，義行甚多。順

治十二年旌。

趙瀚。榆社人。順治初爲陝西同州同知，克舉其職，署知白水縣。會賊黨來攻被執，誘之降，大駡，割舌斷手以死。瀚父學忠三任學官，以經術教士，瀚少聞大義，故能立節如此。按：縣志云：「瀚於白水所遇何賊，舊志未詳。」

李國模。榆社人，永和教諭崇正之子，家北泉溝。順治初流賊入境，國模持械擊賊，壯士數人徒步從之，賊爲退避三里。尋被賊刺死於趙道谷口，然自是賊不敢近。按：縣志云，明宣府總兵姜瓖初降李自成，既歸本朝旋叛，汾、潞、遼、沁俱被其毒，此所云流賊蓋瓖之餘孽也。

王道平。字亨衢，榆社人。家貧力學，父殁哀毁，三年不入城市，事母尤孝謹，撫弟妹四人成立無間言。晚爲聞喜縣訓導，有師範。

牛應台。本州諸生。孝義著聞。乾隆年間旌。

流寓

周

樂毅。靈壽人。和順縣志：縣西鄉有樂毅里，毅因燕王聽齊人之間用騎劫代，毅懼禍之及己，來隱於此，縣之藥姓皆其裔也。按：樂毅降趙封望諸君，其地不必在此，但和順本韓地，後入趙，或其子孫所居亦未可定。今邑城多藥姓，縣志以爲皆從樂而改，容或有之也。

列女

明

原宗淮女。名芙蓉，遼州人。正德六年與祖原資同被賊掠，女曰：「釋吾祖即汝從。」賊爲釋之。女睨祖遠去，怫然改容，詈罵求死，遂遇害。

李維長女。字孟春，遼州人。正德六年被賊迫，自度不免，謂賊曰：「姑少俟，容易新履以從。」登樓久不下，賊趨視，已縊於户後，賊嗔其紿己，揮刀斷屍而去。又張俊女玉蘭、曹錦女小甎兒，俱以不從賊見殺。

尚義妻李氏。遼州人。年二十被賊執，奮罵不屈，投井死。又王敏妻宋氏，見賊驅他婦行，獨匿房自縊死。韓經妻鄭氏、孫資妻張氏，俱以不從賊見殺。

楊傳芳女。榆社人。嘉靖甲辰賊犯境，女與衆婦登閣避之，賊縱火於下，女泣謂母曰：「人生孰無死，辱身不可。」遂從閣投火，及墮地距火數步，賊欲挽之，女急起赴火死，時年十四。又楊相女年十五，被劫，亦投火死。

秦之奇妻郝氏。遼州人。崇禎壬申寇變，舉家匿高樓，賊圍之二日不下，乃積薪爲縱火計。郝挈子容謂夫曰：「事危矣，君凡弟五人，止此一子，速負之踰垣下，我獨能不辱君耳。」尋投烈焰死。又弓發第女亦投火死，被旌。

郝奇士妾吳氏。遼州人。有女雙孩年十四，流賊至，吳恐女被污，迫之縊，視其死即自投繯。又王雍俊妻巨氏，賊迫，自縊死。

劉啓先妾王氏。遼州人。聞賊陷城，抱二歲女投井死。啓先嫡女嫁孫敬承，見庶母死即從之。

王家俊女。遼州人。流寇陷城，母拊其背曰：「賊勢已迫，兒無辱身。」女聞命遂引簪自刺，觸柱死。

岳進德女。榆社人。崇禎壬申出避寇，突與賊遇，迫之，女大罵不屈，賊怒割舌剖腹死。

裴爾榮女。榆社人。年十七被寇掠，迫之去，女策馬疾馳，躍高崖而墜，屍裂死。

本朝

李志端妻申氏。本州人。夫亡殉節。乾隆年間旌。

王良妻周氏。和順人。夫亡殉節。與同縣節婦李天祥妻馬氏、曹天威妻藥氏、李重裕妻劉氏，俱乾隆年間旌。

田成玉妻李氏。榆社人。成玉年二十四登賢書，病卒，氏即欲從死，以從姑命撫幼女，越七年女稍長，自縊死。夫弟凝玉妻石氏，年二十六亦夫亡殉節，時稱雙烈。同縣節婦張昂妻趙氏、張拱妻李氏，俱乾隆年間旌。

甯楊氏。榆社人。夫失名，守正捐軀。嘉慶六年旌。

仙釋

明

洪樹。遼州人。幼蒙，忽穎悟，諸品經義無不洞曉，人呼「聖僧」。後住持香林寺，一日譚經而化。

土產

蠟。唐書地理志：遼州土貢。

麝。州縣俱出。

石炭。州出。

藥。州縣皆出，有苦參、荆芥、猪苓、茅香、秦艽、藜蘆、款冬花、無名異各種，見明統志。按：元和志儀州貢人參三十兩，舊志土産内亦載有遼參，蓋遼州在晉魏以前皆屬上黨郡地也。附識於此。

校勘記

〔一〕萬泉水　「泉水」，乾隆志卷一二一遼州山水（下同卷簡稱乾隆志）同，雍正山西通志卷二五山川九、明天順志卷二一遼州作「水泉」。

〔二〕一名遼陽水　「遼」，原作「潦」，據乾隆志改。

〔三〕十一年王翦攻轑陽　「轑陽」，乾隆志、資治通鑑同，秦始皇本紀作「橑陽」。

〔四〕春秋僖公三十三年晉人敗狄於箕　「狄」，原作「敵」，乾隆志同，據左傳僖公三十三年經文改。

〔五〕遼陽縣有黄澤關　「關」，乾隆志同，魏書卷一〇六上地形上作「嶺」。

〔六〕三立祠　「立」，乾隆志同，雍正山西通志卷一六六祠廟三作「烈」。

〔七〕錫號嵬山之神　「神」，原作「號」，據乾隆志、明天順志卷二一遼州改。

〔八〕福勝寺　「勝」，乾隆志同，雍正山西通志卷一七〇寺觀三作「聖」。

〔九〕元至德間改爲毘盧殿　乾隆志同。按，雍正山西通志卷一七〇寺觀三云「元至元間改建中殿，大德間改爲毘盧殿」，疑此誤。

〔一〇〕惟給信牌　「給」，原作「執」，乾隆志同，據雍正山西通志卷九七名宦一五、元史卷一八二許有壬傳改。

〔一一〕與父于畿弟楷樞皆死之　「于」，原作「千」，乾隆志同，按，雍正山西通志卷一二六人物二六作「於」，於、于同，蓋因「于」而訛作「千」，故據改。

〔一二〕藥濟衆　「藥」，乾隆志同，明史卷二九二忠義四、勝朝殉節諸臣録卷七作「樂」。

〔一三〕並被兵燹後難婦載途　乾隆志同。按，雍正山西通志卷一四四孝義四稱「並備歲修資斧，以利行人。兵燹後難婦累累」，蓋纂修鈔録舊文「並備歲修資斧」時，脱去末四字，遂至語不可通，又訛「備」作「被」，而成今貌。

歸化城六廳圖

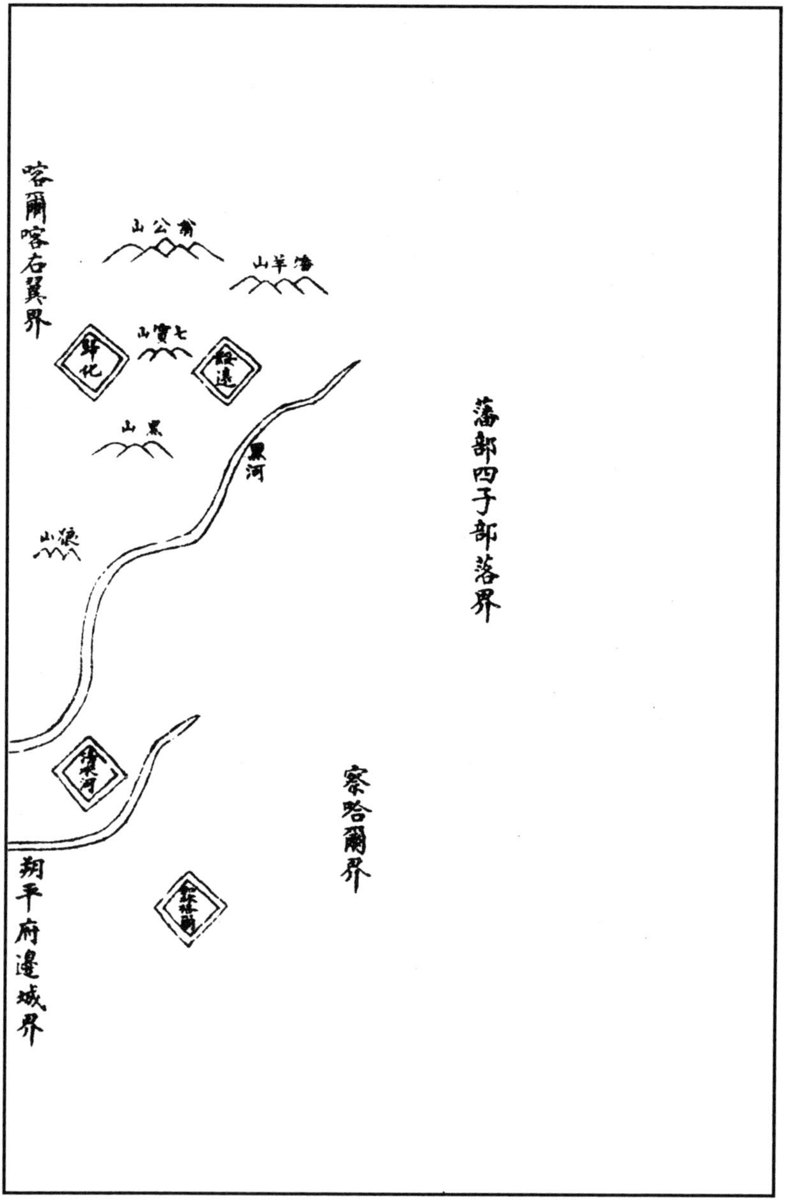
喀爾喀右翼界
翁公山
歸化
七寶山
綏遠
黑山
黑河
狼山
蒿部四子部落界
清水河
察哈爾界
和林格爾
朔平府邊城界

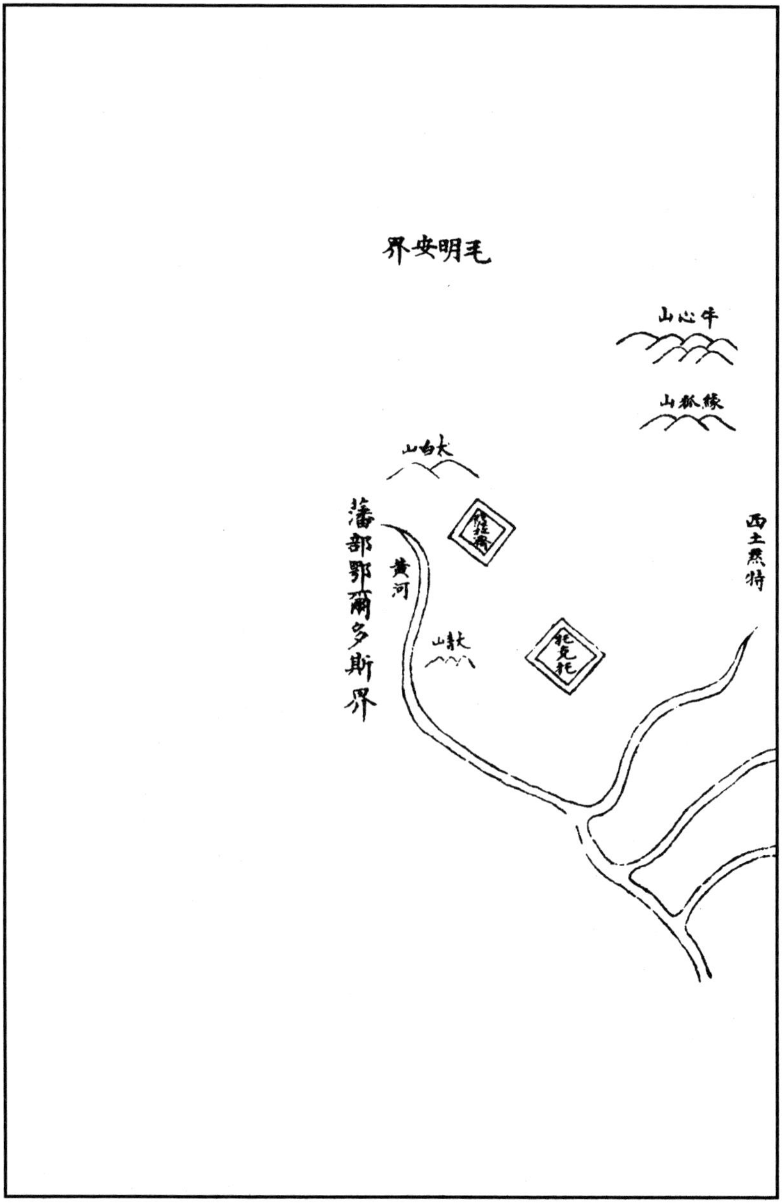
毛明安界
牛心山
緣狐山
大白山
藩部鄂爾多斯界
黃河
薩拉齊
大青山
托克托
西土默特

歸化城六廳表

	歸化城
兩漢	定襄郡 初置，治成樂，後漢徙。 成樂縣 初爲郡治，後漢改名盛樂，屬雲中郡。漢末廢。 定襄縣 屬定襄郡。後漢屬雲中郡，建安末省。
三國	
晉	
北魏	雲州盛樂郡 後魏初建都於此，號盛樂城。永熙中置州，領盛樂郡及雲中等郡。 歸順縣 州郡治。
隋	
唐	單于大都護府 武德四年平突厥，置雲州。貞觀二十年爲雲州都督府。麟德三年又改名。天寶四年移振武軍於此，置金河縣爲府治。
五代	後唐時入遼。
遼	振武縣 置屬豐州。
金	廢。 净州 大定十八年置天山縣，尋升州。
元	净州路
明	宣德初築玉林、雲川等城，置衛。正統中衛徙，地爲蒙古所據。嘉靖間諳達居此，是爲西土默特。隆慶間封順義王，名其城曰歸化。 廢。

武進縣屬定襄郡，爲西部都尉治。後漢屬雲中郡，建安末省。又武臯縣，爲中部都尉治，與桐過、武城等縣俱屬定襄郡。後漢末並省。 陶林縣屬雲中郡，爲東部都尉治。後漢省。又陽壽、北輿、原陽、武泉諸縣俱屬雲中郡，後漢省陽壽，漢末並省諸縣。
定襄郡開皇五年置雲州總管府，大業初府廢，置大利縣爲郡治。

續表

綏遠城	托克托城
	雲中郡秦置，屬并州。漢末省。 雲中縣郡治，後漢末徙廢。 楨陵縣屬雲中郡，爲西部都尉治。後漢省。 咸陽縣屬雲中郡，後漢末省。 沙陵縣屬雲中郡，後漢末省。
	雲中郡屬雲州。
	東受降城屬振武軍。
	東勝州 武興軍置，屬西京道。 豐州天德軍置，屬西京道。 富民縣州治。
	東勝州屬西京路。 東勝縣州治。 豐州天德軍屬西京路。 富民縣
	東勝州 至元四年省入州。 豐州天德軍屬大同路。 省入州。
玉林衛地。	初建左、右二衛，永樂初徙廢。 廢。

續表

清水河	薩拉齊	和林格爾
清水營。	雲川衛地。	玉林、雲川二縣地。

大清一統志卷一百六十

歸化城六廳

在山西省北八百九十里〔二〕。東西距四百零三里，南北距三百七十里。東至藩部四子部落界一百三十八里，西至鄂爾多斯左翼前旗界二百六十五里，南至朔平府右玉縣邊城界二百十里，北至喀爾喀右翼界一百六十里。東南至鑲藍旗察哈爾界二百四十里，西南至鄂爾多斯左翼前旗界一百八十里，東北至四子部落界一百十里，西北至毛明安界一百七十里。至京師一千一百六十里。

建置沿革

漢定襄、雲中二郡地。後漢屬雲中郡。後魏初建都於此，號盛樂城。永熙中置雲州，治歸順縣，領盛樂、雲中等郡。隋復置定襄郡。唐置單于大都護府。五代後唐時入遼，置豐州、天德軍，屬西京道。金因之。元屬大同路。明宣德初築玉林、雲川等城，置衛，設兵戍守。正統中衛徙，地爲蒙古所據。嘉靖間諳達舊作俺答，今改正。築城於豐州灘，採木架屋以居，謂之「板升」板升，漢言屋也。是爲西土默特。隆慶間封諳達爲順義王，名其城曰歸化。

本朝天聰六年，太宗文皇帝親征察哈爾，駐蹕歸化城，土默特部落悉歸順。九年，以貝勒岳脫

駐守歸化城。康熙三十五年，聖祖仁皇帝自白塔駐蹕於此。其官制有都統、協領等員，統理駐牧諸旗。雍正元年，增設歸化城同知二員，後省一員。乾隆四年，增置綏遠城同知一員。鎮守將軍舊駐朔州，移駐綏遠城。二十五年，增置歸化、托克托城、清水河、薩拉齊、和林格爾通判五員，並屬歸綏道。二十九年裁歸化城通判，共爲六廳。

城池

歸化城。在殺虎口邊城外二百里，蒙古名庫庫河屯。周圍二里，高二丈，南、北門各一，外郭東、西、南三面三門。明諳達歸順，改賜今名。城西南三十四里爲渾津村，村南十里外有渾津、巴爾哈孫舊城基址。

綏遠城。在歸化城東北五里，周圍二千丈，高二丈四尺，門四。乾隆四年建，移右衛建威將軍駐其地。有碑記云：城在歸化城之東北五里許，大青之山擁其後，伊克土爾根、巴漢土爾根之水抱其前，喀爾沁之水帶其左，紅山口之水會其右。地勢寬平，山林拱向，實當翁公嶺喀爾沁口軍營之衛。城之門，南曰承薰，北曰鎮安，東曰迎旭，西曰阜安。

托克托城。在歸化城西南一百四十里。漢雲中城地，唐爲東受降城。遼爲東勝州地，屬西京道。明洪武初設左、右二衛於此，後徙廢，有舊城在黄河東岸。本朝乾隆二十五年設通判駐此。

清水河。在歸化城西南一百二十里，即前明互市清水營之地。本朝乾隆二十五年設通判駐此，未築城。

薩拉齊。在歸化城西一百二十里，有蘇爾哲河經亘其地。本朝乾隆二十五年設通判駐此，未築城。

和林格爾。在歸化城南一百八十里，南近邊墻，即蒙古五藍木倫地。本朝乾隆二十五年設通判駐此，未築城。

户口

一十二萬七百七十六丁。

田賦

田地三萬二百四十一頃七十一畝四分有奇，額徵地丁正、雜銀四萬六千八百七十七兩三錢三分六釐，糧一萬五千五百三十二石二斗三升有奇。

山川

七寶山。在歸化城東八十里。明統志：在大同府城北四百餘里，山下有金屯兵城，或曰即漢五原郡。

馬鞍山。有三，蒙古名席喇得伯僧，一在歸化城東一百二十五里，一在城西七十里，一在城南一百里。

五藍叉拍山。在歸化城南一百二十里。

狼山。在歸化城南一百二十里，蒙古名綽農圖喀喇。

緣狐山〔二〕。在歸化城西黄河東岸。漢書地理志：雲中郡楨陵，緣狐山在西北。水經注：緣狐山，歷沙南縣東北兩山之間而出，縣南六十許里有東西大山，山西枕河，河水南流。

柞山。在歸化城西界。魏書：泰常六年西巡至於柞山，遂至於河。

牛心山。在歸化城西北一百十里，蒙古名巴顔朱爾克。九邊圖説云「東連牛心之堡」，即此。

拜洪戈爾山。在歸化城西北一百七十里。

翁公山。在歸化城北三十五里。有元時建甸城廢址。按此即陰山也，西自河套之北，起吴喇忒西境，東至歸化城東北，層巒峻嶺，連亘五百餘里。其間土名不一，自西而東，連絡起伏，至歸化城北界，如白雲、哲特虎、太白、拜洪戈爾，牛心以東至蟠羊山及五達、蘇爾哲、喀朗烏諸谷，皆陰山也，翁公勢最高峻。

黑山。在歸化城界内。魏書：神𪊨二年，車駕東至黑山，數軍實。金史地理志：豐州富民有黑山〔三〕。通鑑注：黑山在振武北塞外，即殺虎山。明統志：在大同府城西北四百十里〔四〕，古豐州境，與雲内州夾山東西相連。

薄山。在歸化城界内。魏書：天興二年襲高車，還次牛川及薄山，並刻石紀功。永興五年自五原還幸薄山，登觀太祖游幸刻石頌德之處，於其旁起石壇而薦饗焉。

蟠羊山。在綏遠城東北六十五里，蒙古名衣馬圖。魏書太祖紀「天賜四年北巡，自參合陂東過蟠羊山」，即此。

大青山。在托克托城西八十里，蒙古名庫庫和邵。

白雲山。在托克托城西一百二十五里，蒙古名察罕俄博。

布當圖山。在薩拉齊西八十里。

太白山。在薩拉齊西八十二里，蒙古名察罕。

哲特虎山。在薩拉齊西一百五里。

布爾哈圖山。在和林格爾地。

陶山。在和林格爾地，蒙古名喀喇特木爾。

托里岡。在歸化城東南一百里。

博達木谷。在歸化城東一百十里。

鯀谷。在歸化城南一百里。

舒爾縠谷。在歸化城南一百五里。

黑勒庫谷。在歸化城西七十里。谷内盡松柏樹。

多羅忒谷。在歸化城西九十里。

烏素圖谷。在歸化城西北二十里。

翁公谷。在歸化城北二十里。

黑水谷。在歸化城北二十五里，蒙古名喀喇烏素。

紅螺谷。在綏遠城東北二十里，蒙古名五藍叉拍。谷内盡松柏樹。

喀喇克沁谷。在綏遠城東北四十里。谷内盡松柏樹。

峨喜特谷。在綏遠城東北五十五里。

羊圈子谷。在綏遠城東北六十六里，蒙古名衣馬圖。

榆溝谷。在綏遠城東北八十八里，蒙古名烏里雅蘇台。

喀朗烏谷。在薩拉齊西十里。

蘇爾哲谷。在薩拉齊西七十里。

五達谷。在薩拉齊西一百三十里。

伊克蘇爾哲谷。在薩拉齊地。

小土爾根河。在歸化城南十里。源出城東杜賀倫之地，西南流至城西南，有札達海河自城西北來會，合流入黑河。札達海河在城西南一里，源出城北朱喇齊地。按：小土爾根河即神水湖，札達海河即奄達下水海。

黑河。在歸化城南二十里，蒙古名伊克土爾根，即古白渠、荒干水也，亦曰金河。源出鑲藍旗察哈爾東北七十里海拉蘇台坡，名喀喇烏素，西北流，有納扎海河、安達河、朱喇馬台河皆東北來會，又西流，受北來之德布色黑河，折而南，合東來之哲爾德河，始名伊克土爾根河。正西流，至城南有巴漢土爾根河自北流入，又西有西喇烏素、呼圖克圖二水，源自殺虎口北，西北流合入此河，又西流，有哈爾几河、黑勒庫河及十餘小水，皆自北來流入，又西匯爲山黛湖〔五〕，又西入黄河。漢書地理志：定襄郡武進，白渠水出塞外，西至沙陵入河。又定襄郡武皐，荒干水出塞外，西至沙陵入河。水經：河水屈南過沙陵西，白渠水注之。注：水出塞外，西逕定襄武進縣故城北，西北逕盛樂北，又西逕魏雲中宫南，又西北逕沙陵縣故城南，西注沙陵湖〔六〕。又有芒干水出塞外，南逕鍾山，山即陰山也，其水西南逕武皐縣，又南逕原陽縣故城西，又西南與武泉水合，又西南逕白道南谷口，又西南逕雲中城北，白道中谿水注之。又西，塞水出懷朔鎮東北荒中，歷谷南出陰山，西南入芒干水。芒干水又西南注沙陵湖，湖水西南入於河。

隋書突厥傳：大業三年，帝親巡雲内，泝金河而東北，幸啓民所居。元和志：榆林縣，金河泊在縣東北二十里，周十里。河源記：黄河南流過雲内州、東勝州，與黑河合。黑河源自漁陽嶺之南，正西流，凡五百餘里與黄河合。明統志：金河，在古雲内州東南一百五十里，西流入天瑞泊。其泥色似金，故名。又黑河，在大同府西北四百里古豐州界，源出官山，西流入雲内州界，至東勝州入黄河。　按：古荒干水在北，白渠水在南，並歷定襄、雲中二郡會沙陵湖。漢書白渠、荒干並言，水經言白渠而不言荒干，注言荒干合受諸水，又似大於白渠。以今考之，白渠水西流即今大土爾根河也，荒干水西南流即所合北來之諸水也，其入河之處匯成一湖即沙陵湖也。隋、唐始有金河之名，明統志分黑河、金河爲二水，非也。

黄河。在歸化城西南一百六十里，托克托城西二十里。自吴喇忒界東南流入境，又折而南，黑河水自東來注之，又東南經湖灘河朔，即托克托城地，紫河水自東來注之，又折而西南流入偏頭關界。水經：河水又東過楨陵縣南〔七〕，又東過沙南縣北，從縣東屈南，過沙陵縣西，屈而流，白渠水注之，又南入楨陵縣西北，又南過赤城東，又南過定襄桐過縣西，河水於二縣之間，濟有君子之名。又東南，左合一水，又南樹頽水注之，又南太羅水注之。　按：今黑河水入河，正當黄河東行屈而向南之處。

黑勒庫河。在歸化城西七十里。源出黑勒庫谷，西南流會黑河。又昆都倫河，在城北六十里，源出布鹿圖之地，西流經翁公山入黑勒庫河。

黄水河。在歸化城北一百二十里，蒙古名西拉木倫。源出色古爾河，東北流入喀爾喀右翼界。

伊克蘇爾哲河。在薩拉齊西。源出蘇爾哲谷，東南流入黑河〔八〕。

紫河。在和林格爾地，蒙古名五藍木倫，即古中陵、樹頽二水也。源出察哈爾西南境内，察漢音圖、努衡格爾二河會流爲一，西流至殺虎口北，合邊内北來之兔毛河，又西至烏藍巴爾哈孫城西入黄河。　按：隋書地理志定襄郡大利縣有紫河，通典勝州榆林縣有紫塞河，自馬邑郡善陽縣界流入，皆即此河。

沙陵湖。在歸化城西，古沙陵縣地，受白渠、荒干諸水入黄河。今名山黛湖，黑河之水匯入其内，又西流入黄河。

賀蘭泉。在歸化城西南五十里。

色古爾泉。在歸化城北一百二十五里。

寶圖泉。在托克托城西一百五里。

帽帶津。在薩拉齊西七十里。

豐州灘。在薩拉齊地，蒙古名伊克蘇爾哲。源出蘇爾哲谷，東南流會黑河。

湖灘河朔。在托克托城東十里黄河東岸。水經所謂君子津即在其地。本朝康熙三十五年，聖祖仁皇帝親征噶爾丹凱旋，駐蹕於此，觀黄河，測量東西兩岸僅闊五十三丈〔九〕，仰射而過五十餘步。

古蹟

定襄故城。在歸化城東。漢置縣，屬定襄郡。後漢屬雲中郡，建安末省。括地志：定襄故城，在朔州善陽縣北三百八十里。按：明統志定襄故城在大同府西北二十八里，乃唐時定襄，非漢之定襄也。

玉林故城。在歸化城東南。明初設衛，永樂初内徙。宣德元年於豐州東南復築城，置玉林衛，正統十四年徙於大同右衛城内。

盛樂故城。在歸化城南。漢置成樂縣，爲定襄郡治。後漢建武十年省，後移定襄郡治善無，以縣屬雲中郡，漢末廢。章懷太子曰：「定襄故城在今勝州界。」後魏之初建都於此。通鑑：魏甘露三年鮮卑拓跋力微始遷於定襄之盛樂。晉建興元年猗盧城盛樂，以爲北都。咸康六年什翼犍始都雲中之盛樂宫。太元十一年代王珪徙居定襄之盛樂。二十年珪還雲中之盛樂。注：

「盛樂」，前漢書作成樂，屬定襄；後漢書作盛樂，屬雲中。疑定襄之成樂即雲中之盛樂也。然魏書帝什翼犍三年移都於雲中之盛樂，明年築盛樂於故城南八里，則已非後漢之盛樂，疑定襄之盛樂乃前漢之成樂城，雲中之盛樂乃後漢之故城也〔一〇〕。蓋建武之初匈奴侵擾，民悉内徙，其後掃地更爲，必有非其故處者。」水經注：白渠水西北逕成樂縣北，魏土地記曰：「雲中城東八十里有成樂城，今雲中郡治，一名石盧城也。」元和志：單于大都護府，今爲振武節度理所，在朔州北三百五十里。本漢定襄郡之成樂縣也，後魏都盛樂亦謂此城。武德四年平突厥，於此置雲州。貞觀二十年爲雲州都督府，麟德三年改爲單于大都護府，聖曆四年改安北都護，開元七年隸屬東受降城，八年復置單于大都護府。管縣一，金河縣，天寶四年於城内置。其振武軍，景龍二年張仁愿於今東受降城置，天寶四年節度使王忠嗣移於此。續通典：唐振武軍即漢定襄之成樂縣，在陰山之陽、黄河之北。按：金河縣，唐爲振武軍，遼爲振武縣，屬豐州。金廢爲鎮，屬富民縣。以水經注白渠水逕成樂縣北推之，當在今城之南。

武進故城。在故成樂城南。漢置縣，屬定襄郡，爲西部都尉治。後漢改屬雲中郡，建安末省。水經注：白渠水出塞外，西逕武進縣故城北，世祖建武中封趙慮爲侯國也。

桐過故城。在歸化城南，濱河。漢置縣，屬定襄郡。後漢末省。水經：河水南入楨陵縣西北，又南過赤城東，又南過定襄桐過縣西，河水於二縣之間，濟有君子之名。

武城故城。在歸化城西南。漢置縣，屬定襄郡。後漢省。魏書太宗紀：永興三年詔尉古真統兵鎮太洛城，五年自太室南次定襄太洛城。水經注：太羅水逕武城縣故城南〔一一〕，十三州志曰：「武城縣在善無西五十里，北俗謂之太羅城。」按：「太羅」即「太洛」，聲之訛也。胡三省注通鑑謂太洛即漢之駱縣，恐非。又按：駱縣故城、武要故城亦當在歸化城界内。

雲川故城。在歸化城西南。明初設衛，永樂初内徙。宣德元年復於豐州西南築城，置雲川衛，設官軍。正統十四年復徙雲川衛官軍於大同右衛城内。又有雲川古城在其西。

原陽故城。在歸化城西。漢置縣，屬雲中郡。後漢省。水經注：芒干水南逕原陽縣故城西。

北輿故城。在歸化城西。漢置縣，屬雲中郡，爲中部都尉治。後漢末省。水經注：武泉水又西屈逕北輿縣故城南，按地理志：五原有南輿縣，故此加「北」。按：其地在古雲中城北、武泉縣南。

武泉故城。在歸化城西界。史記：周勃從高帝擊韓王信於代，以前至武泉，擊胡騎，破之武泉北。後置縣，屬雲中郡。後漢末省。水經注：武泉水出武泉縣故城西南，西逕北輿縣故城南。

大利故城。在歸化城西界。隋書高祖紀：開皇十九年以突利可汗爲啓民可汗，築大利城處其部落。地理志：定襄郡治大利縣，開皇五年置雲州總管府，大業初廢府改置，帶郡。有長城，有陰山，有紫河。唐書突厥傳：貞觀十五年思摩帥衆十餘萬渡河，設牙於故定襄城，其地南大河，北白道，畜牧廣衍，龍荒之最壤。括地志：定襄郡，即故雲中郡也。隋初置雲州，後置定襄郡。貞觀十四年移雲州於恒安，其故城在榆林縣東北四十七里。

武皐故城。在歸化城北。漢置縣，屬定襄郡，爲中部都尉治〔一二〕。後漢省。水經注：芒干水南逕陰山，西南逕武皐縣。按：以水經注推之，故城當在城東北界。

净州故城。在歸化城東北陰山之後。金史地理志：净州治天山縣，舊爲榷場，大定十八年置縣，又升縣爲净州，爲豐州支郡。舊志：元曰净州路，明初廢，在大同府西北四百二十里。

陶林故城。在歸化城界。漢置縣，屬雲中郡，爲東部都尉治。後漢省。

陽壽故城。在歸化城界。漢置縣，屬雲中郡。後漢省。按：隋書地理志金河縣初曰陽壽，蓋相近，故取名也。

豐州故城。今托克托城，即遼豐州地。本漢定襄郡地，遼置豐州、天德軍，治富民縣，屬西京道。金因之。元至元四年省縣入州，屬大同路。明初廢。大同府志：豐州富民城，在府西北五百里，近葫蘆海。按：遼、金時豐州在今歸化城地西，去隋、唐豐州八百餘里，遼史地理志誤襲舊文，謂即隋、唐豐州，元史從之，殊爲失考。遼史又云本漢五原郡地，今考漢五原郡在黄河北，

遼豐州與大同接壤，乃漢定襄郡，遼史以隋、唐豐州有五原之名，遂謂即漢之五原郡耳。

雲中故城。在托克托城地。史記：趙武靈王置雲中、雁門、代郡。漢書地理志：雲中郡治雲中縣。後漢書光武帝紀：建武二十六年，遣中郎將段郴授南單于璽綬，令入居雲中。魏志：建安二十年省雲中郡。魏書地形志：雲州領雲中郡。水經注：白渠水又西南逕雲中故城南，故趙地，秦始皇十三年立雲中郡，縣曰遠服矣〔一三〕。元和志：雲中故城，在勝州榆林縣東北四十里，趙雲中城，秦雲中郡也。按：古雲中在陰山之南，黄河自西來折南流之處，即今歸化城以西托克托城地。漢時雲中郡治雲中縣，定襄郡治成樂縣，兩地東西相距止八十里，初不相混也。後漢始以成樂、定襄等縣屬雲中，及後魏初都盛樂，號雲中，於是定襄有雲中之名。至隋以雲中置定襄郡大利縣，而雲中有定襄之名，然相去不遠，猶近故地。自唐以馬邑郡雲内之恒安鎮置雲州雲中郡及雲中縣，又於忻州置定襄郡定襄縣，於是雲中、定襄之名移於古雁門、太原二郡，去故地始遠。今謂大同爲雲中，又太原府有定襄縣，皆唐以後所名，非舊郡也。

咸陽故城。在托克托城地。漢置，屬雲中郡。後漢末省。水經注：大河東逕咸陽縣故城南。

楨陵故城。在托克托城地。漢置，屬雲中郡，爲西部都尉治。後漢末省。水經：河水南入楨陵縣西北。注：緣狐山，歷沙南縣東北兩山二縣之間而出，縣在山南，北去雲中城一百二十里。按：楨陵與沙南縣隔河相對，楨陵在河東岸。

沙陵故城。在托克托城地。漢置，屬雲中郡。後漢末省。水經：河水又東過沙南縣北，從縣東屈，南過沙陵縣西。注：白渠水逕沙陵縣故城南，西注沙陵湖。按：其地有沙陵湖，近今黑河入黄河處。

東勝州故城。在托克托城地黄河東岸。本唐東受降城地，遼置東勝州，屬西京道。遼史地理志：東勝州武興軍，隋置勝州，改榆林郡。唐貞觀五年於南河地置決勝州，故謂此爲東勝州。太祖神册元年破振武軍，勝州之民皆趨河東，州廢。晉割代北來獻，復置。金史地理志：東勝州，國初置武興軍，有古東勝城，領東勝縣。元史地理志：唐張仁愿築三受降城後，以東城濱河，徙置綏遠烽南，即今東勝州是也。金初屬西夏，後復取之，元至元二年省寧邊州之半入焉。舊有東勝縣，四年省入州。大同舊志：東勝城，在大同府西北五百里，與故勝州隔河相望。明洪武初改建左、右二衛，兵民皆耕牧河套中，永樂初移入畿輔，其地遂

墟。按：故城在歸化城西南一百四十六里湖灘河朔渡口，即今之托克托城也。唐之勝州在黄河西，本隋之舊，未聞移置河東，亦無東勝之名，遼史所言未知何據。

雲内廢州。在歸化城地。明史地理志：大同縣西北有廢雲内州，遼置。

單于城。在歸化城西。又有單于臺，漢元封元年勒兵十八萬騎出長城，北登單于臺。唐武后永昌初使僧懷義討突厥，刻石單于臺。元和志：臺在雲中縣西北四百餘里。九邊圖：舊清遠即單于城，在兔毛河西北。

武川鎮城。在歸化城西北。後魏置，爲六鎮之一。魏書高祖紀：太和十八年八月幸武川鎮。水經注：芒干水西南逕雲中城北，白道中谿水注之，水發源武川北塞中，南流逕武川鎮城，景明中築以禦北狄。元和志：武川城，今名里城〔一四〕，後魏六鎮從西之第三鎮，在東受降城北三百里。

蘇武城。在歸化城西北。明統志：在大同府城西北五百餘里，相傳漢武帝時武出使被留居此，城西有李陵碑。

古長城。在歸化城北陰山。史記匈奴傳：趙武靈王築長城，自代並陰山下。又秦始皇本紀：三十三年西北斥逐匈奴，自榆中並河以東，屬之陰山。水經注：白道嶺上有垣若頹基，沿溪亘嶺東西無極，疑趙武靈王之所築也。

東受降城。在托克托城地黄河東岸。唐景龍二年張仁愿築。元和志：東受降城，本漢雲中郡地，在榆林縣東北八里，今屬振武節度，東北至單于都護府一百二十里，東南至朔州四百里，西至中受降城三百里，北至磧口八百里。唐書地理志：寶曆元年〔一五〕，節度使張惟清以東城濱河，徙至綏遠烽南。元史地理志：即今東勝州是也。大同府志：在府西北五百里。

喀喇城。在和林格爾地。又賀通圖城，在城南八十里；五藍城，在城南百五十里；渾津城，在城西南四十四里，以上四城今無考。

白道。在歸化城北。魏書太宗紀：泰常四年西巡雲中，踰白道北，獵野馬於辱孤山〔一六〕。水經注：芒干水西南逕白道

南，谷口有長城，背山面澤，謂之白道嶺。沿路惟土穴出泉，挹之不窮。隋書高祖紀：開皇三年衛王爽破突厥於白道。唐書李靖傳：突厥頡利走保鐵山，靖自白道襲之，頡利亡去，張寶相擒以獻。又地理志：雲中有陰山道，出兵路。寰宇記：白道川當原陽鎮北，欲至山上，當路有千餘步，地土白如石灰色，遥去百里即見之，即陰山路也。從此以西及紫河以東，當陰山北者，惟此道通方軌，自外道皆小而失次者多。

雲中宮。在歸化城界内。水經注：白渠水西逕魏雲中宮南，魏土地記曰「雲中宮，在雲中城東四十里〔一七〕。」按：此後魏雲中之盛樂宮也。

廣德殿。在歸化城北陰山後。後魏建。魏書：太平真君三年行幸陰山之北，南秦王楊難當朝於行宮。先是，起殿於陰山，殿始成而難當至，因名曰廣德焉。水經注：塞水出懷朔鎮東北荒中，南流逕廣德殿西山下。余以太和十八年從高祖北巡，居於陰山之講武臺，自臺西出南上山，山無樹木，即廣德殿所在也。

君子津。在托克托城西南黄河東岸。水經：河水於楨陵、桐過二縣間，濟有君子之名。注：昔漢桓帝十三年西幸榆中，東行代地，洛陽大賈賫金貨隨帝後行，夜迷失道，往投津長田子封〔一八〕，送之渡河，賈人卒死，津長埋之，其子尋求父喪，發冢舉尸，資貨一無所損，其子悉以金與之，津長不受。後聞於帝，帝曰：「君子也。」即以其津爲君子濟，濟在雲中城西南二百餘里。魏書：昭成帝建國二十五年南巡至君子津。世祖始光四年詔執金吾桓貸造橋於君子津。元和志：勝州河濱縣，黄河在縣東一十五步，渡河處名君子津。明統志：在故東勝州界。

關隘

畢齊克齊巡司。在歸化城地。本朝乾隆三十年由色爾登移駐。

包頭村巡司。在和林格爾地。本朝嘉慶十四年由崑都崙移駐。

陵墓

後魏

金陵。在古盛樂城西北。後魏永興二年葬道武於盛樂金陵，其後明元、太武、文成、獻文四帝皆葬於此。

青冢。在歸化城南二十里，蒙古名特木兒烏爾虎。通典：金河縣有王昭君墓。遼史地理志：豐州有青冢，即王昭君墓。大同府志：漢明妃墓在府西五百里，古豐州西六十里。塞草皆白，惟此獨青，故名。

祠廟

文廟。在歸化城內。本朝雍正元年建。

蘇武廟。在歸化城南。明正統末額森挾上皇至小黄河蘇武廟。舊志：在平魯衛西北。「額森」舊作「也先」，今改正。

格根汗廟。在歸化城北。本朝天聰六年太宗文皇帝親征察哈爾，駐蹕歸化城，懸敕諭廟中，禁侵毁。

寺觀

興福寺。在歸化城南門外。本朝順治七年建，康熙三十一年改今名。

崇壽寺。在歸化城南門外。本朝順治七年建，康熙三十三年改今名。

永壽寺。在歸化城南門外。本朝康熙九年建，三十二年改今名。

大明寺。在歸化城東四十里。金大定七年建，今毁，碑、塔尚存。

延壽寺。在歸化城西北二十五里。本朝康熙二十九年改今名。

白塔。在歸化城西四十里。本朝順治九年建。

萬卷華嚴經塔。即大明寺塔，高二十丈，七級，有金世宗時閲經人姓氏。

名宦

漢

孟舒。高祖時爲雲中守。時匈奴冒頓新服北夷，來爲邊寇，孟舒知士卒罷敝，不忍出言，士争臨城死敵，如子爲父。十餘

年免官。孝文帝初立，田叔稱爲長者，復召爲雲中守。

魏尚。槐里人。文帝時爲雲中守。軍市租盡以給士卒，出私養錢五日一殺牛饗軍，匈奴遠避，不近雲中之塞。虜嘗一入，尚帥車騎擊之，所殺甚衆。

廉范。杜陵人。顯宗時爲雲中太守。會匈奴大入塞，范拒之不敵，日暮令軍士各交縛兩炬，三頭爇火，敵遥望大驚。待旦將退，范乃令軍中蓐食，晨往赴之，斬首數百級，自相轔藉死者千餘人，由此不敢復向雲中。

楊穆。建光初爲雲中郡功曹。時遼西鮮卑大人其至鞬畔，雲中太守成嚴擊之，兵敗，穆以身捍嚴，與俱戰殁。

李膺。襄城人。永壽二年鮮卑寇雲中，徵爲度遼將軍。膺到邊，皆望風懼服，先所掠男女悉送還塞下，聲振遠域。

南北朝　魏

來大千。代人。太武時以盧陵公鎮雲中兼統白道軍事，數有戰功，悉北境險要，詔使巡撫六鎮，經略得宜。

隋

賀婁子幹。本代人，後居關右。開皇初拜雲州刺史，甚爲敵所憚，後拜雲州總管。

杜彦。本雲中人，徙家於幽。開皇中，雲州總管賀婁子幹卒，上曰：「榆林重鎮，安得子幹輩乎？」後數日曰：「莫過杜彦。」於是拜雲州總管。突厥來寇，彦輒擒斬之。北夷畏憚，不敢至塞。

唐

范希朝。虞鄉人。貞元中遷振武軍節度使。部有党項、室韋雜居暴掠，希朝度要害，置屯堡，斥邏嚴密，部民以安，至小竊取亦殺無赦，遠人憚伏。邊州每長帥至必獻槖駝、駿馬，雖甚廉者猶受之，以結其歡。希朝一不納，積十四年，部衆保塞不敢横。初，單于城池不樹，希朝命蒔柳，數歲成林。

韓重華。憲宗時爲振武、京西營田、和糴、水運使，起代北，墾田三百頃，出贓罪吏九百餘人，給以耒耜、耕牛，假種糧，使償所負粟，二歲大熟。因募人爲十五屯，每屯百三十人，人耕百畝，就高爲堡，東起振武，西逾雲州，極於中受降城，凡六百餘里，列栅二十，墾田三千八百餘頃，歲收粟二十萬石，省度支錢二千餘萬緡。

史獻忠。大中中爲振武軍節度使〔一九〕。故帥荒沓，覘戎有良馬牛强取之，歸值十一，戎人怒，興盜掠。獻忠廉謹少欲，嘗曰：「我守邊，發吾餘俸，不患無馬，何忍豪市哉？」故所至無不懷德。

劉沔。彭城人。太和末振武軍節度使。開成三年，突厥劫營田，沔發萬人擊之，狄騎無一返者，悉頒所獲馬羊於戰卒。

石雄。徐州人。會昌初回鶻入寇，連年掠雲、朔，牙五原塞下，詔雄爲天德防禦副使兼朔州刺史〔二〇〕，佐劉沔屯雲州，大破烏介可汗。選三千騎夜發馬邑，旦登振武城，望見公主帳，雄穴城夜出，縱牛馬鼓譟，直擣烏介帳，可汗單騎走，追斬萬級，迎公主還。

金

舒古特。完顏部人。正隆中爲西南路招討使兼天德軍節度使。政尚忠信，決獄公平，番部不敢擾邊。「舒古特」舊作

「石古乃」，今改正。

璞薩揆。上京人。明昌中爲西南路招討使兼天德軍節度使。出禦邊，嘗轉戰出塞七百里而還，沿徼築壘穿塹，連亘九百里，營柵相望，烽候相應，人得恣田牧，北邊遂安。「璞薩揆」舊作「僕散揆」，今改正。

伯德窊哥。西南路人。壯健沉勇，興定初授東勝軍節度使。東勝被圍，城中糧盡援絶，率衆潰圍走保長寧寨，復被圍，死之。

明

黄里。雲内州同知。洪武五年蒙古兵入城，里率兵巷戰，力屈死之。

人物

漢

裴遵。雲中人。爲燉煌太守，從光武平隴蜀有功，後徙河東安邑。

南北朝　魏

賀拔勝。本神武尖山人，後家武川。少有志操，善左右馳射，以豫定策立孝莊帝功，封易陽縣伯。太昌初累除侍中。孝

武帝將圖齊神武，以勝弟岳擁衆關西，欲廣其勢援，乃拜都督荊州刺史，多所克捷。帝入關後勝至，受太保、録尚書事。河橋之役，勝大破東魏軍。及齊神武攻玉壁，勝以前軍大都督募勇敢三千人犯其軍，與神武遇，追及之，會馬爲流矢所中，神武逸去。周文每云：「諸將對敵，神色皆動，惟賀拔公臨陣如平常，真大勇也。」自居重任始愛墳籍，又重義輕財，死之日惟有隨身兵仗及書千卷而已。弟岳，字阿斗泥，與爾朱榮尊立孝莊，賜爵樊城鄉男。從破葛榮，平元顥，累遷武衛將軍。時萬俟醜奴僭號關中，岳爲左廂大都督，討擒之，又執蕭寶夤以歸，封樊城縣伯，尋進爵爲公。後爲齊神武所害。

雷紹。字道宗，武川鎮人。善騎射，嘗使洛陽，見京都禮義之美，歸辭母求師，經年通孝經、論語。嘗讀至「人行莫大於孝」，歎離違侍養非人子之道，即還鄉里，躬耕奉養。遭母憂，哀毁骨立。賀拔岳舉爲京兆太守，甚得人和。永熙三年爲渭州刺史，進爵昌國伯。卒於州，紹禄賜皆分贍親故，及死日無以送終。

宇文顯和。武川人。性矜嚴，頗涉經史，能左右馳射。孝武在藩，顯和具陳宜杜門晦迹，相時而動。及即位，拜閤内都督，封城陽縣公。齊神武專政，帝每不自安，相與定入關策。帝以其母老，令豫爲計，對曰：「忠孝不並，安敢豫爲私計。」帝改容曰：「卿，我之王陵也。」遂從入關。進位車騎大將軍，卒。

趙善。字僧慶，武川人。性沈毅，有遠量。嘗爲爾朱天光長史，天光拒齊神武於韓陵，敗見殺，善請收葬其屍，齊神武義而許之。孝武西遷，封襄城伯〔二二〕，歷位尚書左、右僕射，進爵爲公。善性温恭謙退，時稱其有公輔量。

王盟。字子仵，武川人。賀拔岳擒萬俟醜奴，嘗先登力戰。孝武至長安，封魏昌縣公，官至太傅。盟弘雅仁愛，雖居師傅而謙恭自處，文帝甚尊重之。子勱，字醜興，大統初爲千牛備身直長，小心謹厚。沙苑之役被傷，卒於行間。

宇文測。字澄鏡，武川人，周文族子。性沉密，仕魏位司徒右長史。及孝武疑齊神武，詔測詣周文密爲之備，還封廣川縣伯。尋從孝武西遷，進爵爲公，歷位侍中、開府儀同三司，行汾州事，政在簡惠，頗得人和。地接東魏，測務安邊，時論方之羊叔子。轉行綏州事，突厥入寇，測敗走之，不敢復至。卒於太子少保。

宇文深。字奴干，測弟。數歲便以草石作軍陣之勢，父永遇大喜，謂後日必爲名將。孝武西遷，事起倉卒，人多逃散，深時爲子都督，領宿衛兵，撫循所部，並得入關，賜爵長樂縣伯。大統中累轉尚書直事郎中，善籌策，多戰功，進爵爲侯。歷東雍州刺史，吏民懷之。官至司會中大夫。

寇洛。其先昌平人，後家武川。洛性明辨，不拘小節。賀拔岳西征，洛從入關，以功封安鄉縣子。及岳爲侯莫陳悦所害，洛收集將士，志在復仇，從周文討平陳悦，拜涇州刺史。大統初詔加開府，進爵京兆郡公。

梁禦。其先安定人，後家武川。禦少好學，爾朱天光西討，知禦有知略，引爲左右，共平關隴，封白水縣侯。大統初授尚書右僕射，從周文復弘農，破沙苑，進爵廣平郡公。出爲東雍州刺史，人庶稱之。

周

趙貴。字元寶，其先南安人，後家武川。貴少有節概，從爾朱榮討元顥，從賀拔岳平關中，累遷大都督。岳爲侯莫陳悦所害，貴詣悦詐降，因請收葬岳，言辭慷慨，悦壯而許之，貴乃收岳屍。還營與寇洛等奔平涼，共圖拒悦。悦平，後梁仚定稱亂河右，以貴爲隴西行臺討破之，從復弘農，破沙苑，進爵中山郡公。孝閔踐祚，遷大冢宰，進封楚國公。晉公護攝政，與獨孤信謀殺護，被誅。

侯莫陳崇。字尚樂，武川人。謹慤，善騎射。從賀拔岳力戰破萬俟醜奴，生擒之，封臨涇縣侯。從平侯莫陳悦，別封廣武縣伯。從擒竇泰，復弘農，破沙苑，戰河橋，又別討平稽胡，累戰皆有功，進位柱國大將軍。孝閔踐祚，進封梁國公。保定中晉公護逼令自殺。兄順，從魏孝武入關，破梁仚定於河州、趙青雀於渭橋，累封平原郡公。孝閔踐祚，拜少師，進位柱國。

獨孤信。其先雲中人，祖俟尼以良家子鎮武川，因家焉。信善騎射，正光末與賀拔度等同斬衛可瓌，由是知名。魏孝武西

遷，事起倉卒，信單騎從之，孝武嘉歎，進爵浮陽郡公。荆州陷東魏，以信都督荆州諸軍事，東魏兵奄至，不敵，遂奔梁。梁武帝問信所往，答以事君無二，梁武義之，禮送甚厚。大統中除隴右十一州大都督、秦州刺史，數年公私富實，信著遐邇，累立軍功，聲震隣國。孝閔踐祚，遷大宗伯，進封衛國公。

閻慶。字仁度，盛樂人。善撫士卒，能盡其死力。西魏時以軍功累拜步兵校尉，封安次縣伯。孝閔踐祚，出爲河州刺史，歷雲、寧二州，皆有惠政。晉公護母，慶之姑也，護擅朝，慶未嘗阿附，武帝尤以此重之。大象二年拜上柱國。

若干惠。字惠保，武川人。以翊戴文帝，從平侯莫陳悅，拜直閣將軍。從擒竇泰，復弘農，破沙苑，每先登陷陣，加侍中，封長樂郡公。魏大統四年，與齊神武戰於河橋，破之。七年，又大破神武於芒山，累遷司空。惠早喪父母，以孝聞。子鳳，字達摩，有識度。襲父爵，尚文帝女，拜柱國。

王德。字天恩，武川人。少以孝弟稱。以翊戴文帝，除平涼郡守，治績爲涇州最。常從征伐，累有功，加開府、侍中，進爵河間郡公。卒於涇州刺史。子慶嗣，性謹厚，位開府儀同三司。

赫連達。字朔周，盛樂人。少從賀拔岳征討有功，賜爵長廣鄉男。及岳被害，迎文帝，匡復秦隴，後復弘農，戰沙苑，皆有功。保定初爲大將軍、夏州總管。廉儉仁恕，尋進爵樂川郡公、柱國，薨。

韓果。字阿六拔，武川人。仕魏封石城公。性强記，有權略，善伺敵虚實，文帝以爲虞候都督。從戰並有功，除河東郡守。從破稽胡於北山，稽胡憚果勁健，號爲「著翅人」。保定三年拜少師，進位柱國。卒華州刺史。

王勇。武川人。數從征討，氣蓋衆軍，所當必破，太祖嘉其勇敢，賞賜特隆，累官侍中、驃騎大將軍。魏恭帝元年從趙貴征蠕蠕，破之，進爵新陽郡公。武成初岷山羌豪叛，勇帥師討平之。

宇文虯。字樂仁，武川人。少從征討，累以功封南安侯。擒竇泰，復弘農及沙苑、河橋之戰皆有功，又從獨孤信討梁仚定

破之，累遷驃騎大將軍、開府儀同三司。虬每經行陣，必身先士卒，故上下同心，戰無不克。後除金州刺史〔二三二〕、大將軍，卒。

金

武都。字文伯，東勝州人。大定中進士。爲商水令，有治績，累遷户部郎中。被詔由海道漕遼東粟賑山東，都高其價直，募人入粟，招海賈船致之。大安三年遷西京按察使〔二三三〕，備豫有勞，召爲户部尚書、河東路宣撫使，卒。

趙重福。字履祥，豐州人。通女直大小字，試補女直誥院令史。歷滄州鹽副使，有惠政。貞祐中累遷同知河間府事，河間被圍，兵少，多羸疾，不任戰，重福勸之，强者戰、弱者守，會久雨，圍乃解去。遷河東北路轉運使，致仕。

完顔陳和尚。名彝，字良佐，以小字行，豐州人。天資高明，雅好文史，視世味漠然。哀宗五年，北兵入大昌原，陳和尚以忠孝軍提控爲前鋒，先沐浴易衣，若將就木櫬者，擐甲上馬不反顧，是日以四百騎破八千衆。自軍興二十年始有此捷，奏功第一，授定遠大將軍、平涼府判官。屢戰皆捷。正大九年正月，三峰山之敗，走鈞州，城破，元兵入即縱軍巷戰，陳和尚趨避隱處，殺掠稍定，乃出，自言曰：「我忠孝軍總領陳和尚也，今日當明白死。」時欲其降，斫之脛折不爲屈，割口吻至耳，噀血而呼，至死不絶。大將義之，酹以馬湩，祝曰：「好男子！他日再生，當令我得之。」年四十一。贈鎮南軍節度使。

程震。字威卿，東勝州人。與其兄鼎俱擢第。興定初知陳留，治爲河南第一。召拜監察御史，彈劾無所撓。時皇子荆王爲宰相，家僮席勢侵民，震劾之，上責荆王，出内府銀以償物直，杖大奴尤不法者數人。未幾罷官，卒。震爲人剛直，忘身殉國，及爲御史，臺綱大振，爲小人所中去，士論惜之。

元

謝睦歡。豐州豐縣人。嘗從太祖攻西京，力戰先登，連中三矢，仆城下。太宗命軍校拔其矢，裸納牛腹中，良久乃蘇。誓

以死報，每遇敵必身先之，官至太原路金鐵冶達嚕噶齊。

孟攀鱗。字駕之，雲内人。曾祖彥甫，以明法爲招討司知事，有疑獄當死者百餘人，彥甫執不從，後三日得實，皆釋之。攀鱗幼號奇童，金正大七年擢進士第。世祖中統三年授翰林待制、同修國史。至元初召見，條陳七十事，世祖悉嘉納之。帝將親祀郊廟，召問儀制，攀鱗悉據經典以對，命定禮儀，畫圖以進，帝皆親覽焉。卒，贈翰林學士承旨、平原郡公，謚文定。

程思廉。字介甫，東勝州人。初給事裕宗潛邸，以謹愿聞。至元中監察御史，以劾權臣阿哈瑪特繫獄。累遷河北河南道按察副使，歲饑罷徵、大水賑貸〔二四〕，民皆德之。歷雲南行臺御史中丞、河東山西道廉訪使，皆有威惠。思廉剛正疾惡，言事剴切，與人交有終始，於家族尤盡恩意，好薦達人物。或以爲好名，思廉曰：「若避好名之譏，人不敢復爲善矣。」卒，謚敬肅。

謝仲温。字君玉，睦歡子。初備世祖宿衛，大軍圍鄂，令督諸將，時守江軍士乏食，教之罾魚充食。累遷順德路總管，出俸金贖鬻子者。尋宣慰淮東，歲旱，導白水塘溉民田，公私賴焉。

列女

本朝

張環妻白氏〔二五〕。歸化城人。守正被戕。乾隆二十九年旌。

楊正之妻黄氏。清水河人。守正捐軀。乾隆年間旌。

李順之妻鍾氏。薩拉齊人。守正被戕。同廳烈婦李大有妻趙氏，俱乾隆年間旌。

曹有妻趙氏。和林格爾人。守正被戕。同廳烈婦趙起林妻黃氏、賈文元妻王氏，俱乾隆年間旌。

郝茂英妻鄧氏。歸化城人。守正捐軀。嘉慶四年旌。

郭成明妻劉氏。薩拉齊人。守正捐軀。同廳烈婦吴會妻王氏，俱嘉慶年間旌。

喬得寶妻任氏。和林格爾人。守正捐軀。嘉慶八年旌。

土産

黄羊。

雉。

兔。

瑣瑣葡萄。實之旁環繞有小葡萄，俗名「公領孫」。

梨。

石碌。

碾玉沙。

不灰木。

地蕈。

校勘記

〔一〕在山西省北八百九十里　乾隆志卷一二四歸化城六廳（下簡稱乾隆志）同。按，「山西省」下當有「治」字，蓋誤脱。

〔二〕緣狐山　「狐」，乾隆志同，漢書、水經注均作「胡」。按，清諱「胡」字，故多改字，或改「狐」，或改「虎」，等等。下不具舉。

〔三〕豐州富民有黑山　「山」下原有「神」字，乾隆志同。按，金史卷二四地理上作「有黑山、神山」，蓋因館臣删削未盡，今據删。

〔四〕在大同府城西北四百十里　乾隆志同，明天順志卷二一大同府「十」上有「五」字。

〔五〕又西匯爲山黛湖　「湖」，原作「河」，今據本類「沙陵湖」條改。又，齊召南水道提綱卷五作「黛山湖」。

〔六〕西注沙陵湖　「注」，原作「逕」，乾隆志同，據水經注卷三改。

〔七〕河水又東過楨陵縣南　「南」，原作「東」，乾隆志同，據水經注卷三改。

〔八〕東南流入黑河　「黑」，乾隆志同，疑爲「黄」之訛。

〔九〕測量東西兩岸僅闊五十三丈　「五十三」，原作「三十五」，乾隆志同，據平定朔漠方略卷三三、聖祖御製文二集卷二一北征敕諭改。

〔一〇〕雲中之盛樂乃後漢之故城也　按，資治通鑑卷一〇六胡注無此句。

〔一一〕太羅水逕武城縣故城南　按，此與本條下文十三州志「武城縣」之「城」，水經注卷三作「州」。

〔一二〕爲中部都尉治　「爲」字原闕，據乾隆志補。

〔一三〕秦始皇十三年立雲中郡縣曰遠服矣　乾隆志同。按，趙一清水經注釋卷三：「按漢志，雲中郡，秦置，莽曰受降；雲中縣，莽曰遠服，今注云云有缺失矣。」

〔一四〕今名里城　「里」，原作「黑」，乾隆志同。按，據元和郡縣志卷五關内道五、通鑑地理通釋卷二改。

〔一五〕寶曆元年　「曆」，原作「應」，乾隆志同，據舊唐書卷一七上敬宗紀、新唐書卷三七地理一改。

〔一六〕獵野馬於辱孤山　「辱」，原作「傉」，據乾隆志卷四〇七喀爾喀右翼、魏書卷三太宗紀改。

〔一七〕在雲中城東四十里　乾隆志同，水經注卷三「中」下有「故」字。

〔一八〕往投津長田子封　乾隆志同，水經注卷三「田」作「曰」，趙一清水經注箋刊誤卷一：「御覽引此無『曰子封』三字，埠疑當作『田子封』，是津長姓名。」一清按：通鑑晉紀胡三省注亦引此文作『曰子封』，古人文義簡質，書名不書姓者多矣，何必改爲『田』字以實之乎？」

〔一九〕大中中爲振武軍節度使　「大中」，原作「太和」，據雍正山西通志卷九五名宦一三、新唐書卷一四八史獻忠傳改。

〔二〇〕詔雄爲天德防禦副使兼朔州刺史　「禦」，原作「雄」，據新唐書卷一七一石雄傳改。

〔二一〕封襄城伯　「城」，原作「誠」，據乾隆志卷一一一朔平府、北史卷五九趙貴傳改。又，依本類述例，「伯」上脱「縣」字。

〔二二〕後除金州刺史　「金」，原作「全」，據雍正山西通志卷一二〇人物二〇、周書卷二九宇文虬傳改。

〔二三〕大安三年遷西京按察使　「安」，原作「定」，據金史卷一二八循吏傳改。

〔二四〕大水賑貸　「水」，原作「小」，據元史卷一六三程思廉傳改。

〔二五〕張環妻白氏　乾隆志「環」下有「之」字。